기출이 답이다

9·7급 공무원

교정학

11개년 기출문제집

SD에듀
(주)시대고시기획

교정직 공무원 채용 필수체크

❖ 아래 내용은 2024년 국가직 공무원 공개경쟁채용시험 공고를 기준으로 작성되었습니다. 2025년부터 변경되는 세부 사항은 반드시 시행처의 최신 공고를 확인하시기 바랍니다.

🖊 시험방법

- 제1 · 2차 시험(병합실시): 선택형 필기
- 제3차 시험: 면접

※ 교정직 6급 이하 채용시험의 경우, 필기시험 합격자를 대상으로 실기시험(체력검사)을 실시하고 실기시험 합격자에 한하여 면접시험을 실시함

🖊 응시자격

구분	내용
응시연령	• 교정 · 보호직 제외: 18세 이상 • 교정 · 보호직: 20세 이상
학력 및 경력	• 제한 없음

🖊 시험일정

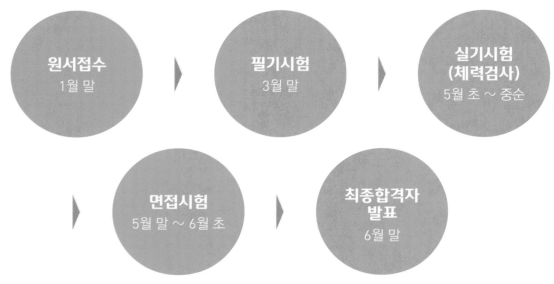

원서접수 1월 말 ▶ 필기시험 3월 말 ▶ 실기시험 (체력검사) 5월 초 ~ 중순

▶ 면접시험 5월 말 ~ 6월 초 ▶ 최종합격자 발표 6월 말

🖊 체력검사 종목 및 합격기준

종목	성별	합격기준	실격기준
20미터 왕복 오래 달리기	남자	48회 이상	41회 이하
	여자	24회 이상	19회 이하
악력(握力)	남자	47.0kg 이상	41.9kg 이하
	여자	27.0kg 이상	21.9kg 이하
윗몸일으키기(60초)	남자	38회 이상	32회 이하
	여자	26회 이상	21회 이하
10미터 2회 왕복달리기	남자	12.29초 이내	13.61초 이후
	여자	14.60초 이내	15.61초 이후

※ 체력검사의 종목 중 1종목 이상 실격기준에 해당하면 불합격
※ 체력검사의 종목 중 2종목 이상 합격기준에 미달하면 불합격
※ 악력의 측정 수치는 소수점 첫째 자리까지 산출하고, 10미터 2회 왕복달리기의 측정 수치는 소수점 셋째 자리 이하는 버리고 산출

🖊 2025년부터 달라지는 제도

■ 9급 공무원 국어, 영어 과목 출제 기조 전환

| 지식암기 위주 | | 현장 직무 중심 |

■ 출제 방향

국어	• 기본적인 국어 능력과 이해, 추론, 비판력 등 사고력 검증 • 배경지식이 없더라도 지문 속 정보를 활용해 문제를 풀 수 있도록 출제
영어	• 실제 업무수행에 필요한 실용적인 영어능력 검증 • 실제 활용도가 높은 어휘와 전자메일, 안내문 등 업무현장에서 접할 수 있는 소재와 형식을 활용한 문제 출제

2024년 9급 교정학개론

작년에 비해 교정학 영역에 대한 출제 비중이 크게 높아졌고, 일부 문제가 지엽적으로 출제되어 체감 난도가 매우 높았을 것이다. 앞으로는 기출문제와 기본 이론을 중심으로 학습하되 다양하고 지엽적인 조문들을 여러 번 반복하는 방식으로 시험에 대비해야 할 것으로 보인다.

■ **출제율 순위** 교정학 > 형사정책

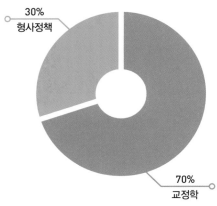

30%
형사정책

70%
교정학

2023년 7급 교정학

전체적인 난도는 중상으로, 2022년 시험과 크게 다르지 않았다. 집합효율성이론, 교화프로그램, 발달이론에 대한 문제가 특히 어렵게 출제되었으며, 조문이나 이론에 대한 학습이 꼼꼼하게 이루어지지 않았다면 고득점을 획득하기 어려웠을 것이다.

■ **출제율 순위** 교정학 > 형사정책

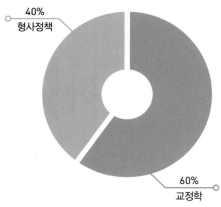

40%
형사정책

60%
교정학

✏ 9급 교정학개론

■ **출제율 순위** 교정학 > 형사정책

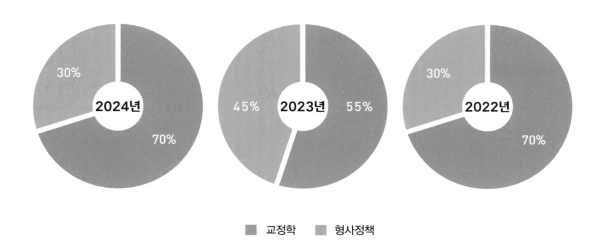

30% 2024년 70%
45% 2023년 55%
30% 2022년 70%

■ 교정학 ■ 형사정책

✏ 7급 교정학

■ **출제율 순위** 교정학 > 형사정책

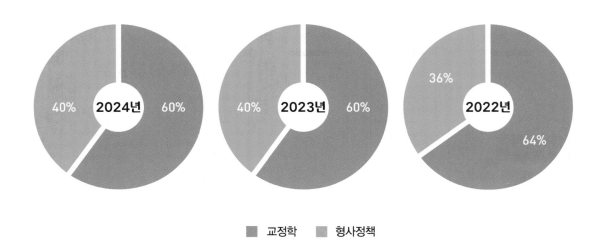

40% 2024년 60%
40% 2023년 60%
36% 2022년 64%

■ 교정학 ■ 형사정책

이 책의 구성과 특징

문제편

교정학개론 | 2024년 국가직 9급

모바일 OMR

✓ 회독 CHECK 1 2 3

회독수를 늘려 문제 다잡기!

실전 감각을 느낄 수 있는 실제 시험지와 동일한 구성!

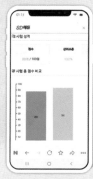

OMR 입력   **채점결과**   **성적분석**

00:24:27

시간측정 가능!!

풀이 시간 측정, 자동 채점 그리고 결과 분석까지!

모바일 OMR 답안분석 서비스

문제편에 수록된 기출문제에 대한 객관적인 결과(점수, 순위)를 종합적으로 분석

❶ 스마트폰을 활용하여 QR코드 접속
❷ 시험 시간에 맞춰 풀고, 모바일 OMR로 답안 입력 (3회까지 가능)
❸ 종합적 결과 분석으로 현재 나의 합격 가능성 예측

QR코드 찍기 ▶ 로그인 ▶ 시작하기 ▶ 응시하기 ▶ 모바일 OMR 카드에 답안 입력 ▶ 채점결과&성적분석 ▶ 내 실력 확인하기

해설편

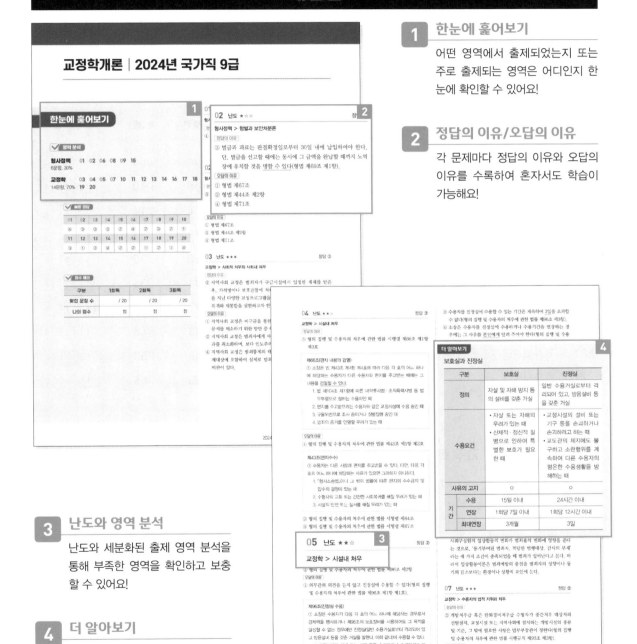

1 **한눈에 훑어보기**

어떤 영역에서 출제되었는지 또는 주로 출제되는 영역은 어디인지 한 눈에 확인할 수 있어요!

2 **정답의 이유/오답의 이유**

각 문제마다 정답의 이유와 오답의 이유를 수록하여 혼자서도 학습이 가능해요!

3 **난도와 영역 분석**

난도와 세분화된 출제 영역 분석을 통해 부족한 영역을 확인하고 보충할 수 있어요!

4 **더 알아보기**

이해도를 높일 수 있도록 문제와 관련된 핵심 이론과 개념을 알기 쉽게 정리했어요!

이 책의 목차

교정학

부록

- 2024년 국가직 9급 기출문제
- 2023년 국가직 7급 기출문제
- 2024년 국가직 9급 기출문제 해설
- 2023년 국가직 7급 기출문제 해설

01 범죄학에 관한 고전주의와 실증주의에 대한 설명으로 옳지 않은 것은?

① 고전주의는 형벌이 범죄결과의 정도에 상응하여야 한다고 주장한 반면, 실증주의는 부정기형과 사회 내 처우를 중요시하였다.

② 고전주의는 인간은 누구나 자유의지를 지닌 존재이기 때문에 평등하고, 범죄인이나 비범죄인은 본질적으로 다르지 않다고 인식하였다.

③ 19세기의 과학적 증거로 현상을 논증하려는 학문 사조는 실증주의 범죄학의 등장에 영향을 끼쳤다.

④ 실증주의는 적법절차모델(Due Process Model)에 바탕을 둔 합리적 형사사법제도 구축에 크게 기여하였다.

02 「형법」상 형의 집행에 대한 설명으로 옳지 않은 것은?

① 징역은 교정시설에 수용하여 집행하며, 정해진 노역(勞役)에 복무하게 한다.

② 유기징역 또는 유기금고에 자격정지를 병과한 때에는 징역 또는 금고의 집행을 종료하거나 면제된 날로부터 정지기간을 기산한다.

③ 벌금과 과료는 판결확정일로부터 30일 내에 납입하여야 한다. 다만, 벌금을 선고할 때에는 동시에 그 금액을 완납할 때까지 노역장에 유치할 것을 명하여야 한다.

④ 벌금이나 과료의 선고를 받은 사람이 그 금액의 일부를 납입한 경우에는 벌금 또는 과료액과 노역장 유치기간의 일수(日數)에 비례하여 납입금액에 해당하는 일수를 노역장 유치일수에서 뺀다.

03 지역사회 교정에 대한 설명으로 옳지 않은 것은?

① 교정시설의 과밀수용 문제를 해소하기 위한 방안 중 하나이다.

② 범죄자의 처벌·처우에 대한 인도주의적 관점이 반영된 것이다.

③ 형사제재의 단절을 통해 범죄자의 빠른 사회복귀와 재통합을 실현하고자 한다.

④ 실제로는 범죄자에 대한 통제를 증대시켰다는 비판이 있다.

04 형의 집행 및 수용자의 처우에 관한 법령상 수용자의 편지수수 등에 대한 설명으로 옳지 않은 것은?

① 수용자는 시설의 안전 또는 질서를 해칠 우려가 있는 때에는 다른 사람과 편지를 주고받을 수 없다.

② 수용자가 보내거나 받는 편지는 법령에 어긋나지 않으면 횟수를 제한하지 않는다.

③ 소장은 규율위반으로 징벌집행 중인 수용자가 다른 수용자와 편지를 주고받는 때에는 그 내용을 검열하여야 한다.

④ 소장은 법원·경찰관서, 그 밖의 관계기관에서 수용자에게 보내온 문서는 다른 법령에 특별한 규정이 없으면 열람한 후 본인에게 전달하여야 한다.

05 「형의 집행 및 수용자의 처우에 관한 법률」상 수용자의 진정실 수용에 대한 설명으로 옳은 것은?

① 소장은 수용자가 교정시설의 설비 또는 기구 등을 손괴하거나 손괴하려고 하는 때로서 강제력을 행사하거나 보호장비를 사용하여도 그 목적을 달성할 수 없는 경우에는 진정실에 수용할 수 있다. 이 경우 의무관의 의견을 들어야 한다.

② 수용자의 진정실 수용기간은 24시간 이내로 한다. 다만, 소장은 특히 계속하여 수용할 필요가 있으면 의무관의 의견을 고려하여 1회당 12시간의 범위에서 기간을 연장할 수 있다.

③ 수용자를 진정실에 수용할 수 있는 기간은 계속하여 2일을 초과할 수 없다.

④ 소장은 수용자를 진정실에 수용하거나 수용기간을 연장하는 경우에는 그 사유를 가족에게 알려 주어야 한다.

06 다음 범죄학 이론에 대한 설명으로 옳지 않은 것은?

> 범죄가 발생하기 위해서는 최소한 범죄성향을 갖고 그 성향을 행동으로 표현할 능력을 가진 동기화된 범죄자(motivated offender)가 존재해야 한다. 이러한 범죄자에게 적당한 범행대상(suitable target)이 되는 어떤 사람이나 물체가 존재하고, 범죄를 예방할 수 있는 감시의 부재(absence of guardianship)가 같은 시간과 공간에서 만날 때 범죄가 발생한다.

① 코헨(L. Cohen)과 펠슨(M. Felson)의 견해이다.

② 합리적 선택이론을 기반으로 한 신고전주의 범죄학 이론에 속한다.

③ 동기화된 범죄자로부터 범행대상을 보호할 수 있는 수단인 가족, 친구, 이웃 등의 부재는 감시의 부재에 해당한다.

④ 범죄예방의 중점을 환경이나 상황적 요인보다는 범죄자의 성향이나 동기의 감소에 둔다.

07 「형의 집행 및 수용자의 처우에 관한 법률 시행규칙」상 수형자의 처우에 대한 설명으로 옳은 것은?

① 소장은 개방처우급 수형자에 대하여 월 3회 이내에서 경기 또는 오락회를 개최하게 할 수 있다. 다만, 소년수형자에 대하여는 그 횟수를 늘릴 수 있다.

② 완화경비처우급 수형자에 대한 중간처우 대상자의 선발절차는 법무부장관이 정한다.

③ 소장은 처우를 위하여 특히 필요한 경우에는 일반경비처우급 수형자에 대하여도 가족 만남의 날 행사 참여를 허가할 수 있다.

④ 중(重)경비처우급 수형자에 대해서는 교화 및 처우상 특히 필요한 경우 전화통화를 월 2회 이내 허용할 수 있다.

08 형의 실효와 복권에 대한 설명으로 옳지 않은 것은?

① 벌금형을 받은 사람이 자격정지 이상의 형을 받지 아니하고 그 형의 집행을 종료한 날부터 2년이 경과한 때에 그 형은 실효된다.

② 자격정지의 선고를 받은 자가 피해자의 손해를 보상하고 자격정지 이상의 형을 받음이 없이 정지기간의 2분의 1을 경과한 때에는 본인 또는 검사의 신청에 의하여 법원은 자격의 회복을 선고할 수 있다.

③ 징역 5년 형의 집행을 종료한 사람이 형의 실효를 받기 위해서는 피해자의 손해를 보상하고 자격정지 이상의 형을 받음이 없이 7년을 경과한 후 해당 사건에 관한 기록이 보관되어 있는 검찰청에 형의 실효를 신청하여야 한다.

④ 「형법」 제81조(형의 실효)에 따라 형이 실효되었을 때에는 수형인명부의 해당란을 삭제하고 수형인명표를 폐기한다.

09 암수범죄(暗數犯罪)에 대한 설명으로 옳은 것만을 모두 고르면?

> ㄱ. 암수범죄로 인한 문제는 범죄통계학이 도입된 초기부터 케틀레(A. Quételet) 등에 의해 지적되었다.
>
> ㄴ. 절대적 암수범죄란 수사기관에 의해서 인지는 되었으나 해결되지 않은 범죄를 의미하는 것으로, 완전범죄가 대표적이다.
>
> ㄷ. 상대적 암수범죄는 마약범죄와 같이 피해자와 가해자의 구별이 어려운 범죄에서 많이 발생한다.
>
> ㄹ. 암수범죄는 자기보고식조사, 피해자조사 등의 설문조사방법을 통해 간접적으로 관찰할 수 있다.

① ㄱ, ㄴ
② ㄱ, ㄹ
③ ㄴ, ㄷ
④ ㄷ, ㄹ

10 「형의 집행 및 수용자의 처우에 관한 법률 시행규칙」상 수형자의 개인작업에 대한 설명으로 옳지 않은 것은?

① 소장은 수형자가 개방처우급 또는 완화경비처우급으로서 작업기술이 탁월하거나 작업성적이 우수한 경우에는 수형자 자신을 위한 개인작업을 하게 할 수 있다.

② 개인작업 시간은 교도작업에 지장을 주지 아니하는 범위에서 1일 2시간 이내로 한다.

③ 소장은 개인작업을 하는 수형자에게 개인작업 용구를 사용하게 할 수 있다. 이 경우 작업용구는 특정한 용기에 보관하도록 하여야 한다.

④ 개인작업에 필요한 작업재료 등의 구입비용은 수형자가 부담한다. 다만, 처우상 필요한 경우에는 예산의 범위에서 그 비용을 지원할 수 있다.

11 형의 집행 및 수용자의 처우에 관한 법령상 징벌집행에 대한 설명으로 옳지 않은 것은?

① 소장은 30일 이내의 금치(禁置)처분을 받은 수용자에게 실외운동을 제한하는 경우라도 매주 1회 이상 실외운동을 할 수 있도록 하여야 한다.

② 수용자의 징벌대상행위에 대한 조사기간(조사를 시작한 날부터 징벌위원회의 의결이 있는 날까지를 말한다)은 10일 이내로 한다. 다만, 특히 필요하다고 인정하는 경우에는 1회에 한하여 7일을 초과하지 아니하는 범위에서 그 기간을 연장할 수 있다.

③ 소장은 징벌대상자의 질병이나 그 밖의 특별한 사정으로 인하여 조사를 계속하기 어려운 경우에는 조사를 일시 정지할 수 있다. 이 경우 조사가 정지된 다음 날부터 정지사유가 소멸한 날까지의 기간은 조사기간에 포함되지 아니한다.

④ 소장은 수용자가 교정사고 방지에 뚜렷한 공로가 있다고 인정되면 분류처우위원회의 의결을 거친 후 법무부장관의 승인을 받아 징벌을 실효시킬 수 있다.

12 「형의 집행 및 수용자의 처우에 관한 법률」상 수용을 위한 체포에 대한 설명으로 옳지 않은 것은?

① 천재지변으로 일시 석방된 수용자는 정당한 사유가 없는 한 출석요구를 받은 후 24시간 이내에 교정시설 또는 경찰관서에 출석하여야 한다.

② 교도관은 수용자가 도주한 경우 도주 후 72시간 이내에만 그를 체포할 수 있다.

③ 교도관은 도주한 수용자의 체포를 위하여 긴급히 필요하면 도주를 한 사람의 이동경로나 소재를 안다고 인정되는 사람을 정지시켜 질문할 수 있다.

④ 교도관은 도주한 수용자의 체포를 위하여 영업시간 내에 공연장·여관·음식점·역, 그 밖에 다수인이 출입하는 장소의 관리자 또는 관계인에게 그 장소의 출입이나 그 밖에 특히 필요한 사항에 관하여 협조를 요구할 수 있다.

13 수형자자치제(Inmate Self-government System)에 대한 설명으로 옳지 않은 것은?

① 수형자자치제는 부정기형제도하에서 효과적인 것으로, 수형자에 대한 과학적 분류심사를 전제로 한다.

② 수형자자치제는 수형자의 처우에 있어서 자기통제 원리에 입각한 자기조절 훈련과정을 결합한 것으로, 수형자의 사회적응력을 키울 수 있다.

③ 오스본(T. Osborne)은 1914년 싱싱교도소(Sing Sing Prison)에서 행형시설 최초로 수형자자치제를 실시하였다.

④ 수형자자치제는 교도관의 권위를 저하시킬 수 있고, 소수의 힘 있는 수형자에 의해 대다수의 일반수형자가 억압 · 통제되는 폐단을 가져올 수 있다.

14 수용자 처우 모델에 대한 설명으로 옳은 것만을 모두 고르면?

> ㄱ. 정의모델(Justice Model)은 범죄자의 법적 지위와 권리보장이라는 관점에서 처우의 문제에 접근하는 것으로, 형집행의 공정성과 법관의 재량권 제한을 강조한다.
> ㄴ. 의료모델(Medical Model)은 치료를 통한 사회복귀를 목적으로 하는 것으로, 가석방제도를 중요시한다.
> ㄷ. 적응모델(Adjustment Model)은 정의모델에 대한 비판 · 보완을 위해 등장한 것으로, 교정처우 기법으로 현실요법과 교류분석을 중요시한다.
> ㄹ. 재통합모델(Reintegration Model)은 사회도 범죄유발의 책임이 있으므로 지역사회에 기초한 교정을 강조한다.

① ㄴ, ㄷ   ② ㄷ, ㄹ
③ ㄱ, ㄴ, ㄷ   ④ ㄱ, ㄴ, ㄹ

15 「소년법」상 보호사건의 심리와 조사에 대한 설명으로 옳지 않은 것은?

① 소년이 소년분류심사원에 위탁되지 아니하였을 때에도 소년에게 신체적 · 정신적 장애가 의심되는 경우 법원은 직권에 의하거나 소년 또는 보호자의 신청에 따라 보조인을 선정할 수 있다.

② 소년부 판사는 보조인이 심리절차를 고의로 지연시키는 등 심리진행을 방해하거나 소년의 이익에 반하는 행위를 할 우려가 있다고 판단하는 경우에는 보조인 선임의 허가를 취소하여야 한다.

③ 소년부 판사는 사안이 가볍다는 이유로 심리를 개시하지 아니한다는 결정을 할 때에는 소년에게 훈계하거나 보호자에게 소년을 엄격히 관리하거나 교육하도록 고지할 수 있다.

④ 소년부 판사는 심리 기일을 지정하고 본인과 보호자를 소환하여야 한다. 다만, 필요가 없다고 인정한 경우에는 보호자는 소환하지 아니할 수 있다.

16 형의 집행 및 수용자의 처우에 관한 법령상 금품관리에 대한 설명으로 옳은 것은?

① 소장은 수용자가 석방될 때 보관하고 있던 수용자의 휴대금품을 본인에게 돌려주어야 한다. 다만, 보관품을 한꺼번에 가져가기 어려운 경우 등 특별한 사정이 있어 수용자가 석방 시 소장에게 일정 기간 동안(3개월 이내의 범위로 한정한다) 보관품을 보관하여 줄 것을 신청하는 경우에는 그러하지 아니하다.

② 소장은 사망자 또는 도주자가 남겨두고 간 금품이 있으면 사망자의 경우에는 그 상속인에게, 도주자의 경우에는 그 가족에게 그 내용 및 청구절차 등을 알려 주어야 한다. 다만, 썩거나 없어질 우려가 있는 것은 폐기할 수 있다.

③ 소장은 수용자 외의 사람이 신청한 수용자에 대한 금품의 전달을 허가한 경우 그 금품을 지체 없이 수용자에게 전달하여 사용하게 하여야 한다.

④ 소장은 사망자의 유류품을 건네받을 사람이 원거리에 있는 등 특별한 사정이 있는 경우에는 유류품을 팔아 그 대금을 보내야 한다.

17 「형의 집행 및 수용자의 처우에 관한 법률 시행령」상 수용자의 독거수용에 대한 설명으로 옳지 않은 것은?

① 처우상 독거수용이란 주간에는 교육·작업 등의 처우를 위하여 일과(日課)에 따른 공동생활을 하게 하고, 휴일과 야간에만 독거수용하는 것을 말한다.

② 계호상 독거수용이란 사람의 생명·신체의 보호 또는 교정시설의 안전과 질서유지를 위하여 항상 독거수용하고 다른 수용자와의 접촉을 금지하는 것을 말한다. 다만, 수사·재판·실외운동·목욕·접견·진료 등을 위하여 필요한 경우에는 그러하지 아니하다.

③ 교도관은 계호상 독거수용자를 수시로 시찰하여 건강상 또는 교화상 이상이 없는지 살펴야 하며, 시찰 결과 계호상 독거수용자가 건강상 이상이 있는 것으로 보이는 경우에는 교정시설에 근무하는 의사(공중보건의사를 포함한다)에게 즉시 알려야 하고, 교화상 문제가 있다고 인정하는 경우에는 소장에게 지체 없이 보고하여야 한다.

④ 소장은 계호상 독거수용자를 계속하여 독거수용하는 것이 건강상 또는 교화상 해롭다고 인정하는 경우에는 이를 즉시 중단하여야 한다.

18 「형의 집행 및 수용자의 처우에 관한 법률 시행규칙」상 가석방에 대한 설명으로 옳지 않은 것은?

① 소장은 「형법」 제72조 제1항의 기간을 경과한 수형자로서 교정성적이 우수하고 뉘우치는 빛이 뚜렷하여 재범의 위험성이 없다고 인정하는 경우에는 분류처우위원회의 의결을 거쳐 가석방 적격심사신청 대상자를 선정한다.

② 소장은 가석방 적격심사신청을 위한 사전조사에서 신원에 관한 사항의 조사는 수형자를 수용한 날부터 2개월 이내에 하고, 그 후 변경된 사항이 있는 경우에는 지체 없이 그 내용을 변경하여야 한다.

③ 소장은 가석방 적격심사신청을 위하여 사전조사한 사항을 매월 분류처우위원회의 회의 개최일 전날까지 분류처우심사표에 기록하여야 하며, 이 분류처우심사표는 법무부장관이 정한다.

④ 소장은 가석방이 허가되지 아니한 수형자에 대하여 그 후에 가석방을 허가하는 것이 적당하다고 인정하는 경우에는 다시 가석방 적격심사신청을 할 수 있다.

19 조선시대 행형제도에 대한 설명으로 옳은 것만을 모두 고르면?

> ㄱ. 인신을 직접 구속할 수 있는 권한이 부여된 기관인 직수아문(直囚衙門)에 옥(獄)이 부설되어 있었다.
> ㄴ. 휼형제도(恤刑制度, 또는 휼수제도(恤囚制度))는 조선시대에 들어와서 더욱 폭넓게 사용되었으며, 대표적으로 감강종경(減降從輕)과 보방제도(保放制度)가 있었다.
> ㄷ. 도형(徒刑)에는 태형(笞刑)이 병과되었으며, 도형을 대신하는 것으로 충군(充軍)이 있었다.
> ㄹ. 1895년 「징역처단례」를 통하여 장형(杖刑)과 유형(流刑)을 전면적으로 폐지하였다.

① ㄱ, ㄴ
② ㄷ, ㄹ
③ ㄱ, ㄴ, ㄷ
④ ㄱ, ㄴ, ㄹ

20 「민영교도소 등의 설치 · 운영에 관한 법률」상 민영교도소의 설치 · 운영 등에 대한 설명으로 옳지 않은 것은?

① 교정법인은 이사 중에서 위탁업무를 전담하는 자를 선임(選任)하여야 하며, 위탁업무를 전담하는 이사는 법무부장관의 승인을 받아 취임한다.
② 법무부장관은 사전에 기획재정부장관과 협의하여 민영교도소를 운영하는 교정법인에 대하여 매년 그 교도소의 운영에 필요한 경비를 지급한다.
③ 교정법인의 대표자는 민영교도소의 장 외의 직원을 임면할 권한을 민영교도소의 장에게 위임할 수 있다.
④ 법무부장관은 「민영교도소 등의 설치 · 운영에 관한 법률」에 따른 권한의 일부를 교정본부장에게 위임할 수 있다.

01 형의 집행 및 수용자의 처우에 관한 법령상 사형확정자의 처우에 대한 설명으로 옳은 것은?

① 사형확정자의 접견 횟수는 매월 5회로 하고, 필요하다고 인정하면 접견 횟수를 늘릴 수 있다.

② 사형확정자는 교도소에서만 독거수용하고, 교육·교화프로그램을 위해 필요한 경우에는 혼거수용할 수 있다.

③ 사형확정자를 수용하는 시설의 설비 및 계호의 정도는 일반경비시설 또는 중경비시설에 준한다.

④ 사형확정자가 수용된 거실은 자살방지를 위해 필요한 경우 참관할 수 있다.

02 형의 집행 및 수용자의 처우에 관한 법령상 보호장비에 대한 설명으로 옳지 않은 것은?

① 이송·출정, 그 밖에 교정시설 밖의 장소로 수용자를 호송할 때는 수갑을 사용할 수 있으며, 진료를 받거나 입원 중인 수용자에 대하여 한손수갑을 사용할 수 있다.

② 머리부분을 자해할 우려가 큰 때에는 머리보호장비를 사용할 수 있으며, 머리보호장비를 포함한 다른 보호장비로는 자살·자해를 방지하기 어려운 특별한 사정이 있는 경우는 보호침대를 사용할 수 있다.

③ 하나의 보호장비로 사용목적을 달성할 수 없는 경우에는 둘 이상의 보호장비를 사용할 수 있으며, 주로 수갑과 보호의자를 함께 사용한다.

④ 보호침대는 그 사용을 일시 중지하거나 완화하는 경우를 포함하여 8시간을 초과하여 사용할 수 없으며, 사용 중지 후 4시간이 경과하지 아니하면 다시 사용할 수 없다.

03 「형의 집행 및 수용자의 처우에 관한 법률」상 수형자에 대한 휴일의 작업부과 사유로 옳지 않은 것은?

① 취사·청소·간병 등 교정시설의 운영과 관리에 필요한 작업을 하는 경우

② 작업장의 운영을 위하여 불가피한 경우

③ 공공의 안전이나 공공의 이익을 위하여 긴급히 필요한 경우

④ 교도관이 신청하는 경우

04 「형의 집행 및 수용자의 처우에 관한 법률」상 권리구제에 대한 설명으로 옳은 것은?

① 소장은 수용자의 신청에 따라 면담한 결과, 처리가 필요한 사항이 있으면 그 결과를 수용자에게 알려야 한다.

② 수용자가 순회점검공무원에게 말로 청원하여 순회점검공무원이 그 청원을 청취하는 경우에는 해당 교정시설의 교도관이 참여한다.

③ 수용자는 그 처우에 관하여 불복하는 경우 법무부장관·순회점검공무원 또는 소장에게 청원할 수 있다.

④ 수용자는 「공공기관의 정보공개에 관한 법률」에 따라 법무부장관, 순회점검공무원 또는 관할 지방교정청장에게 정보의 공개를 청구할 수 있다.

05 형의 집행 및 수용자의 처우에 관한 법령상 가석방심사위원회에 대한 설명으로 옳지 않은 것은?

① 가석방심사위원회는 위원장을 포함한 5명 이상 9명 이하의 위원으로 구성한다.

② 가석방심사위원회 위원은 판사, 검사, 변호사, 법무부 소속 공무원, 교정에 관한 학식과 경험이 풍부한 사람 중에서 법무부장관이 임명 또는 위촉한다.

③ 가석방심사위원회 위원장은 법무부장관이 된다.

④ 가석방심사위원회의 회의는 재적위원 과반수의 출석으로 개의하고, 출석위원 과반수의 찬성으로 의결한다.

06 형의 집행 및 수용자의 처우에 관한 법령상 교화프로그램에 대한 설명으로 옳지 않은 것은?

① 소장은 수형자의 교정교화를 위하여 상담·심리치료, 그 밖의 교화프로그램을 실시하여야 한다.

② 소장은 수형자의 인성 함양 등을 위하여 문화예술과 관련된 다양한 프로그램을 개발하여 운영할 수 있다.

③ 소장은 교화프로그램의 효과를 높이기 위하여 범죄 유형별로 적절한 교화프로그램의 내용, 교육장소 및 전문인력의 확보 등 적합한 환경을 갖추도록 노력하여야 한다.

④ 가족관계회복프로그램 대상 수형자는 교도관회의의 심의를 거쳐 선발하고, 참여인원은 5명 이내의 가족으로 하며, 특히 필요하다고 인정하면 참여인원을 늘릴 수 있다.

07 밀러(Miller)의 하류계층 문화이론(lower class culture theory)에 대한 설명으로 옳지 않은 것은?

① 밀러는 하류계층의 문화를 고유의 전통과 역사를 가진 독자적 문화로 보았다.

② 하류계층의 여섯 가지 주요한 관심의 초점은 사고치기(trouble), 강인함(toughness), 영악함(smartness), 흥분추구(excitement), 운명(fate), 자율성(autonomy)이다.

③ 중류계층의 관점에서 볼 때, 하류계층 문화는 중류계층 문화의 가치와 갈등을 초래하여 범죄적·일탈적 문화로 간주된다.

④ 범죄와 비행은 중류계층 문화에 대한 저항으로서 하류계층 문화 자체에서 발생한다.

08 교정이념 중 무력화(incapacitation)에 대한 설명으로 옳지 않은 것은?

① 일반적으로 구금을 의미하고, 국외추방이나 사형집행도 포함한다.

② 집단적 무력화(collective incapacitation)란 재범의 위험성이 높다고 판단되는 상습범죄자의 구금을 통해 추가적인 범죄가 발생할 가능성을 제거하는 것을 의미한다.

③ 선택적 무력화(selective incapacitation)는 과학적인 방법으로 범죄를 예측하며, 교정자원을 효율적으로 활용할 수 있다.

④ 무력화 대상자 선택에 있어 잘못된 긍정(false positive)과 잘못된 부정(false negative)의 문제를 야기할 수 있다.

09 연구방법론에 대한 설명으로 옳지 않은 것은?

① 실험연구는 연구결과의 외적 타당성을 확보하기에
유용한 연구방법이다.

② 범죄피해조사는 연구대상자로 하여금 범죄피해 경
험을 스스로 보고하게 하는 연구방법으로 암수범죄
(Dunkelfeld)를 파악하는 데 용이하다.

③ 사례연구는 연구대상자에 대한 깊이 있는 정밀조사
를 목표로 하며, 서덜랜드(Sutherland)의 전문절도
범(the professional thief) 연구가 대표적이다.

④ 참여관찰법은 연구자가 스스로 범죄집단에 참여함
으로써 연구대상을 관찰하여 자료를 수집하는 연구
방법이다.

10 형의 집행 및 수용자의 처우에 관한 법령상 귀휴제도에
대한 설명으로 옳은 것은?

① 소장은 6개월 이상 형을 집행받은 수형자로서 그 형
기의 3분의 1이 지나고 교정성적이 우수한 사람이
가족 또는 배우자의 직계존속이 위독한 때에는 형
기 중 20일 이내의 귀휴를 허가할 수 있다.

② 귀휴자는 귀휴 중 천재지변이나 그 밖의 사유로 자
신의 신상에 중대한 사고가 발생한 경우에는 가까
운 교정시설이나 경찰관서에 신고하여야 한다.

③ 귀휴기간은 형 집행 기간에 포함되나 특별귀휴기간
은 형 집행 기간에 포함되지 않는다.

④ 귀휴자의 여비는 본인이 부담하지만, 귀휴자가 신청
할 경우 소장은 예산의 범위 내에서 지원할 수 있다.

11 「범죄피해자 보호법」상 형사조정에 대한 설명으로 옳지
않은 것은?

① 검사는 피의자와 범죄피해자 사이에 형사분쟁을 공
정하고 원만하게 해결하여 범죄피해자가 입은 피해
를 실질적으로 회복하는 데 필요하다고 인정하면
직권으로 수사 중인 형사사건을 형사조정에 회부할
수 있다.

② 형사조정위원회는 필요하다고 인정하면 직권으로
형사조정의 결과에 이해관계가 있는 사람을 형사조
정에 참여하게 할 수 있다.

③ 검사는 형사사건을 수사하고 처리할 때 형사조정이
성립되지 아니하였다는 사정을 피의자에게 불리하
게 고려하여서는 아니 된다.

④ 검사는 기소유예처분 사유에 해당함이 명백한 형사
사건을 형사조정에 회부하여서는 아니 된다.

12 「소년법」상 보호사건의 조사와 심리에 대한 설명으로
옳지 않은 것은?

① 소년부 또는 조사관이 범죄 사실에 관하여 소년을
조사할 때에는 미리 소년에게 불리한 진술을 거부
할 수 있음을 알려야 한다.

② 소년부는 조사 또는 심리를 할 때에 정신건강의학과
의사 등 전문가의 진단, 소년분류심사원의 분류심
사 결과와 의견, 보호관찰소의 조사결과와 의견 등
을 고려하여야 한다.

③ 소년부 판사는 조사 또는 심리에 필요하다고 인정하
여 기일을 지정해서 소환한 사건 본인의 보호자가
정당한 이유 없이 소환에 응하지 아니하면 동행영
장을 발부할 수 있다.

④ 소년부 판사가 사건을 조사 또는 심리하는 데에 필
요하다고 인정하여 소년의 감호에 관한 결정으로써
병원이나 그 밖의 요양소에 위탁하는 조치를 하는
경우 그 위탁의 최장기간은 2개월이다.

13 「민영교도소 등의 설치·운영에 관한 법률」상 교정업무의 민간 위탁에 대한 설명으로 옳은 것은?

① 법무부장관은 교정업무를 포괄적으로 위탁하여 교도소를 설치·운영하도록 하는 경우 개인에게 위탁할 수 있다.

② 수탁자가 교도소의 설치비용을 부담하는 경우가 아니라면 위탁계약의 기간은 6년 이상 10년 이하로 하며, 그 기간은 갱신이 가능하다.

③ 법무부장관은 위탁계약을 체결하기 전에 계약 내용을 기획재정부장관과 미리 협의하여야 한다.

④ 법무부장관은 수탁자가 「민영교도소 등의 설치·운영에 관한 법률」에 따른 처분을 위반한 경우 1년 동안 위탁업무 전부의 정지를 명할 수 있다.

14 「보호관찰 등에 관한 법률 시행령」상 갱생보호의 개시와 방법에 대한 설명으로 옳지 않은 것은?

① 숙식제공은 6월을 초과할 수 없으나, 필요하다고 인정하는 때에는 매회 6월의 범위 내에서 3회에 한하여 그 기간을 연장할 수 있다.

② 주거 지원은 갱생보호 대상자에게 주택의 임차에 필요한 지원을 하는 것이다.

③ 갱생보호는 갱생보호 대상자가 친족 또는 연고자 등으로부터 도움을 받을 수 없는 경우에 한정하여 행한다.

④ 취업 지원은 갱생보호 대상자에게 직장을 알선하고 필요한 경우 신원을 보증하는 것이다.

15 보호관찰 등에 관한 법령상 대상자의 특별준수사항을 포함한 준수 사항으로 옳지 않은 것은?

① 사행행위에 빠지지 아니할 것

② 피해자 등 재범의 대상이 될 우려가 있는 특정인에 대한 접근금지

③ 주거를 이전할 때에는 미리 보호관찰관의 허가를 받을 것

④ 일정량 이상의 음주를 하지 말 것

16 발달이론에 관한 설명으로 옳지 않은 것은?

① 글룩(Glueck)부부는 반사회적인 아이들은 성인이 되어 가해 경력을 지속할 가능성이 크다고 보았다.

② 모피트(T. Moffitt)의 생애지속형(life-course-persistent) 비행청소년은 생래적인 신경심리적 결함이 주된 비행의 원인이며, 유아기의 비행은 성인기까지도 지속된다.

③ 손베리(T. Thornberry)는 후기개시형(late starters) 비행청소년 일탈의 원인을 비행친구와의 접촉으로 보았다.

④ 샘슨(R. Sampson)과 라웁(J. Laub)은 생애주기에 있어 시기에 따라 서로 다른 비공식적 사회통제가 존재하며 인생의 전환점에 의해 언제든지 변할 수 있다고 보았다.

17 「형의 집행 및 수용자의 처우에 관한 법률 시행규칙」상 분류심사에 관한 설명으로 옳은 것은?

① 정기재심사는 일정한 형기가 도달한 때 하는 재심사를 말하고, 형기의 3분의 1에 도달한 때 실시하며, 부정기형의 정기재심사 시기는 장기형을 기준으로 한다.

② 분류조사 방법에는 수용기록 확인 및 수형자와의 상담, 수형자의 가족 등과의 면담, 외부전문가에 대한 의견조회 등이 포함된다.

③ 수형자가 질병으로 인해 분류심사가 곤란한 경우, 소장은 그 수형자에 대해서는 분류심사를 하지 아니한다.

④ 소장은 분류심사를 위하여 수형자의 인성, 지능, 적성 등의 특성을 진단하기 위한 검사를 할 수 있으며, 인성검사는 신입심사 대상자만을 그 대상으로 한다.

18 「형의 집행 및 수용자의 처우에 관한 법률 시행령」상 지방교정청장의 이송승인권에 따라 수용자의 이송을 승인할 수 있는 경우로 옳지 않은 것은?

① 수용시설의 공사 등으로 수용거실이 일시적으로 부족한 때

② 교정시설 간 수용인원의 뚜렷한 불균형을 조정하기 위하여 특히 필요하다고 인정되는 때

③ 교정시설의 안전과 질서유지를 위하여 긴급하게 이송할 필요가 있다고 인정되는 때

④ 다른 지방교정청장의 요청에 의하여 수용인원을 다른 지방교정청과 조정할 필요가 있을 때

19 형의 집행 및 수용자의 처우에 관한 법령상 수형자의 사회적 처우와 위로금에 대한 설명으로 옳은 것은?

① 화상접견은 접견 허용횟수에 포함되지만, 가족 만남의 날 참여는 접견 허용횟수에 포함되지 않는다.

② 사회적 처우 활동 중 사회견학이나 사회봉사에 필요한 비용은 수형자가 부담한다.

③ 가족 만남의 집 이용은 완화경비처우급과 개방처우급 수형자에 한하여 그 대상이 될 수 있다.

④ 작업으로 인한 부상으로 신체에 장해가 발생한 때 지급하는 위로금은 소장이 수형자를 석방할 때 수형자 본인에게 지급하여야 한다.

20 외국 국적의 여성 A가 죄를 범해 신입자로 교도소에 수용된 경우 형의 집행 및 수용자의 처우에 관한 법령상 A에 대한 설명으로 옳지 않은 것은?

① 소장은 A가 질병 등으로 위독하거나 사망한 경우에는 그의 국적이 속하는 나라의 외교공관 또는 영사관의 장이나 그 관원 또는 가족에게 이를 즉시 알려야 한다.

② A를 이송이나 출정으로 호송하는 경우 남성수용자와 호송 차량의 좌석을 분리하는 등의 방법으로 서로 접촉하지 못하게 하여야 한다.

③ A와 교정시설 외부의 사람이 접견하는 경우에 접견 내용이 청취·녹음 또는 녹화될 때, A가 국어로 의사소통하기 곤란한 사정이 있는 경우에는 외국어를 사용할 수 있다.

④ 소장은 A가 환자이거나 부득이한 사정이 있는 경우가 아니면 수용된 날부터 3일 동안 신입자거실에 수용해야 하고, 신청에 따라 작업을 부과할 수 있다.

21 「전자장치 부착 등에 관한 법률」상 전자장치 부착에 대한 설명으로 옳은 것은?

① 19세 미만의 사람에 대하여 성폭력범죄를 저지른 경우에는 부착기간 상한을 법이 정한 부착기간 상한의 2배로 한다.

② 19세 미만의 사람에 대하여 성폭력범죄를 저지른 사람에게 부착명령을 선고하는 경우, 법원은 어린이 보호구역 등 특정지역·장소에의 출입금지 및 접근금지를 준수사항으로 부과하여야 한다.

③ 피부착자는 주거를 이전하거나 7일 이상 국내여행을 하거나 출국할 때에는 미리 보호관찰관에게 신고하여야 한다.

④ 살인범죄로 징역형의 실형 이상의 형을 선고받아 그 집행이 면제된 후 다시 살인범죄를 저지른 사람에 대해서 검사는 부착명령을 청구하여야 한다.

22 형의 집행 및 수용자의 처우에 관한 법령과 「소년법」상 소년수용자의 처우에 대한 설명으로 옳지 않은 것은?

① 19세 이상 수형자와 19세 미만 수형자를 같은 교정시설에 수용하는 경우에는 서로 분리하여 수용한다.

② 소년에 대한 부정기형을 집행하는 기관의 장은 형의 단기가 지난 소년범의 행형 성적이 양호하고 교정의 목적을 달성하였다고 인정되는 경우에는 관할 지방법원 판사의 명령에 따라 그 형의 집행을 종료시킬 수 있다.

③ 15년 유기징역형을 선고받은 15세 소년이 3년이 지나 가석방된 경우, 가석방된 후 그 처분이 취소되지 아니하고 3년이 경과한 때에 형의 집행을 종료한 것으로 한다.

④ 19세 미만 수형자의 처우를 전담하는 시설에는 별도의 공동 학습공간을 마련하고 학용품 및 소년의 정서 함양에 필요한 도서, 잡지 등을 갖춰 두어야 한다.

23 다음 글에서 설명하는 이론은?

> 공동체의 사회통제에 대한 노력이 무너질 때 범죄율은 상승하고 지역의 응집력은 약해진다. 이에 지역사회 범죄를 줄이기 위해서는 이웃 간의 유대 강화와 같은 비공식적 사회통제가 중요하며, 특히 주민들의 사회적 참여는 비공식적 사회통제와 밀접하게 관련되어 있다.

① 샘슨(Sampson)의 집합효율성(collective efficacy)

② 쇼(Shaw)와 맥케이(Mckay)의 사회해체(social disorganization)

③ 머튼(Merton)의 긴장(strain)

④ 뒤르켐(Durkheim)의 아노미(anomie)

24 형의 집행 및 수용자의 처우에 관한 법령상 수형자 교육과 작업 시간에 대한 설명으로 옳은 것은?

① 수형자의 1일 작업시간은 휴식시간을 포함하여 8시간을 초과할 수 없다.

② 소장은 교육을 위하여 필요하면 수형자를 중간처우를 위한 전담 교정시설에 수용하여 외부 교육기관에 통학하게 할 수 있다.

③ 소장은 집행할 형기가 1년 남은 수형자도 독학에 의한 학사학위 취득과정 대상자로 선발할 수 있다.

④ 19세 미만 수형자의 1주의 작업시간은 40시간을 초과할 수 없지만, 그 수형자가 신청하는 경우에는 주 8시간 이내의 범위에서 연장할 수 있다.

25 낙인이론(labeling theory)과 전환(diversion)제도에 대한 설명으로 옳지 않은 것은?

① 전환은 범죄자를 공식적인 형사사법절차와 과정으로부터 비공식적인 절차와 과정으로 우회시키는 제도이다.

② 레머트(Lemert)는 비행소년이라는 꼬리표가 청소년의 지속적인 비행을 유발하는 요인이 된다고 하면서, 이를 '악의 극화(the dramatization of evil)'라고 불렀다.

③ 전환은 범죄적 낙인으로 인한 부정적 위험을 피함으로써 이차적 일탈을 방지한다는 장점이 있다.

④ 낙인이론에서는 경미한 범죄에 대하여 공식적 처벌과 같은 낙인보다는 다양한 대체처분으로서의 전환을 강조한다.

교정학개론 | 2024년 국가직 9급

한눈에 훑어보기

✓ 영역 분석

형사정책   01   02   06   08   09   15
6문항, 30%

교정학   03   04   05   07   10   11   12   13   14   16   17   18
14문항, 70%   19   20

✓ 빠른 정답

01	02	03	04	05	06	07	08	09	10
④	③	③	③	②	④	②	③	②	①
11	**12**	**13**	**14**	**15**	**16**	**17**	**18**	**19**	**20**
③	①	③	④	②	②	①	②	①	④

✓ 점수 체크

구분	1회독	2회독	3회독
맞힌 문항 수	/ 20	/ 20	/ 20
나의 점수	점	점	점

01   난도 ★☆☆   정답 ④

형사정책 > 범죄원인론

[정답의 이유]

④ 적법절차모델은 실증주의가 아닌 고전주의에 기반을 두고 있다. 적법절차모델은 공정한 처벌을 통해 사법 정의를 확보하고 범죄자의 인권보호를 위해 적법절차를 중시하는 정의모델에 속한다.

02   난도 ★☆☆   정답 ③

형사정책 > 형벌과 보안처분론

[정답의 이유]

③ 벌금과 과료는 판결확정일로부터 30일 내에 납입하여야 한다. 단, 벌금을 선고할 때에는 동시에 그 금액을 완납할 때까지 노역장에 유치할 것을 명할 수 있다(형법 제69조 제1항).

[오답의 이유]

① 형법 제67조
② 형법 제44조 제2항
④ 형법 제71조

03   난도 ★★★   정답 ③

교정학 > 사회적 처우와 사회내 처우

[정답의 이유]

③ 지역사회 교정은 범죄자가 구금시설에서 일정한 제재를 받은 후, 가석방이나 보호관찰에 처해지면 그에 상응한 처벌적 성격을 지닌 다양한 교정프로그램을 연속적으로 제공하여 빠른 사회복귀와 재통합을 실현하고자 한다.

[오답의 이유]

① 지역사회 교정은 비구금을 통한 처벌 프로그램이므로 과밀수용 문제를 해소하기 위한 방안 중 하나로 볼 수 있다.
② 지역사회 교정은 범죄자에게 사회적 관계의 단절을 막고 낙인효과를 최소화하며, 보다 인도주의적인 처우가 가능하다.
④ 지역사회 교정은 범죄통제의 대상이 아니었던 경범죄까지도 통제대상에 포함하여 실제로 범죄자에 대한 통제를 증대시켰다는 비판이 있다.

04 난도 ★★☆　　　　　　　　　　정답 ③

교정학 > 시설내 처우

정답의 이유

③ 형의 집행 및 수용자의 처우에 관한 법률 시행령 제66조 제1항 제3호

제66조(편지 내용의 검열)
① 소장은 법 제43조 제4항 제4호에 따라 다음 각 호의 어느 하나에 해당하는 수용자가 다른 수용자와 편지를 주고받는 때에는 그 내용을 검열할 수 있다.
　1. 법 제104조 제1항에 따른 마약류사범·조직폭력사범 등 법무부령으로 정하는 수용자인 때
　2. 편지를 주고받으려는 수용자와 같은 교정시설에 수용 중인 때
　3. 규율위반으로 조사 중이거나 징벌집행 중인 때
　4. 범죄의 증거를 인멸할 우려가 있는 때

오답의 이유

① 형의 집행 및 수용자의 처우에 관한 법률 제43조 제1항 제3호

제43조(편지수수)
① 수용자는 다른 사람과 편지를 주고받을 수 있다. 다만, 다음 각 호의 어느 하나에 해당하는 사유가 있으면 그러하지 아니하다.
　1.『형사소송법』이나 그 밖의 법률에 따른 편지의 수수금지 및 압수의 결정이 있는 때
　2. 수형자의 교화 또는 건전한 사회복귀를 해칠 우려가 있는 때
　3. 시설의 안전 또는 질서를 해칠 우려가 있는 때

② 형의 집행 및 수용자의 처우에 관한 법률 시행령 제64조
④ 형의 집행 및 수용자의 처우에 관한 법률 시행령 제67조

05 난도 ★★☆　　　　　　　　　　정답 ②

교정학 > 시설내 처우

정답의 이유

② 형의 집행 및 수용자의 처우에 관한 법률 제96조 제2항

오답의 이유

① 의무관의 의견을 듣지 않고 진정실에 수용할 수 있다(형의 집행 및 수용자의 처우에 관한 법률 제96조 제1항 제1호).

제96조(진정실 수용)
① 소장은 수용자가 다음 각 호의 어느 하나에 해당하는 경우로서 강제력을 행사하거나 제98조의 보호장비를 사용하여도 그 목적을 달성할 수 없는 경우에만 진정실(일반 수용거실로부터 격리되어 있고 방음설비 등을 갖춘 거실을 말한다. 이하 같다)에 수용할 수 있다.
　1. 교정시설의 설비 또는 기구 등을 손괴하거나 손괴하려고 하는 때
　2. 교도관의 제지에도 불구하고 소란행위를 계속하여 다른 수용자의 평온한 수용생활을 방해하는 때

③ 수용자를 진정실에 수용할 수 있는 기간은 계속하여 3일을 초과할 수 없다(형의 집행 및 수용자의 처우에 관한 법률 제96조 제3항).
④ 소장은 수용자를 진정실에 수용하거나 수용기간을 연장하는 경우에는 그 사유를 본인에게 알려 주어야 한다(형의 집행 및 수용자의 처우에 관한 법률 제96조 제4항).

더 알아보기

보호실과 진정실

구분		보호실	진정실
정의		자살 및 자해 방지 등의 설비를 갖춘 거실	일반 수용거실로부터 격리되어 있고, 방음설비 등을 갖춘 거실
수용요건		• 자살 또는 자해의 우려가 있는 때 • 신체적·정신적 질병으로 인하여 특별한 보호가 필요한 때	• 교정시설의 설비 또는 기구 등을 손괴하거나 손괴하려고 하는 때 • 교도관의 제지에도 불구하고 소란행위를 계속하여 다른 수용자의 평온한 수용생활을 방해하는 때
사유의 고지		○	○
기간	수용	15일 이내	24시간 이내
	연장	1회당 7일 이내	1회당 12시간 이내
	최대연장	3개월	3일

06 난도 ★★☆　　　　　　　　　　정답 ④

형사정책 > 범죄원인론

정답의 이유

④ 코헨과 펠슨의 일상활동이론에 대한 설명이다. 일상활동이론은 사회구성원의 일상활동의 변화가 범죄율의 변화에 영향을 준다는 것으로, '동기부여된 범죄자, 적당한 범행대상, 감시의 부재'라는 세 가지 조건이 충족되었을 때 범죄가 일어난다고 본다. 따라서 일상활동이론은 범죄예방의 중점을 범죄자의 성향이나 동기의 감소보다는 환경이나 상황적 요인에 둔다.

07 난도 ★★★　　　　　　　　　　정답 ②

교정학 > 수용자의 법적 지위와 처우

정답의 이유

② 개방처우급 혹은 완화경비처우급 수형자가 중간처우 대상자의 선발절차, 교정시설 또는 지역사회에 설치하는 개방시설의 종류 및 기준, 그 밖에 필요한 사항은 법무부장관이 정한다(형의 집행 및 수용자의 처우에 관한 법률 시행규칙 제93조 제3항).

오답의 이유

① 소장은 개방처우급·완화경비처우급 또는 자치생활 수형자에 대하여 월 2회 이내에서 경기 또는 오락회를 개최하게 할 수 있다. 다만, 소년수형자에 대하여는 그 횟수를 늘릴 수 있다(형의 집행 및 수용자의 처우에 관한 법률 시행규칙 제91조 제1항).

③ 소장은 <u>교화를 위하여</u> 특히 필요한 경우에는 일반경비처우급 수형자에 대하여도 가족 만남의 날 행사 참여 또는 가족 만남의 집 이용을 허가할 수 있다(형의 집행 및 수용자의 처우에 관한 법률 시행규칙 제89조 제3항).

④ 중(重)경비처우급 수형자에 대해서는 <u>처우상</u> 특히 필요한 경우 월 2회 이내 전화통화를 허용할 수 있다(형의 집행 및 수용자의 처우에 관한 법률 시행규칙 제90조 제1항 제4호).

> 제90조(전화통화의 허용횟수)
> ① 수형자의 경비처우급별 전화통화의 허용횟수는 다음 각 호와 같다.
> 1. 개방처우급: 월 20회 이내
> 2. 완화경비처우급: 월 10회 이내
> 3. 일반경비처우급: 월 5회 이내
> 4. 중(重)경비처우급: 처우상 특히 필요한 경우 월 2회 이내

08 난도 ★★★ 　　　　　　　　　　　　정답 ③

형사정책 > 형벌과 보안처분론

[정답의 이유]

③ 징역 또는 금고의 집행을 종료하거나 집행이 면제된 자가 피해자의 손해를 보상하고 자격정지 이상의 형을 받음이 없이 7년을 경과한 때에는 <u>본인 또는 검사의 신청에 의하여</u> 그 재판의 실효를 선고할 수 있다(형법 제81조).

[오답의 이유]

① 형의 실효 등에 관한 법률 제7조 제1항 제3호

> 제7조(형의 실효)
> ① 수형인이 자격정지 이상의 형을 받지 아니하고 형의 집행을 종료하거나 그 집행이 면제된 날부터 다음 각 호의 구분에 따른 기간이 경과한 때에 그 형은 실효된다. 다만, 구류(拘留)와 과료(科料)는 형의 집행을 종료하거나 그 집행이 면제된 때에 그 형이 실효된다.
> 1. 3년을 초과하는 징역·금고: 10년
> 2. 3년 이하의 징역·금고: 5년
> 3. 벌금: 2년

② 형법 제82조

④ 형의 실효 등에 관한 법률 제8조 제1항 제1호

> 제8조(수형인명부 및 수형인명표의 정리)
> ① 다음 각 호의 어느 하나에 해당하는 경우에는 수형인명부의 해당란을 삭제하고 수형인명표를 폐기한다.
> 1. 제7조 또는 「형법」 제81조에 따라 형이 실효되었을 때
> 2. 형의 집행유예기간이 경과한 때
> 3. 자격정지기간이 경과한 때
> 4. 일반사면이나 형의 선고의 효력을 상실하게 하는 특별사면 또는 복권이 있을 때

09 난도 ★★☆ 　　　　　　　　　　　　정답 ②

형사정책 > 형사정책의 개관

[오답의 이유]

ㄴ. 절대적 암수범죄는 실제로 발생했지만 수사기관에서 인지하지 못한 범죄로 피해자와 가해자의 구별이 어려운 범죄, 즉 매춘, 마약, 도박, 낙태 등에서 발생한다.

ㄷ. 상대적 암수범죄는 범죄가 인지는 되었지만 해결되지 않아 범죄통계에 나타나지 않은 범죄이다.

10 난도 ★★★ 　　　　　　　　　　　　정답 ①

교정학 > 시설내 처우

[정답의 이유]

① 소장은 수형자가 개방처우급 또는 완화경비처우급으로서 <u>작업기술이 탁월하고 작업성적이 우수한 경우</u>에는 수형자 자신을 위한 개인작업을 하게 할 수 있다(형의 집행 및 수용자의 처우에 관한 법률 시행규칙 제95조 제1항).

[오답의 이유]

② 형의 집행 및 수용자의 처우에 관한 법률 시행규칙 제95조 제1항

③ 형의 집행 및 수용자의 처우에 관한 법률 시행규칙 제95조 제2항

④ 형의 집행 및 수용자의 처우에 관한 법률 시행규칙 제95조 제3항

11 난도 ★★☆ 　　　　　　　　　　　　정답 ③

교정학 > 시설내 처우

[정답의 이유]

③ 소장은 징벌대상자의 질병이나 그 밖의 특별한 사정으로 인하여 조사를 계속하기 어려운 경우에는 조사를 일시 정지할 수 있다. 이 경우 조사가 정지된 다음 날부터 정지사유가 소멸한 <u>전날까지의</u> 기간은 조사기간에 포함되지 아니한다(형의 집행 및 수용자의 처우에 관한 법률 시행규칙 제221조).

[오답의 이유]

① 형의 집행 및 수용자의 처우에 관한 법률 제112조 제5항

② 형의 집행 및 수용자의 처우에 관한 법률 시행규칙 제220조 제1항

④ 형의 집행 및 수용자의 처우에 관한 법률 제115조 제2항

12 난도 ★☆☆ 　　　　　　　　　　　　정답 ①

교정학 > 시설내 처우

[정답의 이유]

① 천재지변 등에 의해 일시 석방된 사람은 석방 후 24시간 이내에 교정시설 또는 경찰관서에 출석하여야 한다(형의 집행 및 수용자의 처우에 관한 법률 제102조 제4항).

[오답의 이유]

② 교도관은 수용자가 도주 등을 한 경우에는 도주 후 또는 출석기한이 지난 후 72시간 이내에만 그를 체포할 수 있다(형의 집행 및 수용자의 처우에 관한 법률 제103조 제1항).

③ 교도관은 도주한 수용자의 체포를 위하여 긴급히 필요하면 도주 등을 하였다고 의심할 만한 상당한 이유가 있는 사람 또는 도주 등을 한 사람의 이동경로나 소재를 안다고 인정되는 사람을 정지시켜 질문할 수 있다(형의 집행 및 수용자의 처우에 관한 법률 제103조 제2항).

④ 형의 집행 및 수용자의 처우에 관한 법률 제103조 제4항

13 난도 ★★☆ 정답 ③

교정학 > 시설내 처우

정답의 이유

③ 오스본은 조지소년공화국 제도를 오번(Auburn) 교도소에 도입하였는데, 이를 바탕으로 수형자들의 상호부조연맹이라는 자치제를 조직한 것이 행형시설 최초의 수형자자치제(1914)이다.

오답의 이유

① 수형자치제는 악풍 감염이 없는 자를 과학적 분류기법을 통해 선정하며 수형자의 개선 정도에 따라 부정기형 제도와 가석방제도를 적극 활용한다.

② 수형자치제는 훈련을 통해 수형자의 자기통제력과 자기조절력, 사회적응능력을 키워 조기에 사회로 복귀시키려는 제도이다.

④ 수형시설 내에서 무분별한 자유의 허용과 무통제는 오히려 수형자의 범죄상태를 연장시킬 수 있으며, 엄격한 형벌집행을 무산시키고 교도관의 권위를 무너뜨릴 수 있다는 단점이 있다.

14 난도 ★★☆ 정답 ④

교정학 > 교정학의 이해

정답의 이유

ㄱ. 정의모델은 개선모델이나 의료모델을 비판하면서 등장한 모델로, 범죄자를 공정하게 취급하는 것에 중점을 두어 범죄의 갱생보다는 교정제도의 개선을 강조한다.

ㄴ. 의료모델은 범죄행위를 범죄자의 인격이나 사회화과정의 결함으로 간주하여 치료나 교화를 위한 처우 프로그램의 중요성을 강조하는 모델로 가석방제도를 중요시한다.

ㄹ. 재통합모델은 수형자의 주체성과 자율성을 인정하고 수형자에게 사회복귀에 필요한 처우를 부과하여 공동체에 재편입시키는 것에 초점을 둔 모델이다. 범죄자 개인뿐만 아니라 지역사회도 변화되어야 하며, 사회에 범죄자가 통합되어야 범죄문제가 해결될 수 있다고 본다.

오답의 이유

ㄷ. 적응모델은 1960년대에 의료모델에 대한 비판·보완을 위해 등장한 것으로, 교정처우기법으로 현실요법과 교류분석을 중요시한다.

15 난도 ★★☆ 정답 ②

형사정책 > 범죄원인론

정답의 이유

② 소년부 판사는 보조인이 심리절차를 고의로 지연시키는 등 심리진행을 방해하거나 소년의 이익에 반하는 행위를 할 우려가 있다고 판단하는 경우에는 보조인 선임의 허가를 취소할 수 있다(소년법 제17조 제4항).

오답의 이유

① 소년법 제17조의2 제2항 제1호

제17조의2(국선보조인)
② 소년이 소년분류심사원에 위탁되지 아니하였을 때에도 다음의 경우 법원은 직권에 의하거나 소년 또는 보호자의 신청에 따라 보조인을 선정할 수 있다.

1. 소년에게 신체적·정신적 장애가 의심되는 경우
2. 빈곤이나 그 밖의 사유로 보조인을 선임할 수 없는 경우
3. 그 밖에 소년부 판사가 보조인이 필요하다고 인정하는 경우

③ 소년법 제19조 제2항
④ 소년법 제21조 제1항

16 난도 ★★★ 정답 ②

교정학 > 시설내 처우

정답의 이유

② 형의 집행 및 수용자의 처우에 관한 법률 제28조 제1항

오답의 이유

① 소장은 수용자가 석방될 때 보관하고 있던 수용자의 휴대금품을 본인에게 돌려주어야 한다. 다만, 보관품을 한꺼번에 가져가기 어려운 경우 등 특별한 사정이 있어 수용자가 석방 시 소장에게 일정 기간 동안(1개월 이내의 범위로 한정한다) 보관품을 보관하여 줄 것을 신청하는 경우에는 그러하지 아니하다(형의 집행 및 수용자의 처우에 관한 법률 제29조 제1항).

③ 소장은 법 제27조 제1항에 따라 수용자에 대한 금품의 전달을 허가한 경우에는 그 금품을 보관한 후 해당 수용자가 사용하게 할 수 있다(형의 집행 및 수용자의 처우에 관한 법률 시행령 제42조 제1항).

④ 소장은 사망자의 유류품을 건네받을 사람이 원거리에 있는 등 특별한 사정이 있는 경우에는 유류품을 받을 사람의 청구에 따라 유류품을 팔아 그 대금을 보낼 수 있다(형의 집행 및 수용자의 처우에 관한 법률 시행령 제45조 제1항).

17 난도 ★★★ 　　　　　　　　　　　　　　　정답 ①

교정학 > 교정시설과 수용제도론

정답의 이유

① 처우상 독거수용이란 주간에는 교육·작업 등의 처우를 위하여 일과에 따른 공동생활을 하게 하고 휴업일과 야간에만 독거수용하는 것을 말한다(형의 집행 및 수용자의 처우에 관한 법률 시행령 제5조 제1호).

오답의 이유

② 형의 집행 및 수용자의 처우에 관한 법률 시행령 제5조 제2호
③ 형의 집행 및 수용자의 처우에 관한 법률 시행령 제6조
④ 형의 집행 및 수용자의 처우에 관한 법률 시행령 제6조 제4항

18 난도 ★☆☆ 　　　　　　　　　　　　　　　정답 ②

교정학 > 사회적 처우와 사회내 처우

정답의 이유

② 소장은 가석방 적격심사신청을 위한 사전조사에서 신원에 관한 사항에 대한 조사는 수형자를 수용한 날부터 1개월 이내에 하고, 그 후 변경할 필요가 있는 사항이 발견되거나 가석방 적격심사신청을 위하여 필요한 경우에 한다(형의 집행 및 수용자의 처우에 관한 법률 시행규칙 제249조 제1항).

오답의 이유

① 형의 집행 및 수용자의 처우에 관한 법률 시행규칙 제245조 제1항
③ 형의 집행 및 수용자의 처우에 관한 법률 시행규칙 제248조 제1항·제2항
④ 형의 집행 및 수용자의 처우에 관한 법률 시행규칙 제251조

19 난도 ★★★ 　　　　　　　　　　　　　　　정답 ①

교정학 > 사회적 처우와 사회내 처우

정답의 이유

ㄱ. 직수아문(直囚衙門)은 인신을 구금할 수 있는 권한이 부여된 기관으로, 형조·병조·한성부·사헌부·승정원·장례원·종부시 등의 중앙관서와 관찰사나 지방 수령이 관장하는 지방 관청에서만 죄인을 직접 구금할 수 있었다.

ㄴ. 휼형제도는 옥에 갇힌 죄수를 구제하는 정책으로 조선시대에 들어와서 더욱 폭넓게 사용되었다. 이 중 감강종경(減降從輕)은 사형(死刑)은 유형(流刑)으로, 유형(流刑)은 도형(徒刑)으로, 도형(徒刑)은 장형(杖刑)으로 형을 감형하는 제도이며, 보방제도(保放制度)는 구금 중인 죄인의 건강상태가 좋지 않거나 부모상을 당하면 옥에서 석방하여 불구속 상태로 재판을 받게 하거나 상을 치르고 다시 구금하는 제도이다.

오답의 이유

ㄷ. 도형(徒刑)은 비교적 중한 죄를 범한 자에 대해 군역에 복무하게 하거나 힘든 노역을 하게 하는 것인데, 항상 장형(杖刑)을 함께 부과하였다. 도형의 일종인 충군(充軍)은 노역 대신에 군역에 복무시키는 형벌이다.

ㄹ. 1895년 5월 2일 법률 제6호로 제정된 징역처단례를 통해 장형을 폐지하고, 종전의 유형과도형을 징역형으로 바꾸었다.

20 난도 ★★☆ 　　　　　　　　　　　　　　　정답 ④

교정학 > 교정의 민영화

정답의 이유

④ 법무부장관은 민영교도소 등의 설치·운영에 관한 법률에 따른 권한의 일부를 관할 지방교정청장에게 위임할 수 있다(민영교도소 등의 설치·운영에 관한 법률 제39조).

오답의 이유

① 민영교도소 등의 설치·운영에 관한 법률 제11조 제1항·제2항
② 민영교도소 등의 설치·운영에 관한 법률 제23조 제1항
③ 민영교도소 등의 설치·운영에 관한 법률 제29조 제2항

교정학 | 2023년 국가직 7급

한눈에 훑어보기

✔ 빠른 정답

01	02	03	04	05	06	07	08	09	10
③	③	④	①	③	③	④	②	①	②
11	12	13	14	15	16	17	18	19	20
④	④	③	③	③	③	②	④	①	④
21	22	23	24	25					
④	②	①	②	②					

✔ 점수 체크

구분	1회독	2회독	3회독
맞힌 문항 수	/ 25	/ 25	/ 25
나의 점수	점	점	점

01 난도 ★★☆ 　　　　　　　　　　 정답 ③

교정학 > 수용자의 법적 지위와 처우

[정답의 이유]

③ 형의 집행 및 수용자의 처우에 관한 법률 시행령 제108조

[오답의 이유]

① 사형확정자의 접견 횟수는 매월 4회로 하고, 소장은 사형확정자의 교화나 심리적 안정을 도모하기 위하여 특히 필요하다고 인정하면 접견 횟수를 늘릴 수 있다(형의 집행 및 수용자의 처우에 관한 법률 시행령 제109조 · 제110조).

② 사형확정자는 교도소 및 구치소에 독거수용한다. 다만, 자살방지, 교육 · 교화프로그램, 작업, 그 밖의 적절한 처우를 위하여 필요한 경우에는 법무부령으로 정하는 바에 따라 혼거수용할 수 있다(형의 집행 및 수용자의 처우에 관한 법률 제11조 제1항 제4호 · 제89조 제1항).

> **제11조(구분수용)**
> ① 수용자는 다음 각 호에 따라 구분하여 수용한다.
> 　1. 19세 이상 수형자: 교도소
> 　2. 19세 미만 수형자: 소년교도소
> 　3. 미결수용자: 구치소
> 　4. 사형확정자: 교도소 또는 구치소. 이 경우 구체적인 구분 기준은 법무부령으로 정한다.

④ 사형확정자가 수용된 거실은 참관할 수 없다(형의 집행 및 수용자의 처우에 관한 법률 제89조 제2항).

02 난도 ★★☆ 　　　　　　　　　　 정답 ③

교정학 > 시설내 처우

[정답의 이유]

③ 하나의 보호장비로 사용목적을 달성할 수 없는 경우에는 둘 이상의 보호장비를 사용할 수 있다. 다만, 보호의자를 사용하는 경우에는 다른 보호장비와 같이 사용할 수 없다(형의 집행 및 수용자의 처우에 관한 법률 시행규칙 제180조)

> **제180조(둘 이상의 보호장비 사용)**
> 하나의 보호장비로 사용목적을 달성할 수 없는 경우에는 둘 이상의 보호장비를 사용할 수 있다. 다만, 다음 각 호의 어느 하나에 해당하는 경우에는 다른 보호장비와 같이 사용할 수 없다.
> 1. 보호의자를 사용하는 경우
> 2. 보호침대를 사용하는 경우

① 형의 집행 및 수용자의 처우에 관한 법률 제97조 제1항 제1호·제98조 제2항 제1호, 시행규칙 제172조 제1항 제3호

제97조(보호장비의 사용)

① 교도관은 수용자가 다음 각 호의 어느 하나에 해당하면 보호장비를 사용할 수 있다.

    1. 이송·출정, 그 밖에 교정시설 밖의 장소로 수용자를 호송하는 때

    2. 도주·자살·자해 또는 다른 사람에 대한 위해의 우려가 큰 때

    3. 위력으로 교도관의 정당한 직무집행을 방해하는 때

    4. 교정시설의 설비·기구 등을 손괴하거나 그 밖에 시설의 안전 또는 질서를 해칠 우려가 큰 때

제98조(보호장비의 종류 및 사용요건)

② 보호장비의 종류별 사용요건은 다음 각 호와 같다.

    1. 수갑·포승: 제97조 제1항 제1호부터 제4호까지의 어느 하나에 해당하는 때

    2. 머리보호장비: 머리부분을 자해할 우려가 큰 때

    3. 발목보호장비·보호대·보호의자: 제97조 제1항 제2호부터 제4호까지의 어느 하나에 해당하는 때

    4. 보호침대·보호복: 자살·자해의 우려가 큰 때

---

② 형의 집행 및 수용자의 처우에 관한 법률 제98조 제2항 제2호, 시행규칙 제177조 제1항

④ 형의 집행 및 수용자의 처우에 관한 법률 시행규칙 제177조 제2항

제176조(보호의자의 사용방법)

② 보호의자는 제184조 제2항에 따라 그 사용을 일시 중지하거나 완화하는 경우를 포함하여 8시간을 초과하여 사용할 수 없으며, 사용 중지 후 4시간이 경과하지 아니하면 다시 사용할 수 없다.

시행규칙 제177조(보호침대의 사용방법)

② 보호침대의 사용에 관하여는 제176조 제2항을 준용한다.

---

03   난도 ★☆☆   정답 ④

교정학 > 시설내 처우

정답의 이유

④ 형의 집행 및 수용자의 처우에 관한 법률 제71조 제5항 제4호

제71조(작업시간 등)

⑤ 공휴일·토요일과 대통령령으로 정하는 휴일에는 작업을 부과하지 아니한다. 다만, 다음 각 호의 어느 하나에 해당하는 경우에는 작업을 부과할 수 있다.

    1. 제2항에 따른 교정시설의 운영과 관리에 필요한 작업을 하는 경우

    2. 작업장의 운영을 위하여 불가피한 경우

    3. 공공의 안전이나 공공의 이익을 위하여 긴급히 필요한 경우

    4. 수형자가 신청하는 경우

---

① 형의 집행 및 수용자의 처우에 관한 법률 제71조 제5항 제1호

② 형의 집행 및 수용자의 처우에 관한 법률 제71조 제5항 제2호

③ 형의 집행 및 수용자의 처우에 관한 법률 제71조 제5항 제3호

---

04   난도 ★★☆   정답 ①

교정학 > 수용자의 법적 지위와 처우

정답의 이유

① 형의 집행 및 수용자의 처우에 관한 법률 제116조 제1항·제4항

제116조(소장 면담)

① 수용자는 그 처우에 관하여 소장에게 면담을 신청할 수 있다.

② 소장은 수용자의 면담신청이 있으면 다음 각 호의 어느 하나에 해당하는 사유가 있는 경우를 제외하고는 면담을 하여야 한다.

    1. 정당한 사유 없이 면담사유를 밝히지 아니하는 때

    2. 면담목적이 법령에 명백히 위배되는 사항을 요구하는 것인 때

    3. 동일한 사유로 면담한 사실이 있음에도 불구하고 정당한 사유 없이 반복하여 면담을 신청하는 때

    4. 교도관의 직무집행을 방해할 목적이라고 인정되는 상당한 이유가 있는 때

③ 소장은 특별한 사정이 있으면 소속 교도관으로 하여금 그 면담을 대리하게 할 수 있다. 이 경우 면담을 대리한 사람은 그 결과를 소장에게 지체 없이 보고하여야 한다.

④ 소장은 면담한 결과 처리가 필요한 사항이 있으면 그 처리결과를 수용자에게 알려야 한다.

---

② 수용자가 순회점검공무원에게 말로 청원하여 순회점검공무원이 그 청원을 청취하는 경우에는 해당 교정시설의 교도관이 참여하여서는 아니 된다(형의 집행 및 수용자의 처우에 관한 법률 제117조 제4항).

③ 수용자는 그 처우에 관하여 불복하는 경우 법무부장관·순회점검공무원 또는 관할 지방교정청장에게 청원할 수 있다(형의 집행 및 수용자의 처우에 관한 법률 제117조 제1항).

④ 수용자는 공공기관의 정보공개에 관한 법률에 따라 법무부장관, 지방교정청장 또는 소장에게 정보의 공개를 청구할 수 있다(형의 집행 및 수용자의 처우에 관한 법률 제117조의2 제1항).

---

05   난도 ★☆☆   정답 ③

교정학 > 교정시설과 수용제도론

정답의 이유

③ 위원장은 법무부차관이 되고, 위원은 판사, 검사, 변호사, 법무부 소속 공무원, 교정에 관한 학식과 경험이 풍부한 사람 중에서 법무부장관이 임명 또는 위촉한다(형의 집행 및 수용자의 처우에 관한 법률 제120조 제2항).

① 형의 집행 및 수용자의 처우에 관한 법률 제120조 제1항

② 형의 집행 및 수용자의 처우에 관한 법률 제120조 제2항

④ 형의 집행 및 수용자의 처우에 관한 법률 시행규칙 제242조 제1항

06 난도 ★★★ 정답 ③

교정학 > 시설내 처우

정답의 이유

③ 소장은 교화프로그램의 효과를 높이기 위하여 범죄원인별로 적절한 교화프로그램의 내용, 교육장소 및 전문인력의 확보 등 적합한 환경을 갖추도록 노력하여야 한다(형의 집행 및 수용자의 처우에 관한 법률 제64조 제2항).

오답의 이유

① 형의 집행 및 수용자의 처우에 관한 법률 제64조 제1항

② 소장은 수형자의 인성 함양, 자아존중감 회복 등을 위하여 음악, 미술, 독서 등 문화예술과 관련된 다양한 프로그램을 도입하거나 개발하여 운영할 수 있다(형의 집행 및 수용자의 처우에 관한 법률 시행규칙 제115조).

④ 형의 집행 및 수용자의 처우에 관한 법률 시행규칙 제117조 제2항

07 난도 ★★☆ 정답 ④

형사정책 > 범죄원인론

정답의 이유

④ 코헨의 비행하위문화이론에 대한 내용이다. 코헨은 비행하위문화이론에서 중류계층의 가치체계에 의해 지배되는 사회에서는 하류계층의 소년들이 성공목표를 합법적으로 달성할 수 없기 때문에 좌절을 경험한다고 보았다. 이에 따라 하류계층의 소년들이 사회적으로 불만을 느끼게 되고, 그 반동으로 비행집단과 어울려 일반적인 사회규범을 무시하는 범죄나 비행으로 나아가게 된다고 주장하였다.

오답의 이유

①·③ 밀러는 하류계층의 문화를 중류계층과 상관없는 고유의 전통과 역사를 가진 독자적 문화로 보았다. 이러한 하류계층의 문화는 중류계층 문화의 가치와 갈등을 초래하며, 중류계층의 문화와 가치에 반하는 행위들이 중류계층에 의해 범죄적·일탈적 행위로 간주된다.

② 밀러는 하류계층의 주요 관심 초점을 사고치기(trouble), 강인함(toughness), 영악함(smartness), 흥분추구(excitement), 운명(fate), 자율성(autonomy)으로 구분하였다.

08 난도 ★☆☆ 정답 ②

교정학 > 교정학의 이해

정답의 이유

② 선택적 무력화에 대한 설명이다. 집단적 무력화는 개인별 재범 위험성 정도를 고려하지 않고 동일한 행위를 저지른 모든 사람에게 같은 형량을 부과하는 것을 의미한다.

① 무력화란 범죄자가 구금기간 동안 범행을 할 수 없도록 범행 능력을 무력화시키는 것을 의미한다. 일반적으로는 구금을 의미하고, 국외추방이나 사형집행도 포함한다.

③ 선택적 무력화는 과학적인 방법으로 범죄자를 선별해 재범 위험성이 높은 범죄자들을 격리함으로써 교정시설의 과밀수용 문제를 해소하는 등 교정자원을 효율적으로 활용할 수 있도록 한다.

④ 선택적 무력화는 잘못된 긍정과 잘못된 부정이라는 문제를 야기할 수 있다. 잘못된 긍정은 위험성이 없음에도 위험성이 있는 것으로 예측하여 안전한 사람을 지속적으로 수용함으로써 개인의 자유와 인권을 침해할 우려가 있다. 잘못된 부정은 위험성이 있음에도 위험성이 없는 것으로 예측하여 재범 위험이 높은 대상자를 구금하지 않음으로써 무력화하지 못할 우려가 있다.

09 난도 ★☆☆ 정답 ①

형사정책 > 형사정책의 개관

정답의 이유

① 실험연구는 통제된 상황에서 독립변인을 인위적으로 조작하여 그것이 종속변인에 어떤 영향을 미치는지를 관찰하는 연구방법으로, 내적 타당성에 영향을 미치는 요인들을 통제하는 데 가장 유용하다.

10 난도 ★★☆ 정답 ②

교정학 > 사회적 처우와 사회내 처우

정답의 이유

② 형의 집행 및 수용자의 처우에 관한 법률 시행령 제97조 제2항

오답의 이유

① 소장은 6개월 이상 형을 집행받은 수형자로서 그 형기의 3분의 1(21년 이상의 유기형 또는 무기형의 경우에는 7년)이 지나고 교정성적이 우수한 사람이 가족 또는 배우자의 직계존속이 위독한 때에는 1년 중 20일 이내의 귀휴를 허가할 수 있다(형의 집행 및 수용자의 처우에 관한 법률 제77조 제1항 제1호).

제77조(귀휴)

① 소장은 6개월 이상 형을 집행받은 수형자로서 그 형기의 3분의 1(21년 이상의 유기형 또는 무기형의 경우에는 7년)이 지나고 교정성적이 우수한 사람이 다음 각 호의 어느 하나에 해당하면 1년 중 20일 이내의 귀휴를 허가할 수 있다.

  1. 가족 또는 배우자의 직계존속이 위독한 때
  2. 질병이나 사고로 외부의료시설에의 입원이 필요한 때
  3. 천재지변이나 그 밖의 재해로 가족, 배우자의 직계존속 또는 수형자 본인에게 회복할 수 없는 중대한 재산상의 손해가 발생하였거나 발생할 우려가 있는 때
  4. 그 밖에 교화 또는 건전한 사회복귀를 위하여 법무부령으로 정하는 사유가 있는 때

---

③ 일반귀휴 및 특별귀휴 기간은 형 집행기간에 포함한다(형의 집행 및 수용자의 처우에 관한 법률 제77조 제4항).

④ 귀휴자의 여비와 귀휴 중 착용할 복장은 본인이 부담하지만, 귀휴자가 신청할 경우 소장은 작업장려금의 전부 또는 일부를 귀휴비용으로 사용하게 할 수 있다(형의 집행 및 수용자의 처우에 관한 법률 시행규칙 제142조).

11 난도 ★★★ 정답 ④

형사정책 > 범죄피해자론

정답의 이유

④ 형사조정에 회부할 수 있는 형사사건의 구체적인 범위는 대통령령으로 정한다. 다만, 불기소처분의 사유에 해당함이 명백한 경우에는 형사조정에 회부하여서는 아니 된다(범죄피해자 보호법 제41조 제2항 제3호).

제41조(형사조정 회부)
② 형사조정에 회부할 수 있는 형사사건의 구체적인 범위는 대통령령으로 정한다. 다만, 다음 각 호의 어느 하나에 해당하는 경우에는 형사조정에 회부하여서는 아니 된다.
  1. 피의자가 도주하거나 증거를 인멸할 염려가 있는 경우
  2. 공소시효의 완성이 임박한 경우
  3. 불기소처분의 사유에 해당함이 명백한 경우(다만, 기소유예처분의 사유에 해당하는 경우는 제외한다)

오답의 이유

① 검사는 피의자와 범죄피해자 사이에 형사분쟁을 공정하고 원만하게 해결하여 범죄피해자가 입은 피해를 실질적으로 회복하는 데 필요하다고 인정하면 당사자의 신청 또는 직권으로 수사 중인 형사사건을 형사조정에 회부할 수 있다(범죄피해자 보호법 제41조 제1항).

② 형사조정위원회는 필요하다고 인정하면 형사조정의 결과에 이해관계가 있는 사람의 신청 또는 직권으로 이해관계인을 형사조정에 참여하게 할 수 있다(범죄피해자 보호법 제43조 제3항).

③ 검사는 형사사건을 수사하고 처리할 때 형사조정 결과를 고려할 수 있다. 다만, 형사조정이 성립되지 아니하였다는 사정을 피의자에게 불리하게 고려하여서는 아니 된다(범죄피해자 보호법 제45조 제4항).

12 난도 ★☆☆ 정답 ④

형사정책 > 소년범죄론

정답의 이유

④ 소년부 판사가 사건을 조사 또는 심리하는 데에 필요하다고 인정하여 소년의 감호에 관한 결정으로써 병원이나 그 밖의 요양소에 위탁하는 조치를 하는 경우 그 위탁의 최장기간은 3개월이다(소년법 제18조 제1항 제2호 · 제3항).

제18조(임시조치)
① 소년부 판사는 사건을 조사 또는 심리하는 데에 필요하다고 인정하면 소년의 감호에 관하여 결정으로써 다음 각 호의 어느 하나에 해당하는 조치를 할 수 있다.
  1. 보호자, 소년을 보호할 수 있는 적당한 자 또는 시설에 위탁
  2. 병원이나 그 밖의 요양소에 위탁
  3. 소년분류심사원에 위탁
③ 제1항 제1호 및 제2호의 위탁기간은 3개월을, 제1항제3호의 위탁기간은 1개월을 초과하지 못한다. 다만, 특별히 계속 조치할 필요가 있을 때에는 한 번에 한하여 결정으로써 연장할 수 있다.

오답의 이유

① 소년법 제10조

② 소년부는 조사 또는 심리를 할 때에 정신건강의학과의사 · 심리학자 · 사회사업가 · 교육자나 그 밖의 전문가의 진단, 소년 분류심사원의 분류심사 결과와 의견, 보호관찰소의 조사결과와 의견 등을 고려하여야 한다(소년법 제12조).

③ 소년부 판사는 사건의 조사 또는 심리에 필요하다고 인정하면 기일을 지정하여 사건 본인이나 보호자 또는 참고인을 소환할 수 있다. 사건 본인이나 보호자가 정당한 이유 없이 소환에 응하지 아니하면 소년부 판사는 동행영장을 발부할 수 있다(소년법 제13조).

13 난도 ★★☆ 정답 ③

교정학 > 교정의 민영화

정답의 이유

③ 민영교도소 등의 설치 · 운영에 관한 법률 제4조 제3항

오답의 이유

① 법무부장관은 필요하다고 인정하면 이 법에서 정하는 바에 따라 교정업무를 공공단체 외의 법인 · 단체 또는 그 기관이나 개인에게 위탁할 수 있다. 다만, 교정업무를 포괄적으로 위탁하여 한 개 또는 여러 개의 교도소 등을 설치 · 운영하도록 하는 경우에는 법인에만 위탁할 수 있다(민영교도소 등의 설치 · 운영에 관한 법률 제3조 제1항).

② 수탁자가 교도소의 설치비용을 부담하는 경우가 아니라면 위탁계약의 기간은 1년 이상 5년 이하로 하며, 그 기간은 갱신이 가능하다(민영교도소 등의 설치 · 운영에 관한 법률 제4조 제4항 제2호).

제4조(위탁계약의 체결)
④ 위탁계약의 기간은 다음과 같이 하되, 그 기간은 갱신할 수 있다.
  1. 수탁자가 교도소 등의 설치비용을 부담하는 경우: 10년 이상 20년 이하
  2. 그 밖의 경우: 1년 이상 5년 이하

④ 법무부장관은 수탁자가 이 법 또는 이 법에 따른 명령이나 처분을 위반하면 6개월 이내의 기간을 정하여 위탁업무의 전부 또는 일부의 정지를 명할 수 있다(민영교도소 등의 설치 · 운영에 관한 법률 제6조 제1항).

14 난도 ★★★   정답 ③

형사정책 > 형벌과 보안처분론

[정답의 이유]

③ 갱생보호는 갱생보호를 받을 사람이 친족 또는 연고자 등으로부터 도움을 받을 수 없거나 이들의 도움만으로는 충분하지 아니한 경우에 한하여 행한다(보호관찰 등에 관한 법률 시행령 제40조 제1항).

[오답의 이유]

① 보호관찰 등에 관한 법률 시행령 제41조 제2항
② 보호관찰 등에 관한 법률 시행령 제41조의2
④ 보호관찰 등에 관한 법률 시행령 제45조

15 난도 ★★☆   정답 ③

형사정책 > 형벌과 보안처분론

[정답의 이유]

③ 주거를 이전(移轉)하거나 1개월 이상 국내외 여행을 할 때에는 미리 보호관찰관에게 신고할 것은 일반준수사항이다(보호관찰 등에 관한 법률 제32조 제2항 제4호).

> 제32조(보호관찰 대상자의 준수사항)
> ② 보호관찰 대상자는 다음 각 호의 사항을 지켜야 한다.
> 1. 주거지에 상주(常住)하고 생업에 종사할 것
> 2. 범죄로 이어지기 쉬운 나쁜 습관을 버리고 선행(善行)을 하며 범죄를 저지를 염려가 있는 사람들과 교제하거나 어울리지 말 것
> 3. 보호관찰관의 지도 · 감독에 따르고 방문하면 응대할 것
> 4. 주거를 이전(移轉)하거나 1개월 이상 국내외 여행을 할 때에는 미리 보호관찰관에게 신고할 것

[오답의 이유]

① 보호관찰 등에 관한 법률 제32조 제3항 제6호
② 보호관찰 등에 관한 법률 제32조 제3항 제3호
④ 보호관찰 등에 관한 법률 제32조 제3항 제7호

> 제32조(보호관찰 대상자의 준수사항)
> ③ 법원 및 심사위원회는 판결의 선고 또는 결정의 고지를 할 때에는 제2항의 준수사항 외에 범죄의 내용과 종류 및 본인의 특성 등을 고려하여 필요하면 보호관찰 기간의 범위에서 기간을 정하여 다음 각 호의 사항을 특별히 지켜야 할 사항으로 따로 과(科)할 수 있다.
> 1. 야간 등 재범의 기회나 충동을 줄 수 있는 특정 시간대의 외출 제한
> 2. 재범의 기회나 충동을 줄 수 있는 특정 지역 · 장소의 출입 금지
> 3. 피해자 등 재범의 대상이 될 우려가 있는 특정인에 대한 접근 금지

4. 범죄행위로 인한 손해를 회복하기 위하여 노력할 것
5. 일정한 주거가 없는 자에 대한 거주장소 제한
6. 사행행위에 빠지지 아니할 것
7. 일정량 이상의 음주를 하지 말 것
8. 마약 등 중독성 있는 물질을 사용하지 아니할 것
9. 「마약류관리에 관한 법률」상의 마약류 투약, 흡연, 섭취 여부에 관한 검사에 따를 것
10. 그 밖에 보호관찰 대상자의 재범 방지를 위하여 필요하다고 인정되어 대통령령으로 정하는 사항

16 난도 ★★★   정답 ③

형사정책 > 범죄원인론

[정답의 이유]

③ 패터슨은 비행시작연령에 따라 전기개시형(early starter)과 후기개시형(late starters)으로 구분하였으며, 전기개시형은 청소년기와 성인기를 거쳐 지속적인 비행 · 범죄행동을 경험할 가능성이 높은 반면, 후기개시형은 청소년기에 친구들과 일탈행동을 하지만 곧 중단하는 경향이 크다고 보았다.

17 난도 ★★☆   정답 ②

교정학 > 수용자의 법적 지위와 처우

[정답의 이유]

② 형의 집행 및 수용자의 처우에 관한 법률 시행규칙 제70조

> 제70조(분류조사 방법)
> 분류조사의 방법은 다음과 같다.
> 1. 수용기록 확인 및 수형자와의 상담
> 2. 수형자의 가족 등과의 면담
> 3. 검찰청, 경찰서, 그 밖의 관계기관에 대한 사실조회
> 4. 외부전문가에 대한 의견조회
> 5. 그 밖에 효율적인 분류심사를 위하여 필요하다고 인정되는 방법

[오답의 이유]

① 형의 집행 및 수용자의 처우에 관한 법률 시행규칙 제66조 제1항 · 제2항

> 제66조(정기재심사)
> ① 정기재심사는 다음 각 호의 어느 하나에 해당하는 경우에 한다. 다만, 형집행정지서가 접수된 날부터 6개월이 지나지 아니한 경우에는 그러하지 아니하다.
> 1. 형기의 3분의 1에 도달한 때
> 2. 형기의 2분의 1에 도달한 때
> 3. 형기의 3분의 2에 도달한 때
> 4. 형기의 6분의 5에 도달한 때
> ② 부정기형의 재심사 시기는 단기형을 기준으로 한다.

③ 소장은 수형자가 질병 등으로 분류심사가 곤란한 때에는 분류심사를 유예한다(형의 집행 및 수용자의 처우에 관한 법률 시행규칙 제62조 제2항 제1호).

> 제62조(분류심사 제외 및 유예)
> ② 소장은 수형자가 다음 각 호의 어느 하나에 해당하는 사유가 있으면 분류심사를 유예한다.
> 　1. 질병 등으로 분류심사가 곤란한 때
> 　2. 법 제107조 제1호부터 제5호까지의 규정에 해당하는 행위 및 이 규칙 제214조 각 호에 해당하는 행위(이하 "징벌대상행위"라 한다)의 혐의가 있어 조사 중이거나 징벌집행 중인 때
> 　3. 그 밖의 사유로 분류심사가 특히 곤란하다고 인정하는 때

④ 소장은 분류심사를 위하여 수형자의 인성, 지능, 적성 등의 특성을 측정·진단하기 위한 검사를 할 수 있으며, 인성검사는 신입심사 대상자 및 그 밖에 처우상 필요한 수형자를 대상으로 한다(형의 집행 및 수용자의 처우에 관한 법률 시행규칙 제71조 제1항·제2항).

18 난도 ★☆☆ 　　　　　　　　　　정답 ④

교정학 > 시설내 처우

오답의 이유

① 형의 집행 및 수용자의 처우에 관한 법률 시행령 제22조 제1항 제1호
② 형의 집행 및 수용자의 처우에 관한 법률 시행령 제22조 제1항 제2호
③ 형의 집행 및 수용자의 처우에 관한 법률 시행령 제22조 제1항 제3호

> 제22조(지방교정청장의 이송승인권)
> ① 지방교정청장은 법 제20조 제2항에 따라 다음 각 호의 어느 하나에 해당하는 경우에는 수용자의 이송을 승인할 수 있다.
> 　1. 수용시설의 공사 등으로 수용거실이 일시적으로 부족한 때
> 　2. 교정시설 간 수용인원의 뚜렷한 불균형을 조정하기 위하여 특히 필요하다고 인정되는 때
> 　3. 교정시설의 안전과 질서유지를 위하여 긴급하게 이송할 필요가 있다고 인정되는 때

19 난도 ★★★ 　　　　　　　　　　정답 ①

교정학 > 사회적 처우와 사회내 처우

정답의 이유

① 소장은 개방처우급·완화경비처우급 수형자에 대하여 가족 만남의 날 행사에 참여하게 하거나 가족 만남의 집을 이용하게 할 수 있다. 이 경우 제87조의 접견 허용횟수에는 포함되지 아니한다(형의 집행 및 수용자의 처우에 관한 법률 시행규칙 제89조 제1항).

오답의 이유

② 사회적 처우 활동 중 연극, 영화, 그 밖의 문화공연 관람에 대한 비용은 수형자가 부담한다. 다만, 처우상 필요한 경우에는 예산의 범위에서 그 비용을 지원할 수 있다(형의 집행 및 수용자의 처우에 관한 법률 시행규칙 제92조 제3항).

> 제92조(사회적 처우)
> ① 소장은 개방처우급·완화경비처우급 수형자에 대하여 교정시설 밖에서 이루어지는 다음 각 호에 해당하는 활동을 허가할 수 있다. 다만, 처우상 특히 필요한 경우에는 일반경비처우급 수형자에게도 이를 허가할 수 있다.
> 　1. 사회견학
> 　2. 사회봉사
> 　3. 자신이 신봉하는 종교행사 참석
> 　4. 연극, 영화, 그 밖의 문화공연 관람
> ③ 제1항 제4호의 활동에 필요한 비용은 수형자가 부담한다. 다만, 처우상 필요한 경우에는 예산의 범위에서 그 비용을 지원할 수 있다.

③ 소장은 교화를 위하여 특히 필요한 경우에는 일반경비처우급 수형자에 대하여도 가족 만남의 날 행사 참여 또는 가족 만남의 집 이용을 허가할 수 있다(형의 집행 및 수용자의 처우에 관한 법률 시행규칙 제89조 제3항).

④ 작업 또는 직업훈련으로 인한 부상 또는 질병으로 신체에 장해가 발생한 때에 위로금은 본인에게 바로 지급한다(형의 집행 및 수용자의 처우에 관한 법률 제74조 제2항).

> 제74조(위로금·조위금)
> ① 소장은 수형자가 다음 각 호의 어느 하나에 해당하면 법무부장관이 정하는 바에 따라 위로금 또는 조위금을 지급한다.
> 　1. 작업 또는 직업훈련으로 인한 부상 또는 질병으로 신체에 장해가 발생한 때
> 　2. 작업 또는 직업훈련 중에 사망하거나 그로 인하여 사망한 때
> ② 위로금은 본인에게 지급하고, 조위금은 그 상속인에게 지급한다.

20 난도 ★★☆ 　　　　　　　　　　정답 ④

교정학 > 시설내 처우

정답의 이유

④ 소장은 신입자가 환자이거나 부득이한 사정이 있는 경우가 아니면 수용된 날부터 3일 동안 신입자거실에 수용하여야 하며, 신입자거실에 수용된 사람에게는 작업을 부과해서는 아니 된다(형의 집행 및 수용자의 처우에 관한 법률 시행령 제18조 제1항·제2항).

오답의 이유

① 소장은 외국인수용자가 질병 등으로 위독하거나 사망한 경우에는 그의 국적이나 시민권이 속하는 나라의 외교공관 또는 영사관의 장이나 그 관원 또는 가족에게 이를 즉시 알려야 한다(형의 집행 및 수용자의 처우에 관한 법률 시행규칙 제59조).

② 수용자를 이송이나 출정(出廷), 그 밖의 사유로 호송하는 경우에는 수형자는 미결수용자와, 여성수용자는 남성수용자와, 19세 미만의 수용자는 19세 이상의 수용자와 각각 호송 차량의 좌석을 분리하는 등의 방법으로 서로 접촉하지 못하게 하여야 한다(형의 집행 및 수용자의 처우에 관한 법률 시행령 제24조).

③ 수용자와 교정시설 외부의 사람이 접견하는 경우에 법 제41조 제4항에 따라 접견내용이 청취·녹음 또는 녹화될 때에는 외국어를 사용해서는 아니 된다. 다만, 국어로 의사소통하기 곤란한 사정이 있는 경우에는 외국어를 사용할 수 있다(형의 집행 및 수용자의 처우에 관한 법률 시행령 제60조 제1항).

21 난도 ★★☆　　　　　　　　　　　　　　정답 ④

형사정책 > 형벌과 보안처분론

[정답의 이유]

④ 검사는 살인범죄를 저지른 사람으로서 살인범죄를 다시 범할 위험성이 있다고 인정되는 사람에 대하여 부착명령을 법원에 청구할 수 있다. 다만, 살인범죄로 징역형의 실형 이상의 형을 선고받아 그 집행이 종료 또는 면제된 후 다시 살인범죄를 저지른 경우에는 부착명령을 청구하여야 한다(전자장치 부착 등에 관한 법률 제5조 제3항).

[오답의 이유]

① 법원은 부착명령 청구가 이유 있다고 인정하는 때에는 부착기간을 정하여 판결로 부착명령을 선고하여야 한다. 다만, 19세 미만의 사람에 대하여 특정범죄를 저지른 경우에는 부착기간 하한의 2배로 한다(전자장치 부착 등에 관한 법률 제9조 제1항).

> **제9조(부착명령의 판결 등)**
> ① 법원은 부착명령 청구가 이유 있다고 인정하는 때에는 다음 각 호에 따른 기간의 범위 내에서 부착기간을 정하여 판결로 부착명령을 선고하여야 한다. 다만, 19세 미만의 사람에 대하여 특정범죄를 저지른 경우에는 부착기간 하한을 다음 각 호에 따른 부착기간 하한의 2배로 한다.
> 1. 법정형의 상한이 사형 또는 무기징역인 특정범죄: 10년 이상 30년 이하
> 2. 법정형 중 징역형의 하한이 3년 이상의 유기징역인 특정범죄(제1호에 해당하는 특정범죄는 제외한다): 3년 이상 20년 이하
> 3. 법정형 중 징역형의 하한이 3년 미만의 유기징역인 특정범죄(제1호 또는 제2호에 해당하는 특정범죄는 제외한다): 1년 이상 10년 이하

② 19세 미만의 사람에 대하여 성폭력범죄를 저지를 사람에게 부착명령을 선고하는 경우, 법원은 아동·청소년의 통학시간 등 특정 시간대의 외출제한, 피해자 등 특정인에의 접근금지를 준수사항으로 부과하여야 한다(전자장치 부착 등에 관한 법률 제9조의2 제3항 제1호).

> **제9조의2(준수사항)**
> ① 법원은 제9조 제1항에 따라 부착명령을 선고하는 경우 부착기간의 범위에서 준수기간을 정하여 다음 각 호의 준수사항 중 하나 이상을 부과할 수 있다. 다만, 제4호의 준수사항은 500시간의 범위에서 그 기간을 정하여야 한다.
> 1. 야간, 아동·청소년의 통학시간 등 특정 시간대의 외출제한
> 2. 어린이 보호구역 등 특정지역·장소에의 출입금지 및 접근금지
> 2의2. 주거지역의 제한
> 3. 피해자 등 특정인에의 접근금지
> 4. 특정범죄 치료 프로그램의 이수
> 5. 마약 등 중독성 있는 물질의 사용금지
> 6. 그 밖에 부착명령을 선고받는 사람의 재범방지와 성행교정을 위하여 필요한 사항
> ③ 제1항에도 불구하고 법원은 성폭력범죄를 저지른 사람(19세 미만의 사람을 대상으로 성폭력범죄를 저지른 사람으로 한정한다) 또는 스토킹범죄를 저지른 사람에 대해서 제9조 제1항에 따라 부착명령을 선고하는 경우에는 다음 각 호의 구분에 따라 제1항의 준수사항을 부과하여야 한다.
> 1. 19세 미만의 사람을 대상으로 성폭력범죄를 저지른 사람: 제1항 제1호 및 제3호의 준수사항을 포함할 것. 다만, 제1항 제1호의 준수사항을 부과하여서는 아니 될 특별한 사정이 있다고 판단하는 경우에는 해당 준수사항을 포함하지 아니할 수 있다.
> 2. 스토킹범죄를 저지른 사람: 제1항 제3호의 준수사항을 포함할 것

③ 피부착자는 주거를 이전하거나 7일 이상의 국내여행을 하거나 출국할 때에는 미리 보호관찰관의 허가를 받아야 한다(전자장치 부착 등에 관한 법률 제14조 제3항).

22 난도 ★☆☆　　　　　　　　　　　　　　정답 ②

교정학 > 시설내 처우

[정답의 이유]

② 소년에 대한 부정기형을 집행하는 기관의 장은 형의 단기가 지난 소년범의 행형(行刑) 성적이 양호하고 교정의 목적을 달성하였다고 인정되는 경우에는 관할 검찰청 검사의 지휘에 따라 그 형의 집행을 종료시킬 수 있다(소년법 제60조 제4항).

[오답의 이유]

① 형의 집행 및 수용자의 처우에 관한 법률 제13조 제2항

③ 징역 또는 금고를 선고받은 소년이 가석방된 후 그 처분이 취소되지 아니하고 가석방 전에 집행을 받은 기간과 같은 기간이 지난 경우에는 형의 집행을 종료한 것으로 한다(소년법 제66조).

④ 소년수형자 전담교정시설에는 별도의 공동학습공간을 마련하고 학용품 및 소년의 정서 함양에 필요한 도서, 잡지 등을 갖춰 두어야 한다(형의 집행 및 수용자의 처우에 관한 법률 시행규칙 제59조의2 제2항).

23 난도 ★★★　　　　　　　　　　　　　　정답 ①

형사정책 > 범죄원인론

정답의 이유

① 샘슨의 집합효율성에 대한 설명이다. 집합효율성은 지역의 무질서나 사회문제를 해결하겠다는 지역주민의 응집력을 의미하는데, 샘슨은 지역 구성원 간에 신뢰가 없고 무질서한 사회 내에서는 어떤 사건이 발생했을 때, 개입하려고 하지 않는 경향이 높지만, 반대의 경우에는 사회통제가 효율적으로 이루어져 범죄에 대응할 수 있다고 보았다.

오답의 이유

② 쇼와 맥케이는 도시화나 산업 발전으로 인해 빈곤, 인구 이동성, 민족적 이질성 등과 같은 부정적인 특성들이 심화되고, 이것이 사회해체에 기여한다고 주장하였다.

③ 머튼은 사회에서 중요하게 여기는 목표를 달성할 만한 합법적인 수단을 찾지 못하는 경우 사회적 비행이 촉발된다고 보았다.

④ 뒤르켐은 급격하게 사회가 변화할 때, 사회적 규범과 가치가 모호해지거나 약화되며 이 상황에서 개인은 방향감을 상실하고 불안정함을 느끼는 아노미가 발생한다고 주장하였다.

24 난도 ★☆☆　　　　　　　　　　　　　　정답 ②

교정학 > 시설내 처우

정답의 이유

② 소장은 교육을 위하여 필요하면 수형자를 중간처우를 위한 전담교정시설에 수용하여 외부 교육기관에의 통학의 조치를 할 수 있다(형의 집행 및 수용자의 처우에 관한 법률 제63조 제3항 제1호).

> **제63조(교육)**
> ③ 소장은 제1항 및 제2항에 따른 교육을 위하여 필요하면 수형자를 중간처우를 위한 전담교정시설에 수용하여 다음 각 호의 조치를 할 수 있다.
> 　1. 외부 교육기관에의 통학
> 　2. 외부 교육기관에서의 위탁교육

오답의 이유

① 1일의 작업시간(휴식·운동·식사·접견 등 실제 작업을 실시하지 않는 시간을 제외한다)은 8시간을 초과할 수 없다(형의 집행 및 수용자의 처우에 관한 법률 제71조 제1항).

③ 소장은 집행할 형기가 2년 이상인 수형자가 독학에 의한 학사학위 취득과정(학사고시반 교육)을 신청하는 경우에는 교육대상자로 선발할 수 있다(형의 집행 및 수용자의 처우에 관한 법률 시행규칙 제110조 제2항 제3호).

> **제110조(독학에 의한 학위 취득과정 설치 및 운영)**
> ② 소장은 다음 각 호의 요건을 갖춘 수형자가 제1항의 학사고시반 교육을 신청하는 경우에는 교육대상자로 선발할 수 있다.
> 　1. 고등학교 졸업 또는 이와 동등한 수준 이상의 학력이 인정될 것
> 　2. 교육개시일을 기준으로 형기의 3분의 1(21년 이상의 유기형 또는 무기형의 경우에는 7년)이 지났을 것
> 　3. 집행할 형기가 2년 이상일 것

④ 19세 미만 수형자의 작업시간은 1일에 8시간을, 1주에 40시간을 초과할 수 없다(형의 집행 및 수용자의 처우에 관한 법률 제71조 제4항).

25 난도 ★☆☆　　　　　　　　　　　　　　정답 ②

형사정책 > 범죄원인론

정답의 이유

② 탄넨바움(Tannenbaum)에 대한 설명이다. 낙인이론에 관한 최초의 주장자인 탄넨바움은 그의 저서 『범죄와 지역사회』에서 범죄자를 만들어 내는 과정을 일탈강화의 악순환으로 설명한다. 범죄자를 만들어 내는 과정은 꼬리표를 붙이고, 규정하고, 차별하고, 평가하고, 자의식을 심어주는 과정으로, 그 과정에서 지탄받은 그 특성은 자극되고 장려되어 강화된다. 이러한 과정을 '악의 극화'라고 한다.

오랫동안 꿈을 그리는 사람은 마침내 그 꿈을 닮아간다.

− 앙드레 말로 −

교정학

문제편

PART 1

9급 교정학개론

출제경향

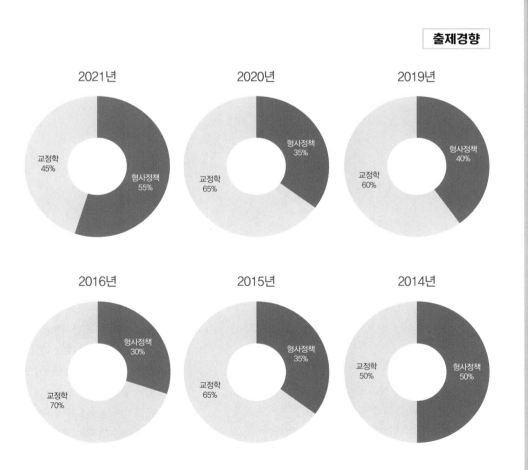

✔ 회독 CHECK 1 2 3

01 클라워드(Cloward)와 올린(Ohlin)의 차별기회이론 (differential opportunity theory)에 대한 설명으로 옳지 않은 것은?

① 합법적 수단뿐만 아니라 비합법적 수단에 대해서도 차별기회를 고려하였다.

② 도피 하위문화는 마약 소비 행태가 두드러지게 나타나는 갱에서 주로 발견된다.

③ 머튼의 아노미이론과 서덜랜드의 차별접촉이론으로 하위문화 형성을 설명하였다.

④ 비행 하위문화를 갈등 하위문화(conflict subculture), 폭력 하위문화(violent subculture), 도피 하위문화 (retreatist subculture)로 구분하였다.

02 전자감독제도에 대한 설명으로 옳지 않은 것은?

① 프라이버시 침해 우려가 없다.

② 교정시설 수용인구의 과밀을 줄일 수 있다.

③ 사법통제망이 지나치게 확대될 우려가 있다.

④ 대상자의 위치는 확인할 수 있으나 구체적인 행동은 통제할 수 없다.

03 「보호관찰 등에 관한 법률」상 보호관찰 대상자의 준수사항에 해당하지 않는 것은?

① 주거지에 상주하고 생업에 종사할 것

② 보호관찰관의 지도·감독에 따르고 방문하면 응대할 것

③ 주거를 이전하거나 10일 이상 국내외 여행을 할 때에는 미리 보호관찰관에게 신고할 것

④ 범죄로 이어지기 쉬운 나쁜 습관을 버리고 선행을 하며 범죄를 저지를 염려가 있는 사람들과 교제하거나 어울리지 말 것

04 「형의 집행 및 수용자의 처우에 관한 법률 시행규칙」상 경비처우급에 대한 설명으로 옳은 것은?

① 개방시설에 수용되어 가장 낮은 수준의 처우가 필요한 수형자는 개방처우급으로 구분한다.

② 완화경비시설에 수용되어 통상적인 수준보다 낮은 수준의 처우가 필요한 수형자는 완화경비처우급으로 구분한다.

③ 일반경비시설에 수용되어 통상적인 수준의 처우가 필요한 수형자는 일반경비처우급으로 구분한다.

④ 중(重)경비시설에 수용되어 가장 높은 수준의 처우가 필요한 수형자는 중(重)경비처우급으로 구분한다.

05 다음에서 설명하는 이론을 주장한 학자는?

> • 아메리칸 드림이라는 문화사조는 경제제도가 다른 사회제도들을 지배하는 '제도적 힘의 불균형' 상태를 초래함
> • 아메리칸 드림과 같은 문화사조와 경제제도의 지배는 서로 상호작용을 하면서 미국의 심각한 범죄 문제를 일으킴

① 머튼(Merton)
② 코헨과 펠슨(Cohen & Felson)
③ 코니쉬와 클라크(Cornish & Clarke)
④ 메스너와 로젠펠드(Messner & Rosenfeld)

06 회복적 사법에 대한 설명으로 옳지 않은 것은?

① 처벌적이지 않고 인본주의적인 전략이다.
② 구금 위주 형벌정책의 대안으로 제시되고 있다.
③ 사적 잘못(private wrong)보다는 공익에 초점을 맞춘다는 비판을 받는다.
④ 범죄를 개인과 국가 간의 갈등으로 보기보다 개인 간의 갈등으로 인식한다.

07 사형폐지론을 주장한 학자만을 모두 고르면?

> ㄱ. 베카리아(C. Beccaria)
> ㄴ. 루소(J. Rousseau)
> ㄷ. 리프만(M. Liepmann)
> ㄹ. 캘버트(E. Calvert)

① ㄱ, ㄴ
② ㄱ, ㄷ
③ ㄱ, ㄷ, ㄹ
④ ㄴ, ㄷ, ㄹ

08 「보호소년 등의 처우에 관한 법률」상 보호장비의 사용에 대한 설명으로 옳은 것만을 모두 고르면?

> ㄱ. 보호장비는 필요한 최소한의 범위에서 사용하여야 하며, 보호장비를 사용할 필요가 없게 되었을 때에는 지체 없이 사용을 중지하여야 한다.
> ㄴ. 원장은 보호소년등이 위력으로 소속 공무원의 정당한 직무집행을 방해하는 경우에는 소속 공무원으로 하여금 가스총을 사용하게 할 수 있다. 이 경우 사전에 상대방에게 이를 경고하여야 하나, 상황이 급박하여 경고할 시간적인 여유가 없는 때에는 그러하지 아니하다.
> ㄷ. 원장은 보호소년등이 자해할 우려가 큰 경우에는 소속 공무원으로 하여금 보호소년등에게 머리보호장비를 사용하게 할 수 있다.
> ㄹ. 원장은 법원 또는 검찰의 조사 · 심리, 이송, 그 밖의 사유로 호송하는 경우에는 소속 공무원으로 하여금 보호소년등에 대하여 수갑, 포승 또는 보호대 외에 가스총이나 전자충격기를 사용하게 할 수 있다.

① ㄱ, ㄴ
② ㄴ, ㄹ
③ ㄱ, ㄴ, ㄷ
④ ㄱ, ㄷ, ㄹ

09 「소년법」상 보호사건의 조사와 심리에 대한 설명으로 옳지 않은 것은?

① 소년부 판사는 조사관에게 사건 본인, 보호자 또는 참고인의 심문이나 그 밖에 필요한 사항을 조사하도록 명할 수 있다.

② 소년이 소년분류심사원에 위탁된 경우 보조인이 없을 때에는 법원은 변호사 등 적정한 자를 보조인으로 선정하여야 한다.

③ 소년부 판사는 소년부 법원서기관·법원사무관·법원주사·법원주사보나 보호관찰관 또는 사법경찰관리에게 동행영장을 집행하게 할 수 있다.

④ 소년부는 조사 또는 심리를 할 때에 정신건강의학과 의사·심리학자·사회사업가·교육자나 그 밖의 전문가의 진단, 소년분류심사원의 분류심사 결과와 의견, 소년교도소의 조사결과와 의견을 고려하여야 한다.

10 비범죄화(decriminalization)에 대한 설명으로 옳지 않은 것은?

① 비범죄화의 예시로 혼인빙자간음죄가 있다.

② 형사사법 절차에서 형사처벌의 범위를 축소하는 것을 의미한다.

③ 형사사법기관의 자원을 보다 효율적으로 활용하자는 차원에서 경미범죄에 대한 비범죄화의 필요성이 주장된다.

④ 비범죄화의 유형 중에서 사실상 비범죄화는 범죄였던 행위를 법률의 폐지 또는 변경으로 더 이상 범죄로 보지 않는 경우를 말한다.

11 「형의 집행 및 수용자의 처우에 관한 법률」상 금지물품 중 소장이 수용자의 처우를 위하여 수용자에게 소지를 허가할 수 있는 것은?

① 마약·총기·도검·폭발물·흉기·독극물, 그 밖에 범죄의 도구로 이용될 우려가 있는 물품

② 무인비행장치, 전자·통신기기, 그 밖에 도주나 다른 사람과의 연락에 이용될 우려가 있는 물품

③ 주류·담배·화기·현금·수표, 그 밖에 시설의 안전 또는 질서를 해칠 우려가 있는 물품

④ 음란물, 사행행위에 사용되는 물품, 그 밖에 수형자의 교화 또는 건전한 사회복귀를 해칠 우려가 있는 물품

12 「형의 집행 및 수용자의 처우에 관한 법률」상 수용에 대한 설명으로 옳지 않은 것은?

① 독거수용이 원칙이지만 수용자의 생명 또는 신체의 보호, 정서적 안정을 위하여 필요한 때에는 혼거수용할 수 있다.

② 구치소의 수용인원이 정원을 훨씬 초과하여 정상적인 운영이 곤란한 때에는 교도소에 미결수용자를 수용할 수 있다.

③ 수형자가 소년교도소에 수용 중에 19세가 된 경우에도 교육·교화프로그램, 작업, 직업훈련 등을 실시하기 위하여 특히 필요하다고 인정되면 23세가 되기 전까지는 계속하여 수용할 수 있다.

④ 소장은 특별한 사정이 있으면 「형의 집행 및 수용자의 처우에 관한 법률」 제11조의 구분수용 기준에 따라 다른 교정시설로 이송하여야 할 수형자를 9개월을 초과하지 아니하는 기간 동안 계속하여 수용할 수 있다.

13 형의 집행 및 수용자의 처우에 관한 법령상 수용시설 내 감염병 관련 조치에 대한 설명으로 옳지 않은 것은?

① 소장은 감염병이 유행하는 경우 수용자가 자비로 구매하는 음식물의 공급을 중지하여야 한다.

② 소장은 수용자가 감염병에 걸렸다고 의심되는 경우에는 1주 이상 격리수용하고 그 수용자의 휴대품을 소독하여야 한다.

③ 소장은 감염병이나 그 밖에 감염의 우려가 있는 질병의 발생과 확산을 방지하기 위하여 필요한 경우 수용자에 대하여 예방접종·격리수용·이송, 그 밖에 필요한 조치를 하여야 한다.

④ 소장은 수용자가 감염병에 걸린 경우에는 즉시 격리수용하고 그 수용자가 사용한 물품 및 설비를 철저히 소독해야 한다. 또한 이 사실을 지체 없이 법무부장관에게 보고하고 관할 보건기관의 장에게 알려야 한다.

14 재소자 권리구제 제도로서 옴부즈맨(Ombudsman)에 대한 설명으로 옳지 않은 것은?

① 성공 여부는 독립성, 비당파성 및 전문성에 달려 있다.

② 옴부즈맨의 독립성과 전문성을 확보하기 위해서는 교정당국이 임명하여야 한다.

③ 재소자의 불평을 수리하여 조사하고 보고서를 작성하여 적절한 대안을 제시한다.

④ 원래 정부 관리에 대한 시민의 불평을 조사할 수 있는 권한을 가진 스웨덴 공무원제도에서 유래하였다.

15 「형의 집행 및 수용자의 처우에 관한 법률 시행규칙」상 수형자 직업훈련 대상자 선정의 제한사항에 해당하지 않는 것은?

① 15세 미만인 경우

② 징벌집행을 마친 경우

③ 교육과정을 수행할 문자해독능력 및 강의 이해능력이 부족한 경우

④ 작업, 교육·교화프로그램 시행으로 인하여 직업훈련의 실시가 곤란하다고 인정되는 경우

16 형의 집행 및 수용자의 처우에 관한 법령상 교도작업에 대한 설명으로 옳은 것은?

① 소장은 수형자의 가족이 사망하면 1일간 작업을 면제한다.

② 소장은 구류형의 집행 중에 있는 수형자가 작업 신청을 하더라도 작업을 부과할 수 없다.

③ 소장은 수형자의 신청에 따라 집중적인 근로가 필요한 작업을 부과하는 경우에도 접견을 제한할 수 없다.

④ 소장은 완화경비처우급 수형자가 작업기술이 탁월하고 작업성적이 우수한 경우 수형자 자신을 위한 개인작업을 하게 할 수 있다.

17 서덜랜드와 크레시(Sutherland & Cressey)가 제시한 수형자 하위문화에 대한 설명으로 옳은 것은?

① 수형자들이 지향하는 가치를 기준으로 하위문화를 구분했다.

② 범죄 지향적 하위문화를 수용하는 수형자들은 교도소 내에서의 지위 확보에 관심을 가진다.

③ 수형 지향적 하위문화를 수용하는 수형자들은 모범적으로 수형생활을 하며 성공적인 사회복귀의 가능성이 높다.

④ 합법 지향적 하위문화를 수용하는 수형자들은 수형자의 역할 중 '정의한'에 가깝고, 교도관보다는 재소자와 긍정적인 관계를 유지하며 가급적 교정시설의 규율에 따른다.

18 「형의 집행 및 수용자의 처우에 관한 법률」상 가석방심사위원회에 대한 설명으로 옳지 않은 것은?

① 가석방의 적격 여부를 심사하기 위하여 법무부장관 소속으로 가석방심사위원회를 둔다.

② 가석방심사위원회는 위원장을 포함한 5명 이상 9명 이하의 위원으로 구성하며, 위원장은 법무부차관이 된다.

③ 가석방심사위원회는 가석방 적격결정을 하였으면 5일 이내에 법무부장관에게 가석방 허가를 신청하여야 한다.

④ 가석방심사위원회의 심사와 관련하여 심의서와 회의록은 해당 가석방 결정 등을 한 후 5년이 경과한 때부터 공개한다.

19 「보호관찰 등에 관한 법률」상 조사제도에 대한 설명으로 옳지 않은 것은?

① 법원은 판결 전 조사 요구를 받은 보호관찰소의 장에게 조사진행상황에 관한 보고를 요구할 수 있다.

② 판결 전 조사 요구를 받은 보호관찰소의 장은 지체 없이 이를 조사하여 서면 또는 구두로 해당 법원에 알려야 한다.

③ 법원은 피고인에 대하여 「형법」 제59조의2 및 제62조의2에 따른 보호관찰을 명하기 위하여 필요하다고 인정하면 그 법원의 소재지 또는 피고인의 주거지를 관할하는 보호관찰소의 장에게 피고인에 관한 사항의 조사를 요구할 수 있다.

④ 법원은 「소년법」 제12조에 따라 소년 보호사건에 대한 조사 또는 심리를 위하여 필요하다고 인정하면 그 법원의 소재지 또는 소년의 주거지를 관할하는 보호관찰소의 장에게 소년의 품행, 경력, 가정상황, 그 밖의 환경 등 필요한 사항에 관한 조사를 의뢰할 수 있다.

20 「형의 집행 및 수용자의 처우에 관한 법률」상 분류처우위원회에 대한 설명으로 옳지 않은 것은?

① 분류처우위원회는 심의·의결을 위하여 외부전문가로부터 의견을 들을 수 있다.

② 분류처우위원회는 위원장을 포함한 5명 이상 9명 이하의 위원으로 구성하고, 위원장은 소장이 된다.

③ 분류처우위원회의 위원은 위원장이 소속 기관의 부소장 및 과장(지소의 경우에는 7급 이상의 교도관) 중에서 임명한다.

④ 수형자의 개별처우계획, 가석방심사신청 대상자 선정, 그 밖에 수형자의 분류처우에 관한 중요 사항을 심의·의결하기 위하여 교정시설에 분류처우위원회를 둔다.

● 회독 CHECK 1 2 3

01 머튼(Merton)의 아노미이론에 대한 설명으로 옳지 않은 것은?

① 부(富)의 성취는 미국사회에 널리 퍼진 문화적 목표이다.

② 목표달성을 위한 합법적 수단에 대한 접근은 하류계층에게 더 제한되어 있다.

③ 합법적 수단이 제한된 하류계층 사람들은 비합법적인 수단을 통해서라도 목표를 달성하려고 한다.

④ 하류계층뿐만 아니라 상류계층의 범죄를 설명하는 데 유용하다.

02 다음에서 설명하는 교화개선모형은?

> • 1920년대 말과 1930년대 초에 미국 교정국 등의 주도하에 발전한 모델로 범죄 원인은 개인에게 있으므로 진단하고 치료할 수 있다고 본다.
> • 처벌은 범죄자 문제를 해결하는 데 전혀 도움이 되지 않고, 오히려 범죄자의 부정적 관념을 강화시킬 수 있으므로 범죄자를 치료할 수 있는 치료 프로그램을 개발하고 적용하는 것이 필요하다.

① 적응모형(adjustment model)

② 의료모형(medical model)

③ 재통합모형(reintegration model)

④ 무력화모형(incapacitation model)

03 소년사법에 있어서 4D(비범죄화, 비시설수용, 적법절차, 전환)에 대한 설명으로 옳지 않은 것은?

① 비범죄화(decriminalization)는 경미한 일탈에 대해서는 비범죄화하여 공식적으로 개입하지 않음으로써 낙인을 최소화하자는 것이다.

② 비시설수용(deinstitutionalization)은 구금으로 인한 폐해를 막고자 성인교도소가 아닌 소년 전담시설에 별도로 수용하는 것을 의미한다.

③ 적법절차(due process)는 소년사법절차에서 절차적 권리를 철저하고 공정하게 보장하여야 한다는 것을 의미한다.

④ 전환(diversion)은 비행소년을 공식적인 소년사법절차 대신에 비사법적인 절차에 의해 처우하자는 것이다.

04 「형의 집행 및 수용자의 처우에 관한 법률」상 징벌에 대한 설명으로 옳지 않은 것은?

① 징벌은 동일한 행위에 관하여 거듭하여 부과할 수 없다.

② 징벌사유가 발생한 날부터 2년이 지나면 이를 이유로 징벌을 부과하지 못한다.

③ 징벌의 집행유예는 허용되지 아니한다.

④ 징벌집행의 면제와 일시정지는 허용된다.

05 누진계급의 측정 방법으로 점수제에 해당하지 않는 것은?

① 고사제(probation system)

② 잉글랜드제(England system)

③ 아일랜드제(Irish system)

④ 엘마이라제(Elmira system)

06 다이버전에 대한 설명으로 옳지 않은 것은?

① 형벌 이외의 사회통제망의 축소를 가져온다.

② 공식적인 절차에 비해서 형사사법비용을 절감할 수 있다.

③ 업무경감으로 인하여 형사사법제도의 능률성과 신축성을 가져온다.

④ 범죄로 인한 낙인의 부정적 영향을 최소화하여 2차적 일탈의 예방에 긍정적이다.

07 블럼스타인(Blumstein)이 주장한 과밀수용 해소방안에 대한 설명으로 옳지 않은 것은?

① 교정시설의 증설: 재정부담이 크고 증설 후 단기간에 과밀수용이 재연될 수 있다는 점에서 주의가 요망된다.

② 구금인구 감소전략: 형벌의 제지효과는 형벌의 확실성보다 엄중성에 더 크게 좌우된다는 논리에 근거하고 있다.

③ 사법절차와 과정의 개선: 검찰의 기소나 법원의 양형결정 시 교정시설의 수용능력과 현황을 고려하여 과밀수용을 조정해야 한다는 전략이다.

④ 선별적 무력화: 재범 위험이 높은 수형자를 예측하여 제한된 공간에 선별적으로 구금함으로써 교정시설의 공간을 보다 효율적으로 운영하려는 방안이다.

08 노무작업과 도급작업에 대한 설명으로 옳은 것은?

① 노무작업은 경기변동에 큰 영향을 받지 않으며 제품 판로에 대한 부담이 없다.

② 노무작업은 설비투자 없이 시행이 가능하며 행형상 통일성을 기하기에 유리하다.

③ 도급작업은 불취업자 해소에 유리하고 작업수준에 맞는 기술자 확보가 용이하다.

④ 도급작업은 구외작업으로 인한 계호부담이 크지만 민간기업을 압박할 가능성이 없다.

09 「형의 집행 및 수용자의 처우에 관한 법률 시행규칙」상 분류심사에 대한 설명으로 옳지 않은 것은?

① 구류형이 확정된 사람에 대해서는 분류심사를 하지 아니한다.

② 무기징역형이 확정된 수형자의 정기재심사 시기를 산정하는 경우에는 그 형기를 20년으로 본다.

③ 부정기형의 정기재심사 시기는 장기형을 기준으로 한다.

④ 집행할 형기가 분류심사 유예사유 소멸일부터 3개월 미만인 경우 소장은 유예한 분류심사를 하지 아니한다.

10 형의 집행 및 수용자의 처우에 관한 법령상 미결수용자 및 사형확정자의 처우에 대한 설명으로 옳지 않은 것은?

① 소장은 미결수용자로서 사건에 서로 관련이 있는 사람은 분리수용하고 서로 간의 접촉을 금지하여야 한다.

② 소장은 사형확정자와 수형자를 혼거수용할 수 있으나, 사형확정자와 미결수용자는 혼거수용할 수 없다.

③ 미결수용자의 접견 횟수는 매일 1회로 하되, 미결수용자와 변호인과의 접견은 그 횟수에 포함시키지 않는다.

④ 사형확정자의 접견 횟수는 매월 4회로 하되, 소장은 사형확정자의 교화나 심리적 안정을 도모하기 위하여 특히 필요하다고 인정하면 접견 횟수를 늘릴 수 있다.

11 사회학적 범죄원인론 중 통제이론을 주장한 학자만을 모두 고르면?

> ㄱ. 서덜랜드(Sutherland)
> ㄴ. 나이(Nye)
> ㄷ. 애그뉴(Agnew)
> ㄹ. 라이스(Reiss)
> ㅁ. 베커(Becker)

① ㄱ, ㄷ

② ㄴ, ㄹ

③ ㄴ, ㄷ, ㄹ

④ ㄷ, ㄹ, ㅁ

12 「소년법」상 형사사건 처리 절차에 대한 설명으로 옳지 않은 것은?

① 소년에 대한 구속영장은 부득이한 경우가 아니면 발부하지 못한다.

② 부정기형을 선고받은 소년에 대하여는 단기의 3분의 1이 지나면 가석방을 허가할 수 있다.

③ 소년이 법정형으로 장기 2년 이상의 유기형에 해당하는 죄를 범한 경우에는 그 형의 범위에서 장기와 단기를 정하여 선고한다.

④ 검사가 소년부에 송치한 사건을 소년부는 다시 해당 검찰청 검사에게 송치할 수 없다.

13 범죄학 이론에 대한 설명으로 옳지 않은 것은?

① 레머트(Lemert)는 1차적 일탈과 2차적 일탈의 개념을 제시하였다.

② 허쉬(Hirschi)는 사회통제이론을 통해 법집행기관의 통제가 범죄를 야기하는 과정을 설명하였다.

③ 머튼(Merton)은 아노미 상황에서 긴장을 느끼는 개인이 취할 수 있는 5가지 적응유형을 제시하였다.

④ 갓프레드슨과 허쉬(Gottfredson & Hirschi)는 부모의 부적절한 자녀 양육이 자녀의 낮은 자기통제력의 원인이라고 보았다.

14 형의 집행 및 수용자의 처우에 관한 법령상 작업과 직업훈련에 대한 설명으로 옳지 않은 것은?

① 소장은 금고형 또는 구류형의 집행 중에 있는 사람에 대하여 신청 여부와 관계없이 작업을 부과할 수 있다.

② 소장은 수형자가 15세 미만인 경우에는 직업훈련 대상자로 선정해서는 아니 된다.

③ 소장은 직업훈련 대상자가 심신이 허약하거나 질병 등으로 훈련을 감당할 수 없는 경우에는 직업훈련을 보류할 수 있다.

④ 법무부장관은 직업훈련을 위하여 필요한 경우에는 수형자를 다른 교정시설로 이송할 수 있다.

15 「형의 집행 및 수용자의 처우에 관한 법률」상 교도관이 수용자에 대하여 무기를 사용할 수 있는 경우는?

① 수용자가 위력으로 교도관의 정당한 직무집행을 방해하는 때

② 수용자가 자살하려고 하는 때

③ 수용자가 교정시설의 설비·기구 등을 손괴하거나 손괴하려고 하는 때

④ 도주하는 수용자에게 교도관이 정지할 것을 명령하였음에도 계속하여 도주하는 때

16 「형의 집행 및 수용자의 처우에 관한 법률 시행규칙」상 엄중관리대상자에 대한 설명으로 옳은 것은?

① 소장은 교정시설에 마약류를 반입하는 것을 방지하기 위하여 필요하면 강제로 수용자의 소변을 채취하여 마약반응검사를 할 수 있다.

② 소장은 엄중관리대상자 중 지속적인 상담이 필요하다고 인정되는 사람에 대하여는 상담책임자를 지정하는데, 상담대상자는 상담책임자 1명당 20명 이내로 하여야 한다.

③ 소장은 관심대상수용자로 지정할 필요가 있다고 인정되는 미결수용자에 대하여는 교도관회의의 심의를 거쳐 관심대상수용자로 지정할 수 있다.

④ 소장은 조직폭력수용자에게 거실 및 작업장 등의 수용자를 대표하는 직책을 부여할 수 있다.

17 형의 집행 및 수용자의 처우에 관한 법령상 수형자 외부통근 작업에 대한 설명으로 옳지 않은 것은?

① 소장은 외부통근자에게 수형자 자치에 의한 활동을 허가할 수 있다.

② 소장은 수형자의 건전한 사회복귀와 기술습득을 촉진하기 위하여 필요하면 수형자에게 외부통근작업을 하게 할 수 있다.

③ 소장은 외부통근자가 법령에 위반되는 행위를 하거나 법무부장관 또는 소장이 정하는 지켜야 할 사항을 위반한 경우에는 외부통근자 선정을 취소할 수 있다.

④ 소장은 일반경비처우급에 해당하는 수형자를 외부기업체에 통근하며 작업하는 대상자로 선정할 수 없다.

18 「보호소년 등의 처우에 관한 법률」에 대한 설명으로 옳은 것은?

① 보호소년등은 남성과 여성, 보호소년과 위탁소년 및 유치소년, 16세 미만인 자와 16세 이상인 자 등의 기준에 따라 분리 수용한다.

② 보호소년등이 규율 위반행위를 하여 20일 이내의 기간 동안 지정된 실(室) 안에서 근신하는 징계를 받은 경우에는 그 기간 중 원내 봉사활동, 텔레비전 시청 제한, 단체 체육활동 정지, 공동행사 참가 정지가 함께 부과된다.

③ 보호장비는 징벌의 수단으로 사용되어서는 아니 된다.

④ 소년원 또는 소년분류심사원에서 보호소년등이 사용하는 목욕탕, 세면실 및 화장실에는 전자영상장비를 설치하여서는 아니 된다.

19 「형의 집행 및 수용자의 처우에 관한 법률 시행규칙」상 수형자에게 부정기재심사를 할 수 있는 경우만을 모두 고르면?

ㄱ. 수형자가 지방기능경기대회에서 입상한 때
ㄴ. 수형자가 현재 수용의 근거가 된 사건 외의 추가적 형사사건으로 인하여 벌금형이 확정된 때
ㄷ. 수형자를 징벌하기로 의결한 때
ㄹ. 분류심사에 오류가 있음을 발견한 때
ㅁ. 수형자가 학사 학위를 취득한 때

---

① ㄱ, ㄷ

② ㄴ, ㄹ

③ ㄱ, ㄴ, ㅁ

④ ㄷ, ㄹ, ㅁ

20 형의 집행 및 수용자의 처우에 관한 법령상 작업 및 직업훈련과 관련하여 교정시설의 장이 취할 수 없는 조치는?

① 일반경비처우급의 수형자에 대하여 직업능력의 향상을 위하여 특히 필요하다고 인정되어 교정시설 외부의 기업체에서 운영하는 직업훈련을 받게 하였다.

② 장인(丈人)이 사망하였다는 소식을 접한 수형자에 대하여, 본인이 작업을 계속하기를 원하지 않는 것을 확인하고 2일간 작업을 면제하였다.

③ 수형자에 대하여 교화목적상 특별히 필요하다고 판단되어, 작업장려금을 석방 전에 전액 지급하였다.

④ 법무부장관의 승인을 받아 직업훈련의 직종과 훈련 과정별 인원을 정하였다.

✅ 회독 CHECK 1 2 3

01 「소년법」상 보호처분에 대한 설명으로 옳은 것은?

① 사회봉사명령은 14세 이상의 소년에게만 할 수 있다.
② 수강명령과 장기 소년원 송치는 14세 이상의 소년에게만 할 수 있다.
③ 보호관찰관의 단기 보호관찰과 장기 보호관찰 처분 시에는 2년 이내의 기간을 정하여 야간 등 특정 시간대의 외출을 제한하는 명령을 보호관찰대상자의 준수 사항으로 부과할 수 있다.
④ 수강명령은 200시간을, 사회봉사명령은 100시간을 초과할 수 없으며, 보호관찰관이 그 명령을 집행할 때에는 사건 본인의 정상적인 생활을 방해하지 아니하도록 하여야 한다.

02 「성폭력범죄자의 성충동 약물치료에 관한 법률」에 대한 내용으로 옳지 않은 것은?

① 치료명령은 검사의 지휘를 받아 보호관찰관이 집행한다.
② 치료명령을 받은 사람은 형의 집행이 종료되거나 면제·가석방 또는 치료감호의 집행이 종료·가종료 또는 치료위탁되는 날부터 7일 이내에 주거지를 관할하는 보호관찰소에 출석하여 서면으로 신고하여야 한다.
③ 치료명령의 집행 중 구속영장의 집행을 받아 구금된 때에는 치료명령의 집행이 정지된다.
④ 치료기간은 연장될 수 있지만, 종전의 치료기간을 합산하여 15년을 초과할 수 없다.

03 범죄와 생물학적 특성 연구에 대한 학자들의 주장으로 옳지 않은 것은?

① 덕데일(Dugdale)은 범죄는 유전의 결과라는 견해를 밝힌 대표적인 학자이다.
② 랑게(Lange)는 일란성쌍생아가 이란성쌍생아보다 유사한 행동경향을 보인다고 하였다.
③ 달가드(Dalgard)와 크링그렌(Kringlen)은 쌍생아 연구에서 환경적 요인이 고려될 때도 유전적 요인의 중요성은 변함없다고 하였다.
④ 허칭스(Hutchings)와 메드닉(Mednick)은 입양아 연구에서 양부모보다 생부모의 범죄성이 아이의 범죄성에 더 큰 영향을 준다고 하였다.

04 「수형자 등 호송 규정」상 호송에 대한 설명으로 옳지 않은 것은?

① 피호송자가 도주한 때에 서류와 금품은 수송관서로 송부하여야 한다.
② 교도소·구치소 및 그 지소 간의 호송은 교도관이 행한다.
③ 송치 중의 영치금품을 호송관에게 탁송한 때에는 호송관서에 보관책임이 있고, 그러하지 아니한 때에는 발송관서에 보관책임이 있다.
④ 호송관의 여비나 피호송자의 호송비용은 호송관서가 부담하나, 피호송자를 교정시설이나 경찰관서에 숙식하게 한 때에는 그 비용은 교정시설이나 경찰관서가 부담한다.

05 형의 집행 및 수용자 처우에 관한 법령상 교정자문위원회에 대한 설명으로 옳은 것은?

① 수용자의 관리 · 교정교화 등 사무에 관한 소장의 자문에 응하기 위하여 교도소에 교정자문위원회를 둔다.

② 교정자문위원회는 5명 이상 7명 이하의 위원으로 성별을 고려하여 구성하고, 위원장은 위원 중에서 호선하며, 위원은 교정에 관한 학식과 경험이 풍부한 외부인사 중에서 소장의 추천을 받아 법무부장관이 위촉한다.

③ 교정자문위원회 위원장이 부득이한 사유로 직무를 수행할 수 없을 때에는 부위원장이 그 직무를 대행하고, 부위원장도 부득이한 사유로 직무를 수행할 수 없을 때에는 위원 중 연장자인 위원이 그 직무를 대행한다.

④ 교정자문위원회 위원 중 4명 이상은 여성으로 한다.

06 「형의 집행 및 수용자의 처우에 관한 법률」상 징벌에 대한 설명으로 옳지 않은 것은?

① 수용자가 징벌이 집행 중에 있거나 징벌의 집행이 끝난 후 또는 집행이 면제된 후 6개월 내에 다시 징벌사유에 해당하는 행위를 한 때에는 징벌(경고는 제외)의 장기의 2분의 1까지 가중할 수 있다.

② 소장은 징벌사유에 해당하는 행위를 하였다고 의심할 만한 이유가 있는 수용자가 증거를 인멸할 우려가 있는 때에 한하여 조사기간 중 분리하여 수용할 수 있다.

③ 징벌위원회는 징벌을 의결하는 때에 행위의 동기 및 정황, 교정성적, 뉘우치는 정도 등 그 사정을 고려할 만한 사유가 있는 수용자에 대하여 2개월 이상 6개월 이하의 기간 내에서 징벌의 집행을 유예할 것을 의결할 수 있다.

④ 징벌위원회는 위원장을 포함한 5명 이상 7명 이하의 위원으로 구성하고, 위원장은 소장의 바로 다음 순위자가 된다.

07 형의 집행 등에 대한 설명으로 옳지 않은 것은?(다툼이 있는 경우 판례에 의함)

① 형사사건으로 외국법원에 기소되어 무죄판결을 받은 경우, 그 무죄판결을 받기까지 미결구금일수도 외국에서 형의 전부 또는 일부가 집행된 경우로 보아 국내법원에서 선고된 유죄판결의 형에 전부 또는 일부를 산입하여야 한다.

② 처단형은 선고형의 최종적인 기준이 되므로 그 범위는 법률에 따라서 엄격하게 정하여야 하고 별도의 명시적 규정이 없는 이상 「형법」 제56조에서 열거하는 가중, 감경사유에 해당하지 않는 다른 성질의 감경사유를 인정할 수 없다.

③ 판결 주문에서 경합범의 일부에 대하여 유죄가 선고되더라도 다른 부분에 대하여 무죄가 선고되었다면 형사보상을 청구할 수 있으나, 그 경우라도 미결구금일수의 전부 또는 일부가 유죄에 대한 본형에 산입되는 것으로 확정되었다면, 그 본형이 실형이든 집행유예가 부가된 형이든 불문하고 그 산입된 미결구금일수는 형사보상의 대상이 되지 않는다.

④ 형집행정지 심의위원회 위원은 학계, 법조계, 의료계, 시민단체 인사 등 학식과 경험이 있는 사람 중에서 각 지방검찰청 검사장이 임명 또는 위촉한다.

08 형의 집행 및 수용자 처우에 관한 법령상 수용자 이송에 대한 설명으로 옳은 것은?

① 법무부장관은 이송승인에 관한 권한을 법무부령으로 정하는 바에 따라 지방교정청장에게 위임할 수 있다.

② 소장은 수용자를 다른 교정시설에 이송하는 경우에 의무관으로부터 수용자가 건강상 감당하기 어렵다는 보고를 받으면 이송을 중지하고 그 사실을 지방교정청장에게 알려야 한다.

③ 소장은 수용자의 정신질환 치료를 위하여 필요하다고 인정하면 법무부장관의 승인을 받아 치료감호시설로 이송할 수 있다.

④ 수용자가 이송 중에 징벌대상 행위를 하거나 다른 교정시설에서 징벌대상 행위를 한 사실이 이송된 후에 발각된 경우에는 그 수용자를 인수한 지방교정청장이 징벌을 부과한다.

09 「형의 집행 및 수용자의 처우에 관한 법률 시행규칙」상 외부기업체에 통근하며 작업하는 수형자의 선정 기준으로 옳은 것만을 모두 고르면?

> ㄱ. 19세 이상 65세 미만일 것
> ㄴ. 해당 작업 수행에 건강상 장애가 없을 것
> ㄷ. 일반경비처우급에 해당할 것
> ㄹ. 가족·친지 또는 교정위원 등과 접견·편지수수·전화통화 등으로 연락하고 있을 것
> ㅁ. 집행할 형기가 7년 미만이고 직업훈련이 제한되지 아니할 것

① ㄴ, ㄹ

② ㄱ, ㄷ, ㅁ

③ ㄴ, ㄹ, ㅁ

④ ㄱ, ㄴ, ㄹ, ㅁ

10 「형의 집행 및 수용자의 처우에 관한 법률 시행규칙」상 수용자의 처우에 대한 설명으로 옳은 것은?

① 소장은 임산부인 수용자에 대하여 필요하다고 인정하는 경우에는 교정시설에 근무하는 교도관의 의견을 들어 필요한 양의 죽 등의 주식과 별도로 마련된 부식을 지급할 수 있다.

② 소장은 소년수형자의 나이·적성 등을 고려하여 필요하다고 인정하면 전화통화 횟수를 늘릴 수 있으나 접견 횟수를 늘릴 수는 없다.

③ 소장은 외국인수용자가 질병 등으로 위독하거나 사망한 경우에는 그의 국적이나 시민권이 속하는 나라의 외교공관 또는 영사관의 장이나 그 관원 또는 가족에게 이를 10일 이내에 통지하여야 한다.

④ 소장은 노인수용자가 거동이 불편하여 혼자서 목욕하기 어려운 경우에는 교도관, 자원봉사자 또는 다른 수용자로 하여금 목욕을 보조하게 할 수 있다.

11 「소년법」상 소년사건 처리절차에 대한 설명으로 옳지 않은 것은?

① 형벌법령에 저촉되는 행위를 한 10세 이상 14세 미만의 소년에 대하여 경찰서장은 직접 관할 소년부에 송치할 수 없다.

② 보호사건을 송치받은 소년부는 보호의 적정을 기하기 위하여 필요하다고 인정하면 결정으로써 사건을 다른 관할 소년부에 이송할 수 있다.

③ 소년부 판사는 사건의 조사 또는 심리에 필요하다고 인정하면 기일을 지정하여 사건 본인이나 보호자 또는 참고인을 소환할 수 있다.

④ 소년부 판사는 심리 결과 보호처분을 할 수 없거나 할 필요가 없다고 인정하면 그 취지의 결정을 하고, 이를 사건 본인과 보호자에게 알려야 한다.

12 범죄원인과 관련하여 실증주의 학파에 대한 설명으로 옳지 않은 것은?

① 페리(Ferri)는 범죄자의 통제 밖에 있는 힘이 범죄성의 원인이므로 범죄자에게 그들의 행위에 대해 개인적으로나 도덕적으로 책임을 물어서는 안 된다고 주장했다.

② 범죄의 연구에 있어서 체계적이고 객관적인 방법을 추구하여야 한다고 하였다.

③ 인간은 자신의 행동을 합리적, 경제적으로 계산하여 결정하기 때문에 자의적이고 불명확한 법률은 이러한 합리적 계산을 불가능하게 하여 범죄억제에 좋지 않다고 보았다.

④ 범죄는 개인의 의지에 의해 선택한 규범침해가 아니라, 과학적으로 분석가능한 개인적·사회적 원인에 의해 발생하는 것이라 하였다.

13 소년사법의 대표적 제도인 소년법원의 특성으로 옳지 않은 것은?

① 소년법원은 반사회성이 있는 소년의 형사처벌을 지양하며 건전한 성장을 도모하기 위한 교화개선과 재활철학을 이념으로 한다.

② 소년법원은 범죄소년은 물론이고 촉법소년, 우범소년 등 다양한 유형의 문제에 개입하여 비행의 조기발견 및 조기처우를 하고 있다.

③ 소년법원의 절차는 일반법원에 비해 비공식적이고 융통성이 있다.

④ 소년법원은 감별 또는 분류심사 기능과 절차 및 과정이 잘 조직되어 있지 못한 한계가 있다.

14 「형의 집행 및 수용자의 처우에 관한 법률」상 수용자의 보호실 수용에 대한 설명으로 옳은 것은?

① 소장은 수용자가 교도관의 제지에도 불구하고 소란행위를 계속하여 다른 수용자의 평온한 수용생활을 방해하는 때에 강제력을 행사하거나 보호장비를 사용하여도 그 목적을 달성할 수 없는 경우에만 보호실에 수용할 수 있다.

② 수용자의 보호실 수용기간은 15일 이내로 하되, 소장은 특히 계속하여 수용할 필요가 있으면 의무관의 의견을 고려하여 1회당 7일의 범위에서 기간을 연장할 수 있다.

③ 소장은 수용자를 보호실에 수용하거나 수용기간을 연장하는 경우에는 그 사유를 가족에게 알려주어야 한다.

④ 수용자를 보호실에 수용할 수 있는 기간은 계속하여 2개월을 초과할 수 없다.

15 형의 집행 및 수용자 처우에 관한 법령상 접견에 대한 설명으로 옳지 않은 것은?

① 수용자가 소송사건의 대리인인 변호사와 접견하는 경우로서 교정시설의 안전 또는 질서를 해칠 우려가 없는 경우에는 접촉차단시설이 설치되지 아니한 장소에서 접견하게 한다.

② 수용자가 「형사소송법」에 따른 상소권회복 또는 재심 청구사건의 대리인이 되려는 변호사와 접견할 수 있는 횟수는 월 4회이다.

③ 소장은 범죄의 증거를 인멸하거나 형사 법령에 저촉되는 행위를 할 우려가 있는 때에는 교도관으로 하여금 수용자의 접견내용을 청취·기록·녹음 또는 녹화하게 할 수 있다.

④ 수용자가 미성년자인 자녀와 접견하는 경우에는 접촉차단시설이 설치되지 아니한 장소에서 접견하게 할 수 있다.

16 범죄피해자 보호법령상 형사조정 대상 사건으로서 형사조정에 회부할 수 있는 경우로 옳은 것은?

① 피의자가 도주할 염려가 있는 경우
② 기소유예처분의 사유에 해당하는 경우
③ 공소시효의 완성이 임박한 경우
④ 피의자가 증거를 인멸할 염려가 있는 경우

17 「보호관찰 등에 관한 법률」상 갱생보호제도에 대한 설명으로 옳지 않은 것은?

① 법무부장관은 갱생보호사업의 허가를 취소하거나 정지하려는 경우에는 청문을 하여야 한다.
② 법무부장관은 갱생보호사업자가 정당한 이유 없이 갱생보호사업의 허가를 받은 후 6개월 이내에 갱생보호사업을 시작하지 아니하거나 1년 이상 갱생보호사업의 실적이 없는 경우, 그 허가를 취소하여야 한다.
③ 갱생보호는 갱생보호 대상자의 신청에 의한 갱생보호와 법원의 직권에 의한 갱생보호로 규정되어 있다.
④ 갱생보호사업을 효율적으로 추진하기 위하여 한국법무보호복지공단을 설립한다.

18 다양한 형태로 출현하여 시행되고 있는 지역사회 교정(사회내 처우)의 형태로 옳지 않은 것은?

① 출소자들에 대한 원조(advocacy)
② 지역사회 융합을 위한 재통합(reintegration)
③ 사회적 낙인문제 해소를 위한 전환제도(diversion)
④ 범죄자의 선별적 무력화(selective incapacitation)

19 「전자장치 부착 등에 관한 법률」상 법원이 19세 미만의 사람에 대해서 성폭력범죄를 저지른 사람에 대해 전자장치 부착명령을 선고하는 경우, 반드시 포함하여 부과해야 하는 준수사항으로 옳은 것은? 〈변형〉

① 어린이 보호구역 등 특정지역·장소에의 출입금지
② 주거지역의 제한
③ 피해자 등 특정인에의 접근금지
④ 특정범죄 치료 프로그램의 이수

20 「치료감호 등에 관한 법률」상 치료감호의 내용에 대한 설명으로 옳은 것은?

① 치료감호 대상자는 의사무능력이나 심신미약으로 인하여 형이 감경되는 심신장애인으로서 징역형 이상의 형에 해당하는 죄를 지은 자이다.
② 피치료감호자를 치료감호시설에 수용하는 기간은 치료감호 대상자에 해당하는 심신장애인과 정신성적 장애인의 경우 15년을 초과할 수 없다.
③ 피치료감호자의 치료감호가 가종료되었을 때 시작되는 보호관찰의 기간은 2년으로 한다.
④ 보호관찰 기간이 끝나더라도 재범의 위험성이 없다고 판단될 때까지 치료감호가 종료되지 않는다.

모바일 OMR

✅ 회독 CHECK 1 2 3

01 다음 설명에 해당하는 학자는?

- 범죄는 정상(normal)이라고 주장함
- 규범이 붕괴되어 사회 통제 또는 조절 기능이 상실된 상태를 아노미로 규정함
- 머튼(R. Merton)이 주창한 아노미이론의 토대가 됨

① 뒤르켐(E. Durkheim)
② 베카리아(C. Beccaria)
③ 케틀레(A. Quetelet)
④ 서덜랜드(E. Sutherland)

02 「형의 집행 및 수용자의 처우에 관한 법률 시행규칙」상 교정장비의 하나인 보안장비에 해당하는 것만을 모두 고르면?

ㄱ. 포승
ㄴ. 교도봉
ㄷ. 전자경보기
ㄹ. 전자충격기

① ㄱ, ㄷ
② ㄱ, ㄹ
③ ㄴ, ㄷ
④ ㄴ, ㄹ

03 형의 집행 및 수용자의 처우에 관한 법령상 교도작업에 대한 설명으로 옳은 것은?

① 소장은 교도관에게 매일 수형자의 작업실적을 확인하게 하여야 한다.
② 소장은 수형자에게 작업을 부과하는 경우 작업의 종류 및 작업과정을 정하여 수형자에게 고지할 필요가 없다.
③ 소장은 공휴일·토요일과 그 밖의 휴일에는 예외 없이 일체의 작업을 부과할 수 없다.
④ 작업과정은 작업성적, 작업시간, 작업의 난이도 및 숙련도를 고려하여 정하며, 작업과정을 정하기 어려운 경우에는 작업의 난이도를 작업과정으로 본다.

04 형의 집행 및 수용자의 처우에 관한 법령상 조직폭력수용자에 대한 설명으로 옳지 않은 것은?

① 소장은 공범·피해자 등의 체포영장, 구속영장, 공소장 또는 재판서에 조직폭력사범으로 명시된 수용자에 대하여는 조직폭력수용자로 지정한다.
② 소장은 조직폭력수용자에게 거실 및 작업장 등의 봉사원, 반장, 조장, 분임장, 그 밖에 수용자를 대표하는 직책을 부여해서는 아니 된다.
③ 소장은 조직폭력수용자로 지정된 사람이 공소장변경 또는 재판 확정에 따라 지정사유가 해소되었다고 인정되는 경우에는 교도관회의의 심의 또는 교정자문위원회의 의결을 거쳐 지정을 해제한다.
④ 소장은 조직폭력수형자가 작업장 등에서 다른 수형자와 음성적으로 세력을 형성하는 등 집단화할 우려가 있다고 인정하는 경우에는 법무부장관에게 해당 조직폭력수형자의 이송을 지체 없이 신청하여야 한다.

05 형의 집행 및 수용자의 처우에 관한 법령상 소장이 교도관으로 하여금 수용자의 접견내용을 청취·기록·녹음 또는 녹화하게 할 수 있는 경우가 아닌 것은?

① 수용자의 처우 또는 교정시설의 운영에 관하여 거짓 사실을 유포하는 때
② 시설의 안전과 질서유지를 위하여 필요한 때
③ 범죄의 증거를 인멸하거나 형사 법령에 저촉되는 행위를 할 우려가 있는 때
④ 수형자의 교화 또는 건전한 사회복귀를 위하여 필요한 때

06 형의 집행 및 수용자의 처우에 관한 법령상 특별한 보호가 필요한 수용자의 처우에 대한 설명으로 옳지 않은 것은?

① 소장은 수용자가 임신 중이거나 출산(유산·사산은 제외한다)한 경우에는 모성보호 및 건강유지를 위하여 정기적인 검진 등 적절한 조치를 하여야 한다.
② 장애인수용자의 거실은 시설부족 또는 그 밖의 부득이한 사정이 없으면 건물의 1층에 설치하고, 특히 장애인이 이용할 수 있는 변기 등의 시설을 갖추도록 하여야 한다.
③ 소장은 외국인수용자의 수용거실을 지정하는 경우에는 종교 또는 생활관습이 다르거나 민족감정 등으로 인하여 분쟁의 소지가 있는 외국인수용자는 거실을 분리하여 수용하여야 한다.
④ 노인수형자 전담교정시설에는 별도의 공동휴게실을 마련하고 노인이 선호하는 오락용품 등을 갖춰 두어야 한다.

07 「교도작업의 운영 및 특별회계에 관한 법률」상 옳지 않은 것만을 모두 고르면?

ㄱ. 특별회계는 지출할 자금이 부족할 경우에는 특별회계의 부담으로 국회의 의결을 받은 금액의 범위에서 일시적으로 차입하거나 세출예산의 범위에서 수입금 출납공무원 등이 수납한 현금을 우선 사용할 수 있다.
ㄴ. 특별회계는 세출총액이 세입총액에 미달된 경우 또는 교도작업 관련 시설의 신축·마련·유지·보수에 필요한 경우에는 예산의 범위에서 일반회계로부터 전입을 받을 수 있다.
ㄷ. 특별회계의 결산상 잉여금은 일시적으로 차입한 차입금의 상환, 작업장려금의 지급, 검정고시반·학사고시반 교육비의 지급 목적으로 사용하거나 다음 연도 일반회계의 세출예산에 예비비로 계상한다.
ㄹ. 교도작업으로 생산된 제품은 민간기업 등에 직접 판매하거나 위탁하여 판매할 수 있으며, 교도작업의 효율적인 운영을 위하여 교도작업특별회계를 설치한다.

① ㄱ, ㄴ
② ㄱ, ㄹ
③ ㄴ, ㄷ
④ ㄱ, ㄴ, ㄷ

08 민영교도소 등의 설치·운영에 관한 법령상 옳지 않은 것은?

① 민영교도소 등의 설치·운영에 관한 회계는 교도작업회계와 일반회계로 구분하며, 민영교도소에 수용된 수용자가 작업하여 발생한 수입은 국고수입으로 한다.

② 교정법인은 기본재산에 대하여 용도변경 또는 담보제공의 행위를 하려면 기획재정부장관의 허가를 받아야 한다.

③ 민영교도소 등의 직원은 근무 중 법무부장관이 정하는 제복을 입어야 한다.

④ 법무부장관은 민영교도소 등의 직원이 위탁업무에 관하여 「민영교도소 등의 설치·운영에 관한 법률」에 따른 명령이나 처분을 위반하면 그 직원의 임면권자에게 해임이나 정직·감봉 등 징계처분을 하도록 명할 수 있다.

09 「치료감호 등에 관한 법률」상 옳은 것은?

① 마약·향정신성의약품·대마, 그 밖에 남용되거나 해독(害毒)을 끼칠 우려가 있는 물질이나 알코올을 식음(食飲)·섭취·흡입·흡연 또는 주입받는 습벽이 있거나 그에 중독된 자가 금고 이상의 형에 해당하는 죄를 범하여 치료감호의 선고를 받은 경우 치료감호시설 수용 기간은 1년을 초과할 수 없다.

② 구속영장에 의하여 구속된 피의자에 대하여 검사가 공소를 제기하지 아니하는 결정을 하고 치료감호청구만을 하는 때에는 그 구속영장의 효력이 당연히 소멸하므로 검사는 법원으로부터 치료감호영장을 새로이 발부받아야 한다.

③ 치료감호와 형(刑)이 병과(倂科)된 경우에는 치료감호를 먼저 집행하며, 이 경우 치료감호의 집행기간은 형 집행기간에 포함되지 않는다.

④ 피치료감호자의 텔레비전 시청, 라디오 청취, 신문·도서의 열람은 일과시간이나 취침시간 등을 제외하고는 자유롭게 보장된다.

10 「소년법」상 보호처분에 대한 내용으로 옳은 것만을 모두 고르면?

ㄱ. 보호관찰관의 단기 보호관찰기간은 1년으로 한다.

ㄴ. 보호관찰관의 장기 보호관찰기간은 2년으로 한다. 다만, 소년부 판사는 보호관찰관의 신청에 따라 결정으로써 1년의 범위에서 한 번에 한하여 그 기간을 연장할 수 있다.

ㄷ. 보호자 또는 보호자를 대신하여 소년을 보호할 수 있는 자에게 감호 위탁하는 기간은 3개월로 하되, 소년부 판사는 결정으로써 3개월의 범위에서 한 번에 한하여 그 기간을 연장할 수 있다. 다만, 소년부 판사는 필요한 경우에는 언제든지 결정으로써 그 위탁을 종료시킬 수 있다.

ㄹ. 단기로 소년원에 송치된 소년의 보호기간은 3개월을 초과할 수 없다.

ㅁ. 장기로 소년원에 송치된 소년의 보호기간은 2년을 초과할 수 없다.

① ㄱ, ㄴ, ㄷ
② ㄱ, ㄴ, ㄹ
③ ㄱ, ㄴ, ㅁ
④ ㄷ, ㄹ, ㅁ

11 「형의 집행 및 수용자의 처우에 관한 법률」상 수용자 권리구제에 대한 설명으로 옳지 않은 것은?

① 소장은 수용자가 정당한 사유 없이 면담사유를 밝히지 아니하는 때에는 면담을 거부할 수 있다.

② 수용자는 그 처우에 관하여 불복하는 경우 법무부장관, 순회점검 공무원 또는 관할 지방법원장에게만 청원할 수 있다.

③ 수용자는 그 처우에 관하여 불복하여 순회점검 공무원에게 청원하는 경우 청원서가 아닌 말로도 할 수 있다.

④ 수용자는 청원, 진정, 소장과의 면담, 그 밖의 권리구제를 위한 행위를 하였다는 이유로 불이익한 처우를 받지 아니한다.

12 청소년범죄 관련 다이버전(diversion, 전환) 프로그램에 대한 설명으로 옳지 않은 것은?

① 다이버전은 형사사법기관이 통상적인 형사절차를 대체하는 절차를 활용하여 범죄인을 처리하는 제도를 말한다.

② 공식적인 형사처벌로 인한 낙인효과를 최소화하려는 목적을 갖고 있다.

③ 다이버전은 주체별로 '경찰에 의한 다이버전', '검찰에 의한 다이버전', '법원에 의한 다이버전' 등으로 분류하는 경우도 있다.

④ 경찰의 '선도조건부 기소유예 제도'가 대표적인 '기소전 다이버전' 프로그램이라고 할 수 있다.

13 회복적 사법(restorative justice)에 대한 설명으로 옳지 않은 것은?

① 경쟁적, 개인주의적 가치를 권장한다.

② 형사절차상 피해자의 능동적 참여와 감정적 치유를 추구한다.

③ 가족집단회합(family group conference)은 피해자와 가해자 및 양 당사자의 가족까지 만나 피해회복에 대해 논의하는 회복적 사법 프로그램 중 하나이다.

④ 사건의 처리과정이나 결과에 대한 보다 많은 정보를 피해자에게 제공해 줄 수 있다.

14 다음에서 설명하는 수용자 구금제도는?

> 이 제도는 '보호' 또는 '피난시설'이란 뜻을 갖고 있으며, 영국 켄트지방의 지역 이름을 따 시설을 운영했던 것에서 일반화되어 오늘날 소년원의 대명사로 사용되곤 한다. 주로 16세에서 21세까지의 범죄소년을 수용하여 직업훈련 및 학과교육 등을 실시함으로써 교정, 교화하려는 제도이다.

① 오번 제도(Auburn system)

② 보스탈 제도(Borstal system)

③ 카티지 제도(Cottage system)

④ 펜실베니아 제도(Pennsylvania system)

15 형의 집행 및 수용자의 처우에 관한 법령상 미결수용자의 처우에 대한 설명으로 옳지 않은 것은?

① 미결수용자는 무죄의 추정을 받으며, 미결수용자가 수용된 거실은 참관할 수 없다.

② 소장은 미결수용자의 신청에 따라 작업을 부과할 수 있으며, 이에 따라 작업이 부과된 미결수용자가 작업의 취소를 요청하는 경우에는 그 미결수용자의 의사, 건강 및 교도관의 의견 등을 고려하여 작업을 취소할 수 있다.

③ 소장은 미결수용자가 도주하거나 도주한 미결수용자를 체포한 경우 및 미결수용자가 위독하거나 사망한 경우에는 그 사실을 검사에게 통보하고, 기소된 상태인 경우에는 법원에도 지체없이 통보하여야 한다.

④ 소장은 미결수용자로서 사건에 서로 관련이 있는 사람은 분리수용하고 서로 간의 접촉을 금지하여야 하며, 만약 미결수용자를 이송, 출정 또는 그 밖의 사유로 교정시설 밖으로 호송하는 경우에는 반드시 해당 사건에 관련된 사람이 탑승한 호송 차량이 아닌 별도의 호송 차량에 탑승시켜야 한다.

16 형의 집행 및 수용자의 처우에 관한 법령상 수형자 교육과 교화프로그램에 대한 설명으로 옳지 않은 것은?

① 소장은 「교육기본법」 제8조의 의무교육을 받지 못한 수형자의 교육을 위하여 필요하면 수형자를 중간처우를 위한 전담교정 시설에 수용하여 외부 교육기관에의 통학, 외부 교육기관에서의 위탁교육을 받도록 할 수 있다.

② 소장은 수형자의 교정교화를 위하여 상담·심리치료, 그 밖의 교화프로그램을 실시하여야 하며, 수형자의 정서 함양을 위하여 필요하다고 인정하면 연극·영화관람, 체육행사, 그 밖의 문화예술활동을 하게 할 수 있다.

③ 소장은 특별한 사유가 없으면 교육기간 동안에는 교육대상자를 다른 기관으로 이송할 수 없다.

④ 소장은 수형자에게 학위취득 기회를 부여하기 위하여 독학에 의한 학사학위 취득과정을 설치·운영할 수 있다. 이 교육을 실시하는 경우 소요되는 비용은 특별한 사정이 없으면 국가의 부담으로 한다.

17 「전자장치 부착 등에 관한 법률」상 검사가 위치추적 전자장치 부착명령을 법원에 반드시 청구하여야 하는 경우는?

① 미성년자 대상 유괴범죄로 징역형의 실형 이상의 형을 선고받아 그 집행이 종료 또는 면제된 후 다시 미성년자 대상 유괴범죄를 저지른 경우

② 강도범죄를 2회 이상 범하여 그 습벽이 인정된 경우

③ 성폭력범죄로 징역형의 실형을 선고받은 사람이 그 집행을 종료한 후 또는 집행이 면제된 후 10년 이내에 성폭력범죄를 저지른 경우

④ 신체적 또는 정신적 장애가 있는 사람에 대하여 성폭력범죄를 저지른 경우

18 「보호관찰 등에 관한 법률」상 사회봉사명령과 수강명령에 대한 설명으로 옳지 않은 것은?

① 법원은 「형법」 제62조의2에 따른 사회봉사를 명할 때에는 500시간, 수강을 명할 때에는 200시간의 범위에서 그 기간을 정하여야 한다. 다만, 다른 법률에 특별한 규정이 있는 경우에는 그 법률에서 정하는 바에 따른다.

② 법원은 「형법」 제62조의2에 따른 사회봉사 또는 수강을 명하는 판결이 확정된 때부터 3일 이내에 판결문 등본 및 준수사항을 적은 서면을 피고인의 주거지를 관할하는 보호관찰소의 장에게 보내야 한다.

③ 사회봉사·수강명령 대상자는 주거를 이전하거나 10일 이상의 국외여행을 할 때에는 미리 보호관찰관에게 신고하여야 한다.

④ 사회봉사·수강명령 대상자가 사회봉사·수강명령 집행 중 금고 이상의 형의 집행을 받게 된 때에는 해당 형의 집행이 종료·면제되거나 사회봉사·수강명령 대상자가 가석방된 경우 잔여 사회봉사·수강명령을 집행한다.

19 「보호관찰 등에 관한 법률」상 보호관찰 심사위원회가 심사·결정하는 사항으로 옳지 않은 것은?

① 가석방과 그 취소에 관한 사항

② 임시퇴원, 임시퇴원의 취소 및 「보호소년 등의 처우에 관한 법률」 제43조 제3항에 따른 보호소년의 퇴원에 관한 사항

③ 보호관찰의 임시해제와 그 취소에 관한 사항

④ 보호관찰을 조건으로 한 형의 선고유예의 실효

20 낙인이론에 대한 설명으로 옳은 것만을 모두 고르면?

ㄱ. 일탈·범죄행위에 대한 공식적·비공식적 통제기관의 반응(reaction)과 이에 대해 일탈·범죄행위자 스스로가 정의(definition)하는 자기관념에 주목한다.

ㄴ. 비공식적 통제기관의 낙인, 공식적 통제기관의 처벌이 2차 일탈·범죄의 중요한 동기로 작용한다고 본다.

ㄷ. 범죄행동은 보상에 의해 강화되고 부정적 반응이나 처벌에 의해 중단된다고 설명한다.

ㄹ. 형사정책상 의도하는 바는 비범죄화, 탈시설화 등이다.

① ㄴ, ㄹ

② ㄱ, ㄴ, ㄷ

③ ㄱ, ㄴ, ㄹ

④ ㄴ, ㄷ, ㄹ

✔ 회독 CHECK 1 2 3

01 형의 집행 및 수용자의 처우에 관한 법령상 수용에 대한 설명으로 옳지 않은 것은?

① 수형자의 교화 또는 건전한 사회복귀를 위하여 필요한 때에는 혼거수용을 할 수 있다.

② 처우상 독거수용의 경우에는 주간에는 교육·작업 등의 처우를 하여 일과에 따른 공동생활을 하게 하고, 휴업일과 야간에만 독거수용을 한다.

③ 계호상 독거수용의 경우에는 사람의 생명·신체의 보호 또는 교정시설의 안전과 질서유지를 위하여 항상 독거수용하고 다른 수용자와의 접촉을 금지한다. 다만, 수사·재판·실외운동·목욕·접견·진료 등을 위하여 필요한 경우에는 그러하지 아니하다.

④ 교도관은 모든 독거수용자를 수시로 시찰하여 건강상 또는 교화상 이상이 없는지 살펴야 한다.

02 지역사회교정(community-based corrections)에 대한 설명으로 옳지 않은 것은?

① 범죄자에 대한 인도주의적 처우, 사회복귀의 긍정적 효과 그리고 교정경비의 절감과 재소자관리상 이익의 필요성 등의 요청에 의해 대두되었다.

② 통상의 형사재판절차에 처해질 알코올중독자, 마약사용자, 경범죄자 등의 범죄인에 대한 전환(diversion) 방안으로 활용할 수 있다.

③ 범죄자에게 가족, 지역사회, 집단 등과의 유대관계를 유지하게 하여 지역사회 재통합 가능성을 높여줄 수 있다.

④ 사회 내 재범가능자들을 감시하고 지도함으로써 지역사회의 안전과 보호에 기여하고, 사법통제망을 축소시키는 효과를 기대할 수 있다.

03 형의 집행 및 수용자의 처우에 관한 법령상 귀휴제도에 대한 설명으로 옳지 않은 것은?

① 소장은 6개월 이상 형을 집행받은 수형자로서 그 형기의 3분의 1(21년 이상의 유기형 또는 무기형의 경우에는 7년)이 지나고 교정성적이 우수한 사람이 질병이나 사고로 외부의료시설에의 입원이 필요한 때에는 1년 중 20일 이내의 귀휴를 허가할 수 있다.

② 소장은 교화 또는 사회복귀 준비 등을 위하여 특히 필요한 경우에는 일반경비처우급 수형자에게도 귀휴를 허가할 수 있다.

③ 소장은 수형자의 가족 또는 수형자 배우자의 직계존속이 사망하거나 위독한 때에는 수형자에게 5일 이내의 특별귀휴를 허가할 수 있다.

④ 귀휴기간은 형 집행기간에 포함되며, 귀휴자의 여비와 귀휴 중 착용할 복장은 본인이 부담한다.

04 범죄원인론 중 고전주의 학파에 대한 설명으로 옳은 것만을 모두 고르면?

> ㄱ. 인간은 자유의사를 가진 합리적인 존재이다.
> ㄴ. 인간은 처벌에 대한 두려움 때문에 범죄를 선택하는 것이 억제된다.
> ㄷ. 범죄는 주로 생물학적·심리학적·환경적 원인에 의해 일어난다.
> ㄹ. 범죄를 효과적으로 제지하기 위해서는 처벌이 엄격·확실하고, 집행이 신속해야 한다.
> ㅁ. 인간에 대한 과학적 분석을 통해 범죄원인을 규명하고자 하였다.

① ㄱ, ㄴ, ㄷ ② ㄱ, ㄴ, ㄹ
③ ㄴ, ㄷ, ㄹ ④ ㄷ, ㄹ, ㅁ

05 「전자장치 부착 등에 관한 법률」상 전자장치 부착에 대한 설명으로 옳지 않은 것은? 〈변형〉

① 검사는 강도범죄로 징역형의 실형을 선고받은 사람이 그 집행을 종료한 후 8년 뒤 다시 강도범죄를 저지른 경우, 강도범죄를 다시 범할 위험성이 있다고 인정되는 때에는 부착명령을 법원에 청구할 수 있다.

② 전자장치 피부착자가 9일 간 국내여행을 하거나 출국할 때에는 미리 보호관찰관의 허가를 받아야 한다.

③ 보호관찰소의 장 또는 피부착자 및 그 법정대리인은 해당 보호관찰소를 관할하는 심사위원회에 부착명령의 임시해제를 신청할 수 있으며, 이 신청은 부착명령의 집행이 개시된 날부터 3개월이 경과한 후에 하여야 한다.

④ 만 19세 미만의 자에 대해서는 부착명령을 선고할 수 없다.

06 「소년법」상 형사사건의 처리에 대한 설명으로 옳은 것은?

① 검사가 소년피의사건에 대하여 소년부 송치결정을 한 경우에는 소년을 구금하고 있는 시설의 장은 검사의 이송 지휘를 받은 때로부터 법원 소년부가 있는 시·군에서는 12시간 이내에 소년을 소년부에 인도하여야 한다.

② 소년보호사건에서 소년부 판사는 사건의 조사 또는 심리에 필요하다고 인정하면 기일을 지정하여 사건 본인이나 보호자 또는 참고인을 소환할 수 있으며, 사건 본인이나 보호자가 정당한 이유 없이 소환에 응하지 아니하면 소년부 판사는 동행영장을 발부할 수 있다.

③ 보호처분이 계속 중일 때에 사건 본인에 대하여 유죄판결이 확정된 경우에 보호처분을 한 소년부 판사는 결정으로써 보호처분을 취소하여야 한다.

④ 죄를 범할 당시 19세 미만인 소년에 대하여 사형 또는 무기형으로 처할 경우에는 15년의 유기징역으로 한다.

07 낙인이론에 대한 설명으로 옳지 않은 것은?

① 탄넨바움(F. Tannenbaum)은 공공에 의해 부여된 범죄자라는 꼬리표에 비행소년 스스로가 자신을 동일시하고 그에 부합하는 역할을 수행하게 되는 과정을 '악의 극화(dramatization of evil)'라고 하였다.

② 슈어(E. Schur)는 사람에게 범죄적 낙인이 일단 적용되면, 그 낙인이 다른 사회적 지위나 신분을 압도하게 되므로 일탈자로서의 신분이 그 사람의 '주지위(master status)'로 인식된다고 하였다.

③ 레머트(E. Lemert)는 1차적 일탈에 대하여 부여된 사회적 낙인으로 인해 일탈적 자아개념이 형성되고, 이 자아개념이 직접 범죄를 유발하는 요인으로 작용하여 2차적 일탈이 발생된다고 하였다.

④ 베커(H. Becker)는 금지된 행동에 대한 사회적 반응이 2차적 일탈을 부추길 뿐 아니라 사회집단이 만든 규율을 특정인이 위반한 경우 '이방인(outsider)'으로 낙인찍음으로써 일탈을 창조한다고 하였다.

08 형의 집행 및 수용자의 처우에 관한 법령상 수형자의 분류심사에 대한 설명으로 옳은 것은?

① 법무부장관은 분류심사를 전담하는 교정시설을 지정·운영하는 경우에는 지방교정청별로 2개소 이상이 되도록 하여야 한다.

② 개별처우계획을 수립하기 위한 분류심사는 매월 초일부터 말일까지 형집행지휘서가 접수된 수형자를 대상으로 하며, 그 다음 달까지 완료하여야 한다. 다만, 특별한 사유가 있는 경우에는 그 기간을 연장할 수 있다.

③ 소장은 분류심사를 위하여 수형자와 그 가족을 대상으로 상담 등을 통해 수형자 신상에 관한 개별사안의 조사, 심리·지능·적성검사, 그 밖에 필요한 검사를 할 수 있다.

④ 징역형·금고형이 확정된 사람으로서 집행할 형기가 형집행지휘서 접수일부터 6개월 미만인 사람 또는 구류형이 확정된 사람에 대해서는 분류심사를 하지 아니한다.

09 수형자 분류에 대한 설명으로 옳지 않은 것은?

① 미네소타 다면적 인성검사(MMPI)는 인성에 기초한 수형자 분류방법으로서, 비정상적인 행동을 객관적으로 측정하기 위한 수단으로 만들어졌다.

② 대인적 성숙도검사(I-Level)는 수형자를 지적 능력에 따라 분류하기 위해 사용하는 도구로서, 전문가의 도움 없이 교도관들이 분류심사에 활용할 수 있어 비용이 적게 든다는 장점이 있다.

③ 수형자에 대한 분류는 1597년 네덜란드의 암스테르담 노역장에서 남녀혼거의 폐해를 막기 위하여 남자로부터 여자를 격리수용한 것에서부터 시작되었다고 한다.

④ 우리나라에서는 1894년 갑오개혁으로 「징역표」가 제정되면서 수형자 분류사상이 처음으로 도입되었다고 한다.

10 재소자의 교도소화와 하위문화에 대한 설명으로 옳지 않은 것은?

① 클레머(D. Clemmer)는 수용기간이 장기화될수록 재소자의 교도소화가 강화된다고 한다.

② 휠러(S. Wheeler)는 재소자의 교도관에 대한 친화성 정도가 입소 초기와 말기에는 높고, 중기에는 낮다고 하면서 교도소화의 정도가 U자형 곡선 모양을 보인다고 한다.

③ 서덜랜드(E. Sutherland)와 크레시(D. Cressey)는 재소자가 지향하는 가치를 기준으로 범죄지향적 부문화, 수형지향적 부문화, 합법지향적 부문화로 구분하고, 수형지향적 재소자는 자신의 수용생활을 보다 쉽고 편하게 보내는 데 관심을 둘 뿐만 아니라, 이를 이용하여 출소 후의 생활을 원활히 하는데 많은 관심을 둔다고 한다.

④ 슈락(C. Schrag)은 재소자의 역할유형을 고지식자(square Johns), 정의한(right guys), 정치인(politicians), 무법자(outlaws)로 구분하고, 고지식자는 친사회적 수형자로서 교정시설의 규율에 동조하며 법을 준수하는 생활을 긍정적으로 지향하는 유형이라고 한다.

11 형의 집행 및 수용자의 처우에 관한 법령상 청원에 대한 설명으로 옳지 않은 것은?

① 수용자는 그 처우에 관하여 불복하는 경우 법무부장관·순회점검공무원 또는 관할 지방교정청장에게 청원할 수 있다.

② 청원하려는 수용자는 청원서를 작성하여 봉한 후 소장에게 제출하여야 한다. 다만, 순회점검공무원에 대한 청원은 말로도 할 수 있다.

③ 소장은 청원서를 개봉하여서는 아니 되며, 이를 지체 없이 법무부장관·순회점검공무원 또는 관할 지방교정청장에게 보내거나 순회점검공무원에게 전달하여야 한다.

④ 소장은 수용자가 관할 지방교정청장에게 청원하는 경우에는 그 인적사항을 청원부에 기록하여야 한다.

12 형의 집행 및 수용자의 처우에 관한 법령상 편지수수와 전화통화에 대한 설명으로 옳은 것은? 〈변형〉

① 소장은 처우등급이 중(重)경비시설 수용대상인 수형자가 변호인 외의 자에게 편지를 보내려는 경우 법령에 따라 금지된 물품이 들어있는지 확인을 위하여 필요한 경우에는 편지를 봉함하지 않은 상태로 제출하게 할 수 있다.

② 소장은 「형의 집행 및 수용자의 처우에 관한 법률」에 의하여 발신 또는 수신이 금지된 편지는 수용자에게 그 사유를 알린 후 즉시 폐기하여야 한다.

③ 수용자가 허가를 받아 교정시설의 외부에 있는 사람과 전화통화를 하는 경우 소장은 통화내용을 청취 또는 녹음을 하여야 한다.

④ 수용자가 외부에 있는 사람과 전화통화를 하는 경우 전화통화요금은 소장이 예산의 범위에서 부담하되, 국제통화요금은 수용자가 부담한다.

13 다음은 블럼스타인(A. Blumstein)이 주장한 교도소 과밀화 해소방안 전략 중 어느 것에 해당하는가?

> • 교정 이전단계에서 범죄자를 보호관찰, 가택구금, 벌금형, 배상처분, 사회봉사명령 등 비구금적 제재로 전환시킴으로써 교정시설에 수용되는 인구 자체를 줄이자는 전략이다.
> • 이 전략은 강력범죄자에게는 적용이 적절하지 않기 때문에 일부 경미범죄자나 초범자들에게만 적용가능하다는 한계가 있다.

① 무익한 전략(null strategy)
② 선별적 무능력화(selective incapacitation)
③ 정문정책(front-door policy)
④ 후문정책(back-door policy)

14 「민영교도소 등의 설치 · 운영에 관한 법률」상 민영교도소 등의 설치 · 운영에 대한 설명으로 옳지 않은 것은?

① 법무부장관은 필요하다고 인정하면 교정업무를 공공단체 외의 법인 · 단체 또는 그 기관이나 개인에게 위탁할 수 있다. 다만, 교정업무를 포괄적으로 위탁하여 한 개 또는 여러 개의 교도소 등을 설치 · 운영하도록 하는 경우에는 법인에만 위탁할 수 있다.
② 교정업무의 민간 위탁계약 기간은 수탁자가 교도소 등의 설치비용을 부담하는 경우는 10년 이상 20년 이하, 그 밖의 경우는 1년 이상 5년 이하로 하되, 그 기간은 갱신할 수 있다.
③ 교정법인의 대표자는 그 교정법인이 운영하는 민영교도소 등의 장을 겸할 수 없고, 이사는 감사나 해당 교정법인이 운영하는 민영교도소 등의 장이나 직원을 겸할 수 없다.
④ 법무부장관은 민영교도소 등의 업무 및 그와 관련된 교정법인의 업무를 지도 · 감독하며, 필요한 경우 지시나 명령을 할 수 있다. 다만, 수용자에 대한 교육과 교화프로그램에 관하여는 그 교정법인의 의견을 최대한 존중하여야 한다.

15 「형의 집행 및 수용자의 처우에 관한 법률」상 안전과 질서에 대한 설명으로 옳은 것만을 모두 고르면?

> ㄱ. 소장은 수용자가 자살 또는 자해의 우려가 있는 때에는 의무관의 의견을 고려하여 진정실에 수용할 수 있다.
> ㄴ. 교도관은 자살 · 자해 · 도주 · 폭행 · 손괴, 그 밖에 수용자의 생명 · 신체를 해하거나 시설의 안전 또는 질서를 해하는 행위(이하 "자살 등"이라 한다)를 방지하기 위하여 필요한 범위에서 전자장비를 이용하여 수용자 또는 시설을 계호할 수 있다. 다만, 전자영상장비로 거실에 있는 수용자를 계호하는 것은 자살 등의 우려가 큰 때에만 할 수 있다.
> ㄷ. 교도관은 수용자가 위력으로 교도관의 정당한 직무집행을 방해하는 때에는 수갑 · 포승을 사용할 수 있다.
> ㄹ. 교도관은 수용자가 다른 사람에게 위해를 끼치거나 끼치려고 하는 때에는 무기를 사용할 수 있다.

① ㄱ, ㄷ
② ㄱ, ㄹ
③ ㄴ, ㄷ
④ ㄴ, ㄹ

16 「치료감호 등에 관한 법률」상 치료감호에 대한 설명으로 옳은 것은?

① 법원은 치료감호사건을 심리하여 그 청구가 이유 없다고 인정할 때 또는 피고사건에 대하여 심신상실 외의 사유로 무죄를 선고하거나 사형을 선고할 때에는 판결로써 청구기각을 선고하여야 한다.

② 근로에 종사하는 피치료감호자에게는 근로의욕을 북돋우고 석방 후 사회정착에 도움이 될 수 있도록 법무부장관이 정하는 바에 따라 작업장려금을 지급할 수 있다.

③ 치료감호심의위원회는 치료감호만을 선고받은 피치료감호자에 대한 집행이 시작된 후 6개월이 지났을 때에는 상당한 기간을 정하여 그의 법정대리인, 배우자, 직계친족, 형제자매에게 치료감호시설 외에서의 치료를 위탁할 수 있다.

④ 「형법」상 살인죄(제250조 제1항)의 죄를 범한 자의 치료감호 기간을 연장하는 신청에 대한 검사의 청구는 치료감호기간 또는 치료감호가 연장된 기간이 종료하기 3개월 전까지 하여야 한다.

17 교도작업의 운영 및 특별회계에 관한 법령상 교도작업 및 특별회계에 대한 설명으로 옳지 않은 것은?

① 소장은 민간기업과 처음 교도작업에 대한 계약을 할 때에는 지방교정청장의 승인을 받아야 한다. 다만, 계약기간이 3개월 이하인 경우에는 승인을 요하지 아니하다.

② 교도작업의 종류는 직영작업·위탁작업·노무작업·도급작업으로 구분한다.

③ 소장은 교도작업을 중지하려면 지방교정청장의 승인을 받아야 한다.

④ 특별회계의 세입·세출의 원인이 되는 계약을 담당하는 계약담당자는 계약을 수의계약으로 하려면 「교도관직무규칙」 제21조에 따른 교도관회의의 심의를 거쳐야 한다.

18 「형법」상 벌금과 과료에 대한 설명으로 옳지 않은 것은?

① 벌금은 5만 원 이상으로 하되 감경하는 경우에는 5만 원 미만으로 할 수 있으며, 과료는 2천원 이상 5만 원 미만으로 한다.

② 벌금과 과료는 판결확정일로부터 30일 내에 납입하여야 한다. 단, 벌금 또는 과료를 선고할 때에는 동시에 그 금액을 완납할 때까지 노역장에 유치할 것을 명할 수 있다.

③ 선고하는 벌금이 1억 원 이상 5억 원 미만인 경우에는 300일 이상, 5억 원 이상 50억 원 미만인 경우에는 500일 이상, 50억 원 이상인 경우에는 1,000일 이상의 유치기간을 정하여야 한다.

④ 벌금을 납입하지 아니한 자는 1일 이상 3년 이하, 과료를 납입하지 아니한 자는 1일 이상 30일 미만의 기간 노역장에 유치하여 작업에 복무하게 한다.

19 「보호소년 등의 처우에 관한 법률」상 보호소년의 수용·보호에 대한 설명으로 옳지 않은 것은?

① 소년원장은 분류수용, 교정교육상의 필요, 그 밖의 이유로 보호소년을 다른 소년원으로 이송하는 것이 적당하다고 인정하면 법무부장관의 허가를 받아 이송할 수 있다.

② 보호소년이 사용하는 목욕탕, 세면실 및 화장실에 전자영상장비를 설치하여 운영하는 것은 이탈·난동·폭행·자해·자살, 그 밖에 보호소년의 생명·신체를 해치거나 시설의 안전 또는 질서를 해치는 행위의 우려가 큰 때에만 할 수 있다.

③ 소년원장은 공동으로 비행을 저지른 관계에 있는 사람의 편지인 경우 등 보호소년의 보호 및 교정교육에 지장이 있다고 인정되는 경우에는 보호소년의 편지 왕래를 제한할 수 있으며, 편지의 내용을 검사할 수 있다.

④ 소년원장은 미성년자인 보호소년이 친권자나 후견인이 없거나 있어도 그 권리를 행사할 수 없을 때에는 법원의 허가를 받아 적당한 자로 하여금 그 보호소년을 위하여 친권자나 후견인의 직무를 행사하게 하여야 한다.

20 바톨라스(C. Bartollas)의 소년교정모형에 대한 설명이다. 〈보기 1〉에 제시된 설명과 〈보기 2〉에서 제시된 교정모형을 옳게 짝 지은 것은?

─── 〈보기 1〉 ───

ㄱ. 비행소년은 통제할 수 없는 요인에 의해서 범죄자로 결정되어졌으며, 이들은 사회적 병질자이기 때문에 처벌의 대상이 아니라 치료의 대상이다.

ㄴ. 범죄소년은 치료의 대상이지만 합리적이고 책임있는 결정을 할 수 있다고 하면서, 현실요법·집단지도상호작용·교류분석 등의 처우를 통한 범죄소년의 사회재통합을 강조한다.

ㄷ. 비행소년에 대해서 소년사법이 개입하게 되면 낙인의 부정적 영향 등으로 인해 지속적으로 법을 어길 가능성이 증대되므로, 청소년을 범죄소년으로 만들지 않는 길은 시설에 수용하지 않는 것이다.

ㄹ. 지금까지 소년범죄자에 대하여 시도해 온 다양한 처우모형들이 거의 실패했기 때문에 유일한 대안은 강력한 조치로서 소년범죄자에 대한 훈육과 처벌뿐이다.

─── 〈보기 2〉 ───

A. 의료모형
B. 적응(조정)모형
C. 범죄통제모형
D. 최소제한(제약)모형

	ㄱ	ㄴ	ㄷ	ㄹ
①	A	B	C	D
②	A	B	D	C
③	A	C	D	B
④	B	A	D	C

✔ 회독 CHECK 1 2 3

01 「형의 집행 및 수용자의 처우에 관한 법률」상 용어에 대한 설명으로 옳지 않은 것은?

① '수용자'란 법률과 적법한 절차에 따라 교정시설에 수용된 사람으로서 수형자 및 미결수용자는 물론이고 사형확정자까지도 포함한다.

② '수형자'란 징역형·금고형 또는 구류형의 선고를 받아 그 형이 확정되어 교정시설에 수용된 사람을 말하며, 벌금 또는 과료를 완납하지 아니하여 노역장 유치명령을 받아 교정시설에 수용된 사람은 제외한다.

③ '미결수용자'란 형사피고인 또는 형사피의자로서 체포되거나 구속영장의 집행을 받아 교정시설에 수용된 사람을 말한다.

④ '사형확정자'란 사형의 선고를 받아 그 형이 확정되어 교정시설에 수용된 사람을 말한다.

02 범죄자 처우의 모델에 대한 설명으로 옳지 않은 것은?

① 개선모델 – 가혹한 형벌을 지양하고 개선과 교화를 강조한다.

② 의료(치료·갱생)모델 – 수용자에 대한 강제적 처우로 인권침해라는 비판을 받았다.

③ 사법(정의·공정)모델 – 갱생에 대한 회의론과 의료모델로의 회귀경향이 맞물려 등장하였다.

④ 재통합모델 – 범죄자와 지역사회의 유대 및 지역사회에 기초한 처우를 중요시한다.

03 다음 사례에 해당하는 중화의 기술을 옳게 짝 지은 것은?

> (가) 친구의 물건을 훔치면서 잠시 빌린 것이라고 주장하는 경우
>
> (나) 술에 취해서 자기도 모르는 사이에 저지른 범행이라고 주장하는 경우

	(가)	(나)
①	가해(손상)의 부정	책임의 부정
②	가해(손상)의 부정	비난자에 대한 비난
③	책임의 부정	비난자에 대한 비난
④	피해자의 부정	충성심에 대한 호소

04 머튼(Merton)이 제시한 아노미 상황에서의 적응양식 중에서 기존 사회체제를 거부하는 혁명가(A)와 알코올중독자(B)에 해당하는 유형을 옳게 짝 지은 것은?

적응양식의 유형	문화적 목표	제도화된 수단
㉠	+	+
㉡	+	–
㉢	–	+
㉣	–	–
㉤	±	±

※ +는 수용, −는 거부, ±는 제3의 대안을 추구하는 것을 의미

	(A)	(B)
①	㉣	㉢
②	㉡	㉤
③	㉤	㉣
④	㉤	㉢

05 「소년법」상 소년 형사절차에 대한 설명으로 옳지 않은 것은?

① 소년에 대한 구속영장은 부득이한 경우가 아니면 발부할 수 없다.

② 형의 집행유예를 선고하면서 부정기형을 선고할 수 있다.

③ 소년에 대한 형사사건은 다른 피의사건과 관련된 경우에도 분리하여 심리하는 것이 원칙이다.

④ 18세 미만인 소년에게는 노역장유치를 선고할 수 없다.

06 구금방법에 대한 설명으로 옳지 않은 것은?

① 펜실베니아시스템(Pennsylvania system)은 독거생활을 통한 반성과 참회를 강조한다.

② 오번시스템(Auburn system)은 도덕적 개선보다 노동습관의 형성을 더 중요시한다.

③ 펜실베니아시스템은 윌리엄 펜(William Penn)의 참회사상에 기초하여 창안되었으며 침묵제 또는 교담금지제로 불린다.

④ 오번시스템은 엘람 린즈(Elam Lynds)가 창안하였으며 반독거제 또는 완화독거제로 불린다.

07 「소년법」상 보호처분에 대한 설명으로 옳지 않은 것은?

① 사회봉사명령은 200시간을, 수강명령은 100시간을 초과할 수 없으며, 보호관찰관이 그 명령을 집행할 때에는 사건 본인의 정상적인 생활을 방해하지 아니하도록 하여야 한다.

② 보호처분이 계속 중일 때에 사건 본인이 처분 당시 19세 이상인 것으로 밝혀진 경우에는 소년부 판사는 결정으로써 그 보호처분을 취소하여야 한다.

③ 장기 보호관찰처분을 할 때에는 해당 보호관찰기간 동안 야간 등 특정 시간대의 외출을 제한하는 명령을 보호관찰대상자의 준수 사항으로 부과할 수 있다.

④ 사회봉사명령은 14세 이상의 소년에게만 할 수 있으며, 수강명령은 12세 이상의 소년에게만 할 수 있다.

08 「소년법」상 소년부 판사가 취할 수 있는 임시조치로 옳지 않은 것은?

① 보호자에게 1개월간 감호 위탁

② 요양소에 3개월간 감호 위탁

③ 소년분류심사원에 3개월간 감호 위탁

④ 소년을 보호할 수 있는 적당한 자에게 1개월간 감호 위탁

09 형의 집행 및 수용자의 처우에 관한 법령상 분류심사에 대한 설명으로 옳은 것만을 모두 고른 것은?

ㄱ. 교정시설의 장은 분류심사를 위하여 수형자를 대상으로 상담 등을 통한 신상에 관한 개별사안의 조사, 심리·지능·적성 검사, 그 밖에 필요한 검사를 할 수 있다.

ㄴ. 개별처우계획을 조정할 것인지를 결정하기 위한 분류심사는 정기재심사, 부정기재심사, 특별재심사로 구분된다.

ㄷ. 경비처우급의 조정을 위한 평정소득점수 기준은 수용 및 처우를 위하여 필요한 경우 법무부장관이 달리 정할 수 있다.

ㄹ. 교정시설의 장은 수형자가 부상이나 질병, 그 밖의 부득이한 사유로 작업 또는 교육을 받지 못한 경우에는 3점 이내의 범위에서 작업 또는 교육 성적을 부여할 수 있다.

ㅁ. 조정된 처우등급에 따른 처우는 그 조정이 확정된 다음 날부터 한다. 이 경우 조정된 처우등급은 조정이 확정된 날부터 적용된 것으로 본다.

① ㄱ, ㄴ, ㄷ
② ㄱ, ㄷ, ㄹ
③ ㄴ, ㄷ, ㅁ
④ ㄴ, ㄹ, ㅁ

10 형의 집행 및 수용자의 처우에 관한 법령상 교도작업 등에 대한 설명으로 옳은 것만을 모두 고른 것은?

ㄱ. 교정시설의 장은 수형자에게 부상·질병, 그 밖에 작업을 계속하기 어려운 특별한 사정이 있으면 그 사유가 해소될 때까지 작업을 면제할 수 있다.

ㄴ. 교정시설의 장은 수형자가 개방처우급 또는 완화경비처우급으로서 작업기술이 탁월하고 작업성적이 우수한 경우에는 수형자 자신을 위한 개인작업을 하게 할 수 있다.

ㄷ. 교정시설의 장은 관할 지방교정청장의 승인을 받아 수형자에게 부과하는 작업의 종류를 정한다.

ㄹ. 작업장려금은 본인의 가족생활 부조, 교화 또는 건전한 사회복귀를 위하여 특히 필요하면 석방 전이라도 그 전부 또는 일부를 지급할 수 있다.

ㅁ. 교정시설의 장은 수형자의 가족이 사망하면 3일간 해당 수형자의 작업을 면제한다.

① ㄱ, ㄴ, ㄷ
② ㄱ, ㄴ, ㄹ
③ ㄱ, ㄷ, ㅁ
④ ㄷ, ㄹ, ㅁ

11 〈보기 1〉에 제시된 설명과 〈보기 2〉에 제시된 학자를 옳게 짝 지은 것은?

─── 〈보기 1〉 ───

ㄱ. 감옥개량의 선구자로 인도적인 감옥개혁을 주장 하였다.

ㄴ. 『범죄와 형벌』을 집필하고 죄형법정주의를 강조 하였다.

ㄷ. 파놉티콘(Panopticon)이라는 감옥형태를 구상하 였다.

ㄹ. 범죄포화의 법칙을 주장하였다.

─── 〈보기 2〉 ───

A. 베카리아(Beccaria)   B. 하워드(Howard)

C. 벤담(Bentham)   D. 페리(Ferri)

	ㄱ	ㄴ	ㄷ	ㄹ
①	A	B	C	D
②	C	A	B	D
③	B	A	C	D
④	B	A	D	C

12 「형의 집행 및 수용자의 처우에 관한 법률」의 내용으로 옳지 않은 것은?

① 법무부장관은 교정시설의 설치 및 운영에 관한 업무 의 일부를 법인 또는 개인에게 위탁할 수 있다.

② 법무부장관은 교정시설의 운영, 교도관의 복무, 수 용자의 처우 및 인권실태 등을 파악하기 위하여 매 월 1회 이상 교정시설을 순회점검하거나 소속 공무 원으로 하여금 순회점검하게 하여야 한다.

③ 수형자가 소년교도소에 수용 중에 19세가 된 경우 에도 교육ㆍ교화프로그램, 작업, 직업훈련 등을 실 시하기 위하여 특히 필요하다고 인정되면 23세가 되기 전까지는 계속하여 수용할 수 있다.

④ 교정시설의 장은 법률이 정한 사유가 있는 수형자에 게 5일 이내의 특별귀휴를 허가할 수 있다.

13 「형의 집행 및 수용자의 처우에 관한 법률 시행규칙」상 〈보기 1〉의 경비처우급과 〈보기 2〉의 작업기준을 바르 게 연결한 것은?

─── 〈보기 1〉 ───

ㄱ. 개방처우급   ㄴ. 중(重)경비처우급

ㄷ. 완화경비처우급   ㄹ. 일반경비처우급

─── 〈보기 2〉 ───

A. 개방지역작업 및 필요시 외부통근작업 가능

B. 구내작업 및 필요시 개방지역작업 가능

C. 외부통근작업 및 개방지역작업 가능

D. 필요시 구내작업 가능

① ㄱ － A

② ㄴ － C

③ ㄷ － D

④ ㄹ － B

14 형의 집행 및 수용자의 처우에 관한 법령상 교정시설의 시찰 및 참관에 대한 설명으로 옳지 않은 것은?

① 교정시설의 장은 판사와 검사 외의 사람이 교정시설 의 참관을 신청하는 경우에는 그 성명ㆍ직업ㆍ주 소ㆍ나이ㆍ성별 및 참관 목적을 확인한 후 허가 여 부를 결정하여야 한다.

② 판사와 검사 외의 사람은 교정시설을 참관하려면 학 술연구 등 정당한 이유를 명시하여 관할 지방교정 청장의 허가를 받아야 한다.

③ 판사 또는 검사가 교정시설을 시찰할 경우에는 미리 그 신분을 나타내는 증표를 교정시설의 장에게 제 시해야 한다.

④ 교정시설의 장은 판사 또는 검사가 교정시설을 시찰 할 경우 교도관에게 시찰을 요구받은 장소를 안내 하게 해야 한다.

15 현행 법령상 형벌에 대한 설명으로 옳지 않은 것은?

① 죄를 범할 당시 18세 미만인 소년에 대해서는 사형을 선고할 수 없다.

② 유기징역은 1개월 이상 30년 이하로 하며, 형을 가중하는 경우에는 50년까지 가능하다.

③ 형을 병과할 경우에는 그 형의 일부에 대하여 집행을 유예할 수 있다.

④ 형의 선고유예를 받은 날부터 1년을 경과한 때에는 면소된 것으로 간주한다.

16 「형의 집행 및 수용자의 처우에 관한 법률」상 여성수용자의 처우에 대한 설명으로 옳지 않은 것은?

① 교정시설의 장은 여성수용자에 대하여 건강검진을 실시하는 경우에는 나이ㆍ건강 등을 고려하여 부인과질환에 관한 검사를 포함시켜야 한다.

② 교정시설의 장은 수용자가 미성년자인 자녀와 접견하는 경우 접촉차단시설이 없는 장소에서 접견하게 할 수 있다.

③ 교정시설의 장은 여성수용자에 대하여 상담ㆍ교육ㆍ작업 등을 실시하는 때에는 여성교도관이 담당하도록 하여야 한다. 다만, 여성교도관이 부족하거나 그 밖의 부득이한 사정이 있으면 그러하지 아니하다.

④ 교정시설의 장은 수용자가 임신 중이거나 출산(유산ㆍ사산은 포함되지 않음)한 경우에는 모성보호 및 건강유지를 위하여 정기적인 검진 등 적절한 조치를 하여야 한다.

17 「형의 집행 및 수용자의 처우에 관한 법률 시행규칙」상 직업훈련에 대한 설명으로 옳지 않은 것은?

① 직업훈련의 직종 선정 및 훈련과정별 인원은 지방교정청장의 승인을 받아 교정시설의 장이 정한다.

② 교정시설의 장은 소년수형자의 선도를 위하여 필요한 경우에는 직업훈련에 필요한 기본소양을 갖추었다고 인정할 수 없더라도 직업훈련 대상자로 선정하여 교육할 수 있다.

③ 교정시설의 장은 15세 미만의 수형자를 직업훈련 대상자로 선정해서는 아니 된다.

④ 교정시설의 장은 직업훈련 대상자가 징벌대상행위의 혐의가 있어 조사를 받게 된 경우 직업훈련을 보류할 수 있다.

18 현행 법령상 가석방제도에 대한 설명으로 옳지 않은 것은? 〈변형〉

① 가석방은 행정처분의 일종이다.

② 가석방심사위원회는 위원장을 포함한 5명 이상 9명 이하의 위원으로 구성한다.

③ 가석방심사위원회는 가석방 적격결정을 하였으면 5일 이내에 법무부장관에게 가석방 허가를 신청하여야 한다.

④ 가석방취소자의 남은 형기 기간은 가석방을 실시한 다음 날부터 원래 형기의 종료일까지로 하고, 남은 형기 집행 기산일은 가석방을 실시한 다음 날로 한다.

19 「치료감호 등에 관한 법률」상 보호관찰에 대한 설명으로 옳지 않은 것은?

① 보호관찰의 기간은 3년으로 한다.

② 피치료감호자에 대한 치료감호가 가종료되었을 때 보호관찰이 시작된다.

③ 피치료감호자가 치료감호시설 외에서 치료받도록 법정대리인 등에게 위탁되었을 때 보호관찰이 시작된다.

④ 치료감호심의위원회의 치료감호 종료결정이 있어도 보호관찰기간이 남아 있다면 보호관찰은 계속된다.

20 「형의 집행 및 수용자의 처우에 관한 법률 시행령」에 따를 때, 괄호 안에 들어갈 내용을 옳게 짝 지은 것은?

- 미결수용자의 접견 횟수는 (㉠)로 하되, 변호인과의 접견은 그 횟수에 포함시키지 않는다.
- 교정시설의 장은 19세 미만의 수용자와 계호상 독거수용자에 대하여 (㉡) 이상 건강검진을 하여야 한다.
- 교정시설의 장은 작업의 특성, 계절, 그 밖의 사정을 고려하여 수용자의 목욕횟수를 정하되 부득이한 사정이 없으면 (㉢) 이상이 되도록 한다.

	㉠	㉡	㉢
①	매일 1회	6개월에 1회	매주 1회
②	매일 1회	1년에 1회	매주 1회
③	매주 1회	6개월에 1회	매주 1회
④	매주 1회	1년에 1회	매월 1회

✔ 회독 CHECK 1 2 3

01 형의 집행 및 수용자의 처우에 관한 법령상 문화에 대한 설명으로 옳은 것은?

① 수용자는 문서 또는 도화를 작성하거나 문예·학술, 그 밖의 사항에 관하여 집필할 수 있다. 이때 집필용구의 구입비용은 원칙적으로 소장이 부담한다.

② 소장은 수용자의 지식함양 및 교양습득에 필요한 도서와 영상녹화물을 비치하여 수용자가 이용하게 하여야 한다.

③ 소장은 수용자가 자신의 비용으로 구독을 신청한 신문이 출판문화산업 진흥법에 따른 유해간행물인 경우를 제외하고는 구독을 허가하여야 한다.

④ 소장은 수용자의 건강과 일과시간 등을 고려하여 1일 8시간 이내에서 방송편성시간을 정한다. 다만, 토요일·공휴일, 작업·교육실태 및 수용자의 특성을 고려하여 방송편성시간을 조정할 수 있다.

02 형의 집행 및 수용자의 처우에 관한 법령상 교도관의 강제력 행사에 대한 설명으로 옳지 않은 것은?

① 교도관은 수용자가 위계 또는 위력으로 교도관의 정당한 직무집행을 방해하는 때에 강제력을 행사할 수 있다.

② 교도관은 수용자 이외의 사람이 교도관 또는 수용자에게 위해를 끼치거나 끼치려고 하는 때에 강제력을 행사할 수 있다.

③ 교도관이 수용자 등에게 강제력을 행사하려면 사전에 상대방에게 이를 경고하여야 한다. 다만, 상황이 급박하여 경고할 시간적인 여유가 없는 때에는 그러하지 아니하다.

④ 교도관은 수용자 등에게 소장의 명령 없이 강제력을 행사해서는 아니 된다. 다만, 그 명령을 받을 시간적 여유가 없는 경우에는 강제력을 행사한 후 소장에게 즉시 보고하여야 한다.

03 「형의 집행 및 수용자의 처우에 관한 법률 시행규칙」상 교정시설 안에 설치된 외부기업체의 작업장에 통근하며 작업하는 수형자가 갖추어야 할 요건들에 해당하지 않는 것은?

① 18세 이상 65세 미만일 것

② 해당 작업 수행에 건강상 장애가 없을 것

③ 개방처우급·완화경비처우급·일반경비처우급에 해당할 것

④ 집행할 형기가 7년 미만이거나 형기기산일로부터 7년 이상 지났을 것

04 형의 집행 및 수용자의 처우에 관한 법령상 작업과 직업훈련에 대한 설명으로 옳지 않은 것은? 〈변형〉

① 소장은 사형확정자가 작업을 신청하면 교도관회의의 심의를 거쳐 교정시설 안에서 실시하는 작업을 부과할 수 있다.

② 소장은 수형자의 가족 또는 배우자의 직계존속이 사망하면 2일간, 부모 또는 배우자의 제삿날에는 1일간 해당 수형자의 작업을 면제한다. 다만, 수형자가 작업을 계속하기를 원하는 경우는 예외로 한다.

③ 집체직업훈련 대상자는 소속기관의 수형자 중에서 소장이 선정한다.

④ 수형자가 작업으로 인한 부상으로 신체에 장해가 발생하여 위로금을 받게 된 경우 그 위로금을 지급받을 권리는 다른 사람 또는 법인에게 양도하거나 담보로 제공할 수 없으며, 다른 사람 또는 법인은 이를 압류할 수 없다.

05 형의 집행 및 수용자의 처우에 관한 법령상 수용자의 금품관리에 대한 설명으로 옳지 않은 것은? 〈변형〉

① 소장은 수용자의 휴대금품을 교정시설에 보관한다. 다만, 휴대품이 썩거나 없어질 우려가 있는 것이면 수용자로 하여금 자신이 지정하는 사람에게 보내게 하거나 그 밖에 적당한 방법으로 처분하게 할 수 있다.

② 소장은 신입자의 휴대품을 팔 경우에는 그 비용을 제외한 나머지 대금을 보관할 수 있다.

③ 소장은 수용자의 보관품이 인장인 경우에는 잠금장치가 되어 있는 견고한 용기에 넣어 보관해야 한다.

④ 소장은 수용자 이외의 사람의 신청에 따라 수용자에게 건네줄 것을 허가한 물품은 교도관으로 하여금 검사하게 할 필요가 없으나, 그 물품이 의약품인 경우에는 의무관으로 하여금 검사하게 해야 한다.

06 형의 집행 및 수용자의 처우에 관한 법령상 수용자의 의료처우에 대한 설명으로 옳지 않은 것은?

① 소장은 수용자가 자신의 비용으로 외부의료시설에서 근무하는 의사에게 치료받기를 원하면 교정시설에 근무하는 의사의 의견을 고려하여 이를 허가할 수 있다.

② 소장은 진료를 거부하는 수용자가 교정시설에 근무하는 의사의 설득 등에도 불구하고 진료를 계속 거부하여 그 생명에 위험을 가져올 급박한 우려가 있으면 위 의사로 하여금 적당한 진료 등의 조치를 하게 할 수 있다.

③ 소장은 19세 미만의 수용자와 계호상 독거수용자에 대하여는 6개월에 1회 이상 건강검진을 하여야 한다.

④ 소장은 수용자가 자신의 고의 또는 과실로 부상 등이 발생하여 외부의료시설에서 진료를 받은 경우에는 그 진료비의 전부 또는 일부를 그 수용자에게 부담하게 하여야 한다.

07 현행법상 형의 실효에 대한 설명으로 옳지 않은 것은?

① 수형인이 3년 이하의 징역형인 경우, 자격정지 이상의 형을 받지 아니하고 형의 집행을 종료하거나 그 집행이 면제된 날부터 5년이 경과한 때에 그 형은 실효된다.

② 구류와 과료는 형의 집행을 종료하거나 그 집행이 면제된 날부터 1년이 경과한 때에 그 형은 실효된다.

③ 하나의 판결로 여러 개의 형이 선고된 경우에는 각 형의 집행을 종료하거나 그 집행이 면제된 날부터 가장 무거운 형에 대한 형의 실효 등에 관한 법률에서 정한 형의 실효기간이 경과한 때에 형의 선고는 효력을 잃는다. 이때 징역과 금고는 같은 종류의 형으로 보고 각 형기를 합산한다.

④ 징역 또는 금고의 집행을 종료하거나 집행이 면제된 자가 피해자의 손해를 보상하고 자격정지 이상의 형을 받음이 없이 7년을 경과한 때에는 본인 또는 검사의 신청에 의하여 법원은 그 재판의 실효를 선고할 수 있다.

08 「보호소년 등의 처우에 관한 법률」에서 규정된 보호장비에 해당하는 것만을 모두 고른 것은? 〈변형〉

ㄱ. 수갑	ㄴ. 포승
ㄷ. 가스총	ㄹ. 전자충격기
ㅁ. 보호복	ㅂ. 발목보호장비

① ㄱ, ㄴ, ㄷ
② ㄴ, ㄹ, ㅁ
③ ㄱ, ㄴ, ㄷ, ㄹ
④ ㄱ, ㄷ, ㄹ, ㅁ, ㅂ

09 수형자의 처우방식 중 누진처우제도에 대한 설명으로 옳지 않은 것은?

① 일종의 토큰경제(token economy)에 해당하는 제도로서, 재판상 선고된 자유형의 집행단계를 여러 개의 단계로 나누어 수형자의 개선 정도에 따라 상위 계급으로 진급하게 함으로써 점차 자유제한적 처우를 완화하는 것이다.

② 영국에서 시작된 일종의 고사제(考查制)에 호주의 마코노키(A. Machonochie)가 점수제(點數制)를 결합시킴으로써 더욱 발전하였다고 한다.

③ 아일랜드제(Irish system)는 크로프톤(W. Crofton)이 창안한 것으로 매월 소득점수로 미리 정한 책임점수를 소각하는 방법을 말하며, 우리나라의 누진처우방식과 유사하다.

④ 엘마이라제(Elmira system)는 자력적 갱생에 중점을 둔 행형제도로 일명 감화제라고도 하는데, 전과 3범 이상의 청소년 범죄자를 대상으로 하여 개선·교화를 위해 교도소를 학교와 같은 분위기에서 운영하는 제도이다.

10 소년범죄의 원인과 대책에 대한 설명으로 옳지 않은 것은?

① 모피트(T. E. Moffit)는 사회적 자본(social capital) 개념을 도입하여 청소년기에 비행을 저지른 아이들도 사회유대 혹은 사회자본의 형성을 통해 취업과 결혼으로 가정을 이루는 인생의 전환점을 만들면 성인이 되어 정상인으로 돌아가게 된다고 주장하였다.

② 패터슨(G. R. Patterson) 등에 따르면 초기 비행을 경험한 소년들이 후반에 비행을 시작한 소년에 비하여 어릴 때부터 반사회적 환경과 밀접한 관계를 맺음으로써 또래집단 속에서 정상적 사회화를 경험할 기회가 상대적으로 적기 때문에 만성적 범죄자가 될 확률이 높다고 하였다.

③ 워렌(M. Q. Warren)에 따르면 비행소년 분류상 신경증적 비행소년에 대한 처우로는 가족집단요법과 개별심리요법이 적절하다고 한다.

④ 바톨라스(C. Bartollas)의 적응(개선)모델에 따르면 비행소년 스스로 책임 있는 선택과 합법적 결정을 할 수 있다고 하며, 이 모형에 따른 처우로서는 현실요법, 환경요법, 집단지도 상호작용, 교류분석 등의 방법이 이용되고 있다.

11 단기자유형의 대체방안으로 적절하지 않은 것은?

① 주말구금제도
② 귀휴제도
③ 사회봉사명령제도
④ 벌금형제도

12 「형의 집행 및 수용자의 처우에 관한 법률」의 내용에 대한 설명으로 옳은 것은?

① 이 법은 교정시설의 구내에서만 적용된다.

② 법무부장관은 교정시설의 설치 및 운영에 관한 업무의 일부를 법인에게 위탁할 수 있으나 개인에게 위탁할 수는 없다.

③ 판사, 검사 및 당해사건의 변호인은 직무상 필요하면 교정시설을 시찰할 수 있다.

④ 신설하는 교정시설은 수용인원이 500명 이내의 규모가 되도록 하여야 한다. 다만, 교정시설의 기능·위치나 그 밖의 사정을 고려하여 그 규모를 늘릴 수 있다.

13 「형의 집행 및 수용자의 처우에 관한 법률 시행규칙」상 이송·재수용 수형자의 처우에 대한 설명으로 옳지 않은 것은? 〈변형〉

① 소장은 형집행정지 중에 있는 사람이 정지사유가 없어져 재수용된 경우에는 석방 당시와 동일한 처우등급을 부여하여야 한다.

② 소장은 해당 교정시설의 특성 등을 고려하여 필요한 경우에는 다른 교정시설로부터 이송되어 온 수형자의 개별처우계획을 변경할 수 있다.

③ 소장은 수형자가 가석방의 취소로 재수용되어 남은 형기가 집행되는 경우에는 석방 당시보다 한 단계 낮은 처우등급(경비처우급에만 해당한다)을 부여한다.

④ 소장은 형집행정지 중이거나 가석방기간 중에 있는 사람이 형사사건으로 재수용되어 형이 확정된 경우에는 개별처우계획을 새로 수립하여야 한다.

14 사회내 처우에 대한 설명으로 옳지 않은 것은?

① 배상제도는 범죄자로 하여금 범죄로 인한 피해자의 경제적 손실을 금전적으로 배상하게 하는 것으로, 범죄자의 사회복귀를 도울 수 있으며 범죄자에게 범죄에 대한 속죄의 기회를 제공한다.

② 사회봉사명령은 유죄가 인정된 범죄인이나 비행소년을 교화·개선하기 위해 이들로부터 일정한 여가를 박탈함으로써 처벌의 효과도 얻을 수 있고, 동시에 교육훈련을 통하여 자기 개선적 효과를 기대할 수 있다.

③ 집중감시(감독)보호관찰은 감독의 강도가 일반보호관찰보다는 높고 구금에 비해서는 낮은 것으로, 집중적인 접촉관찰을 실시함으로써 대상자의 욕구와 문제점을 보다 정확히 파악하고, 이에 알맞은 지도·감독 및 원호를 실시하여 재범방지의 효과를 높일 수 있다.

④ 전자감시(감독)제도는 처벌프로그램의 종류라기보다는 대상자의 위치를 파악할 수 있는 감시(감독)기술로서, 구금으로 인한 폐해를 줄일 수 있고 대상자가 교화·개선에 도움이 되는 각종 교육훈련과 상담을 받을 수 있다.

15 「보호관찰 등에 관한 법률」상 보호관찰 대상자의 일반적인 준수사항에 해당하는 것만을 모두 고른 것은?

> ㄱ. 주거지에 상주(常住)하고 생업에 종사할 것
> ㄴ. 범죄행위로 인한 손해를 회복하기 위하여 노력할 것
> ㄷ. 범죄로 이어지기 쉬운 나쁜 습관을 버리고 선행(善行)을 하며 범죄를 저지를 염려가 있는 사람들과 교제하거나 어울리지 말 것
> ㄹ. 보호관찰관의 지도·감독에 따르고 방문하면 응대할 것
> ㅁ. 주거를 이전(移轉)하거나 1개월 이상 국내외 여행을 할 때에는 미리 보호관찰관에게 신고할 것
> ㅂ. 일정량 이상의 음주를 하지 말 것

① ㄱ, ㄴ, ㄷ, ㄹ
② ㄱ, ㄷ, ㄹ, ㅁ
③ ㄴ, ㄷ, ㄹ, ㅁ, ㅂ
④ ㄱ, ㄴ, ㄷ, ㄹ, ㅁ, ㅂ

16 「범죄피해자 보호법」상 구조금 지급에 대한 설명으로 옳지 않은 것은?

① 범죄행위 당시 구조피해자와 가해자의 사이가 4촌 이내의 친족관계가 있는 경우 구조금을 지급하지 아니한다. 다만 구조금을 지급하지 아니하는 것이 사회통념에 위배된다고 인정할 만한 특별한 사정이 있는 경우에는 구조금의 전부 또는 일부를 지급할 수 있다.

② 구조금은 유족구조금, 장해구조금 및 중상해구조금으로 구분하며, 일시금으로 지급한다. 다만, 특별한 사정이 있는 경우에는 분할하여 지급할 수 있다.

③ 구조피해자의 사망 당시 구조피해자의 수입으로 생계를 유지하고 있지 않은 구조피해자의 자녀, 부모, 손자·손녀, 조부모 및 형제자매도 유족구조금의 지급대상인 유족에 해당한다.

④ 국가는 구조피해자나 유족이 해당 구조대상 범죄피해를 원인으로 하여 손해배상을 받았으면 그 범위에서 구조금을 지급하지 아니한다.

17 현행법상 미결구금(수용)제도에 대한 설명으로 옳은 것은?(다툼이 있는 경우 판례에 의함)

① 소장은 미결수용자에 대하여는 직권 또는 신청에 따라 교육 또는 교화프로그램을 실시하거나 작업을 부과할 수 있다.

② 판결선고 전 미결구금일수는 그 전부가 법률상 당연히 본형에 산입하게 되므로 판결에서 별도로 미결구금일수 산입에 관한 사항을 판단할 필요는 없다.

③ 미결수용자의 변호인과의 접견교통권은 질서유지 또는 공공복리를 위한 이유가 있는 때에도 법률로써 제한할 수 없다.

④ 미결수용자가 징벌대상자로서 조사받고 있거나 징벌집행 중인 경우에는 소송서류의 작성 등 수사과정에서의 권리행사가 제한된다.

18 소년법상 보호처분 중 기간의 연장이 허용되지 않는 것은?

① 보호자에게 감호위탁
② 소년보호시설에 감호위탁
③ 보호관찰관의 단기 보호관찰
④ 보호관찰관의 장기 보호관찰

19 애그뉴(R. Agnew)의 일반긴장이론(General Strain Theory)에 대한 설명으로 옳은 것만을 모두 고른 것은?

> ㄱ. 머튼(R. Merton)의 아노미이론(Anomie Theory)
> 에 그 이론적 뿌리를 두고 있다.
> ㄴ. 거시적 수준의 범죄이론으로 분류된다.
> ㄷ. 범죄발생의 원인으로 목표달성의 실패, 기대와
> 성취 사이의 괴리, 긍정적 자극의 소멸, 부정적
> 자극의 발생을 제시했다.
> ㄹ. 긴장을 경험하는 모든 사람이 범죄를 저지른다거
> 나 범죄에 의존하게 되는 것은 아니다.

① ㄱ, ㄹ

② ㄱ, ㄴ, ㄷ

③ ㄱ, ㄷ, ㄹ

④ ㄱ, ㄴ, ㄷ, ㄹ

20 보호관찰의 지도·감독 유형으로 올린(L. E. Ohlin)이 제시한 내용 중 지역사회보호와 범죄자보호 양쪽 사이에서 갈등을 가장 크게 겪는 보호관찰관의 유형은?

① 보호적 보호관찰관

② 수동적 보호관찰관

③ 복지적 보호관찰관

④ 중개적 보호관찰관

✅ 회독 CHECK ① ② ③

01 다음의 설명과 관련 있는 범죄이론가는?

> • 범죄는 의사소통을 통한 타인과의 상호작용 과정에서 학습된다.
> • 범죄학습에서 중요한 사항은 친밀한 사적 집단 사이에서 이루어진다.
> • 차별적 교제의 양상은 빈도, 지속성, 우선성, 강도의 측면에서 다양하다.

① 뒤르켐(E. Durkheim)
② 롬브로조(C. Lombroso)
③ 서덜랜드(E. Sutherland)
④ 레머트(E. Lemert)

02 지역사회교정의 장점을 기술한 것으로 옳지 않은 것은?

① 새로운 사회통제 전략으로서 형사사법망의 확대효과를 가져온다.
② 교정시설 수용에 비해 일반적으로 비용과 재정부담이 감소되고 교도소 과밀수용 문제를 해소할 수 있다.
③ 대상자에게 사회적 관계의 단절을 막고 낙인효과를 최소화하며 보다 인도주의적인 처우가 가능하다.
④ 대상자에게 가족, 지역사회, 집단 등과 유대관계를 유지하게 하여 범죄자의 지역사회 재통합 가능성을 높여 줄 수 있다.

03 집중감독보호관찰(intensive supervision probation)에 대한 설명으로 옳지 않은 것은?

① 위험성이 높은 보호관찰대상자 중에서 대상자를 선정하는 것이 보편적이다.
② 구금과 일반적인 보호관찰에 대한 대체방안으로서 대상자와의 접촉을 늘려 세밀한 감독을 한다.
③ 대상자의 자발적 동의와 참여하에 단기간 구금 후 석방하여 집중적으로 감시하는 사회내 처우이다.
④ 보호관찰이 지나치게 관대한 처벌이라는 느낌을 주지 않으면서 범죄자를 사회 내에서 처우할 수 있는 기회를 제공한다.

04 형의 집행 및 수용자의 처우에 관한 법령상 사형확정자의 처우에 대한 설명으로 옳지 않은 것은?

① 사형확정자가 수용된 거실은 참관할 수 없다.
② 소장은 사형확정자의 자살·도주 등의 사고를 방지하기 위하여 필요한 경우에는 사형확정자와 수형자를 혼거수용할 수 있다.
③ 소장은 사형확정자의 심리적 안정 및 원만한 수용생활을 위하여 교육 또는 교화프로그램을 실시하거나 신청에 따라 작업을 부과할 수 있다.
④ 소장은 사형확정자의 심리적 안정과 원만한 수용생활을 위하여 필요하다고 인정하는 경우에는 월 3회 이내의 범위에서 전화통화를 허가할 수 있다.

05 「형의 집행 및 수용자의 처우에 관한 법률 시행규칙」상 소년수용자의 처우에 대한 설명으로 옳지 않은 것은?

① 소장은 소년수용자의 나이·건강상태 등을 고려하여 필요하다고 인정하는 경우 6개월에 1회 이상 건강검진을 하여야 한다.

② 소장은 소년수형자의 나이·적성 등을 고려하여 필요하다고 인정하면 법률에서 정한 접견 및 전화통화 허용횟수를 늘릴 수 있다.

③ 소년수형자 전담교정시설이 아닌 교정시설에서는 소년수용자를 수용하기 위하여 별도의 거실을 지정하여 운용하여야 한다.

④ 소년수형자 전담교정시설에는 별도의 공동학습공간을 마련하고 학용품 및 소년의 정서 함양에 필요한 도서, 잡지 등을 갖춰 두어야 한다.

06 다음의 내용에 모두 부합하는 제도는?

> • 시설수용의 단점을 피할 수 있다.
> • 임산부 등 특별한 처우가 필요한 범죄자에게도 실시할 수 있다.
> • 판결 이전이나 형 집행 이후 등 형사사법의 각 단계에서 폭넓게 사용될 수 있다.

① 개방처우
② 전자감시
③ 사회봉사
④ 수강명령

07 「보호소년 등의 처우에 관한 법률」상 보호소년의 처우에 대한 설명으로 옳지 않은 것은?

① 퇴원이 허가된 보호소년이 질병에 걸리거나 본인의 편익을 위하여 필요하면 본인의 신청에 의하여 계속 수용할 수 있다.

② 보호소년이 친권자와 면회를 할 때에는 소속 공무원이 참석하지 아니한다. 다만, 보이는 거리에서 보호소년을 지켜볼 수 있다.

③ 보호소년등이 사용하는 목욕탕에 전자영상장비를 설치하여 운영하는 것은 자해 등의 우려가 큰 때에만 할 수 있다. 이 경우 여성인 보호소년등에 대해서는 여성인 소속 공무원만, 남성인 보호소년등에 대해서는 남성인 소속 공무원만이 참여하여야 한다.

④ 소년원장은 보호소년의 보호 및 교정교육에 지장을 주지 아니하는 범위에서 가족과 전화통화를 허가할 수 있으며, 교정교육상 특히 필요하다고 인정할 때 직권으로 외출을 허가할 수 있다.

08 「보호관찰 등에 관한 법률」상 사회봉사명령에 대한 설명으로 옳지 않은 것은?

① 보호관찰관은 국공립기관이나 그 밖의 단체에 사회봉사명령집행의 전부 또는 일부를 위탁할 수 있다.

② 법원은 「형법」상 사회봉사를 명할 경우에 대상자가 사회봉사를 할 분야와 장소 등을 지정하여야 한다.

③ 사회봉사명령 대상자는 주거를 이전하거나 1개월 이상 국내외 여행을 할 때에는 미리 보호관찰관에게 신고하여야 한다.

④ 「형법」상 형의 집행유예 시 사회봉사를 명할 때에는 다른 법률에 특별한 규정이 없으면 500시간의 범위에서 그 기간을 정하여야 한다.

09 블럼스타인(A. Blumstein)이 주장한 교도소 과밀화의 해소방안을 모두 고른 것은?

> ㄱ. 집합적 무력화(collective incapacitation)
> ㄴ. 정문정책(front-door policy)
> ㄷ. 후문정책(back-door policy)
> ㄹ. 교정시설의 확충

① ㄱ, ㄴ

② ㄱ, ㄷ, ㄹ

③ ㄴ, ㄷ, ㄹ

④ ㄱ, ㄴ, ㄷ, ㄹ

11 형의 집행 및 수용자의 처우에 관한 법령상 소장이 수용자 간의 편지를 검열할 수 있는 경우에 해당하지 않는 것은? 〈변형〉

① 범죄의 증거를 인멸할 우려가 있는 때

② 규율위반으로 조사 중이거나 징벌집행 중인 때

③ 편지를 주고받으려는 수용자와 같은 교정시설에 수용 중인 때

④ 민·형사 법령에 저촉되는 내용이 기재되어 있다고 의심할 만한 상당한 이유가 있는 때

10 「형의 집행 및 수용자의 처우에 관한 법률 시행규칙」상 노인수용자의 처우에 대한 설명으로 옳지 않은 것은?

① 소장은 노인수용자에 대하여 6개월에 1회 이상 건강검진을 하여야 한다.

② 노인수형자 전담교정시설에는 별도의 공동휴게실을 마련하고 노인이 선호하는 오락용품 등을 갖춰 두어야 한다.

③ 소장은 노인수용자의 나이·건강상태 등을 고려하여 필요하다고 인정하면 법률에서 정한 수용자의 지급기준을 초과하여 주·부식을 지급할 수 있다.

④ 노인수용자의 거실은 시설부족 또는 그 밖의 부득이한 사정이 없으면 건물의 1층에 설치하고, 특히 겨울철 난방을 위하여 필요한 시설을 갖출 수 있다.

12 형의 집행 및 수용자의 처우에 관한 법령상 교도작업에 대한 설명으로 옳지 않은 것은?

① 소장은 법무부장관의 승인을 받아 수형자에게 부과하는 작업의 종류를 정한다.

② 소장은 수형자가 작업 또는 직업훈련 중에 사망하거나 그로 인하여 사망한 때 상속인에게 조위금을 지급한다.

③ 집중근로 작업이 부과된 수형자에게 접견 또는 전화통화를 제한한 때에는 휴일이나 그 밖에 해당 수용자의 작업이 없는 날에 접견 또는 전화통화를 할 수 있게 하여야 한다.

④ '집중적인 근로가 필요한 작업'이란 수형자의 신청에 따라 1일 작업시간 중 접견·전화통화·교육 및 공동행사 참가 등을 하지 아니하고 휴게시간을 포함한 작업시간 내내 하는 작업을 말한다.

13 형의 집행 및 수용자의 처우에 관한 법령상 신입자의 수용에 대한 설명으로 옳지 않은 것은?

① 신입자에 대한 고지사항에는 형기의 기산일 및 종료일, 수용자의 권리 및 권리구제에 관한 사항이 포함된다.

② 신입자의 건강진단은 수용된 날부터 3일 이내에 하여야 한다. 다만, 휴무일이 연속되는 등 부득이한 사정이 있는 경우에는 예외로 한다.

③ 소장은 신입자가 환자이거나 부득이한 사정이 있는 경우가 아니면 수용된 날부터 3일 동안 신입자거실에 수용하여야 하며, 19세 미만의 신입자에 대하여는 그 수용기간을 45일까지 연장할 수 있다.

④ 소장은 신입자가 있으면 그 사실을 수용자의 가족(배우자, 직계 존속·비속 또는 형제자매)에게 지체 없이 알려야 한다. 다만, 수용자가 알리는 것을 원하지 아니하면 그러하지 아니하다.

14 형의 집행 및 수용자의 처우에 관한 법령상 교도관의 보호장비 및 무기의 사용에 대한 설명으로 옳지 않은 것은?

① 보호장비를 사용하는 경우에는 수용자에게 그 사유를 알려 주어야 한다.

② 수용자가 위력으로 교도관등의 정당한 직무집행을 방해하는 때에는 보호장비를 사용할 수 있다.

③ 수갑, 포승, 발목보호장비는 이송·출정, 그 밖에 교정시설 밖의 장소로 수용자를 호송하는 때 사용할 수 있다.

④ 교정시설 안에서 자기 또는 타인의 생명·신체를 보호하기 위하여 급박하다고 인정되는 상당한 이유가 있으면 수용자 외의 사람에 대하여도 무기를 사용할 수 있다.

15 형의 집행 및 수용자의 처우에 관한 법령상 귀휴에 대한 설명으로 옳지 않은 것은?

① 동행귀휴의 경우에는 귀휴조건 중 '귀휴지에서 매일 1회 이상 소장에게 전화보고' 조건은 붙일 수 없다.

② 귀휴자의 여비와 귀휴 중 착용할 복장은 본인이 부담한다.

③ 소장은 귀휴자가 신청할 경우 작업장려금의 전부를 귀휴비용으로 사용하게 할 수 있다.

④ 소장은 귀휴자가 귀휴조건을 위반한 경우에는 귀휴심사위원회의 의결을 거쳐 귀휴를 취소하여야 한다.

16 범죄이론에 대한 설명으로 옳지 않은 것은?

① 코헨(A. Cohen)의 비행하위문화이론 – 하류계층의 비행은 중류계층의 가치와 규범에 대한 저항이다.

② 베카리아(C. Beccaria)의 고전주의 범죄학 – 범죄를 처벌하는 것보다 범죄를 예방하는 것이 더욱 바람직하다.

③ 코헨과 펠슨(L. Cohen & M. Felson)의 일상활동이론 – 일상활동의 구조적 변화가 동기부여된 범죄자, 적절한 범행대상 및 보호의 부재라는 세 가지 요소에 대해 시간적·공간적으로 영향을 미친다.

④ 브레이스웨이트(J. Braithwaite)의 재통합적 수치심부여이론 – 사회구조적 결핍은 대안적 가치로써 높은 수준의 폭력을 수반하는 거리의 규범(code of the street)을 채택하게 하고, 결국 이것이 높은 수준의 폭력을 양산한다.

17 교도작업의 경영방법 중 직영작업의 장점만을 모두 고른 것은?

> ㄱ. 교도소가 이윤을 독점할 수 있다.
> ㄴ. 교도소가 작업에 대한 통제를 용이하게 할 수 있다.
> ㄷ. 교도소가 자유로이 작업종목을 선택할 수 있으므로 직업훈련이 용이하다.
> ㄹ. 민간시장의 가격경쟁원리를 해치지 않는다.
> ㅁ. 제품의 판매와 상관없이 생산만 하면 되므로 불경기가 문제되지 않는다.

① ㄱ, ㄴ, ㄷ
② ㄱ, ㄴ, ㅁ
③ ㄴ, ㄷ, ㄹ
④ ㄷ, ㄹ, ㅁ

18 「형의 집행 및 수용자의 처우에 관한 법률」상 수용자의 보호실 및 진정실 수용에 대한 설명으로 옳은 것은?

① 소장은 수용자가 신체적·정신적 질병으로 인하여 특별한 보호가 필요한 때 진정실에 수용할 수 있다.
② 소장은 수용자를 보호실 또는 진정실에 수용할 경우에는 변호인의 의견을 고려하여야 한다.
③ 소장은 수용자를 보호실 또는 진정실에 수용하거나 수용기간을 연장하는 경우에는 그 사유를 본인과 가족에게 알려 주어야 한다.
④ 수용자의 보호실 수용기간은 15일 이내, 진정실 수용기간은 24시간 이내로 하되, 소장은 특히 계속하여 수용할 필요가 있으면 의무관의 의견을 고려하여 연장할 수 있다.

19 「치료감호 등에 관한 법률」상 치료감호에 대한 설명으로 옳지 않은 것은?

① 피치료감호자에 대한 치료감호가 가종료되었을 때 시작되는 보호관찰의 기간은 3년으로 한다.
② 치료감호심의위원회는 피치료감호자에 대하여 치료감호 집행을 시작한 후 매 6개월마다 치료감호의 종료 또는 가종료 여부를 심사·결정한다.
③ 소아성기호증, 성적가학증 등 성적 성벽(性癖)이 있는 정신성적 장애인으로서 금고 이상의 형에 해당하는 성폭력범죄를 지은 자는 치료감호대상자가 될 수 있다.
④ 치료감호의 내용과 실태는 대통령령으로 정하는 바에 따라 공개하여야 한다. 이 경우 피치료감호자나 그의 보호자가 동의한 경우라도 피치료감호자의 개인신상에 관한 것은 공개할 수 없다.

20 교정처우를 폐쇄형 처우, 개방형 처우, 사회형 처우로 구분할 때 개방형 처우에 해당하는 것만을 모두 고른 것은?

> ㄱ. 주말구금   ㄴ. 부부접견
> ㄷ. 외부통근   ㄹ. 보호관찰
> ㅁ. 사회봉사명령   ㅂ. 수형자자치제

① ㄱ, ㄴ, ㄷ
② ㄱ, ㅁ, ㅂ
③ ㄴ, ㄷ, ㄹ
④ ㄹ, ㅁ, ㅂ

● 회독 CHECK 1 2 3

01 다음 학자와 그 이론에 대한 설명으로 바르게 연결되지 않은 것은?

① 롬브로조(Lombroso) – 범죄의 원인을 생물학적으로 분석하여 격세유전과 생래적 범죄인설을 주장하였다.

② 페리(Ferri) – 범죄의 원인을 인류학적 요인, 물리적 요인, 사회적 요인으로 구분하고 이 세 가지 요인이 존재하는 사회에는 이에 상응하는 일정량의 범죄가 발생한다는 범죄포화의 법칙을 주장하였다.

③ 셀린(Sellin) – 동일한 문화 안에서 사회변화에 의하여 갈등이 생기는 경우를 일차적 문화갈등이라 보고, 상이한 문화 안에서 갈등이 생기는 경우를 이차적 문화갈등으로 보았다.

④ 머튼(Merton) – 아노미 상황에서 개인의 적응 방식을 동조형(conformity), 혁신형(innovation), 의례형(ritualism), 도피형(retreatism), 반역형(rebellion)으로 구분하였다.

02 「형의 집행 및 수용자의 처우에 관한 법률」상 수용자의 권리구제에 대한 설명으로 옳지 않은 것은?

① 처우에 불복하여 청원하려는 수용자는 청원서를 작성하여 봉한 후 소장에게 제출하여야 하나, 순회점검공무원에 대한 청원은 말로도 할 수 있다.

② 소장은 청원에 관한 결정서를 접수하면 청원인에게 지체 없이 전달하여야 한다.

③ 청원에 관한 결정은 문서 또는 말로 할 수 있다.

④ 수용자가 정당한 사유 없이 면담사유를 밝히지 아니하고 면담을 신청한 경우 소장은 그 면담에 응하지 아니할 수 있다.

03 「소년법」상 보호관찰관의 장기보호관찰 처분을 받은 자의 보호처분 기간 연장에 대한 설명으로 옳은 것은?

① 소년부 판사는 소년에 대한 보호관찰기간을 연장할 수 없다.

② 소년부 판사는 소년의 신청에 따라 결정으로써 2년의 범위에서 한 번에 한하여 그 기간을 연장할 수 있다.

③ 소년부 판사는 보호관찰관의 신청에 따라 결정으로써 1년의 범위에서 한 번에 한하여 그 기간을 연장할 수 있다.

④ 소년부 판사는 보호관찰관의 신청에 따라 결정으로써 2년의 범위에서 한 번에 한하여 그 기간을 연장할 수 있다.

04 「치료감호 등에 관한 법률」상 치료감호에 대한 설명으로 옳지 않은 것은? 〈변형〉

① 「형법」상의 강간죄, 강제추행죄, 준강간죄, 준강제추행죄 등은 치료감호 대상 성폭력범죄의 범위에 해당한다.

② 피치료감호자가 70세 이상인 때에는 검사는 치료감호의 집행을 정지할 수 있다.

③ 법원은 공소제기된 사건의 심리결과 치료감호를 할 필요가 있다고 인정할 때에는 검사에게 치료감호 청구를 요구할 수 있다.

④ 치료감호와 형이 병과된 경우에는 형을 먼저 집행한다.

05 「벌금 미납자의 사회봉사 집행에 관한 특례법」 및 동법 시행령상 벌금미납자의 사회봉사집행에 대한 설명으로 옳은 것은? 〈변형〉

① 징역 또는 금고와 동시에 벌금을 선고받은 사람은 사회봉사를 신청할 수 있다.

② 법원은 사회봉사를 허가하는 경우 벌금 미납액에 의하여 계산된 노역장 유치 기간에 상응하는 사회봉사시간을 산정하여야 하나, 산정된 사회봉사시간 중 1시간 미만은 집행하지 아니한다.

③ 700만 원의 벌금형이 확정된 벌금 미납자는 검사의 납부명령일부터 30일 이내에 검사에게 사회봉사를 신청할 수 있다.

④ 사회봉사 대상자는 사회봉사의 이행을 마치기 전에는 벌금의 전부 또는 일부를 낼 수 없다.

06 범죄에 대한 설명으로 옳지 않은 것은?

① 비범죄화란 지금까지 형법에 범죄로 규정되어 있던 것을 폐지하여 범죄목록에서 삭제하거나 형사처벌의 범위를 축소하는 것으로 그 대상범죄로는 단순도박죄, 낙태죄 등이 제시된다.

② 형식적 의미의 범죄는 법규정과 관계없이 반사회적인 법익침해 행위이고, 실질적 의미의 범죄는 「형법」상 범죄구성요건으로 규정된 행위이다.

③ 신범죄화(신규 범죄화)란 지금까지 존재하지 않던 새로운 형벌구성요건을 창설하는 것으로 환경범죄, 경제 범죄, 컴퓨터범죄 등이 여기에 해당한다.

④ 암수범죄(숨은 범죄)는 실제로 범죄가 발생하였으나 범죄통계에 나타나지 않는 범죄를 의미한다.

07 「형의 집행 및 수용자의 처우에 관한 법률 시행규칙」상 외국인 수용자의 처우에 대한 설명으로 옳지 않은 것은? 〈변형〉

① 소장은 외국인수용자가 사망한 경우에는 그의 국적이나 시민권이 속하는 나라의 교정기관에 이를 즉시 알려야 한다.

② 소장은 외국인수용자의 수용거실을 지정하는 경우에는 종교 또는 생활관습이 다르거나 민족감정 등으로 인하여 분쟁의 소지가 있는 외국인은 거실을 분리하여 수용하여야 한다.

③ 외국인수용자를 수용하는 교정시설의 외국인수용자 전담요원은 외국인 미결수용자에게 소송 진행에 필요한 법률지식을 제공하는 등의 조력을 하여야 한다.

④ 외국인수용자에게 지급하는 음식물의 총열량은 소속 국가의 음식문화, 체격 등을 고려하여 조정할 수 있다.

08 「전자장치 부착 등에 관한 법률」에 대한 설명으로 옳지 않은 것은? 〈변형〉

① 법원은 특정범죄를 범한 자에 대하여 형의 집행을 유예하면서 보호관찰을 받을 것을 명할 때에는 전자장치를 부착할 것을 명할 수는 없다.

② 전자장치 부착집행 중 보호관찰 준수사항 위반으로 유치허가장의 집행을 받아 유치된 때에는 부착집행이 정지된다.

③ 만 19세 미만의 자에 대하여 부착명령을 선고한 때에는 19세에 이르기까지 이 법에 따른 전자장치를 부착할 수 없다.

④ 부착명령은 전자장치 부착을 명하는 법원의 판결이 확정된 때부터 집행한다.

09 「형법」상 형벌에 대한 설명으로 옳지 않은 것은? 〈변형〉

① 과료를 납입하지 아니한 자도 노역장 유치가 가능하다.

② 유기징역 또는 유기금고에 자격정지를 병과한 때에는 징역 또는 금고의 집행을 종료하거나 면제된 날로부터 정지기간을 기산한다.

③ 벌금형의 선고유예는 인정되고 벌금형의 집행유예는 500만 원 초과인 경우는 인정되지 않는다.

④ 행위자에게 유죄의 재판을 아니할 때에는 몰수의 요건이 있는 때에도 몰수만을 선고할 수는 없다.

10 「형의 집행 및 수용자의 처우에 관한 법률」 및 동법 시행규칙상 수용자의 상벌에 대한 설명으로 옳지 않은 것은?

① 징벌사유가 발생한 날부터 1년이 지나면 이를 이유로 징벌을 부과하지 못한다.

② 사람의 생명을 구조한 수용자는 소장표창 및 가족만남의 집 이용 대상자 선정기준에 해당된다.

③ 소장은 금치 외의 징벌을 집행하는 경우 그 징벌의 목적을 달성하기 위하여 필요하다고 인정하면 해당 수용자를 징벌거실에 수용할 수 있다.

④ 수용자의 징벌대상행위에 대한 조사기간은 조사를 시작한 날부터 징벌위원회의 의결이 있는 날까지를 말하며 10일 이내로 하나, 특히 필요하다고 인정하는 경우에는 1회에 한하여 7일을 초과하지 아니하는 범위에서 그 기간을 연장할 수 있다.

11 다음 사례를 적절히 설명할 수 있는 이론과 그 이론을 주장한 학자로 옳은 것은?

A회사에 근무하는 甲은 신입직원 환영회에서 여직원들에게 인기를 독차지한 乙이 자신이 근무하는 부서로 발령을 받자 다른 남자 동료 직원과 함께 乙을 집단으로 따돌렸다. 甲은 乙이 오히려 부서의 단합을 저해한 원인을 제공하고 있다고 비난하였다.

① 허쉬(Hirschi)의 사회통제이론

② 클라워드(Cloward)와 올린(Ohlin)의 차별적 기회구조이론

③ 사이크스(Sykes)와 맛차(Matza)의 중화기술이론

④ 베커(Becker)의 낙인이론

12 보호관찰 대상자와 그 보호관찰기간이 바르게 연결되지 않은 것은? 〈변형〉

① 「형법」상 보호관찰을 조건으로 형의 집행유예를 받은 자 – 집행을 유예한 기간이나 다만, 법원이 유예기간의 범위 내에서 보호관찰기간을 따로 정하는 경우에는 그 기간

② 「전자장치 부착 등에 관한 법률」상 강도범죄를 저지른 자로 강도범죄를 다시 범할 위험성이 있으며 금고 이상의 선고형에 해당하고 보호관찰명령의 청구가 이유 있다고 인정되는 자 – 2년 이상 5년 이하

③ 「형법」상 형의 선고를 유예하는 경우에 재범방지를 위하여 지도 및 원호가 필요한 자 – 1년

④ 「소년법」상 단기보호관찰 처분을 받은 자 – 2년

13 「형의 집행 및 수용자의 처우에 관한 법률」상 징벌위원회에 대한 설명으로 옳지 않은 것은?

① 징벌대상자는 위원에 대하여 기피신청을 할 수 있다.

② 위원장을 포함한 5인 이상 7인 이하의 위원으로 구성한다.

③ 위원장은 소장이 된다.

④ 징벌대상자는 징벌위원회에 서면 또는 말로써 자기에게 유리한 사실을 진술하거나 증거를 제출할 수 있다.

14 「소년법」에 대한 설명으로 옳은 것은?

① 소년이 소년분류심사원에 위탁되었는지 여부를 불문하고 보조인이 없을 때에는 법원은 국선보조인을 선정하여야 한다.

② 검사가 소년피의자에 대하여 선도조건부 기소유예를 하는 경우, 소년의 법정대리인의 동의를 받으면 족하고 당사자인 소년의 동의는 요하지 아니한다.

③ 소년부 판사는 피해자 또는 그 법정대리인이 의견진술을 신청할 때에는 피해자나 그 법정대리인의 진술로 심리절차가 현저하게 지연될 우려가 있는 경우에도 심리 기일에 의견을 진술할 기회를 주어야 한다.

④ 법원이 소년에 대한 피고사건을 심리한 결과 보호처분에 해당할 사유를 인정하여 사건을 관할 소년부에 송치하였으나, 소년부가 사건을 심리한 결과 사건의 본인이 19세 이상인 것으로 밝혀지면 결정으로써 송치한 법원에 사건을 다시 이송해야 한다.

15 「형의 집행 및 수용자의 처우에 관한 법률」상 수형자의 분류심사에 대한 설명으로 옳지 않은 것은?

① 수형자의 분류심사는 형이 확정된 경우에 개별처우계획을 수립하기 위하여 하는 심사와 일정한 형기가 지나거나 상벌 또는 그 밖의 사유가 발생한 경우에 개별처우계획을 조정하기 위하여 하는 심사로 구분한다.

② 분류처우위원회는 위원장을 포함한 5인 이상 7인 이하의 위원으로 구성하고, 위원장은 소장이 된다.

③ 법무부장관은 수형자를 과학적으로 분류하기 위하여 분류심사를 전담하는 교정시설을 지정·운영할 수 있다.

④ 법무부장관은 수형자에 대한 개별처우계획을 합리적으로 수립하고 조정하기 위하여 수형자의 인성, 행동특성 및 자질 등을 과학적으로 조사·측정·평가하여야 한다.

16 조선시대의 형벌제도에 대한 설명으로 옳지 않은 것은?

① 유형은 중죄인을 먼 지방으로 귀향 보내 죽을 때까지 고향으로 돌아오지 못하게 하는 형벌이다.

② 충군은 왕족이나 현직 고관인 사람에 한하여 일정한 장소에 격리시켜 유지하게 하는 형벌이다.

③ 도형은 오늘날의 유기 징역형에 해당하는 것으로 범죄인을 관아에 구금하여 소금을 굽거나 쇠를 달구는 등의 노역에 종사하게 하는 형벌이다.

④ 자자형은 부가형으로 신체의 어느 부위에 먹물로 글씨를 새겨 넣는 형벌이다.

17 「형의 집행 및 수용자의 처우에 관한 법률 시행규칙」상의 수형자의 처우등급에 대한 설명으로 옳게 짝 지어진 것은?

> ㄱ. 도주 등의 위험성에 따라 수용시설과 계호의 정도를 구별하고, 범죄성향의 진전과 개선정도, 교정성적에 따라 처우수준을 구별하는 기준
>
> ㄴ. 성별·국적·나이·형기 등에 따라 수용할 시설 및 구획 등을 구별하는 기준
>
> ㄷ. 수형자의 개별적인 특성에 따라 중점처우의 내용을 구별하는 기준

	ㄱ	ㄴ	ㄷ
①	기본수용급	경비처우급	개별처우급
②	경비처우급	기본수용급	개별처우급
③	기본수용급	개별처우급	경비처우급
④	개별처우급	기본수용급	경비처우급

18 가석방에 대한 설명으로 옳은 것은? 〈변형〉

① 가석방처분 후 처분이 실효 또는 취소되지 않고 가석방 기간을 경과한 때에는 가석방심사위원회를 통해 최종적으로 형 집행종료를 결정한다.

② 가석방심사위원회는 가석방 적격결정을 하였으면 7일 이내에 법무부장관에게 가석방 허가를 신청하여야 한다.

③ 징역이나 금고의 집행 중에 있는 사람이 행상이 양호하여 뉘우침이 뚜렷한 때에는 무기형은 10년, 유기형은 형기의 3분의 1이 지난 후 행정처분으로 가석방을 할 수 있다.

④ 가석방적격심사 시 재산에 관한 죄를 지은 수형자에 대하여는 특히 그 범행으로 인하여 발생한 손해의 배상 여부 또는 손해를 경감하기 위한 노력 여부를 심사하여야 한다.

19 「형의 집행 및 수용자 처우에 관한 법률」 및 동법 시행령상 접견에 대한 설명으로 옳지 않은 것은?

① 사형확정자에 대한 변호인의 접견은 접촉차단시설이 설치된 장소에서 하여야 한다.

② 미결수용자와 변호인과의 접견에는 교도관이 참여하지 못하며 그 내용을 청취 또는 녹취하지 못하나, 보이는 거리에서 미결수용자를 관찰할 수 있다.

③ 소장은 미결수용자가 징벌대상자로서 조사받고 있거나 징벌집행 중인 경우에도 변호인과의 접견을 보장하여야 한다.

④ 소장은 수형자가 19세 미만인 때에는 접견 횟수를 늘릴 수 있다.

20 「형의 집행 및 수용자의 처우에 관한 법률」상 교도작업에 대한 설명으로 옳은 것은?

① 소장은 수형자의 근로의욕을 고취하고 건전한 사회복귀를 지원하기 위하여 법무부장관이 정하는 바에 따라 수형자에게 작업장려금을 지급하여야 한다.

② 외부 통근 작업 대상자의 선정기준 등에 관하여 필요한 사항은 대통령령으로 정한다.

③ 소장은 금고형 또는 구류형의 집행 중에 있는 사람에 대하여는 신청에 따라 작업을 부과할 수 있다.

④ 소장은 수형자의 신청에 따라 집중적인 근로가 필요한 작업을 부과하는 경우라도 접견·전화통화·교육·공동행사 참가 등의 처우는 제한할 수 없다.

01 허쉬(T. Hirschi)의 사회유대이론의 요소에 대한 설명으로 옳게 짝 지어진 것은?

> ㄱ. 부자지간의 정, 친구 사이의 우정, 가족끼리의 사랑, 학교 선생님에 대한 존경 등 다른 사람과 맺는 감성과 관심을 의미한다.
> ㄴ. 미래를 위해 교육에 투자하고 저축하는 것처럼 관습적 활동에 소비하는 시간과 에너지, 노력 등을 의미한다.
> ㄷ. 학교, 여가, 가정에서 많은 시간을 보내게 되면 범죄행위의 유혹에서 멀어진다는 것을 의미한다.
> ㄹ. 관습적인 규범의 내면화를 통하여 개인이 사회와 맺고 있는 유대의 형태로 관습적인 도덕적 가치에 대한 믿음을 의미한다.

	ㄱ	ㄴ	ㄷ	ㄹ
①	애착	전념	참여	신념
②	애착	전념	신념	참여
③	전념	애착	신념	참여
④	전념	참여	애착	신념

02 머튼(R. Merton)이 주장한 아노미이론에서 문화적 목표는 수용하지만 제도화된 수단은 거부하는 적응유형은?

① 동조형(conformity)
② 혁신형(innovation)
③ 의례형(ritualism)
④ 반역형(rebellion)

03 벌금형의 특성에 대한 설명으로 옳지 않은 것은?

① 제3자의 대납이 허용되지 않는다.
② 국가에 대한 채권과 상계가 허용된다.
③ 공동연대책임이 허용되지 않는다.
④ 벌금은 범죄인의 사망으로 소멸된다.

04 ㉠, ㉡에 들어갈 숫자가 바르게 연결된 것은?

> 「소년법」상 소년부 판사는 심리 결과 보호처분을 할 필요가 있다고 인정하면 (㉠)세 이상의 소년에 대하여 (㉡)시간을 초과하지 않는 범위 내에서 수강명령처분을 할 수 있다.

	㉠	㉡
①	12	100
②	12	200
③	14	100
④	14	200

05 「보호소년 등의 처우에 관한 법률」에 대한 설명으로 옳지 않은 것은?

① 보호소년등을 소년원이나 소년분류심사원에 수용할 때에는 법원소년부의 결정서에 의하여야 한다.
② 보호소년등이 소년원이나 소년분류심사원을 이탈하였을 때에는 그 소속 공무원이 재수용할 수 있다.
③ 보호소년등은 그 처우에 대하여 불복할 때에는 법무부장관에게 문서로 청원할 수 있다.
④ 원장은 보호소년등이 규율을 위반하였을 경우 훈계, 원내 봉사활동, 14세 이상인 자에게 지정된 실내에서 30일 이내의 기간 동안 근신하게 할 수 있다.

06 「보안관찰법」에 대한 설명으로 옳지 않은 것은?

① 보안관찰처분의 기간은 2년이다.
② 검사가 보안관찰처분을 청구한다.
③ 보안관찰처분심의위원회의 위촉위원의 임기는 2년이다.
④ 보안관찰을 면탈할 목적으로 은신한 때에는 5년 이하의 징역에 처한다.

07 「성폭력범죄자의 성충동 약물치료에 관한 법률」상 치료명령의 집행에 대한 설명으로 옳지 않은 것은? 〈변형〉

① 치료명령은 검사의 지휘를 받아 보호관찰관이 집행한다.
② 치료명령의 시효는 치료명령을 받은 사람을 체포함으로써 중단된다.
③ 치료명령의 임시해제 신청은 치료명령의 집행이 개시된 날부터 1년이 지난 후에 하여야 한다.
④ 치료명령을 받은 사람은 7일 이상의 국내여행을 할 때에는 미리 보호관찰관의 허가를 받아야 한다.

08 「범죄피해자 보호법 시행령」상 범죄피해자보호위원회에 대한 설명으로 옳은 것은?

① 위원장은 법무부차관이 된다.
② 위원의 임기는 2년으로 하되 연임할 수 없다.
③ 회의는 재적위원 2/3 이상의 출석으로 개의하고 출석위원 과반수의 찬성으로 의결한다.
④ 위원장이 부득이한 사유로 직무를 수행할 수 없을 때에는 위원장이 미리 지정한 위원이 그 직무를 대행한다.

09 「보호관찰 등에 관한 법률 시행규칙」상 원호협의회에 대한 설명으로 옳은 것은?

① 위원의 임기는 3년으로 한다.
② 원호협의회는 3명 이상 5명 이하의 위원으로 구성한다.
③ 위원장은 보호관찰 대상자에 대한 특정 분야의 원호활동을 각 위원에게 개별적으로 의뢰할 수 있다.
④ 검사는 원호활동을 종합적이고 체계적으로 전개하기 위하여 원호협의회를 설치할 수 있다.

10 〈보기 1〉의 수용자 구금제도와 〈보기 2〉의 설명이 바르게 연결된 것은?

─── 〈보기 1〉 ───
ㄱ. 펜실베니아제(Pennsylvania system)
ㄴ. 오번제(Auburn system)
ㄷ. 엘마이라제(Elmira system)
ㄹ. 카티지제(Cottage system)

─── 〈보기 2〉 ───
a. 대규모 수형자자치제의 단점을 보완하기 위해 수형자를 소집단으로 처우하는 제도
b. 수형자의 자력적 개선에 중점을 두며 사회복귀 프로그램의 동기부여 등 누진적 처우방법을 시도하는 제도
c. 수형자의 개별처우에 적정을 기할 수 있고 범죄적 악성오염을 예방하기 위한 제도
d. 주간에는 작업에 종사하게 하고 야간에는 독방에 수용하여 교화개선을 시도하는 제도

	ㄱ	ㄴ	ㄷ	ㄹ
①	c	b	d	a
②	c	d	b	a
③	d	a	c	b
④	d	c	a	b

11 「형의 집행 및 수용자의 처우에 관한 법률」상 수용자의 징벌에 대한 설명으로 옳지 않은 것은?

① 50시간 이내의 근로봉사와 30일 이내의 작업 정지는 함께 부과할 수 있다.

② 징벌위원회는 위원장을 포함한 5인 이상 7인 이하의 위원으로 구성한다.

③ 증거를 인멸할 우려가 있는 때 징벌대상자를 조사기간 중 분리하여 수용할 수 있다.

④ 30일 이내의 접견 제한과 30일 이내의 실외운동 정지는 함께 부과할 수 있다.

12 「형의 집행 및 수용자의 처우에 관한 법률」상 5일 이내의 특별귀휴를 허가할 수 있는 경우로만 묶은 것은?

> ㄱ. 출석 수업을 위하여 필요한 때
> ㄴ. 가족 또는 배우자의 직계존속이 사망한 때
> ㄷ. 본인 또는 형제자매의 혼례가 있는 때
> ㄹ. 직계비속의 혼례가 있는 때
> ㅁ. 직업훈련을 위하여 필요한 때

① ㄱ, ㄴ   ② ㄴ, ㄹ

③ ㄷ, ㅁ   ④ ㄹ, ㅁ

13 「형의 집행 및 수용자의 처우에 관한 법률」상 교도관이 수용자에 대하여 무기를 사용할 수 있는 경우로 옳은 것은?

① 이송·출정, 그 밖에 교정시설 밖의 장소로 수용자를 호송하는 때

② 도주·자살·자해 또는 다른 사람에 대한 위해의 우려가 클 때

③ 위력으로 교도관 등의 정당한 직무집행을 방해하는 때

④ 수용자가 다른 사람에게 중대한 위해를 끼치거나 끼치려고 하여 그 사태가 위급한 때

14 「형의 집행 및 수용자의 처우에 관한 법률」상 미결수용자의 처우에 대한 설명으로 옳은 것은? 〈변형〉

① 미결수용자가 재판·국정감사에 참석할 때에는 사복을 착용할 수 있으나, 교정시설에서 지급하는 의류는 수용자가 희망하거나 동의하는 경우에만 입게 할 수 있다.

② 미결수용자와 변호인 간의 접견은 시간과 횟수를 제한한다.

③ 소장은 미결수용자에 대하여는 신청에 따라 교육 또는 교화프로그램을 실시하거나 작업을 부과할 수 있다.

④ 미결수용자와 변호인 간의 편지는 교정시설에서 검열할 수 없다.

15 「형의 집행 및 수용자의 처우에 관한 법률」상 여성수용자의 처우에 대한 설명으로 옳은 것은?

① 남성교도관이 1인의 여성수용자에 대하여 실내에서 여성교도관 입회 없이 상담 등을 하려면 투명한 창문이 설치된 장소에서 다른 남성을 입회시킨 후 실시하여야 한다.

② 소장은 여성수용자가 자신이 출산한 유아를 교정시설에서 양육할 것을 신청한 때에는 유아가 질병이 있는 경우에만 허가하지 않을 수 있다.

③ 거실에 있는 여성수용자에 대해서는 자살 등의 우려가 큰 때에도 전자영상장비로 계호할 수 없다.

④ 소장은 여성수용자가 유산한 경우에 모성보호 및 건강 유지를 위하여 정기적인 검진 등 적절한 조치를 하여야 한다.

16 「형의 집행 및 수용자의 처우에 관한 법률」 및 동법 시행령상 교도작업에 대한 설명으로 옳지 않은 것은?

① 소장은 수형자에게 작업을 부과하려면 죄명, 형기, 죄질, 성격, 범죄전력, 나이, 경력 및 수용생활 태도, 그밖의 수형자의 개인적 특성을 고려하여야 한다.

② 소장은 법무부장관이 정하는 바에 따라 작업의 종류, 작업성적, 교정성적, 그 밖의 사정을 고려하여 수형자에게 작업장려금을 지급할 수 있다.

③ 소장은 신청에 따라 작업이 부과된 수형자가 작업의 취소를 요청하는 경우에는 그 수형자의 의사, 건강 및 교도관의 의견 등을 고려하여 작업을 취소할 수 있다.

④ 소장은 19세 미만의 수형자에게 작업을 부과할 경우 추가적으로 정신적·신체적 성숙 정도, 교육적 효과 등을 고려하여야 한다.

17 「형의 집행 및 수용자의 처우에 관한 법률」상 교도작업에 대한 설명으로 옳은 것으로만 묶은 것은? 〈변형〉

> ㄱ. 공휴일·토요일과 대통령령으로 정하는 휴일에는 작업을 부과하지 아니한다.
> ㄴ. 수형자가 작업을 계속하기를 원하는 경우가 아니라면, 소장은 수형자의 가족 또는 배우자의 직계존속이 사망하면 2일간, 부모 또는 배우자의 제삿날에는 1일간 해당 수형자의 작업을 면제한다.
> ㄷ. 작업수입은 국고수입으로 한다.
> ㄹ. 소장은 금고형 또는 구류형의 집행 중에 있는 사람에 대하여는 교도작업을 신청하여도 작업을 부과할 수 없다.
> ㅁ. 작업장려금은 특별한 사유가 없는 한 석방 전에 지급하여야 한다.

① ㄱ, ㄴ, ㄷ　　　　　　② ㄱ, ㄹ, ㅁ
③ ㄴ, ㄷ, ㄹ　　　　　　④ ㄴ, ㄷ, ㅁ

18 「전자장치 부착 등에 관한 법률」에 대한 설명으로 옳지 않은 것은? 〈변형〉

① 특정범죄는 성폭력범죄, 미성년자 대상 유괴범죄, 살인범죄 및 강도범죄를 말한다.

② 만 19세 미만의 자에 대하여 전자장치의 부착명령을 선고할 수 없다.

③ 전자장치 부착명령의 선고는 특정범죄사건의 양형에 유리하게 참작되어서는 아니 된다.

④ 부착명령 판결을 선고받지 아니한 특정범죄자로서 형의 집행 중 가석방되어 보호관찰을 받게 되는 자는 준수사항 이행 여부확인 등을 위하여 가석방기간 동안 전자장치를 부착하여야 한다.

19 「보호관찰 등에 관한 법률」상 갱생보호제도에 대한 설명으로 옳지 않은 것은? 〈변형〉

① 갱생보호는 숙식 제공, 주거 지원, 창업 지원, 직업 훈련 및 취업 지원, 출소예정자 사전상담, 갱생보호 대상자의 가족에 대한 지원, 심리상담 및 심리치료 등의 방법으로 한다.

② 갱생보호사업을 하려는 자는 대통령령으로 정하는 바에 따라 법무부장관의 허가를 받아야 한다.

③ 법무부장관은 갱생보호사업의 허가를 취소하려면 청문을 하여야 한다.

④ 갱생보호사업을 효율적으로 추진하기 위하여 한국 법무보호복지공단을 설립한다.

20 다음은 「소년법」상 소년보호처분에 대한 설명이다. 옳은 지문의 개수는?

- 보호처분이 계속 중일 때에 사건 본인에 대하여 유죄판결이 확정된 경우에 보호처분을 한 소년부 판사는 그 처분을 존속할 필요가 없다고 인정하면 결정으로써 보호처분을 취소할 수 있다.
- 소년부판사는 가정상황 등을 고려하여 필요하다고 판단되면 보호자에게 소년원·소년분류심원 또는 보호관찰소 등에서 실시하는 소년의 보호를 위한 특별교육을 받을 것을 명할 수 있다.
- 증인·감정인·통역인·번역인에게 지급하는 비용, 숙박료, 그 밖의 비용에 대하여는 「형사소송법」 중 비용에 관한 규정을 준용한다.
- 사회봉사명령 처분은 12세 이상의 소년에게만 할 수 있다.
- 보호처분이 계속 중일 때에 사건 본인에 대하여 새로운 보호처분이 있었을 때에는 그 처분을 한 소년부 판사는 이전의 보호처분을 한 소년부에 조회하여 어느 하나의 보호처분을 취소하여야 한다.

① 2개   ② 3개
③ 4개   ④ 5개

PART 2
7급 교정학

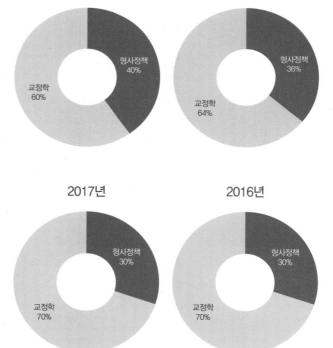

2022년

형사정책 40%

교정학 60%

2021년

형사정책 36%

교정학 64%

2017년

형사정책 30%

교정학 70%

2016년

형사정책 30%

교정학 70%

출제경향

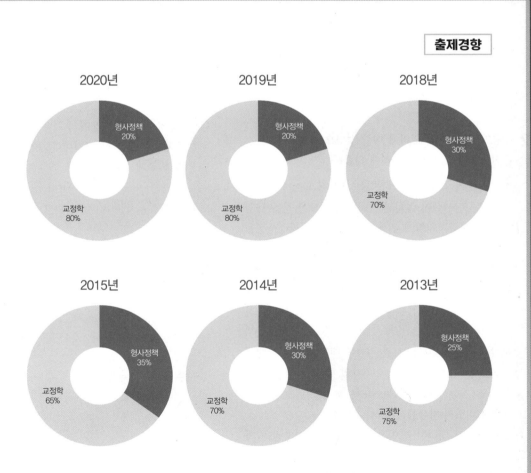

✅ 회독 CHECK 1 2 3

01 「형의 집행 및 수용자의 처우에 관한 법률 시행규칙」상 외부기업체에 통근하며 작업하는 수형자의 선정기준이 아닌 것은?

① 18세 이상 65세 미만으로 해당 작업 수행에 건강상 장애가 없을 것

② 개방처우급, 완화경비처우급에 해당할 것

③ 가족, 친지 또는 교정위원 등과 접견, 편지수수, 전화통화 등으로 연락하고 있을 것

④ 집행할 형기가 5년 미만이고 가석방이 제한되지 아니할 것

02 수용자의 처우 및 권리에 대한 설명으로 옳지 않은 것은?(다툼이 있는 경우 판례에 의함)

① 수용자가 변호사와 접견하는 경우에도 일률적으로 접촉차단시설이 설치된 장소에서 하도록 하는 규정은 과잉금지원칙에 위배되지 않으며 재판청구권을 침해하는 것도 아니다.

② 수형자가 헌법소원 사건의 국선대리인인 변호사를 접견함에 있어서 교도관이 그 접견내용을 녹음, 기록한 행위는 해당 수형자의 재판을 받을 권리를 침해한다.

③ 수용자가 보내려는 모든 편지에 대해 무봉함 상태의 제출을 강제함으로써 수용자의 발송 편지 모두를 검열 가능한 상태에 놓이도록 하는 것은 수용자의 통신비밀의 자유를 침해하는 것이다.

④ 수형자에 대하여 전면적 · 획일적으로 선거권을 제한하는 것은 헌법상 선거권을 침해하는 것이며, 보통선거원칙에 위반하여 평등원칙에도 어긋난다.

03 「전자장치 부착 등에 관한 법률」상 검사가 성폭력범죄를 다시 범할 위험성이 있다고 인정되는 사람에 대하여 전자장치 부착명령을 청구할 수 있는 사유로 명시되지 않은 것은?

① 성폭력범죄로 징역형의 실형을 선고받은 사람이 그 집행을 종료한 후 또는 집행이 면제된 후 10년 이내에 성폭력범죄를 저지른 때

② 성폭력범죄를 2회 이상 범하여(유죄의 확정판결을 받은 경우를 포함한다) 그 습벽이 인정된 때

③ 신체적 또는 정신적 장애가 있는 사람이 성폭력범죄를 저지른 때

④ 19세 미만의 사람에 대하여 성폭력범죄를 저지른 때

04 「형의 집행 및 수용자의 처우에 관한 법률 시행규칙」상 중간처우에 관한 규정이다. (가)~(다)에 들어갈 숫자를 바르게 연결한 것은?

소장은 개방처우급 혹은 완화경비처우급 수형자가 다음 각 호의 사유에 모두 해당하는 경우에는 교정시설에 설치된 개방시설에 수용하여 사회 적응에 필요한 교육, 취업지원 등 적정한 처우를 할 수 있다.

1. 형기가 (가) 년 이상인 사람
2. 범죄 횟수가 (나) 회 이하인 사람
3. 중간처우를 받는 날부터 가석방 또는 형기 종료 예정일까지 기간이 (다) 개월 이상 1년 6개월 이하인 사람

	(가)	(나)	(다)
①	2	2	6
②	3	2	3
③	3	2	6
④	3	3	3

05 형의 집행 및 수용자의 처우에 관한 법령상 개별면담 등을 위하여 교도관 중 전담요원이 지정되어야 하는 수용자는?

① 소년수용자

② 노인수용자

③ 장애인수용자

④ 외국인수용자

06 모피트(Moffitt)의 청소년기 한정형(adolescence-limited) 일탈의 원인으로 옳은 것만을 모두 고르면?

> ㄱ. 성숙의 차이(maturity gap)
>
> ㄴ. 신경심리적 결함(neuropsychological deficit)
>
> ㄷ. 사회모방(social mimicry)
>
> ㄹ. 낮은 인지 능력(low cognitive ability)

① ㄱ, ㄴ

② ㄱ, ㄷ

③ ㄴ, ㄹ

④ ㄷ, ㄹ

07 교도작업의 운영 및 특별회계에 관한 법령상 제품생산과 판매, 회계 등의 관리에 대한 설명으로 옳은 것은?

① 법무부장관은 교도작업으로 생산되는 제품의 종류와 수량을 회계연도 개시 3개월 전까지 공고하여야 한다.

② 교도작업시설의 개량이나 확장에 필요한 경우로 예산의 범위에서 일반회계로부터의 전입된 금액은 교도작업 특별회계의 세입에서 제외되어야 한다.

③ 법무부장관은 교도작업으로 생산된 제품을 전자상거래 등의 방법으로 민간기업 등에 직접 판매할 수 있지만 위탁하여 판매할 수는 없다.

④ 수용자의 교도작업 관련 직업훈련을 위한 경비는 교도작업특별회계의 세출에 포함된다.

08 우리나라 교정역사에 대한 설명으로 옳지 않은 것은?

① 고려와 조선시대에는 일정한 조건 아래 형을 대신하여 속전을 받는 제도가 있었다.

② 조선시대 죄인의 수감을 담당하던 전옥서는 갑오개혁 이후 경무청 감옥서로 변경되었다.

③ 갑오개혁 시 근대적 행형제도의 도입으로 '간수교습규정'이 제정되어 교도관학교를 설치·운영할 근거가 마련되었다.

④ 광무시대에 제정된 감옥규칙의 징역수형자 누진처우를 규정한 징역표는 범죄인의 개과촉진을 목적으로 수용자를 4종으로 분류하였다.

09 형의 집행 및 수용자의 처우에 관한 법령상 수형자의 접견에 대한 설명으로 옳은 것만을 모두 고르면?

> ㄱ. 수형자의 접견 횟수는 매월 4회이지만 소송사건의 대리인인 변호사와 수형자의 접견은 여기에 포함되지 아니한다.
>
> ㄴ. 수형자의 접견시간은 30분 이내로 하지만, 소장은 수형자가 19세 미만임을 이유로 접견시간을 연장할 수 있다.
>
> ㄷ. 형사사건으로 수사나 재판을 받고 있는 수형자가 변호인과 접견하는 경우에는 접촉차단시설이 설치되지 아니한 장소에서 접견하게 하여야 한다.
>
> ㄹ. 외국인인 수형자는 국어로 의사소통이 곤란한 사정이 없더라도 접견 시 접견내용이 청취, 녹음, 녹화될 때에는 외국어를 사용할 수 있다.

① ㄱ, ㄴ

② ㄱ, ㄷ

③ ㄴ, ㄹ

④ ㄷ, ㄹ

10 「성폭력범죄자의 성충동 약물치료에 관한 법률」상 성폭력 수형자의 치료명령 청구 및 가석방에 대한 설명으로 옳지 않은 것은?

① 교도소·구치소의 장은·가석방 요건을 갖춘 성폭력 수형자에 대하여 약물치료의 내용, 방법, 절차, 효과, 부작용, 비용부담 등에 관하여 충분히 설명하고 동의 여부를 확인하여야 한다.

② 가석방 요건을 갖춘 성폭력 수형자가 약물치료에 동의한 경우 수용시설의 장은 지체 없이 수용시설의 소재지를 관할하는 지방검찰청의 검사에게 인적사항과 교정성적 등 필요한 사항을 통보하여야 한다.

③ 수용시설의 장은·법원의 치료명령 결정이 확정된 성폭력 수형자에 대하여·가석방심사위원회에 가석방 적격심사를 신청하여야 한다.

④ 검사는 성폭력 수형자의 주거지 또는 소속 검찰청 소재지를 관할하는 교도소·구치소의 장에게 범죄의 동기 등 성폭력 수형자에 관하여 필요한 사항의 조사를 요청할 수 있다.

11 형의 집행 및 수용자의 처우에 관한 법령상 여성수용자의 처우에 대한 설명으로 옳지 않은 것은?

① 여성수용자는 자신이 출산한 유아를 교정시설에서 양육할 것을 신청할 수 있다. 이 경우 소장은 법률에 규정된 사유에 해당하지 않는 한 생후 24개월에 이르기까지 허가하여야 한다.

② 소장은 여성수용자에 대하여 건강검진을 실시하는 경우에는 나이·건강 등을 고려하여 부인과질환에 관한 검사를 포함시켜야 한다.

③ 남성교도관이 1인의 여성수용자에 대하여 실내에서 상담 등을 하려면 투명한 창문이 설치된 장소에서 다른 여성을 입회시킨 후 실시하여야 한다.

④ 소장은 여성수용자가 임신 중이거나 출산(유산·사산을 포함) 후 60일이 지나지 아니한 경우에는 모성보호 및 건강유지를 위하여 정기적인 검진 등 적절한 조치를 하여야 한다.

12 「형의 집행 및 수용자의 처우에 관한 법률」상 혼거수용 사유로 옳지 않은 것은?

① 시설의 안전과 질서유지를 위하여 필요한 때

② 수형자의 교화 또는 건전한 사회복귀를 위하여 필요한 때

③ 수용자의 생명 또는 신체의 보호, 정서적 안정을 위하여 필요한 때

④ 독거실 부족 등 시설여건이 충분하지 아니한 때

13 「형의 집행 및 수용자의 처우에 관한 법률」상 미결수용자의 처우에 대한 설명으로 옳은 것은?

① 소장은 미결수용자로서 사건에 서로 관련이 있는 사람은 분리수용하고 서로 간의 접촉을 금지할 수 있다.

② 미결수용자가 변호인에게 보내는 편지는 절대로 검열할 수 없다.

③ 소장은 미결수용자가 법률로 정하는 조사에 참석할 때 도주우려가 크거나 특히 부적당한 사유가 있다고 인정하면 교정시설에서 지급하는 의류를 입게 할 수 있다.

④ 미결수용자와 변호인과의 접견에는 교도관이 참여하거나 관찰하지 못하며 그 내용을 청취 또는 녹취하지 못한다.

14 화이트칼라범죄(White-collar Crime)에 대한 설명으로 옳지 않은 것은?

① 화이트칼라범죄는 경제적 · 사회적 제도에 대한 불신감을 조장하여 공중의 도덕심을 감소시키고 나아가 기업과 정부에 대한 신뢰를 훼손시킨다.

② 화이트칼라범죄의 폐해가 심각한 것은 청소년비행과 기타 하류계층 범인성의 표본이나 본보기가 된다는 사실이다.

③ 오늘날 화이트칼라범죄의 존재와 현실을 부정하는 사람은 없으나, 대체로 초기 서덜랜드(Sutherland)의 정의보다는 그 의미를 좁게 해석하여 개념과 적용범위를 엄격하게 적용하려는 경향이 있다.

④ 화이트칼라범죄는 피해규모가 큰 반면 법률의 허점을 교묘히 이용하거나 권력과 결탁하여 조직적으로 은밀히 이뤄지기 때문에 암수범죄가 많다.

15 범죄의 피해자에 대한 설명으로 옳지 않은 것은?

① 「형법」에 의하면 피해의 정도뿐만 아니라 가해자와 피해자의 관계도 양형에 고려된다.

② 피해자는 제2심 공판절차에서는 사건이 계속된 법원에 「소송촉진 등에 관한 특례법」에 따른 피해배상을 신청할 수 없다.

③ 레크리스(Reckless)는 피해자의 도발을 기준으로 '가해자−피해자 모델'과 '피해자−가해자−피해자 모델'로 구분하고 있다.

④ 「범죄피해자보호기금법」에 의하면 「형사소송법」에 따라 집행된 벌금의 일부도 범죄피해자보호기금에 납입된다.

16 중화기술이론의 사례에서 '책임의 부정'에 해당하는 것은?

① 기초수급자로 지정받지 못한 채 어렵게 살고 있던 중에 배가 고파서 편의점에서 빵과 우유를 훔쳤다고 주장하는 사람

② 성매수를 했지만 성인끼리 합의하여 성매매를 한 것이기 때문에 누구도 법적 책임을 질 필요가 없다고 주장하는 사람

③ 부정한 행위로 인하여 사회적 비난을 받는 사람의 차량을 파손하고 사회정의를 실현한 것이라고 주장하는 사람

④ 교통범칙금을 부과하는 경찰관에게 단속실적 때문에 함정단속을 한 것이 아니냐고 따지는 운전자

17 「형의 집행 및 수용자의 처우에 관한 법률 시행규칙」상 수형자 취업지원협의회의 기능이 아닌 것은?

① 수형자 사회복귀 지원 업무에 관한 자문에 대한 조언

② 직업적성 및 성격검사 등 각종 검사 및 상담

③ 취업 및 창업활동 지원대상 수형자의 가석방적격 사전심의

④ 불우수형자 및 그 가족에 대한 지원 활동

18 「소년법」상 형사사건의 심판에 대한 설명으로 옳지 않은 것은?

① 징역 또는 금고를 선고받은 소년에 대하여는 특별히 설치된 교도소 또는 일반 교도소 안에 특별히 분리된 장소에서 그 형을 집행한다. 다만, 소년이 형의 집행 중에 23세가 되면 일반·교도소에서 집행할 수 있다.

② 죄를 범할 당시 18세 미만인 소년에 대하여 사형 또는 무기형으로 처할 경우에는 15년의 유기징역으로 한다.

③ 징역 또는 금고를 선고받은 소년에 대하여는 무기형의 경우에는 5년, 15년 유기형의 경우에는 3년, 부정기형의 경우에는 단기의 3분의 1의 기간이 각각 지나면 가석방을 허가할 수 있다.

④ 소년에 대한 형사사건의 심리는 다른 피의사건과 관련된 경우 심리에 지장이 없으면 그 절차를 병합하여야 한다.

19 「가석방자관리규정」상 가석방자의 관리에 대한 설명으로 옳은 것만을 모두 고르면?

> ㄱ. 교정시설의 장은 가석방이 허가된 사람에게 가석방의 취소 및 실효사유와 가석방자로서 지켜야 할 사항 등을 알리고, 주거지에 도착할 기한 및 관할경찰서에 출석할 기한 등을 적은 가석방증을 발급하여야 한다.
>
> ㄴ. 가석방자는 가석방증에 적힌 기한 내에 관할경찰서에 출석하여 출석확인과 동시에 종사할 직업 등 생활계획을 세워 이를 관할경찰서의 장에게 서면으로 신고하여야 한다.
>
> ㄷ. 관할경찰서의 장은 변동사항이 없는 경우를 제외하고, 6개월마다 가석방자의 품행 등에 관하여 조사서를 작성하고 관할 지방검찰청의 장 및 가석방자를 수용하였다가 석방한 교정시설의 장에게 통보하여야 한다.
>
> ㄹ. 가석방자가 1개월 이상 국내 및 국외 여행 후 귀국하여 주거지에 도착한 때에는 관할경찰서의 장에게 신고하여야 한다.

① ㄱ, ㄴ   ② ㄱ, ㄷ
③ ㄴ, ㄹ   ④ ㄷ, ㄹ

20 「민영교도소 등의 설치·운영에 관한 법률」상 민영교도소의 설치·운영 등에 대한 설명으로 옳은 것은?

① 민영교도소에 수용된 수용자가 작업하여 생긴 수입은 교정법인의 수입으로 한다.

② 대한민국의 국민이 아닌 자는 민영교도소의 직원으로 임용될 수 없다.

③ 검찰총장은 민영교도소의 업무 및 그와 관련된 교정법인의 업무를 지도·감독하며, 필요한 경우 지시나 명령을 할 수 있지만, 수용자에 대한 교육과 교화프로그램에 관하여는 그 교정법인의 의견을 최대한 존중하여야 한다.

④ 교정법인의 대표자는 그 교정법인이 운영하는 민영교도소의 장이 될 수 있다.

21 교정상담 기법에 대한 설명으로 옳지 않은 것은?

① 행동수정요법 중 정적 강화(positive reinforcement)는 대상자가 어떤 바람직한 행동을 했을 때 그 대상자가 싫어하는 대상물을 제거해 주는 방법이다.

② 현실요법은 상담자와의 유대관계를 바탕으로 내담자가 사회 현실의 범위 내에서 자신의 욕구를 실현하도록 하는 방법이다.

③ 교류분석요법은 타인과의 교류상태에서 자신의 상호작용에 대한 중요한 피드백을 교환하도록 함으로써 적절한 행동변화를 이끌어 내는 방법이다.

④ 사회적 요법은 심리적 또는 행동수정요법의 약점을 보완하며 재소자들을 위하여 건전한 사회적 지원 유형을 개발하는 방법이다.

22 「형의 집행 및 수용자의 처우에 관한 법률 시행규칙」상 수갑의 사용방법에 대한 설명으로 옳지 않은 것은?

① 이송·출정, 그 밖에 교정시설 밖의 장소로 수용자를 호송하는 때에는 한손수갑을 채워야 한다.

② 도주·자살·자해 또는 다른 사람에 대한 위해의 우려가 큰 때 양손수갑을 앞으로 채워 사용목적을 달성할 수 없다고 인정되면 양손수갑을 뒤로 채워야 한다.

③ 위력으로 교도관의 정당한 직무집행을 방해하는 때에는 양손수갑을 앞으로 채워야 한다.

④ 일회용수갑은 일시적으로 사용하여야 하며, 사용목적을 달성한 후에는 즉시 사용을 중단하거나 다른 보호장비로 교체하여야 한다.

23 「보호관찰 등에 관한 법률」상 사회봉사명령에 대한 설명으로 옳지 않은 것은?

① 사회봉사명령 대상자가 그 집행 중 금고 이상의 형의 집행을 받게 된 때에는 해당 형의 집행이 종료·면제되거나 가석방된 경우 잔여 사회봉사명령을 집행하지 않는다.

② 보호관찰관은 사회봉사명령 집행의 전부 또는 일부를 국공립기관이나 그 밖의 단체에 위탁할 수 있다.

③ 법원은 형의 집행을 유예하는 경우, 500시간의 범위에서 기간을 정하여 사회봉사를 명할 수 있다.

④ 형의 집행유예 기간이 지난 때에는 사회봉사는 잔여 집행기간에도 불구하고 종료한다.

24 「치료감호 등에 관한 법률」상 피치료감호자의 보호관찰에 대한 설명으로 옳지 않은 것은?

① 피치료감호자에 대한 치료감호가 가종료되면 보호관찰이 시작된다.

② 피치료감호자가 치료감호시설 외에서 치료받도록 법정대리인 등에게 위탁되었을 때 보호관찰이 시작된다.

③ 보호관찰의 기간은 3년으로 한다.

④ 피보호관찰자가 새로운 범죄로 금고 이상의 형의 집행을 받게 되었을지라도 보호관찰은 종료되지 아니하고 해당 형의 집행기간 동안 보호관찰기간은 정지된다.

25 브레이스웨이트(Braithwaite)의 재통합적 수치심부여 이론(reintegrative shaming theory)에 대한 설명으로 옳지 않은 것은?

① 재통합적 수치심 개념은 낙인이론, 하위문화이론, 기회이론, 통제이론, 차별접촉이론, 사회학습이론 등을 기초로 하고 있다.

② 해체적 수치심(disintegrative shaming)을 이용한다면 범죄자의 재범확률을 낮출 수 있으며, 궁극적으로는 사회의 범죄율을 감소시키는 효과를 기대할 수 있다.

③ 재통합적 수치심의 궁극적인 목표는 범죄자가 자신의 잘못을 진심으로 뉘우치고 사회로 복귀할 수 있도록 그들이 수치심을 느끼게 할 방법을 찾아내는 것이다.

④ 브레이스웨이트는 형사사법기관의 공식적 개입을 지양하며 가족, 사회지도자, 피해자, 피해자 가족 등 지역사회의 공동체 강화를 중시하는 '회복적 사법(restorative justice)'에 영향을 주었다.

✅ 회독 CHECK 1 2 3

01 교도소화(prisonization)에 대한 설명으로 옳지 않은 것은?

① 교도소화란 교정당국과 교도관에 대해 적대적인 태도를 학습하는 것을 말한다.
② 클레머(Clemmer)는 수형기간이 증가함에 따라 수형자의 교도소화가 강화된다고 보았다.
③ 수형지향적 하위문화에 속하는 수형자는 교도소 내의 지위획득에 관심이 없다.
④ 휠러(Wheeler)는 형기의 중간단계에서 수형자가 교도관에 대해 가장 적대적으로 된다고 보았다.

02 「교도관직무규칙」상의 내용으로 옳은 것은?

① 소장은 교도관으로 하여금 매주 1회 이상 소화기 등 소방기구를 점검하게 하고 그 사용법의 교육과 소방훈련을 하게 하여야 한다.
② 당직간부란 보안과장이 지명하는 교정직교도관으로서 보안과의 보안업무 전반에 걸쳐 보안과장을 보좌하고, 휴일 또는 야간에 소장을 대리하는 사람을 말한다.
③ 교정직교도관이 수용자를 교정시설 밖으로 호송하는 경우에는 미리 호송계획서를 작성하여 상관에게 보고하여야 한다.
④ 정문근무자는 수용자의 취침 시간부터 기상 시간까지는 보안과장의 허가 없이 정문을 여닫을 수 없다.

03 「형의 집행 및 수용자의 처우에 관한 법률」상 구분수용의 예외로 옳지 않은 것은?

① 관할 법원 및 검찰청 소재지에 구치소가 없는 때에는 교도소에 미결수용자를 수용할 수 있다.
② 범죄의 증거인멸을 방지하기 위하여 필요하거나 그 밖에 특별한 사정이 있는 때에는 교도소에 미결수용자를 수용할 수 있다.
③ 취사 등의 작업을 위하여 필요하거나 그 밖에 특별한 사정이 있으면 구치소에 수형자를 수용할 수 있다.
④ 수형자가 소년교도소에 수용 중에 19세가 된 경우에도 교육·교화프로그램, 작업, 직업훈련 등을 실시하기 위하여 특히 필요하다고 인정되면 25세가 되기 전까지는 계속하여 수용할 수 있다.

04 형의 집행 및 수용자의 처우에 관한 법령상 수형자 계호에 대한 내용으로 옳지 않은 것은?

① 소장은 교정성적 등을 고려하여 검사가 필요하지 않다고 인정되는 경우 교도관에게 작업장이나 실외에서 거실로 돌아오는 수용자의 신체·의류 및 휴대품을 검사하지 않게 할 수 있다.
② 금치처분 집행 중인 수용자가 법원 또는 검찰청 등에 출석하는 경우에 징벌집행은 중지된 것으로 본다.
③ 교도관은 교정시설 밖에서 수용자를 계호하는 경우 보호장비나 수용자의 팔목 등에 전자경보기를 부착하여 사용할 수 있다.
④ 보호침대는 다른 보호장비와 같이 사용할 수 없다.

05 중간처우소(halfway house)에 대한 설명으로 옳지 않은 것은?

① 석방 전 중간처우소는 교도소에서 지역사회로 전환하는 데 필요한 도움과 지도를 제공한다.

② 석방 전 중간처우소는 정신질환 범죄자나 마약중독자에 유용하며 석방의 충격을 완화해주는 역할을 한다.

③ 우리나라의 중간처우소 사례인 밀양희망센터는 외부업체에서 일하고 지역사회 내의 기숙사에서 생활하는 형태로 운영된다.

④ 미국에서 가장 일반적인 중간처우소 유형은 수형자가 가석방 등 조건부 석방이 결정된 후 초기에 중간처우소에 거주하는 것이다.

06 서덜랜드(Sutherland)의 차별접촉이론(differential association theory)의 9가지 명제로 옳지 않은 것은?

① 범죄행위의 학습은 다른 사람들과의 의사소통과정을 통하여 이루어진다.

② 법 위반에 대한 비우호적 정의에 비해 우호적 정의를 더 많이 학습한 사람은 비행을 하게 된다.

③ 범죄행위가 학습될 때 범죄의 기술, 동기, 충동, 합리화, 태도 등도 함께 학습된다.

④ 금전적 욕구, 좌절 등 범죄의 욕구와 가치관이 범죄행위와 비범죄행위를 구별해 주는 변수가 된다.

07 학자들과 그들의 주장을 연결한 것으로 옳지 않은 것은?

① 갓프레드슨과 허쉬(Gottfredson & Hirschi) - 모든 범죄의 원인은 '낮은 자기통제력' 때문이며, 이러한 '자기통제력'은 아동기에 형성된다.

② 코헨(Cohen) - 합법적 수단이 이용가능하지 않을 때 비합법적 수단에 호소하게 되지만, 이러한 합법적 및 비합법적 수단이 모두 이용가능하지 않을 때 이중의 실패자(double failures)가 된다.

③ 샘슨(Sampson) - 지역사회의 구성원들이 범죄문제를 공공의 적으로 인식하고 이를 해결하기 위하여 적극적으로 참여하는 것이 범죄문제 해결의 열쇠가 된다.

④ 레크리스(Reckless) - 범죄다발지역에 살면서 범죄적 집단과 접촉하더라도 비행행위에 가담하지 않는 청소년들은 '좋은 자아개념'을 가지고 있기 때문이다.

08 교도작업에 대한 설명으로 옳지 않은 것은?

① 교도작업은 일에 의한 훈련(training by work)과 일을 위한 훈련(training for work)으로 구분할 수 있는데 일에 의한 훈련은 직업기술을 터득하는 것이고 일을 위한 훈련은 근로습관을 들이는 것이다.

② 교도작업에 있어서 최소자격의 원칙(principle of less eligibility)은 일반 사회의 최저임금 수준의 비범죄자에 비해서 훈련과 취업상 조건이 더 나빠야 한다는 것이다.

③ 계약노동제도(contract labor system)는 교도작업을 위한 장비와 재료를 제공하는 민간사업자에게 재소자의 노동력을 제공하는 것으로 열악한 작업환경과 노동력의 착취라는 비판이 있다.

④ 관사직영제도(public account system)는 교도소 자체가 기계장비를 갖추고 작업재료를 구입하여 재소자들의 노동력으로 제품을 생산하고 판매하는 것으로 민간분야로부터 공정경쟁에 어긋난다는 비판이 있다.

09 「형의 집행 및 수용자의 처우에 관한 법률」상 수용자의 권리구제에 대한 내용으로 옳지 않은 것은?

① 소장은 청원서의 내용을 확인한 후, 이를 지체 없이 법무부장관·순회점검공무원 또는 관할 지방교정청장에게 보내거나 순회점검공무원에게 전달하여야 한다.

② 수용자는 그 처우에 관하여 불복하는 경우 법무부장관·순회점검공무원 또는 관할 지방교정청장에게 청원할 수 있다.

③ 청원에 관한 결정은 문서로 하여야 한다.

④ 순회점검공무원에 대한 청원은 말로도 할 수 있다.

10 다음에서 설명하는 올린(L. E. Ohlin)의 보호관찰관 유형은?

> 이 유형의 보호관찰관은 주로 직접적인 지원이나 강연 또는 칭찬과 꾸중 등 비공식적인 방법을 이용한다. 또한 보호관찰관은 사회의 보호, 즉 사회방위와 범죄자 개인의 개선·보호를 조화시키고자 하므로 역할갈등을 크게 겪는다.

① 처벌적 보호관찰관(punitive probation officer)

② 보호적 보호관찰관(protective probation officer)

③ 복지적 보호관찰관(welfare probation officer)

④ 수동적 보호관찰관(passive probation officer)

11 보호관찰 대상자의 보호관찰 기간으로 옳지 않은 것은?

① 「치료감호 등에 관한 법률」상 치료감호 가종료자: 3년

② 「소년법」상 단기 보호관찰처분을 받은 자: 1년

③ 「형법」상 보호관찰을 조건으로 형의 선고유예를 받은 자: 1년

④ 「가정폭력범죄의 처벌 등에 관한 특례법」상 보호관찰처분을 받은 자: 1년

12 형의 집행 및 수용자의 처우에 관한 법령상 특별한 보호가 필요한 수용자에 대한 처우로 옳지 않은 것은?

① 소장은 여성수용자의 유아 양육을 허가한 경우에는 교정시설에 육아거실을 지정·운영하여야 한다.

② 소장은 신입자에게 「아동복지법」 제15조에 따른 미성년 자녀 보호조치를 의뢰할 수 있음을 알려 주어야 한다.

③ 소년수형자 전담교정시설이 아닌 교정시설에서는 소년수용자를 수용하기 위하여 별도의 거실을 지정하여 운용하여야 한다.

④ 노인수용자의 거실은 시설부족 또는 그 밖의 부득이한 사정이 없으면 건물의 1층에 설치하고, 특히 겨울철 난방을 위하여 필요한 시설을 갖추어야 한다.

13 「형의 집행 및 수용자의 처우에 관한 법률」상 수용자의 위생과 의료에 대한 내용으로 옳지 않은 것은?

① 수용자는 자신의 신체 및 의류를 청결히 하여야 하며, 자신이 사용하는 거실·작업장, 그 밖의 수용시설의 청결유지에 협력하여야 하며, 위생을 위하여 머리카락과 수염을 단정하게 유지하여야 한다.

② 소장은 수용자가 외부의료시설에서 진료받거나 치료감호시설로 이송되면 그 사실을 그 가족(가족이 없는 경우에는 수용자가 지정하는 사람)에게 지체 없이 알려야 한다. 다만, 수용자가 알리는 것을 원하지 아니하면 그러하지 아니하다.

③ 소장은 감염병이나 그 밖에 감염의 우려가 있는 질병의 발생과 확산을 방지하기 위하여 필요한 경우 수용자에 대하여 예방접종·격리수용·이송, 그 밖에 필요한 조치를 하여야 한다.

④ 소장은 수용자의 정신질환 치료를 위하여 필요하다고 인정하면 직권으로 치료감호시설로 이송할 수 있다.

14 교화개선모형에 대한 설명으로 옳지 않은 것은?

① 범죄자의 형기는 범죄행위에 대한 것이 아니라 범죄자를 교화개선시키는 데 요구되는 시간이 되어야 한다.

② 적응모형(adjustment model)의 처우기법은 주로 지역사회에 기초한 사회복귀프로그램이다.

③ 교화개선모형에 입각한 대부분의 처우 프로그램은 효과가 없다고 비판받는다.

④ 범죄자의 사회재통합을 위해서는 지역사회와의 의미 있는 접촉과 유대관계가 전제되어야 한다.

15 교정의 이념에 대한 설명으로 옳지 않은 것은?

① 집합적 무력화(collective incapacitation)는 과학적 방법을 활용하여 재범의 위험성이 높은 것으로 판단되는 개인을 구금하기 위해서 활용되고 있다.

② 범죄자를 건설적이고 법을 준수하는 방향으로 전환시키기 위해 범죄자를 구금하는 것을 교정의 교화개선(rehabilitation)적 목적이라고 할 수 있다.

③ 무력화(incapacitation)는 범죄자가 구금기간 동안 범행할 수 없도록 범행의 능력을 무력화시키는 것을 의미한다.

④ 형벌의 억제(deterrence)효과는 처벌의 확실성, 엄중성 그리고 신속성의 세 가지 차원에 의해 결정된다.

16 「보호소년 등의 처우에 관한 법률」상 옳은 것만을 모두 고르면?

ㄱ. 신설하는 소년원 및 소년분류심사원은 수용정원이 150명 이상의 규모가 되도록 하여야 한다. 다만, 소년원 및 소년분류심사원의 기능·위치나 그 밖의 사정을 고려하여 그 규모를 축소할 수 있다.

ㄴ. 소년분류심사원장은 유치소년이 시설의 안전과 수용질서를 현저히 문란하게 하는 보호소년에 대한 교정교육을 위하여 유치기간을 연장할 필요가 있는 경우에는 유치 허가를 한 지방법원 판사 또는 소년분류심사원 소재지를 관할하는 법원소년부에 유치 허가의 취소에 관한 의견을 제시할 수 있다.

ㄷ. 20일 이내의 기간 동안 지정된 실(室) 안에서 근신하게 하는 징계는 14세 미만의 보호소년등에게는 부과하지 못한다.

ㄹ. 출원하는 보호소년등에 대한 사회정착지원의 기간은 6개월 이내로 하되, 6개월 이내의 범위에서 한 번에 한하여 그 기간을 연장할 수 있다.

ㅁ. 원장은 법원 또는 검찰의 조사·심리, 이송, 그 밖의 사유로 보호소년등을 호송하는 경우, 소속 공무원으로 하여금 수갑, 포승이나 전자충격기를 사용하게 할 수 있다.

---

① ㄱ, ㄴ   ② ㄷ, ㄹ

③ ㄱ, ㄷ, ㄹ   ④ ㄴ, ㄹ, ㅁ

17 형의 집행 및 수용자의 처우에 관한 법령상 교도작업에 대한 설명으로 옳은 것은?

① 소장은 교정시설 안에 설치된 외부기업체의 작업장에 통근하며 작업하는 수형자를 선정하는 데 있어서 일반경비처우급에 해당하는 수형자를 선정하여서는 아니 된다.

② 소장은 교도작업 도중 부상으로 신체에 장해를 입은 수형자에게 그 장해 발생 후 1개월 이내에 위로금을 지급하여야 한다.

③ 소장은 작업 부과 또는 교화를 위하여 특히 필요하다고 인정하는 경우에는 만 65세의 수형자를 외부통근자로 선정할 수 있다.

④ 소장은 수형자에게 작업장려금을 지급하는 데 있어서 교정성적은 고려하여서는 아니 된다.

18 누진처우제도의 유형에 대한 설명으로 옳은 것은?

① 점수제의 종류 중 하나인 아일랜드제는 매월의 소득점수로 미리 정한 책임점수를 소각하는 방법이며, 독거구금, 혼거작업, 가석방이라는 3단계에 반자유구금인 중간교도소를 추가한 것이다.

② 점수제에 대해서는 교도관의 자의가 개입되기 쉽고 공평성을 저하시킬 우려가 있다는 비판이 있다.

③ 점수제의 종류 중 하나인 잉글랜드제는 수형자를 최초 9개월간 독거구금을 한 후에 공역(公役)교도소에 혼거시켜 강제노역을 시키며, 수형자를 고사급·제3급·제2급·제1급의 4급으로 나누어 책임점수를 소각하면 상급으로 진급시켜 가석방하는 제도이다.

④ 점수제의 종류 중 하나인 엘마이라제는 자력적 개선에 중점을 둔 행형제도로 일명 감화제도라고 한다. 엘마이라감화원은 16~30세까지의 재범자들을 위한 시설로서 수형자분류와 누진처우의 점수제, 부정기형과 보호관찰부 가석방 등을 운용하였다.

19 「형의 집행 및 수용자의 처우에 관한 법률」상 징벌에 대한 내용으로 옳지 않은 것은?

① 징벌은 징벌사유가 발생한 날부터 1년이 지나면 이를 이유로 징벌을 부과하지 못한다.

② 수용자가 30일 이내의 금치처분을 받은 경우 실외운동을 제한하는 경우에도 매주 1회 이상은 실외운동을 할 수 있도록 하여야 한다.

③ 징벌위원회는 징벌을 의결하는 때에 행위의 동기 및 정황, 교정성적, 뉘우치는 정도 등 그 사정을 고려할 만한 사유가 있는 수용자에 대하여 2개월 이상 6개월 이하의 기간 내에서 징벌의 집행을 유예할 것을 의결할 수 있다.

④ 동일한 행위에 관하여 거듭하여 징벌을 부과할 수 없다.

20 (가)와 (나)에 들어갈 내용을 바르게 연결한 것은?

(가)는(은) 보호관찰관의 기능과 자원의 활용에 따라 보호관찰을 모형화하였는데, 이 중 (나) 모형이란 전문성을 갖춘 보호관찰관이 외부의 사회적 자원을 적극 개발하고 활용하는 유형을 말한다.

	(가)	(나)
①	Crofton	옹호(advocacy)
②	Crofton	중개(brokerage)
③	Smykla	옹호(advocacy)
④	Smykla	중개(brokerage)

21 형의 집행 및 수용자의 처우에 관한 법령상 귀휴 허가에 대한 판단으로 옳은 것은?

① 징역 18년을 선고받고 현재 5년 동안 복역 중인 중(重)경비처우급 수형자 甲의 경우에, 소장은 甲의 딸의 혼례를 사유로 귀휴를 허가할 수 없다.

② 무기형을 선고받고 현재 10년 동안 복역 중인 일반경비처우급 수형자 乙은 교정성적이 우수하다. 이 경우 소장은 교화 또는 사회복귀 준비 등을 위하여 특히 필요한 경우라고 할지라도 귀휴를 허가할 수 없다.

③ 완화경비처우급 수형자 丙은 이시(異時)의 서로 다른 두 개의 범죄로 인해 각각 징역 5년과 징역 7년을 함께 선고받고 현재 3년 동안 복역 중이다. 이 경우 소장은 丙의 교정성적이 우수하다고 하더라도 아들의 군입대를 사유로 한 귀휴를 허가할 수 없다.

④ 징역 1년을 선고받고 현재 5개월 동안 복역 중인 개방처우급 수형자 丁의 장모가 사망한 경우에, 소장은 丁의 교정성적이 우수하다면 1년 동안 20일이 넘지 않는 범위에서 일반귀휴를 허가할 수 있다.

22 형벌의 목적에 대한 설명으로 옳지 않은 것은?

① 응보형주의는 개인의 범죄에 대하여 보복적인 의미로 형벌을 과하는 것이다.

② 교육형주의는 범죄인의 자유박탈과 사회로부터의 격리를 교육을 위한 수단으로 본다.

③ 응보형주의에 의하면 범죄는 사람의 의지에 의하여 발생하는 것이 아니라 사회 환경 및 사람의 성격에 의하여 발생하는 것이다.

④ 현대의 교정목적은 응보형주의를 지양하고, 교육형주의의 입장에서 수형자를 교정·교화하여 사회에 복귀시키는 데에 중점을 둔다.

23 전환제도(diversion)의 장점이 아닌 것은?

① 형사사법대상자 확대 및 형벌 이외의 비공식적 사회통제망 확대

② 구금의 비생산성에 대한 대안적 분쟁해결방식 제공

③ 법원의 업무경감으로 형사사법제도의 능률성 및 신축성 부여

④ 범죄적 낙인과 수용자 간의 접촉으로 인한 부정적 위험 회피

24 소년부 판사가 결정으로 그 기간을 연장할 수 있는 보호처분만을 모두 고르면?

> ㄱ. 보호관찰관의 단기 보호관찰
> ㄴ. 병원, 요양소 또는 「보호소년 등의 처우에 관한 법률」에 따른 의료재활소년원에 위탁
> ㄷ. 장기 소년원 송치
> ㄹ. 보호자 또는 보호자를 대신하여 소년을 보호할 수 있는자에게 감호 위탁

① ㄱ, ㄷ　　　　　　　② ㄴ, ㄷ
③ ㄴ, ㄹ　　　　　　　④ ㄷ, ㄹ

25 범죄원인에 대한 설명으로 옳은 것은?

① 퀴니(Quinney)는 대항범죄(crime of resistance)의 예로 살인을 들고 있다.

② 레크리스(Reckless)는 범죄를 유발하는 압력요인으로 불안감을 들고 있다.

③ 중화기술이론에서 세상은 모두 타락했고, 경찰도 부패했다고 범죄자가 말하는 것은 책임의 부정에 해당한다.

④ 부모 등 가족구성원이 실망할 것을 우려해서 비행을 그만두는 것은 사회유대의 형성 방법으로서 애착(attachment)에 의한 것으로 설명할 수 있다.

✔ 회독 CHECK 1 2 3

01 형의 집행 및 수용자의 처우에 관한 법령상 감염성 질병에 관한 조치에 대한 내용으로 옳지 않은 것은?

① 소장은 수용자가 감염병에 걸렸다고 의심되는 경우에는 2주 이상 격리수용하고 그 수용자의 휴대품을 소독하여야 한다.

② 소장은 감염병이 유행하는 경우에는 수용자가 자비로 구매하는 음식물의 공급을 중지할 수 있다.

③ 소장은 수용자가 감염병에 걸린 경우 지체 없이 법무부장관에게 보고하고 관할 보건기관의 장에게 알려야 한다.

④ 소장은 감염병의 유행으로 자비구매물품의 사용이 중지된 경우에는 구매신청을 제한할 수 있다.

02 「형의 집행 및 수용자의 처우에 관한 법률 시행규칙」상 수용자의 번호표에 사용하지 않는 색상은?

① 초록색   ② 노란색

③ 파란색   ④ 붉은색

03 형의 집행 및 수용자의 처우에 관한 법령상 수용자의 종교 및 문화활동에 대한 설명으로 옳은 것은?

① 수용자가 자신의 비용으로 구독을 신청할 수 있는 신문·잡지 또는 도서는 교정시설의 보관범위 및 수용자의 소지범위를 벗어나지 아니하는 범위에서 원칙적으로 신문은 월 3종 이내로, 도서(잡지를 포함한다)는 월 5권 이내로 한다.

② 소장은 수용자의 건강과 일과시간 등을 고려하여 1일 4시간 이내에서 방송편성시간을 정한다. 다만, 토요일·공휴일, 작업·교육실태 및 수용자의 특성을 고려하여 방송편성시간을 조정할 수 있다.

③ 수용자는 휴업일 및 휴게시간 내에 시간의 제한 없이 집필할 수 있다. 다만, 부득이한 사정이 있는 경우에는 그러하지 아니하다.

④ 소장은 수용자의 신앙생활에 필요한 서적이나 물품을 신청할 경우 외부에서 제작된 휴대용 종교서적 및 성물을 제공하여야 한다.

04 수용자의 권리구제에 대한 설명으로 옳지 않은 것은?

① 소장은 특별한 사정이 있으면 소속 교도관으로 하여금 그 면담을 대리하게 할 수 있으며, 이 경우 면담을 대리한 사람은 그 결과를 소장에게 지체 없이 보고하여야 한다.

② 사법적 권리구제수단으로는 행정소송, 민·형사소송, 청원, 헌법소원이 있다.

③ 구금·보호시설의 직원은 국가인권위원회 위원 등이 시설에 수용되어 있는 진정인과 면담하는 장소에 참석할 수 없으며, 대화내용을 듣거나 녹취하지 못한다. 다만, 보이는 거리에서 시설수용자를 감시할 수 있다.

④ 청원권자는 수형자, 미결수용자, 내·외국인을 불문하고 「형의 집행 및 수용자의 처우에 관한 법률」상 수용자이다.

05 통제이론에 대한 설명으로 옳지 않은 것은?

① 라이스(A. Reiss) – 소년비행의 원인을 낮은 자기통제력에서 찾았다.

② 레크리스(W. Reckless) – 청소년이 범죄환경의 압력을 극복한 것은 강한 자아상 때문이다.

③ 허쉬(T. Hirschi) – 범죄행위의 시작이 사회와의 유대약화에 있다고 보았다.

④ 애그뉴(R. Agnew) – 범죄는 사회적으로 용인된 기술을 학습하여 얻은 자기합리화의 결과이다.

06 발달범죄학이론에 대한 설명으로 옳지 않은 것은?

① 1930년대 글룩(Glueck) 부부의 종단연구는 발달범죄학이론의 토대가 되었다.

② 인생항로이론은 인간의 발달이 출생 시나 출생 직후에 나타나는 주된 속성에 따라 결정된다고 주장한다.

③ 인생항로이론은 인간이 성숙해 가면서 그들의 행위에 영향을 주는 요인도 변화한다는 사실을 인정한다.

④ 인생항로이론은 첫 비행의 시기가 빠르면 향후 심각한 범죄를 저지를 것이라고 가정한다.

07 교정학 연구방법 중 실험연구에 대한 설명으로 옳지 않은 것은?

① 인과관계 검증과정을 통제하여 가설을 검증하는 데 유용한 방법이다.

② 실험집단과 통제집단에 대한 사전검사와 사후검사를 통해 종속변수에 미치는 처치의 효과를 검증한다.

③ 집단의 유사성을 확보하기 위해 무작위 할당방법이 주로 활용된다.

④ 외적 타당도에 영향을 미치는 요인들을 통제하는 데 가장 유리한 연구방법이다.

08 다음 글에서 설명하는 것으로 옳은 것은?

> 재범위험성이 높다고 판단되는 상습범죄자를 장기간 구금한다면 사회 내의 많은 범죄를 줄일 수 있다.

① 다이버전 ② 충격구금

③ 중간처우소 ④ 선택적 무력화

09 「형의 집행 및 수용자의 처우에 관한 법률 시행규칙」상 처우등급에 대한 설명으로 옳지 않은 것은?

① 원칙적으로 경비처우급을 하향 조정하기 위하여 고려할 수 있는 평정소득점수의 기준은 5점 이하이다.

② 재심사에 따라 경비처우급을 조정할 필요가 있는 경우에는 세 단계의 범위에서 조정할 수 있다.

③ 소장은 수형자의 경비처우급을 조정한 경우에는 지체 없이 해당 수형자에게 그 사항을 알려야 한다.

④ 소장은 수형자를 처우등급별 수용하는 경우 개별처우의 효과를 증진하기 위하여 경비처우급·개별처우급이 같은 수형자 집단으로 수용하여 처우할 수 있다.

10 범죄예측에 대한 설명으로 옳은 것은?

① 전체적 평가법은 통계적 예측법에서 범하기 쉬운 객관성 문제를 개선하기 위해 개발된 방법이다.

② 통계적 예측법은 범죄자의 소질과 인격에 대한 상황을 분석하여 범죄자의 범죄성향을 임상적 경험에 의하여 예측하는 방법이다.

③ 버제스(E. W. Burgess)는 경험표(experience table)라 불렸던 예측표를 작성·활용하여 객관적인 범죄예측의 기초를 마련하였다.

④ 가석방 시의 예측은 교도소에서 가석방을 결정할 때 수용생활 중의 성적만을 고려하여 결정한다.

11 「형의 집행 및 수용자의 처우에 관한 법률 시행규칙」상 가족 만남의 날 행사 등에 대한 설명으로 옳은 것은?

① 수형자와 그 가족이 원칙적으로 교정시설 밖의 일정한 장소에서 다과와 음식을 함께 나누면서 대화의 시간을 갖는 행사를 말한다.

② 소장은 중경비처우급 수형자에 대하여 가족 만남의 날 행사에 참여하게 하거나 가족 만남의 집을 이용하게 할 수 있다.

③ 가족 만남의 날 행사에 참여하는 횟수만큼 수형자의 접견 허용횟수는 줄어든다.

④ 소장은 가족이 없는 수형자에 대하여는 결연을 맺었거나 그 밖에 가족에 준하는 사람으로 하여금 그 가족을 대신하게 할 수 있다.

12 「전자장치 부착 등에 관한 법률」에 대한 설명으로 옳은 것은?

① 만 18세 미만의 자에 대하여 부착명령을 선고한 때에는 18세에 이르기까지 이 법에 따른 전자장치를 부착할 수 없다.

② 전자장치 부착기간은 이를 집행한 날부터 기산하되, 초일은 산입하지 아니한다.

③ 전자장치 부착명령의 청구는 공소제기와 동시에 하여야 한다.

④ 법원이 특정범죄를 범한 자에 대하여 형의 집행을 유예하고 보호관찰을 받을 것을 명하면서 전자장치를 부착할 것을 명한 경우 이 부착명령은 집행유예가 실효되면 그 집행이 종료된다.

13 외국인수용자의 처우에 대한 설명으로 옳은 것은?

① 외국인수용자 전담요원은 외국인 미결수용자에게 소송 진행에 필요한 법률지식을 제공하는 조력을 하여야 한다.

② 외국인수용자를 수용하는 소장은 외국어 통역사 자격자를 전담요원으로 지정하여 외교공관 및 영사관 등 관계기관과의 연락업무를 수행하게 하여야 한다.

③ 소장은 외국인수용자의 수용거실을 지정하는 경우에는 반드시 분리수용하도록 하고, 그 생활양식을 고려하여 필요한 설비를 제공하여야 한다.

④ 외국인수용자에 대하여 소속 국가의 음식문화를 고려할 필요는 없지만, 외국인수용자의 체격 등을 고려하여 지급하는 음식물의 총열량을 조정할 수 있다.

14 「교도관직무규칙」상 교정직교도관의 직무에 대한 설명으로 옳지 않은 것은?

① 수용자를 부를 때에는 수용자 번호와 성명을 함께 부르는 것이 원칙이다.

② 수용자의 도주, 폭행, 소요, 자살 등 구금목적을 해치는 행위에 관한 방지 조치는 다른 모든 직무에 우선한다.

③ 교정직교도관이 수용자의 접견에 참여하는 경우에는 수용자와 그 상대방의 행동·대화내용을 자세히 관찰하여야 한다.

④ 수용자가 작성한 문서로서 해당 수용자의 날인이 필요한 것은 오른손 엄지손가락으로 손도장을 찍게 하는 것이 원칙이다.

15 「형의 집행 및 수용자의 처우에 관한 법률 시행규칙」상 원칙적으로 교정시설 밖에 있는 외부기업체에 통근하며 작업하는 수형자의 선정기준에 해당되지 않는 것은?

① 해당 작업 수행에 건강상 장애가 없을 것

② 일반경비처우급 이상에 해당할 것

③ 가족·친지 또는 교정위원 등과 접견·편지수수·전화통화 등으로 연락하고 있을 것

④ 집행할 형기가 7년 미만이고 가석방이 제한되지 아니할 것

16 형의 집행 및 수용자의 처우에 관한 법령상 작업과 직업훈련에 대한 설명으로 옳은 것은?

① 장애인수형자 전담교정시설의 장은 장애인수형자에 대한 직업훈련이 석방 후의 취업과 연계될 수 있도록 그 프로그램의 편성 및 운영에 특히 유의하여야 한다.

② 소장은 사형확정자가 작업을 신청하면 분류처우회의의 심의를 거쳐 교정시설 안에서 실시하는 작업을 부과할 수 있다.

③ 소장은 교도관에게 매월 수형자의 작업실적을 확인하게 하여야 한다.

④ "집중적인 근로가 필요한 작업"이란 수형자의 신청에 따라 1일 작업시간 중 접견·전화통화·교육 및 공동행사 참가 등을 하지 아니하고 휴게시간을 포함한 작업시간 내내 하는 작업을 말한다.

17 형의 집행 및 수용자의 처우에 관한 법령상 귀휴를 허가할 수 있는 대상이 아닌 것은?

① 10년의 징역형을 받고 4개월 복역한 일반경비처우급 수형자 A가 장모님의 사망을 이유로 5일간의 귀휴를 신청하였다.

② 3년 징역형을 받고 13개월을 복역한 완화경비처우급 수형자 B가 출소 전 취업준비를 이유로 귀휴를 신청하였다.

③ 20년 징역형을 받고 6년을 복역한 완화경비처우급 수형자 C가 장인의 위독함을 이유로 귀휴를 신청하였다.

④ 무기형을 받고 10년을 복역한 완화경비처우급 수형자 D가 아들의 군입대를 이유로 귀휴를 신청하였다.

18 지역사회교정에 대한 설명으로 옳지 않은 것은?

① 교정의 목표는 사회가 범죄자에게 교육과 취업기회를 제공해 주고 사회적 유대를 구축 또는 재구축하는 것이다.

② 구금이 필요하지 않은 범죄자들에게는 구금 이외의 처벌이 필요하다.

③ 전통적 교정에 대한 새로운 대안의 모색으로 지역사회의 책임이 요구되었다.

④ 교정개혁에 초점을 둔 인간적 처우를 증진하며 범죄자의 책임을 경감시키는 시도이다.

19 소년수용자의 처우에 대한 설명으로 옳은 것은?

① 소년수형자 전담교정시설에는 별도의 개별학습공간을 마련하고 학용품 및 소년의 정서 함양에 필요한 도서, 잡지 등을 갖춰 두어야 한다.

② 소장은 소년수형자 등의 나이 · 적성 등을 고려하여 필요하다고 인정하면 접견 및 전화통화 횟수를 늘릴 수 있다.

③ 소장은 소년수형자의 나이 · 적성 등을 고려하여 필요하다고 인정하면 발표회 및 공연 등 참가활동을 제외한 본인이 희망하는 활동을 허가할 수 있다.

④ 소년수형자 전담교정시설이 아닌 교정시설에서는 소년수용자를 수용할 수 없다.

20 「형의 집행 및 수용자의 처우에 관한 법률 시행규칙」상 노인 수용자의 처우에 대한 설명으로 옳은 것은?

① 노인수형자 전담교정시설에는 별도의 개별휴게실을 마련하고 노인이 선호하는 오락용품 등을 갖춰 두어야 한다.

② 노인수형자를 수용하고 있는 시설의 장은 노인문제에 관한 지식과 경험이 풍부한 외부전문가를 초빙하여 교육하게 하는 등 노인수형자의 교육 받을 기회를 확대하고, 노인전문오락, 그 밖에 노인의 특성에 알맞은 교화프로그램을 개발 · 시행하여야 한다.

③ 소장은 노인수용자가 거동이 불편하여 혼자서 목욕하기 어려운 경우에는 교도관, 자원봉사자 또는 다른 수용자로 하여금 목욕을 보조하게 할 수 있다.

④ 소장은 노인수용자가 작업을 원하는 경우에는 나이 · 건강상태 등을 고려하여 해당 수용자가 감당할 수 있는 정도의 작업을 부과한다. 이 경우 담당 교도관의 의견을 들어야 한다.

✔ 회독 CHECK 1 2 3

01 교정학 및 형사정책의 연구방법에 대한 설명으로 옳은 것은?

① 범죄(공식)통계표 분석방법은 범죄와 범죄자의 상호 연계관계를 해명하는 데 유용하며, 숨은 범죄를 발견할 수 있다.

② 참여관찰방법은 조사대상에 대한 생생한 실증자료를 얻을 수 있고, 연구결과를 객관화할 수 있다.

③ 실험적 연구방법은 어떤 가설의 타당성을 검증하거나 새로운 사실을 관찰하는 데 유용하며, 인간을 대상으로 하는 연구를 쉽게 할 수 있다.

④ 사례조사방법은 범죄자의 일기, 편지 등 개인의 정보획득을 바탕으로 대상자의 인격 및 환경의 여러 측면을 분석하고, 그 각각의 상호 연계관계를 밝힐 수 있다.

02 「형의 집행 및 수용자의 처우에 관한 법률 시행규칙」상 수용자의 처우에 대한 설명으로 옳은 것은?

① 소장은 수형자가 완화경비처우급 또는 일반경비처우급으로서 작업·교육 등의 성적이 우수하고 관련 기술이 있는 경우에는 교도관의 작업지도를 보조하게 할 수 있다.

② 소장은 형집행정지 중인 사람이 기간만료로 재수용된 경우에는 석방 당시와 동일한 처우등급을 부여한다.

③ 분류심사에 있어서 무기형과 20년을 초과하는 징역형·금고형의 정기재심사 시기를 산정하는 경우에는 그 형기를 20년으로 본다.

④ 소장은 수형자의 경비처우급에 따라 부식, 음료, 그밖에 건강유지에 필요한 물품에 차이를 두어 지급할 수 있다.

03 베카리아(C. Beccaria)의 형사사법제도 개혁에 대한 주장으로 옳지 않은 것만을 모두 고르면?

⊙ 형벌은 성문의 법률에 의해 규정되어야 하고, 법조문은 누구나 알 수 있게 쉬운 말로 작성되어야 한다.

ⓛ 범죄는 사회에 대한 침해이며, 침해의 정도와 형벌 간에는 적절한 비례관계가 유지되어야 한다.

ⓒ 처벌의 공정성과 확실성이 요구되며, 범죄행위와 처벌 간의 시간적 근접성은 중요하지 않다.

ⓔ 형벌의 목적은 범죄예방을 통한 사회안전의 확보가 아니라 범죄자에 대한 엄중한 처벌에 있다.

① ⊙, ⓛ　　　　　　　② ⊙, ⓔ

③ ⓛ, ⓒ　　　　　　　④ ⓒ, ⓔ

04 교정제도의 역사적 발전 단계를 시대순으로 바르게 나열한 것은?

⊙ 일반예방에 입각한 심리강제와 가혹하고 준엄한 형벌부과를 강조하였다.

ⓛ 실증적인 범죄분석과 범죄자에 대한 개별적 처우를 실시하였다.

ⓒ 인간다운 삶의 권리, 법률구조, 종교의 자유 등 헌법상 보장된 기본적 인권을 수형자들에게도 폭넓게 인정하였다.

ⓔ 공리주의의 영향을 받았으며, 국가형벌권의 행사에 있어서도 박애주의 사상이 도입되었다.

① ⊙ → ⓛ → ⓔ → ⓒ

② ⊙ → ⓒ → ⓔ → ⓛ

③ ⊙ → ⓔ → ⓛ → ⓒ

④ ⓛ → ⊙ → ⓒ → ⓔ

05 수형자분류 및 처우에 대한 설명으로 옳지 않은 것은?

① 수형자분류는 수형자에 대한 개별적 처우를 가능하게 함으로써 수형자의 교화개선과 원만한 사회복귀에 도움을 준다.

② 19C 이후 과학의 발달에 힘입어 수형자의 합리적인 처우를 위하여 과학적인 분류의 도입이 주장되었으며, 뉴욕주 싱싱(Sing Sing)교도소에서 운영한 분류센터인 클리어링 하우스(Clearing house)가 그 대표적인 예이다.

③ 누진계급(점수)의 측정방법인 고사제(기간제)는 일정 기간이 경과하였을 때에 그 기간 내의 수형자 교정성적을 담당교도관이 보고하고, 이를 교도위원회가 심사하여 진급을 결정하는 방법이다.

④ 누진계급(점수)의 측정방법인 아일랜드제(Irish system)는 수형자를 최초 9개월의 독거구금 후 교도소에서 강제노동에 취업시키고, 수형자를 5계급으로 나누어 이들이 지정된 책임점수를 소각하면 상급으로 진급시키는 방법이다.

06 범죄원인에 관한 학자들의 주장으로 옳지 않은 것은?

① 샘슨(R. J. Sampson)과 라웁(J. H. Laub): 어려서 문제행동을 보인 아동은 부모와의 유대가 약화되고, 학교에 적응하지 못하며, 성인이 되어서도 범죄를 저지르게 되므로, 후에 사회와의 유대가 회복되더라도 비행을 중단하지 않고 생애 지속적인 범죄자로 남게 된다.

② 클라워드(R. A. Cloward)와 올린(L. E. Ohlin): 하류계층 청소년들이 합법적 수단에 의한 목표달성이 제한될 때 비합법적 수단에 호소하게 되는 경우에도, 비행의 특성은 불법행위에 대한 기회에 영향을 미치는 지역사회의 특성에 따라 달라진다.

③ 머튼(R. K. Merton): 문화적으로 규정된 목표는 사회의 모든 구성원이 공유하고 있으나 이들 목표를 성취하기 위한 수단은 주로 사회경제적인 계층에 따라 차등적으로 분배되며, 이와 같은 목표와 수단의 괴리가 범죄의 원인으로 작용한다.

④ 글레이저(D. Glaser): 범죄의 학습에 있어서는 직접적인 대면접촉보다 자신의 범죄적 행동을 지지해 줄 것 같은 실존 또는 가상의 인물과 자신을 동일시하는가가 더욱 중요하게 작용한다.

07 「형의 집행 및 수용자의 처우에 관한 법률 시행규칙」상 수형자의 외부통근작업에 대한 설명으로 옳은 것은?

① 외부통근자는 개방처우급·완화경비처우급에 해당하고, 연령은 18세 이상 60세 미만이어야 한다.

② 소장은 외부통근자가 법령에 위반되는 행위를 하거나 법무부장관 또는 소장이 정하는 준수사항을 위반한 경우에는 외부통근자 선정을 취소하여야 한다.

③ 소장은 외부통근자로 선정된 수형자에 대하여는 자치활동·행동수칙·안전수칙·작업기술 및 현장적응훈련에 대한 교육을 하여야 한다.

④ 소장은 외부통근자의 사회적응능력을 기르고 원활한 사회복귀를 촉진하기 위하여 필요하다고 인정하는 경우에는 수형자 자치에 의한 활동을 허가하여야 한다.

08 형의 집행 및 수용자의 처우에 관한 법령상 수용자의 처우에 대한 설명으로 옳은 것은?

① 소장은 징역형·금고형이 확정된 사람으로서 집행할 형기가 형집행지휘서 접수일부터 3개월 미만인 사람, 노역장 유치명령을 받은 사람, 구류형이 확정된 사람에 대해서는 분류심사를 하지 아니한다.

② 소장은 공범·피해자 등의 체포영장·구속영장·공소장 또는 재판서에 마약사범으로 명시된 수용자는 마약류수용자로 지정한다.

③ 소장은 미결수용자 등 분류처우위원회의 의결 대상자가 아닌 경우에도 관심대상수용자로 지정할 필요가 있다고 인정되는 수용자에 대하여는 교도관회의의 심의를 거쳐 관심대상수용자로 지정할 수 있다.

④ 소장은 신입자에 대하여 시설 내의 안전과 질서유지를 위하여 특히 필요하다고 인정하면 번호표를 붙이지 아니할 수 있다.

09 형의 집행 및 수용자의 처우에 관한 법령상 수용자의 의료에 대한 설명으로 옳지 않은 것은?

① 소장은 수용자가 감염병에 걸렸다고 인정되는 경우에는 1주 이상 격리수용하고 그 수용자의 휴대품을 소독하여야 한다.

② 소장은 19세 미만의 수용자, 계호상 독거수용자 및 노인수용자에 대하여는 6개월에 1회 이상 건강검진을 하여야 한다.

③ 장애인수형자 전담교정시설의 장은 장애인의 재활에 관한 전문적인 지식을 가진 의료진과 장비를 갖추도록 노력하여야 한다.

④ 소장은 수용자를 외부 의료시설에 입원시키거나 입원 중인 수용자를 교정시설로 데려온 경우에는 그 사실을 법무부장관에게 지체 없이 보고하여야 한다.

10 형의 집행 및 수용자의 처우에 관한 법령상 각종 위원회의 구성에 대한 설명으로 옳지 않은 것은?

① 귀휴심사위원회의 위원장은 소장의 바로 다음 순위자가 되고, 위원은 소장이 소속 기관의 과장(지소의 경우에는 7급 이상의 교도관) 및 교정에 관한 학식과 경험이 풍부한 외부인사 중에서 임명 또는 위촉한다.

② 분류처우위원회의 위원장은 소장이 되고, 위원은 위원장이 소속 기관의 부소장 및 과장(지소의 경우에는 7급 이상의 교도관) 중에서 임명한다.

③ 징벌위원회의 위원장은 소장의 바로 다음 순위자가 되고, 위원은 소장이 소속 기관의 과장(지소의 경우에는 7급 이상의 교도관) 및 교정에 관한 학식과 경험이 풍부한 외부인사 중에서 임명 또는 위촉한다.

④ 가석방심사위원회의 위원장은 법무부차관이 되고, 위원은 판사, 검사, 변호사, 법무부 소속 공무원, 교정에 관한 학식과 경험이 풍부한 사람 중에서 법무부장관이 임명 또는 위촉한다.

11 형의 집행 및 수용자의 처우에 관한 법령상 교도작업에 대한 설명으로 옳지 않은 것은?

① 소장은 수형자에게 공휴일·토요일과 그 밖의 휴일에는 작업을 부과하지 아니한다. 여기서 "그 밖의 휴일"이란 「각종 기념일 등에 관한 규정」에 따른 교정의 날 및 소장이 특히 지정하는 날을 말한다.

② 작업장려금은 석방할 때에 본인에게 지급한다. 다만, 본인의 가족생활 부조, 교화 또는 건전한 사회복귀를 위하여 특히 필요하면 석방 전이라도 그 전부를 지급할 수 있다.

③ 소장은 금고형 또는 구류형의 집행 중에 있는 사람에 대하여는 신청에 따라 작업을 부과할 수 있다.

④ 소장은 수형자의 부모 또는 배우자의 직계존속의 제삿날에는 1일간 해당 수형자의 작업을 면제한다.

12 중간처벌제도에 대한 설명으로 옳은 것은?

① 중간처벌은 중간처우에 비해 사회복귀에 더욱 중점을 둔 제도이다.

② 충격구금은 보호관찰의 집행 중에 실시하는 것으로, 일시적인 구금을 통한 고통의 경험이 미래 범죄행위에 대한 억지력을 발휘할 것이라는 가정을 전제로 한다.

③ 배상명령은 시민이나 교정당국에 비용을 부담시키지 않고, 범죄자로 하여금 지역사회에서 가족과 인간관계를 유지하며 직업활동에 전념할 수 있게 한다.

④ 집중감독보호관찰(intensive supervision probation)은 주로 경미범죄자나 초범자에게 실시하는 것으로, 일반보호관찰에 비해 많은 수의 사람을 대상으로 한다.

13 「형의 집행 및 수용자의 처우에 관한 법률 시행규칙」상 독학에 의한 학사학위 취득과정을 신청하기 위하여 수형자가 갖추어야 할 요건으로 옳지 않은 것은?

① 개방처우급·완화경비처우급·일반경비처우급 수형자에 해당할 것

② 고등학교 졸업 또는 이와 동등한 수준 이상의 학력이 인정될 것

③ 집행할 형기가 2년 이상일 것

④ 교육개시일을 기준으로 형기의 3분의 1(21년 이상의 유기형 또는 무기형의 경우에는 7년)이 지났을 것

14 「보호관찰 등에 관한 법률」상 구인(제39조 또는 제40조)한 보호관찰 대상자의 유치에 대한 설명으로 옳지 않은 것은?

① 보호관찰소의 장은 가석방 및 임시퇴원의 취소 신청이 필요하다고 인정되면 보호관찰 대상자를 수용기관 또는 소년분류심사원에 유치할 수 있다.

② 보호관찰 대상자를 유치하려는 경우에는 보호관찰소의 장이 검사에게 신청하여 검사의 청구로 관할 지방법원 판사의 허가를 받아야 하며, 이 경우 검사는 보호관찰 대상자가 구인된 때부터 48시간 이내에 유치허가를 청구하여야 한다.

③ 유치된 사람에 대하여 보호관찰을 조건으로 한 형의 선고유예가 실효되거나 집행유예가 취소된 경우 또는 가석방이 취소된 경우에는 그 유치기간을 형기에 산입한다.

④ 유치의 기간은 구인한 날부터 20일로 한다. 다만, 보호처분의 변경 신청을 위한 유치에 있어서는 심사위원회의 심사에 필요하면 10일의 범위에서 한 차례만 유치기간을 연장할 수 있다.

15 형의 집행 및 수용자의 처우에 관한 법령상 수용자의 징벌에 대한 설명으로 옳은 것은?

① 다른 수용자의 징벌대상행위를 방조한 수용자에게는 그 징벌대상행위를 한 수용자에게 부과되는 징벌과 같은 징벌을 부과하되, 2분의 1로 감경한다.

② 소장은 10일의 금치처분을 받은 수용자가 징벌의 집행이 종료된 후 교정성적이 양호하고 1년 6개월 동안 징벌을 받지 아니하면 법무부장관의 승인을 받아 징벌을 실효시킬 수 있다.

③ 소장은 특별한 사유가 없으면 의사로 하여금 징벌대상자에 대한 심리상담을 하도록 해야 한다.

④ 소장은 징벌집행의 유예기간 중에 있는 수용자가 다시 징벌대상행위를 하면 그 유예한 징벌을 집행한다.

16 「형의 집행 및 수용자의 처우에 관한 법률」상 귀휴에 대한 설명으로 옳은 것(○)과 옳지 않은 것(×)을 바르게 연결한 것은?

> ㉠ 소장은 수형자의 가족 또는 배우자의 직계존속이 위독한 때 특별귀휴를 허가할 수 있다.
> ㉡ 소장은 귀휴의 허가사유가 존재하지 아니함이 밝혀진 때에는 그 귀휴를 취소하여야 한다.
> ㉢ 소장은 미결수용자의 신청이 있는 경우 필요하다고 인정하면 귀휴를 허가할 수 있다.
> ㉣ 특별귀휴 기간은 1년 중 5일 이내이다.

	㉠	㉡	㉢	㉣
①	○	×	×	×
②	×	○	×	○
③	×	×	○	○
④	×	×	×	×

17 교정처우에 대한 설명으로 옳은 것은?

① 선시제도(god time system)는 대규모 시설에서의 획일적인 수용처우로 인한 문제점을 해소하기 위해 가족적인 분위기에서 소집단으로 처우하는 제도이다.

② 개방형(사회적) 처우는 폐쇄형(시설내) 처우의 폐해를 최소화하기 위한 것으로, 개방시설에 대한 논의가 1950년 네덜란드 헤이그에서 개최된 제12회 '국제형법 및 형무회의'에서 있었다.

③ 사회형(사회내) 처우의 유형으로는 민영교도소, 보호관찰제도, 중간처우소 등을 들 수 있다.

④ 수형자자치제는 부정기형제도보다 정기형제도하에서 더욱 효과적으로 운영될 수 있는 반면, 소수의 힘 있는 수형자에게 권한이 집중될 수 있어서 수형자에 의한 수형자의 억압과 통제라는 폐해를 유발할 수 있다.

18 「벌금 미납자의 사회봉사 집행에 관한 특례법」에 대한 설명으로 옳지 않은 것은?

① 대통령령으로 정한 금액 범위 내의 벌금형이 확정된 벌금 미납자는 검사의 납부명령일부터 30일 이내에 주거지를 관할하는 지방검찰청(지방검찰청지청을 포함한다)의 검사에게 사회봉사를 신청할 수 있다. 다만, 검사로부터 벌금의 일부납부 또는 납부연기를 허가받은 자는 그 허가기한 내에 사회봉사를 신청할 수 있다.

② 사회봉사 대상자는 법원으로부터 사회봉사 허가의 고지를 받은 날부터 7일 이내에 사회봉사 대상자의 주거지를 관할하는 보호관찰소의 장에게 주거, 직업, 그 밖에 대통령령으로 정하는 사항을 신고하여야 한다.

③ 사회봉사는 1일 9시간을 넘겨 집행할 수 없다. 다만, 사회봉사의 내용상 연속집행의 필요성이 있어 보호관찰관이 승낙하고 사회봉사 대상자가 분명히 동의한 경우에만 연장하여 집행할 수 있다.

④ 사회봉사의 집행은 사회봉사가 허가된 날부터 6개월 이내에 마쳐야 한다. 다만, 보호관찰관은 특별한 사정이 있으면 검사의 허가를 받아 6개월의 범위에서 한 번 그 기간을 연장하여 집행할 수 있다.

19 형의 집행 및 수용자의 처우에 관한 법령상 여성수용자의 처우에 대한 설명으로 옳지 않은 것은?

① 여성수용자가 자신이 출산한 유아를 교정시설에서 양육할 것을 신청한 경우, 법에서 규정한 특별한 사유에 해당하지 않으면 생후 18개월에 이르기까지 이를 허가하여야 한다.

② 소장은 유아의 양육을 허가하지 아니하는 경우에는 수용자의 의사를 고려하여 유아보호에 적당하다고 인정하는 법인 또는 개인에게 그 유아를 보낼 수 있다.

③ 소장은 수용자가 임신 중이거나 출산(유산·사산을 포함한다)한 경우에는 모성보호 및 건강유지를 위하여 정기적인 검진 등 적절한 조치를 하여야 한다.

④ 남성교도관이 1인의 여성수용자에 대하여 실내에서 상담 등을 하려면 투명한 창문이 설치된 장소에서 다른 교도관을 입회시킨 후 실시하여야 한다.

20 「형의 집행 및 수용자의 처우에 관한 법률 시행규칙」상 지역사회에 설치된 개방시설에 수용하여 중간처우를 할 수 있는 자만을 모두 고르면?

> ㉠ 완화경비처우급 수형자이고, 형기는 2년이며, 범죄횟수는 1회, 중간처우를 받는 날부터 가석방 예정일까지의 기간이 3개월인 자
>
> ㉡ 개방처우급 수형자이고, 형기는 3년이며, 범죄횟수는 2회, 중간처우를 받는 날부터 형기 종료 예정일까지의 기간이 6개월인 자
>
> ㉢ 완화경비처우급 수형자이고, 형기는 4년이며, 범죄횟수는 2회, 중간처우를 받는 날부터 가석방 예정일까지의 기간이 6개월인 자
>
> ㉣ 개방처우급 수형자이고, 형기는 3년이며, 범죄횟수는 1회, 중간처우를 받는 날부터 형기 종료 예정일까지의 기간이 9개월인 자

① ㉠, ㉡　　　　　　　　② ㉡, ㉢

③ ㉠, ㉡, ㉢　　　　　　④ ㉡, ㉢, ㉣

● 회독 CHECK 1 2 3

01 범죄원인론에 대한 설명으로 옳지 않은 것은?

① 낙인이론은 범죄행위에 대한 처벌의 부정적 효과에 주목한다.

② 통제이론은 모든 인간이 범죄를 저지를 수 있는 동기를 가지고 있다고 가정한다.

③ 일반긴장이론은 계층에 따라서 범죄율이 달라지는 이유를 설명하는 데 유용하다.

④ 사회해체론은 지역사회의 안정성, 주민의 전·출입, 지역사회의 통제력에 주목한다.

02 범죄 문제에 대한 고전학파의 특징에 대비되는 실증주의 학파의 특징으로 옳지 않은 것은?

① 범죄행위를 연구하는 데 있어서 경험적이고 과학적인 접근을 강조한다.

② 범죄행위는 인간이 통제할 수 없는 영향력에 의해서 결정된다고 주장한다.

③ 범죄행위의 사회적 책임보다는 위법행위를 한 개인의 책임을 강조한다.

④ 범죄행위를 유발하는 범죄원인을 제거하는 것이 범죄통제에 효과적이라고 본다.

03 서덜랜드(E. H. Sutherland)의 차별적 접촉이론에 대한 설명으로 옳은 것은?

① 범죄행위의 학습 과정과 정상 행위의 학습 과정은 동일하다.

② 범죄행위는 유전적인 요인뿐만 아니라 태도, 동기, 범행 수법의 학습 결과이다.

③ 법에 대한 개인의 태도는 개인이 처한 경제적 위치와 차별 경험에서 비롯된다.

④ 타인과 직접 접촉이 아닌 매체를 통한 특정 인물의 동일시에 의해서도 범죄행위는 학습된다.

04 교정 이념으로서의 정의모형에 대한 설명으로 옳지 않은 것은?

① 교화개선모형을 통한 수형자의 성공적인 사회복귀는 실패하였다고 주장한다.

② 처벌은 범죄로 인한 사회적 해악이나 범죄의 경중에 상응해야 한다고 주장한다.

③ 교화개선보다 사법정의의 실현이 바람직하고 성취 가능한 형사사법의 목표라고 주장한다.

④ 범죄자는 정상인과 다른 병자이므로 적절한 처우를 통하여 치료해 주어야 한다고 주장한다.

05 조선시대 유형(流刑)에 대한 설명으로 옳은 것은?

① 유배지에 직계존속을 동반할 수도 있었다.

② 중도부처는 유형 중 행동의 제한이 가장 많았다.

③ 유배죄인에 대한 계호와 처우의 책임은 형조에 있었다.

④ 유형은 기간이 정해져 있어 현재의 유기금고형에 해당한다.

06 교도소화(prisonization)에 대한 설명으로 옳은 것만을 모두 고르면?

> ㄱ. 교정시설에서 문화, 관습, 규범 등을 학습하는 과정을 의미한다.
> ㄴ. 박탈모형은 수형자의 문화를 사회로부터 수형자와 함께 들어온 것으로 파악한다.
> ㄷ. 유입모형은 교도소화의 원인을 수용으로 인한 고통 및 각종 권익의 상실로 본다.
> ㄹ. 자유주의자들은 박탈모형을, 보수주의자들은 유입모형을 지지하는 경향이 있다.

① ㄱ, ㄴ   ② ㄱ, ㄷ

③ ㄱ, ㄹ   ④ ㄷ, ㄹ

07 「형의 집행 및 수용자의 처우에 관한 법률 시행령」상 수용에 대한 설명으로 옳은 것은?

① 혼거수용 인원은 2명 이상으로 한다. 다만, 요양이나 그 밖의 부득이한 사정이 있는 경우에는 예외로 한다.

② 처우상 독거수용이란 주간과 야간에는 일과에 따른 공동생활을 하게 하고, 휴업일에만 독거수용하는 것을 말한다.

③ 계호상 독거수용이란 사람의 생명·신체의 보호 또는 교정 시설의 안전과 질서유지를 위하여 실외운동·목욕 시에도 예외 없이 독거수용하는 것을 말한다.

④ 수용자를 호송하는 경우 수형자는 미결수용자와, 여성수용자는 남성수용자와, 19세 미만의 수용자는 19세 이상의 수용자와 서로 접촉하지 못하게 하여야 한다.

08 형의 집행 및 수용자의 처우에 관한 법령상 금치처분에 대한 설명으로 옳지 않은 것은?

① 금치처분을 받은 자에게는 그 기간 중 전화통화 제한이 함께 부과된다.

② 소장은 금치처분을 받은 자에게 자해의 우려가 있고 필요성을 인정하는 경우 실외운동을 전면 금지할 수 있다.

③ 소장은 금치를 집행하는 경우 의무관으로 하여금 사전에 수용자의 건강을 확인하도록 하여야 한다.

④ 소장은 금치를 집행하는 경우 징벌집행을 위하여 별도로 지정한 거실에 해당 수용자를 수용하여야 한다.

09 「민영교도소 등의 설치·운영에 관한 법률」상 교정업무의 민간위탁에 대한 설명으로 옳지 않은 것은?

① 민영교도소 등에 수용된 수용자가 작업하여 생긴 수입은 국고수입으로 한다.

② 교정법인은 민영교도소 등에 수용되는 자에게 특별한 사유가 있다는 이유로 수용을 거절할 수 없다.

③ 법무부장관은 교정업무를 포괄 위탁하여 교도소 등을 설치·운영하도록 하는 업무를 법인 또는 개인에게 위탁할 수 있다.

④ 교정법인은 위탁업무를 수행할 때 같은 유형의 수용자를 수용·관리하는 국가운영의 교도소 등과 동등한 수준 이상의 교정서비스를 제공하여야 한다.

10 「형의 집행 및 수용자의 처우에 관한 법률」상 간이입소 절차를 실시하는 대상에 해당하지 않는 것은?

① 긴급체포되어 교정시설에 유치된 피의자

② 체포영장에 의하여 체포되어 교정시설에 유치된 피의자

③ 판사의 피의자 심문 후 구속영장이 발부되어 교정시설에 유치된 피의자

④ 구인 또는 구속영장 청구에 따라 피의자 심문을 위하여 교정시설에 유치된 피의자

11 형의 집행 및 수용자의 처우에 관한 법령상 작업장려금에 대한 설명으로 옳지 않은 것은?

① 작업수입은 국고수입으로 한다.
② 작업장려금은 매월 현금으로 본인에게 직접 지급한다.
③ 징벌로 3개월 이내의 작업장려금 삭감을 할 수 있다.
④ 소장은 수형자의 가석방 적격심사 신청을 위하여 작업장려금 및 작업상태를 사전에 조사하여야 한다.

12 우리나라 교정(행형)의 역사에 대한 설명으로 옳지 않은 것은?

① 조선시대 장형(杖刑)은 갑오개혁 이후에 폐지되었다.
② 미군정기에는 선시제도가 실시되고 「간수교습규정」이 마련되었다.
③ 1961년 법 개정으로 형무소의 명칭이 교도소로 변경되었다.
④ 1894년에 마련된 징역표는 수형자의 단계적 처우에 관한 내용을 담고 있었다.

13 형의 집행 및 수용자의 처우에 관한 법령상 귀휴허가 후 조치에 대한 설명으로 옳지 않은 것은?

① 소장은 필요하다고 인정하면 귀휴시 교도관을 동행시킬 수 있다.
② 소장은 귀휴자가 신청할 경우 작업장려금의 전부 또는 일부를 귀휴비용으로 사용하게 할 수 있다.
③ 소장은 귀휴자가 귀휴조건을 위반한 경우 귀휴를 취소하거나 이의 시정을 위하여 필요한 조치를 하여야 한다.
④ 소장은 2일 이상의 귀휴를 허가한 경우 귀휴자의 귀휴지를 관할하는 보호관찰소의 장에게 그 사실을 통보하여야 한다.

14 올린(L. E. Ohlin)의 관점에 따라 보호관찰관의 유형을 통제와 지원이라는 두 가지 차원에서 그림과 같이 구분할 때, ㉠~㉣에 들어갈 유형을 바르게 연결한 것은?

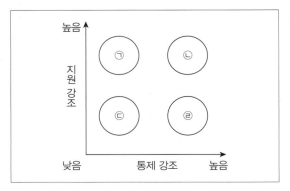

① ㉠: 복지적 관찰관, ㉡: 보호적 관찰관
   ㉢: 수동적 관찰관, ㉣: 처벌적 관찰관
② ㉠: 보호적 관찰관, ㉡: 복지적 관찰관
   ㉢: 수동적 관찰관, ㉣: 처벌적 관찰관
③ ㉠: 복지적 관찰관, ㉡: 보호적 관찰관
   ㉢: 처벌적 관찰관, ㉣: 수동적 관찰관
④ ㉠: 보호적 관찰관, ㉡: 복지적 관찰관
   ㉢: 처벌적 관찰관, ㉣: 수동적 관찰관

15 형의 집행 및 수용자의 처우에 관한 법령상 수용자의 교육에 대한 설명으로 옳지 않은 것은?

① 소장은 특별한 사유가 없으면 교육기간 동안에 교육대상자를 다른 기관으로 이송할 수 없다.
② 소장은 교육대상자에게 질병, 부상, 그 밖의 부득이한 사정이 있는 경우에는 교육과정을 일시 중지할 수 있다.
③ 소장은 「교육기본법」 제8조의 의무교육을 받지 못한 수형자에 대하여는 본인의 의사, 나이, 지식정도, 그 밖의 사정을 고려하여 그에 알맞게 교육하여야 한다.
④ 소장이 「고등교육법」 제2조에 따른 방송통신대학 교육과정을 설치·운영하는 경우 교육 실시에 소요되는 비용은 특별한 사정이 없으면 교육대상자 소속 기관이 부담한다.

16 「형의 집행 및 수용자의 처우에 관한 법령」상 수용자의 석방에 대한 설명으로 옳지 않은 것은?

① 권한이 있는 자의 명령에 따른 석방은 서류 도달 후 5시간 이내에 행하여야 한다.

② 소장은 형기 종료로 석방될 수형자에 대하여는 석방 10일 전까지 석방 후의 보호에 관한 사항을 조사하여야 한다.

③ 소장은 피석방자가 질병이나 그 밖에 피할 수 없는 사정으로 귀가하기 곤란한 경우에 본인의 신청이 있으면 일시적으로 교정시설에 수용할 수 있다.

④ 소장은 수형자의 보호를 위하여 필요하다고 인정하면 석방 전 5일 이내의 범위에서 석방예정자를 별도의 거실에 수용하여 장래에 관한 상담과 지도를 할 수 있다.

17 중간처우 제도와 시설에 대한 설명으로 옳지 않은 것은?

① 정신질환자 또는 마약중독자들이 겪는 구금으로 인한 충격을 완화해 주는 역할을 한다.

② 교도소 수용이나 출소를 대비하는 시설로 보호관찰 대상자에게는 적용되지 않는다.

③ 교정시설 내 중간처우로는 외부방문, 귀휴, 외부통근 작업 및 통학제도 등을 들 수 있다.

④ 교도소 출소로 인한 혼란·불확실성·스트레스를 완화해 주는 감압실(減壓室)로 불리기도 한다.

18 「성폭력범죄자의 성충동 약물치료에 관한 법률」상 '성폭력 수형자 중 검사가 치료명령을 청구할 수 있는 대상자'에 대한 치료명령에 관한 설명으로 옳지 않은 것은?

① 법원의 치료명령 결정에 따른 치료기간은 10년을 초과할 수 없다.

② 치료비용은 법원의 치료명령 결정을 받은 사람이 부담하는 것이 원칙이다.

③ 가석방심사위원회는 성폭력 수형자의 가석방 적격심사를 할 때 치료명령이 결정된 사실을 고려하여야 한다.

④ 법원의 치료명령 결정이 확정된 후 집행을 받지 아니하고 10년이 경과하면 시효가 완성되어 집행이 면제된다.

19 「소년법」상 항고에 대한 설명으로 옳지 않은 것은?

① 항고를 제기할 수 있는 기간은 7일로 한다.

② 항고는 결정의 집행을 정지시키는 효력이 없다.

③ 보호처분의 변경 결정에 대해서는 항고할 수 없다.

④ 항고를 할 때에는 항고장을 원심 소년부에 제출하여야 한다.

20 보호관찰 등에 관한 법령상 '갱생보호 대상자에 대한 숙식 제공'에 관한 설명으로 옳지 않은 것은?

① 숙식 제공은 갱생보호시설에서 갱생보호 대상자에게 숙소·음식물 및 의복 등을 제공하고 정신교육을 하는 것으로 한다.

② 숙식을 제공한 경우에는 법무부장관이 정하는 바에 의하여 소요된 최소한의 비용을 징수할 수 있다.

③ 숙식 제공 기간의 연장이 필요하다고 인정되는 때에는 매회 6월의 범위 내에서 3회에 한하여 그 기간을 연장할 수 있다.

④ 숙식 제공 기간을 연장하고자 할 때에는 해당 갱생보호시설의 장의 신청이 있어야 한다.

● 회독 CHECK 1 2 3

01 허쉬(Hirschi)의 사회유대이론에 대한 설명으로 옳은 것은?

① 모든 사람을 잠재적 법위반자라고 가정한다.
② 인간의 자유의지와 도덕적 책임감을 강조한다.
③ 범죄율을 이웃공동체의 생태학적 특징과 결부시킨다.
④ 범죄행위는 다른 사람들과의 상호작용으로 학습된다.

02 기소유예제도에 대한 설명으로 옳지 않은 것은?

① 피의자의 법적 안전성을 침해할 수 있다.
② 법원 및 교정시설의 부담을 줄여줄 수 있다.
③ 단기자유형의 폐해를 막는 방법이 될 수 있다.
④ 피의자에 대한 형벌적 기능을 수행하지 않는다.

03 교도작업 중 도급작업에 대한 설명으로 옳은 것은?

① 교도소 운영에 필요한 취사, 청소, 간호 등 대가 없이 행하는 작업이다.
② 일정한 공사의 완성을 약정하고 그 결과에 따라 약정금액을 지급받는 작업이다.
③ 사회 내의 사업주인 위탁자로부터 작업에 사용할 시설, 기계, 재료의 전부 또는 일부를 제공받아 물건 및 자재를 생산, 가공, 수선하여 위탁자에게 제공하고 그 대가를 받는 작업이다.
④ 교도소에서 일체의 시설, 기계, 재료, 노무 및 경비 등을 부담하여 물건 및 자재를 생산·판매하는 작업으로서 수형자의 기술 습득 면에서는 유리하지만 제품의 판매가 부진할 경우 문제가 된다.

04 형의 집행 및 수용자의 처우에 관한 법령상 교정시설에 둔다고 규정된 위원회가 아닌 것은?

① 귀휴심사위원회
② 치료감호심의위원회
③ 징벌위원회
④ 분류처우위원회

05 다음 설명에 해당하는 스미크라(Smykla)의 보호관찰 모형은?

> 보호관찰관은 외부자원을 적극 활용하여 보호관찰대상자들이 다양하고 전문적인 사회적 서비스를 받을 수 있도록 사회기관에 위탁하는 것을 주요 일과로 삼고 있다.

① 프로그램 모형(program model)
② 중재자 모형(brokerage model)
③ 옹호 모형(advocacy model)
④ 전통적 모형(traditional model)

06 형의 집행 및 수용자의 처우에 관한 법령상 소장이 완화경비처우급 수형자에게 할 수 있는 처우내용이 아닌 것은?

① 자치생활을 허가하는 경우에는 월 1회 이상 토론회를 할 수 있도록 하여야 한다.
② 의류를 지급하는 경우에 색상, 디자인 등을 다르게 할 수 있다.
③ 작업·교육 등의 성적이 우수하고 관련 기술이 있는 경우에 교도관의 작업지도를 보조하게 할 수 있다.
④ 직업능력 향상을 위하여 특히 필요한 경우에는 교정시설 외부의 기업체 등에서 운영하는 직업훈련을 받게 할 수 있다.

07 「교도작업의 운영 및 특별회계에 관한 법률」상 교도작업에 대한 내용으로 옳지 않은 것은?

① 교도작업으로 생산된 제품은 민간기업 등에 직접 판매하거나 위탁하여 판매할 수 있다.

② 법무부장관은 교도작업으로 생산되는 제품의 종류와 수량을 회계연도 개시 3개월 전까지 공고하여야 한다.

③ 국가, 지방자치단체 또는 공공기관은 그가 필요로 하는 물품이 「교도작업의 운영 및 특별회계에 관한 법률」 제4조에 따라 공고된 것인 경우에는 공고된 제품 중에서 우선적으로 구매하여야 한다.

④ 법무부장관은 「형의 집행 및 수용자의 처우에 관한 법률」 제68조에 따라 수형자가 외부기업체 등에 통근 작업하거나 교정시설의 안에 설치된 외부기업체의 작업장에서 작업할 수 있도록 민간기업을 참여하게 하여 교도작업을 운영할 수 있다.

08 형의 집행 및 수용자의 처우에 관한 법령상 수용자의 위생과 의료에 대한 설명으로 옳은 것으로만 묶은 것은?

> ㄱ. 소장은 저수조 등 급수시설을 1년에 1회 이상 청소·소독하여야 한다.
> ㄴ. 소장은 수용자가 위독한 경우에는 그 사실을 가족에게 지체 없이 알려야 한다.
> ㄷ. 교정시설에 근무하는 간호사는 야간 또는 공휴일 등에 응급을 요하는 수용자에 대한 응급처치를 할 수 있다.
> ㄹ. 소장은 19세 미만의 수용자와 계호상 독거수용자에 대하여는 1년에 1회 이상 건강검진을 하여야 한다.
> ㅁ. 소장은 수용자를 외부 의료시설에 입원시키거나 입원 중인 수용자를 교정시설로 데려온 경우에는 그 사실을 법무부장관에게 지체 없이 보고하여야 한다.

① ㄱ, ㄴ, ㄷ　　　　　　② ㄴ, ㄷ, ㄹ
③ ㄴ, ㄷ, ㅁ　　　　　　④ ㄷ, ㄹ, ㅁ

09 수형자의 권리 및 권리구제에 대한 설명으로 옳지 않은 것은?(다툼이 있는 경우 판례에 의함)

① 교도소의 안전 및 질서유지를 위하여 행해지는 규율과 징계로 인한 기본권의 제한도 다른 방법으로는 그 목적을 달성할 수 없는 경우에만 예외적으로 허용되어야 한다.

② 교도관의 시선에 의한 감시만으로는 자살·자해 등의 교정사고 발생을 막는 데 시간적·공간적 공백이 있으므로 이를 메우기 위하여는 CCTV를 설치하여 수형자를 상시적으로 관찰하는 것이 적합한 수단이 될 수 있다.

③ 수형자의 영치품에 대한 사용신청 불허처분 후 수형자가 다른 교도소로 이송되었더라도 권리와 이익의 침해 등이 해소되지 않고 형기가 만료되기까지는 아직 상당한 기간이 남아 있을 뿐만 아니라, 재이송 가능성이 소멸하였다고 단정하기 어려운 점에서 영치품 사용신청 불허처분의 취소를 구할 이익이 있다.

④ 교정시설의 1인당 수용면적이 수형자의 인간으로서의 기본욕구에 따른 생활조차 어렵게 할 만큼 지나치게 협소하더라도, 이는 그 자체로 국가형벌권 행사의 한계를 넘어 수형자의 인간의 존엄과 가치를 침해한다고 보기는 어렵다.

10 「형의 집행 및 수용자의 처우에 관한 법률 시행규칙」상 직업훈련에 대한 설명으로 옳지 않은 것은?

① 소장은 직업훈련을 위하여 필요한 경우에는 수형자를 다른 교정시설로 이송할 수 있다.

② 직업훈련 직종 선정 및 훈련과정별 인원은 법무부장관의 승인을 받아 소장이 정한다.

③ 징벌대상행위의 혐의가 있어 조사 중이거나 징벌집행 중인 수형자는 직업훈련 대상자로 선정하여서는 아니 된다.

④ 수형자 취업지원협의회 회의는 재적위원 과반수 출석으로 개의하고, 출석위원 과반수 찬성으로 의결한다.

11 「보호관찰 등에 관한 법률」상 보호관찰소 소속 공무원이 보호관찰대상자에 대한 정당한 직무집행 과정에서 필요하다고 인정되는 상당한 이유가 있을 때 사용할 수 있는 보호장구는? 〈변형〉

① 발목보호장비
② 보호복
③ 머리보호장비
④ 전자충격기

12 중학생 甲(15세)은 동네 편의점에서 물건을 훔치다가 적발되어 관할 법원 소년부에서 심리를 받고 있다. 「소년법」상 甲에 대한 심리 결과 소년부 판사가 결정으로써 할 수 있는 보호처분의 내용에 해당하지 않는 것은?

① 50시간의 수강명령
② 250시간의 사회봉사명령
③ 1년의 단기보호관찰
④ 1개월의 소년원 송치

13 「형의 집행 및 수용자의 처우에 관한 법률 시행규칙」상 엄중관리대상자에 대한 설명으로 옳지 않은 것은?

① 조직폭력수용자는 번호표와 거실표의 색상을 노란색으로 한다.
② 엄중관리대상자는 조직폭력수용자, 마약류수용자 그리고 관심대상수용자로 구분한다.
③ 소장은 마약류수용자로 지정된 수용자들에게 정기적으로 수용자의 소변을 채취하여 마약반응검사를 하여야 한다.
④ 소장은 엄중관리대상자 중 지속적인 상담이 필요하다고 인정되는 사람에 대하여는 상담책임자를 지정한다.

14 우리나라 교정사를 시기순으로 바르게 나열한 것은?

> ㄱ. 「감옥규칙」의 제정
> ㄴ. 4개 지방교정청의 신설
> ㄷ. 「행형법」의 제정
> ㄹ. 「민영교도소 등의 설치·운영에 관한 법률」의 제정
> ㅁ. 교정국을 교정본부로 확대 개편

① ㄱ → ㄴ → ㄷ → ㄹ → ㅁ
② ㄱ → ㄷ → ㄴ → ㄹ → ㅁ
③ ㄱ → ㄷ → ㄴ → ㅁ → ㄹ
④ ㄱ → ㄷ → ㄹ → ㄴ → ㅁ

15 「형의 집행 및 수용자의 처우에 관한 법률」상 가석방심사위원회에 대한 설명으로 옳지 않은 것은?

① 가석방심사위원회의 위원장은 법무부차관이 된다.
② 가석방심사위원회는 위원장을 포함한 5인 이상 9인 이하의 위원으로 구성한다.
③ 가석방심사위원회 위원의 명단과 경력사항은 임명 또는 위촉 즉시 공개한다.
④ 가석방심사위원회는 가석방 적격결정을 하였으면 3일 이내에 법무부장관에게 가석방 허가를 신청하여야 한다.

16 형의 집행 및 수용자의 처우에 관한 법령상 정기재심사에 대한 내용으로 옳은 것은?

① 부정기형의 재심사 시기는 장기형을 기준으로 한다.
② 소장은 재심사를 할 때는 그 사유가 발생한 달로부터 2월 이내까지 완료하여야 한다.
③ 무기형과 20년을 초과하는 징역형·금고형의 재심사 시기를 산정하는 경우에는 그 형기를 20년으로 본다.
④ 합산형기가 20년을 초과하는 경우에도 2개 이상의 징역형을 집행하는 수형자의 재심사 시기 산정은 그 형기를 합산한다.

17 형의 집행 및 수용자의 처우에 관한 법령상 수용자에게 지급하는 물품에 대한 설명으로 옳은 것으로만 묶은 것은?

> ㄱ. 소장은 작업시간을 2시간 이상 연장하는 경우에는 수용자에게 주·부식 또는 대용식 1회분을 간식으로 지급할 수 있다.
> ㄴ. 소장은 수용자의 기호 등을 고려하여 주식으로 빵이나 국수 등을 지급할 수 있다.
> ㄷ. 소장은 쌀 수급이 곤란하거나 그 밖에 필요하다고 인정하면 주식을 쌀과 보리 등 잡곡의 혼합곡으로 하거나 대용식을 지급할 수 있다.
> ㄹ. 소장은 수용자에게 건강상태, 나이, 부과된 작업의 종류, 그 밖의 개인적 특성을 고려하여 건강 및 체력을 유지하는 데에 필요한 음식물을 지급한다.

① ㄱ, ㄴ, ㄷ   ② ㄱ, ㄴ, ㄹ
③ ㄱ, ㄷ, ㄹ   ④ ㄴ, ㄷ, ㄹ

18 비범죄화에 대한 설명으로 옳은 것은?

① 검사의 기소유예 처분은 비범죄화와 관계가 없다.
② 형법의 탈도덕화 관점에서 비범죄화 대상으로 뇌물죄가 있다.
③ 비범죄화는 형사처벌의 완화가 아니라 폐지를 목표로 한다.
④ 비범죄화는 형법의 보충성 요청을 강화시켜 주는 수단이 되기도 한다.

19 형의 집행 및 수용자의 처우에 관한 법령상 소장이 개방처우급 혹은 완화경비처우급 수형자를 교정시설에 설치된 개방시설에 수용하기 위한 요건들에 해당하지 않는 것은?

① 형기가 3년 이상인 사람
② 범죄 횟수가 2회 이하인 사람
③ 최근 1년 이내 징벌이 없는 사람
④ 중간처우를 받는 날부터 가석방 또는 형기 종료 예정일까지 기간이 3개월 이상 1년 6개월 이하인 사람

20 「전자장치 부착 등에 관한 법률」상 검사가 성폭력범죄를 다시 범할 위험성이 있다고 인정되는 사람에 대해 전자장치를 부착하도록 하는 명령을 법원에 청구할 수 있는 경우에 해당하지 않는 것은? 〈변형〉

① 정신적 장애가 있는 사람이 성폭력범죄를 저지른 때
② 성폭력범죄를 2회 이상 범하여 그 습벽이 인정된 때
③ 19세 미만의 사람에 대하여 성폭력범죄를 저지른 때
④ 성폭력범죄로 전자장치를 부착받은 전력이 있는 사람이 다시 성폭력범죄를 저지른 때

01 「형의 집행 및 수용자의 처우에 관한 법률」과 동법 시행령상 청원에 대한 설명으로 옳지 않은 것은?

① 수용자는 그 처우에 관하여 불복하는 경우 법무부장관·순회점검공무원 또는 관할 지방교정청장에게 청원할 수 있다.

② 청원하려는 수용자는 청원서를 작성하여 봉한 후 소장에게 제출하여야 한다. 다만, 순회점검공무원에 대한 청원은 말로도 할 수 있으며, 이때 그 내용을 전부 녹음하여야 한다.

③ 순회점검공무원이 청원을 청취하는 경우 해당 교정시설의 교도관이 참여하여서는 아니 된다.

④ 청원에 관한 결정은 문서로써 하여야 하며, 소장은 청원에 관한 결정서를 접수하면 청원인에게 지체 없이 전달하여야 한다.

02 「형의 집행 및 수용자의 처우에 관한 법률」 및 동법 시행령상 교도작업에 대한 설명으로 옳지 않은 것은? 〈변형〉

① 소장은 미결수용자에 대하여는 신청에 따라 작업을 부과할 수 있지만, 교정시설 밖에서 행하는 작업은 부과할 수 없다.

② 소장은 금고형 또는 구류형의 집행 중에 있는 사람에 대하여는 신청에 따라 작업을 부과할 수 있다.

③ 소장은 교도관에게 매주 1회 수형자의 작업실적을 확인하게 하여야 한다.

④ 소장은 수형자의 가족 또는 배우자의 직계존속이 사망하면 2일간, 부모 또는 배우자의 제삿날에는 1일간 해당 수형자의 작업을 면제한다. 다만, 수형자가 작업을 계속하기를 원하는 경우는 예외로 한다.

03 「형의 집행 및 수용자의 처우에 관한 법률 시행규칙」상 외국인수용자의 수용에 대한 설명으로 옳지 않은 것은?

① 법무부장관이 외국인수형자의 처우를 전담하도록 정하는 시설의 장은 외국인의 특성에 알맞은 교화 프로그램 등을 개발하여 시행하여야 한다.

② 외국인수용자를 수용하는 소장은 외국어에 능통한 소속 교도관을 전담요원으로 지정하여 일상적인 개별면담, 고충해소, 통역·번역 및 외교공관 또는 영사관 등 관계기관과의 연락 등의 업무를 수행하게 하여야 한다.

③ 소장은 외국인수용자의 수용거실을 지정하는 경우에는 종교 또는 생활관습이 다르거나 민족감정 등으로 인하여 분쟁의 소지가 있는 외국인수용자는 거실을 분리하여 수용하여야 한다.

④ 소장은 외국인수용자가 질병 등으로 사망한 경우에는 관할 출입국관리사무소, 그의 국적이나 시민권이 속하는 나라의 외교공관 또는 영사관의 장이나 그 관원 및 가족에게 즉시 통지하여야 한다.

04 「형의 집행 및 수용자의 처우에 관한 법률」과 동법 시행규칙상 수용자의 교정시설 외부에 있는 사람(변호인 제외)과의 접견에 대한 설명으로 옳지 않은 것은?

① 시설의 안전 또는 질서를 해칠 우려가 있는 때에는 수용자는 교정시설의 외부에 있는 사람과 접견할 수 없다.

② 일반경비처우급 수형자의 접견 허용횟수는 월 6회로 하되, 1일 1회만 허용한다.

③ 접견 중인 수용자가 수용자의 처우 또는 교정시설의 운영에 관한 거짓사실을 유포하는 때에는 교도관은 접견을 중지할 수 있다.

④ 소장은 교화 및 처우상 특히 필요한 경우에는 수용자가 다른 교정시설의 수용자와 통신망을 이용하여 화상으로 접견하는 것을 허가할 수 있다.

05 개방형 처우의 한 형태로 미국에서 주로 실시하고 있는 '사법형 외부통근제'의 장점이 아닌 것은?

① 수형자의 수형생활 적응에 도움이 되고, 국민의 응보적 법감정에 부합한다.

② 수형자가 판결 전의 직업을 그대로 유지할 수 있으므로 직업이 중단되지 않고 가족의 생계를 유지시킬 수 있다.

③ 수형자에게 자율능력을 가진 노동을 허용하여 개인의 존엄을 유지하게 하는 심리적 효과가 있다.

④ 주말구금이나 야간구금과 같은 반구금제도와 함께 활용할 수 있다.

06 다음의 설명과 관련 있는 교정상담기법은?

- 1950년대 에릭 번(Eric Berne)에 의하여 주장된 것으로 계약과 결정이라는 치료 방식을 취한다.
- 상담자는 대체로 선생님의 역할을 하게 된다.
- 재소자로 하여금 자신의 과거 경험이 현재 행위에 미친 영향을 보도록 녹화테이프를 재생하듯이 되돌려 보게 한다. 이 과정을 통해 재소자가 과거에 대한 부정적인 장면들은 지워버리고 올바른 인생의 목표를 성취할 수 있다는 것을 확신하도록 도와준다.
- 자신의 문제를 검토할 의사가 전혀 없는 사람이나 사회병리적 문제가 있는 사람에게는 도움이 되지 않는다.

① 교류분석(transactional analysis)

② 현실요법(reality therapy)

③ 환경요법(milieu therapy)

④ 사회적 요법(social therapy)

07 「치료감호 등에 관한 법률」상 치료감호에 대한 설명으로 옳지 않은 것은?

① 구속영장에 의하여 구속된 피의자에 대하여 검사가 공소를 제기하지 아니하는 결정을 하고 치료감호 청구만을 하는 때에는 구속영장의 효력은 상실되므로 별도로 치료감호영장을 청구하여야 한다.

② 피치료감호자의 텔레비전 시청, 라디오 청취, 신문·도서의 열람은 일과시간이나 취침시간 등을 제외하고는 자유롭게 보장된다.

③ 치료감호와 형이 병과된 경우에는 치료감호를 먼저 집행하며, 이 경우 치료감호의 집행기간은 형 집행기간에 포함한다.

④ 피치료감호자에 대한 치료감호가 가종료되었을 때 보호관찰이 시작되며, 이때 보호관찰의 기간은 3년으로 한다.

08 「전자장치 부착 등에 관한 법률」상 전자장치 부착 등에 대한 설명으로 옳은 것은? 〈변형〉

① 전자장치 피부착자는 주거를 이전하거나 3일 이상의 국내여행 또는 출국할 때에는 미리 보호관찰관의 허가를 받아야 한다.

② 19세 미만의 사람에 대하여 성폭력범죄를 저지른 경우에는 전자장치 부착기간의 상한과 하한은 법률에서 정한 부착기간의 2배로 한다.

③ 검사는 성폭력범죄로 징역형의 실형을 선고받은 사람이 그 집행을 종료한 후 또는 집행이 면제된 후 15년 이내에 성폭력범죄를 저지르고, 성폭력범죄를 다시 범할 위험성이 있다고 인정되는 때에는 전자장치를 부착하도록 하는 명령을 법원에 청구할 수 있다.

④ 여러 개의 특정범죄에 대하여 동시에 전자장치 부착명령을 선고할 때에는 법정형이 가장 중한 죄의 부착기간 상한의 2분의 1까지 가중하되, 각 죄의 부착기간의 상한을 합산한 기간을 초과할 수 없다. 다만, 하나의 행위가 여러 특정범죄에 해당하는 경우에는 가장 중한죄의 부착기간을 부착기간으로 한다.

09 환경범죄학(Environmental Criminology)에 대한 설명으로 옳지 않은 것은?

① 범죄사건을 가해자, 피해자, 특정 시공간상에 설정된 법체계 등의 범죄환경을 통해 설명하였다.

② 브랜팅햄(Brantingham) 부부의 범죄패턴이론(Crime Pattern Theory)에 따르면 범죄자는 일반인과 같은 정상적인 시공간적 행동패턴을 갖지 않는다.

③ 환경설계를 통한 범죄예방(CPTED)을 주장한 제프리(Jeffrey)는 "세상에는 환경적 조건에 따른 범죄행동만 있을 뿐 범죄자는 존재하지 않는다."라고 주장하였다.

④ 환경범죄학의 다양한 범죄분석 기법은 정보주도 경찰활동(Intelligence-Led Policing: ILP)에 활용되고 있다.

10 「형의 집행 및 수용자의 처우에 관한 법률」과 동법 시행규칙상 수용자의 특별한 보호를 위하여 행하는 처우에 관한 규정의 내용과 일치하지 않는 것은?

① 노인수용자의 거실은 시설부족 또는 그 밖의 부득이한 사정이 없으면 건물의 1층에 설치하고, 특히 겨울철 난방을 위하여 필요한 시설을 갖추어야 한다.

② 장애인수형자 전담교정시설의 장은 장애인의 재활에 관한 전문적인 지식을 가진 의료진과 장비를 갖추어야 한다.

③ 법무부장관이 19세 미만의 수형자의 처우를 전담하도록 정하는 시설에는 별도의 공동학습공간을 마련하고 학용품 및 소년의 정서 함양에 필요한 도서, 잡지 등을 갖춰 두어야 한다.

④ 남성교도관이 1인의 여성수용자에 대하여 실내에서 상담 등을 하려면 투명한 창문이 설치된 장소에서 다른 여성을 입회시킨 후 실시하여야 한다.

11 「민영교도소 등의 설치·운영에 관한 법률」상 민영교도소의 운영 등에 대한 설명으로 옳지 않은 것은?

① 교정법인의 대표자는 민영교도소의 장 및 대통령령으로 정하는 직원을 임면할 때에는 미리 법무부장관의 승인을 받아야 한다.

② 대한민국 국민이 아닌 자는 민영교도소의 직원으로 임용될 수 없다.

③ 민영교도소의 운영에 필요한 무기는 국가의 부담으로 법무부장관이 구입하여 배정한다.

④ 민영교도소에 수용된 수용자가 작업하여 생긴 수입은 국고수입으로 한다.

12 다음 수형자 중 「형의 집행 및 수용자의 처우에 관한 법률 시행규칙」상 분류심사 제외 대상에 해당하지 않는 것은?

① 징역형이 확정된 사람으로서 집행할 형기가 형집행 지휘서 접수일부터 3개월 미만인 사람

② 구류형이 확정된 사람

③ 금고형이 확정된 사람으로서 집행할 형기가 형집행 지휘서 접수일부터 3개월 미만인 사람

④ 질병 등으로 분류심사가 곤란한 사람

13 「형의 집행 및 수용자의 처우에 관한 법률 시행규칙」상 수형자의 가족 만남의 날 행사 등에 대한 설명으로 옳지 않은 것은?

① 소장은 개방처우급 · 완화경비처우급 수형자에 대하여 가족 만남의 날 행사에 참여하게 하거나 가족 만남의 집을 이용하게 할 수 있다.

② 소장은 가족이 없는 수형자에 대하여는 결연을 맺었거나 그 밖에 가족에 준하는 사람으로 하여금 그 가족을 대신하게 할 수 있다.

③ 수형자가 가족 만남의 날 행사에 참여하거나 가족 만남의 집을 이용하는 경우 「형의 집행 및 수용자의 처우에 관한 법률 시행규칙」 제87조에서 정한 접견 허용횟수에 포함된다.

④ 소장은 교화를 위하여 특히 필요한 경우에는 일반경비처우급 수형자에 대하여도 가족 만남의 날 행사 참여 또는 가족 만남의 집 이용을 허가할 수 있다.

14 「형의 집행 및 수용자의 처우에 관한 법률 시행령」상 신입자의 처우에 대한 설명으로 옳지 않은 것은?

① 신입자의 건강진단은 수용된 날부터 3일 이내에 하여야 한다. 다만, 휴무일이 연속되는 등 부득이한 사정이 있는 경우에는 예외로 한다.

② 소장은 신입자거실에 수용된 사람에게 교화를 위해 필요한 경우 작업을 부과할 수 있다.

③ 소장은 19세 미만의 신입자 그 밖에 특히 필요하다고 인정하는 수용자에 대하여는 신입자거실에의 수용기간을 30일까지 연장할 수 있다.

④ 소장은 신입자를 인수한 경우에는 교도관에게 신입자의 신체 · 의류 및 휴대품을 지체 없이 검사하게 하여야 한다.

15 조선시대의 형벌제도에 대한 설명으로 옳지 않은 것은?

① 도형(徒刑)은 형집행에 있어서 집행관의 자의가 개입하기 쉽기 때문에 남형(濫刑)의 폐해가 가장 많았다.

② 질병에 걸린 자나 임신한 여자는 태형(笞刑)을 집행하지 않고 대신 속전을 받았다.

③ 장형(杖刑)은 태형보다 중한 벌로써 60대에서 100대까지 5등급이 있었고, 별도로 집행하는 경우도 있었지만 도 · 유형에 대하여 병과하는 것이 보통이었다.

④ 유형(流刑) 중 안치(安置)는 왕족이나 고관현직자에 적용되었고, 유거의 성질에 따라 본향안치(本鄕安置), 절도안치(絕島安置), 위리안치(圍籬安置) 등이 있었다.

16 「가석방자관리규정」에 따른 가석방자 관리에 대한 설명으로 옳지 않은 것은?

① 가석방자는 가석방 후 그의 주거지에 도착하였을 때에 지체 없이 종사할 직업 등 생활계획을 세우고, 이를 관할경찰서의 장에게 서면으로 신고하여야 한다.

② 관할경찰서의 장은 6개월마다 가석방자의 품행, 직업의 종류, 생활 정도, 가족과의 관계, 가족의 보호 여부 및 그 밖의 참고사항에 관하여 조사서를 작성하고 관할 지방검찰청의 장 및 가석방자를 수용하였다가 석방한 교정시설의 장에게 통보하여야 한다. 다만, 변동 사항이 없는 경우에는 그러하지 아니하다.

③ 가석방자는 국내 주거지 이전(移轉) 또는 10일 이상 국내여행을 하려는 경우 관할경찰서의 장에게 신고하여야 한다.

④ 가석방자가 사망한 경우 관할경찰서의 장은 그 사실을 관할 지방검찰청의 장 및 가석방자를 수용하였다가 석방한 교정시설의 장에게 통보하여야 하고, 통보를 받은 석방시설의 장은 그 사실을 법무부장관에게 보고하여야 한다.

17 〈보기〉에서 보호관찰과 수강명령을 병과할 수 있는 대상자를 모두 고른 것은?

─── 〈보 기〉 ───
ㄱ. 「형법」상 선고유예를 받은 자
ㄴ. 「형법」상 가석방된 자
ㄷ. 「소년법」상 보호관찰관의 장기·단기보호관찰 처분을 받은 소년 중 12세 이상인 자
ㄹ. 「성폭력범죄의 처벌 등에 관한 특례법」상 성폭력범죄를 범한 사람으로서 형의 집행을 유예받은 자

① ㄴ, ㄹ   ② ㄷ, ㄹ
③ ㄱ, ㄴ, ㄷ   ④ ㄱ, ㄷ, ㄹ

18 「형의 집행 및 수용자의 처우에 관한 법률」상 수용자 사망 시 조치에 대한 설명으로 옳지 않은 것은? 〈변형〉

① 소장은 수용자가 사망한 경우에는 그 사실을 즉시 그 가족(가족이 없는 경우에는 다른 친족)에게 알려야 한다.

② 소장은 병원이나 그 밖의 연구기관이 학술연구상의 필요에 따라 수용자의 시신인도를 신청하면 본인의 유언 또는 상속인의 승낙이 있는 경우에 한하여 인도할 수 있다.

③ 소장은 가족 등 수용자가 사망한 사실을 알게 된 사람이, 사망한 사실을 알게 된 날로부터 법률이 정하는 소정의 기간 내에 그 시신을 인수하지 아니하거나 시신을 인수할 사람이 없으면 임시로 매장하거나 화장(火葬) 후 봉안하여야 한다. 다만, 감염병 예방 등을 위하여 필요하면 즉시 화장하여야 하며, 그 밖에 필요한 조치를 할 수 있다.

④ 소장은 수용자가 사망하면 법무부장관이 정하는 범위에서 화장·시신인도 등에 필요한 비용을 인수자에게 지급하여야 한다.

19 미국의 데이비드 스트리트(David Street) 등의 학자들은 『처우조직(Organization For Treatment)』이라는 자신들의 저서에서 소년범죄자들에 대한 처우조직을 여러 유형으로 분류하였다. 다음 설명에 해당하는 유형은?

• 소년범죄자의 태도와 행동의 변화 그리고 개인적 자원의 개발에 중점을 둔다.
• 소년범죄자를 지역사회의 학교로 외부통학을 시키기도 한다.
• 처우시설의 직원들은 대부분 교사로서 기술 습득과 친화적 분위기 창출에 많은 관심을 둔다.
• 처우시설 내 규율의 엄격한 집행이 쉽지 않다.

① 복종 및 동조(obedience/conformity) 유형
② 처우(treatment) 유형
③ 재교육 및 발전(reeducation/development) 유형
④ 변화 및 혁신(changement/innovation) 유형

20 「형의 집행 및 수용자의 처우에 관한 법률 시행규칙」상 교도작업 및 직업훈련에 대한 설명으로 옳은 것은?

① 수형자가 외부 직업훈련을 한 경우 그 비용은 국가가 부담하여야 한다.

② 소장에 의해 선발된 교육대상자는 작업 · 직업훈련을 면제한다.

③ 소장은 수형자가 개방처우급 또는 완화경비처우급으로서 작업기술이 탁월하고 작업성적이 우수한 경우에는 수형자 자신을 위한 개인작업을 하게 할 수 있다. 이 경우 개인작업 시간은 교도작업에 지장을 주지 아니하는 범위에서 1일 4시간 이내로 한다.

④ 소장은 개방처우급 또는 완화경비처우급 수형자에 대하여 작업 · 교육 등의 성적이 우수하고 관련 기술이 있는 경우에는 교도관의 작업지도를 보조하게 할 수 있다. 다만, 처우상 특히 필요한 경우에는 일반경비처우급 수형자에게도 교도관의 작업지도를 보조하게 할 수 있다.

✅ 회독 CHECK 1 2 3

01 낙인이론(labeling theory)에 대한 설명으로 옳지 않은 것은?

① 레머트(Lemert)는 1차적 일탈에 대한 부정적 사회 반응이 2차적 일탈을 만들어 낸다고 하였다.

② 베커(Becker)는 일탈자의 지위는 다른 대부분의 지위보다도 더 중요한 지위가 된다고 하였다.

③ 중요한 정책으로는 다이버전(diversion), 비범죄화(decriminalization), 탈시설화(deinstitutional-ization) 등이 있다.

④ 사회내 처우의 문제점을 지적하면서 시설내 처우의 필요성을 강조하였다.

02 「형의 집행 및 수용자의 처우에 관한 법률 시행규칙」상 기본수용급으로 옳은 것은?

① 형기가 8년 이상인 장기수형자

② 24세 미만의 청년수형자

③ 정신질환 또는 장애가 있는 수형자

④ 조직폭력 또는 마약류 수형자

03 범죄에 관하여 고전주의 학파와 실증주의 학파로 나눌 때, 다음 설명 중 동일한 학파의 주장으로만 묶은 것은?

> ㄱ. 효과적인 범죄예방은 형벌을 통해 사람들이 범죄를 포기하게 만드는 것이다.
> ㄴ. 법·제도적 문제 대신에 범죄인의 개선 자체에 중점을 둔 교정이 있어야 범죄예방이 가능하다.
> ㄷ. 형이상학적인 설명보다는 체계화된 인과관계 검증 과정과 과거 경험이 더 중요하다.
> ㄹ. 형벌은 계몽주의, 공리주의에 사상적 기초를 두고 이루어져야 한다.
> ㅁ. 인간은 기본적으로 자유의지를 가진 합리적·이성적 존재이다.

① ㄱ, ㄴ, ㅁ ② ㄱ, ㄹ, ㅁ
③ ㄴ, ㄷ, ㄹ ④ ㄴ, ㄷ, ㅁ

04 교정의 이념에 대한 설명으로 옳지 않은 것은?

① 사회적 결정론자들은 사회경제적 조건을 범죄의 원인으로 보기 때문에 시장성 있는 기술 교육과 취업 기회의 제공 등으로 범죄자를 복귀시키는 경제 모델(economic model)을 지지한다.

② 재통합 모델(reintegration model)은 범죄자의 사회 재통합을 위해서 지역사회와의 의미 있는 접촉과 유대관계를 중시하므로 지역사회 교정을 강조한다.

③ 의료 모델(medical model)은 범죄자가 자신의 의지에 따라 의사를 결정하고 선택할 능력이 없으며 교정을 통해서도 치료할 수 없기 때문에 선택적 무력화(selective incapacitation)를 주장한다.

④ 정의 모델(justice model)은 형사사법기관의 재량권 남용은 시민에 대한 국가권력의 남용이라고 보아 공정성으로서 정의를 중시한다.

05 「보호관찰 등에 관한 법률」상 범죄의 내용과 종류 및 본인의 특성 등을 고려하여 특별준수사항으로 따로 부과할 수 있는 것은?

① 주거지에 상주하고 생업에 종사할 것

② 재범의 기회나 충동을 줄 수 있는 특정 지역·장소의 출입을 하지 말 것

③ 주거를 이전하거나 1개월 이상 국내외 여행을 할 때에는 미리 보호관찰관에게 신고할 것

④ 범죄로 이어지기 쉬운 나쁜 습관을 버리고 선행을 하며 범죄를 저지를 염려가 있는 사람들과 교제하거나 어울리지 말 것

06 「형의 집행 및 수용자의 처우에 관한 법률 시행규칙」상 소득점수 평가기준과 처우등급 조정에 대한 설명으로 옳지 않은 것은?

① 소득점수는 수형생활 태도와 작업 또는 교육 성적으로 구성되며, 수형생활 태도는 품행·책임감 및 협동심의 정도에 따라, 작업 또는 교육 성적은 부과된 작업·교육의 실적 정도와 근면성 등에 따라 채점한다.

② 수형생활 태도 점수와 작업 또는 교육 성적 점수를 채점하는 경우에 수는 소속작업장 또는 교육장 전체 인원의 10퍼센트를 초과할 수 없고, 우는 30퍼센트를 초과할 수 없으나, 작업장 또는 교육장 전체 인원이 4명 이하인 경우에는 수·우를 각각 1명으로 채점할 수 있다.

③ 소득점수를 평정하는 경우에 평정 대상기간 동안 매월 평가된 소득점수를 합산하여 평정 대상기간의 개월 수로 나누어 얻은 점수인 평정소득점수가 5점 이하인 경우 경비처우급을 하향 조정할 수 있다.

④ 조정된 처우등급의 처우는 그 조정이 확정된 날부터 하며, 이 경우 조정된 처우등급은 그 달 초일부터 적용된 것으로 본다.

07 형의 집행 및 수용자의 처우에 관한 법령상 수용자의 수용에 대한 설명으로 옳지 않은 것은?

① 수용자는 독거수용하나, 수형자의 교화 또는 건전한 사회복귀를 위하여 필요한 때에는 혼거수용할 수 있다.

② 취사 작업을 위하여 필요하거나 그 밖에 특별한 사정이 있으면 구치소에 수형자를 수용할 수 있다.

③ 교정시설의 장은 신입자의 의사에 반하여 건강진단을 할 수 없다.

④ 수용자의 생명·신체의 보호, 증거인멸의 방지 및 교정시설의 안전과 질서유지를 위하여 필요하다고 인정하면 혼거실이나 교육실, 그 밖에 수용자들이 서로 접촉할 수 있는 장소에서 수용자의 자리를 지정할 수 있다.

08 사회내 처우로만 바르게 짝 지은 것은?

① 귀휴 – 사회봉사명령 – 병영훈련

② 주말구금 – 단기보호관찰 – 외부통근

③ 가택구금 – 사회견학 – 집중보호관찰

④ 수강명령 – 전자발찌 – 외출제한명령

09 충격구금(shock incarceration)에 대한 설명으로 옳지 않은 것은?

① 장기구금에 따른 폐해를 해소하거나 줄이는 대신 구금의 긍정적 측면을 강조하기 위한 것이다.

② 구금의 고통이 큰 기간을 구금하여 범죄억제효과를 극대화하는 데 제도적 의의가 있다.

③ 형의 유예 및 구금의 일부 장점들을 결합한 것으로 보호관찰과는 결합될 수 없다.

④ 짧은 기간 구금되지만 범죄자가 악풍에 감염될 우려가 있다.

10 회복적 사법(restorative justice)에 대한 설명으로 옳지 않은 것은?

① 회복적 사법은 가해자에 대한 강한 공식적 처벌과 피해의 회복을 강조한다.
② 회복적 사법은 공식적인 형사사법이 가해자에게 부여하는 오명 효과를 줄이는 대안이 될 수 있다.
③ 회복적 사법의 시각에서 보면 범죄행동은 법을 위반한 것일 뿐만 아니라 피해자와 지역사회에 해를 끼친 것이다.
④ 회복적 사법 프로그램으로는 피해자 – 가해자 중재, 가족회합 등이 있다.

11 「형의 집행 및 수용자의 처우에 관한 법률」상 작업과 직업 훈련에 대한 설명으로 옳지 않은 것은? 〈변형〉

① 작업수입은 수형자가 석방될 때에 본인에게 지급하여야 한다.
② 취사·청소·간병 등 교정시설의 운영과 관리에 필요한 작업은 공휴일·토요일과 그 밖의 휴일에도 작업을 부과할 수 있다.
③ 교정시설의 장은 수형자의 직업훈련을 위하여 필요하면 외부의 기관 또는 단체에서 훈련을 받게 할 수 있고, 직업훈련 대상자의 선정기준 등에 관하여 필요한 사항은 법무부령으로 정한다.
④ 교정시설의 장은 부모의 제삿날에는 수형자가 작업을 계속하기를 원하는 경우를 제외하고는 1일간 해당 수형자의 작업을 면제한다.

12 「형의 집행 및 수용자의 처우에 관한 법률」상 안전과 질서에 대한 설명으로 옳지 않은 것은?

① 교정시설의 장은 수용자의 신체적·정신적 질병으로 인하여 특별한 보호가 필요한 때에는 의무관의 의견을 고려하여 진정실에 수용할 수 있다.
② 전자영상장비로 거실에 있는 수용자를 계호하는 것은 자살 등의 우려가 큰 때에만 할 수 있다.
③ 교도관은 이송·출정, 그 밖에 교정시설 밖의 장소로 수용자를 호송할 때 수갑 및 포승을 사용할 수 있다.
④ 교도관은 교정시설 안에서 자기 또는 타인의 생명·신체를 보호하기 위하여 급박하다고 인정되는 상당한 이유가 있으면 수용자 외의 사람에 대하여도 무기를 사용할 수 있다.

13 형의 집행 및 수용자의 처우에 관한 법령상 특별한 보호가 필요한 수용자의 처우에 대한 설명으로 옳은 것만을 모두 고른 것은?

ㄱ. 노인수형자 전담교정시설에는 별도의 공동휴게실을 마련하고 노인이 선호하는 오락용품 등을 갖춰 두어야 한다.
ㄴ. 교정시설의 장은 유아의 양육을 허가한 경우에는 교정시설에 육아거실을 지정·운영하여야 한다.
ㄷ. 여성수용자는 자신이 출산한 유아를 교정시설에서 양육할 것을 신청할 수 있고, 이 경우 교정시설의 장은 생후 24개월에 이르기까지 허가하여야 한다.
ㄹ. 교정시설의 장은 생리 중인 여성수용자에 대하여는 위생에 필요한 물품을 지급하여야 한다.
ㅁ. 교정시설의 장은 노인수용자에 대하여 1년에 1회 이상 건강검진을 하여야 한다.

① ㄱ, ㄴ, ㄹ　　　　　　② ㄱ, ㄷ, ㅁ
③ ㄴ, ㄷ, ㅁ　　　　　　④ ㄴ, ㄹ, ㅁ

14 형의 집행 및 수용자의 처우에 관한 법령상 교정시설에 대한 설명으로 옳지 않은 것은? 〈변형〉

① 판사와 검사는 직무상 필요하면 교정시설을 시찰할 수 있다.

② 교정시설의 거실은 수용자가 건강하게 생활할 수 있도록 적정한 수준의 공간과 채광·통풍·난방을 위한 시설이 갖추어져야 한다.

③ 교정시설의 장은 외국인에게 교정시설의 참관을 허가할 경우에는 미리 법무부장관의 승인을 받아야 한다.

④ 신설하는 교정시설은 수용인원이 500명 이내의 규모가 되도록 하여야 하나, 교정시설의 기능·위치나 그 밖의 사정을 고려하여 그 규모를 늘릴 수 있다.

15 형의 집행 및 수용자의 처우에 관한 법령상 다음 중 옳은 것만을 모두 고른 것은?

> ㄱ. 미결수용자의 접견 횟수는 매일 1회로 하되, 변호인과의 접견은 그 횟수에 포함시키지 않는다.
> ㄴ. 교정시설의 장은 미결수용자가 도주하거나 도주한 미결수용자를 체포한 경우에는 그 사실을 경찰관서에 통보하고, 기소된 상태인 경우에는 검사에게 지체 없이 통보하여야 한다.
> ㄷ. 경찰관서에 설치된 유치장에는 수형자를 7일 이상 수용할 수 없다.
> ㄹ. 미결수용자는 무죄의 추정을 받으므로 교정시설의 장은 미결수용자가 신청하더라도 작업을 부과할 수 없다.
> ㅁ. 미결수용자와 변호인 간의 편지는 교정시설에서 상대방이 변호인임을 확인할 수 없는 경우를 제외하고는 검열할 수 없다.

① ㄱ, ㄴ　　　　　　② ㄱ, ㅁ
③ ㄴ, ㄷ, ㄹ　　　　④ ㄷ, ㄹ, ㅁ

16 「보호관찰 등에 관한 법률」상 갱생보호제도에 대한 설명으로 옳은 것은? 〈변형〉

① 형사처분 또는 보호처분을 받은 사람, 형집행정지 중인 사람 등이 갱생보호의 대상자이다.

② 갱생보호 대상자는 보호관찰소의 장에게만 갱생보호 신청을 할 수 있다.

③ 갱생보호사업을 하려는 자는 대통령령으로 정하는 바에 따라 지방교정청장의 허가를 받아야 한다.

④ 갱생보호의 방법에는 주거 지원, 출소예정자 사전 상담, 갱생보호 대상자의 가족에 대한 지원이 포함된다.

17 「형의 집행 및 수용자의 처우에 관한 법률 시행규칙」상 교정시설 밖의 외부기업체에 통근하며 작업하는 수형자로 선정될 수 있는 일반적 자격요건으로 옳지 않은 것은?

① 18세 이상 65세 미만일 것

② 집행할 형기가 7년 미만이고 가석방이 제한되지 아니할 것

③ 개방처우급·완화경비처우급·일반경비처우급에 해당할 것

④ 가족·친지 또는 교정위원 등과 접견·편지수수·전화통화 등으로 연락하고 있을 것

18 「소년법」상 소년에 관한 형사사건에 대한 설명으로 옳지 않은 것은?

① 단기 3년, 장기 6년의 징역형을 선고받은 소년에게는 1년이 지나면 가석방을 허가할 수 있다.

② 소년에 대한 형사사건의 심리는 다른 피의사건과 관련된 경우에는 그 절차를 병합하여야 한다.

③ 보호처분이 계속 중일 때에 징역, 금고 또는 구류를 선고받은 소년에 대하여는 먼저 그 형을 집행한다.

④ 징역 또는 금고를 선고받은 소년에 대하여는 특별히 설치된 교도소 또는 일반 교도소 안에 특별히 분리된 장소에서 그 형을 집행하나, 소년이 형의 집행 중에 23세가 되면 일반 교도소에서 집행할 수 있다.

19 「형의 집행 및 수용자의 처우에 관한 법률」상 교도소장 A가 취한 조치 중 타당한 것은?

① 정치인 B가 신입자로 수용되면서 자신의 수감 사실을 가족에게 알려줄 것을 원하였으나, 교도소장 A는 정치인 B에게 아첨하는 것처럼 비칠까 봐 요청을 거부하고 가족에게 통지하지 않았다.

② 기독교 신자이며 교도소장 A의 동창인 수용자 C는 성경책을 소지하기를 원하였으나, 교도소장 A는 지인에 대한 특혜처럼 비칠까 봐 별다른 교화나 질서유지상의 문제가 없음에도 성경책 소지를 제한하였다.

③ 수용자인 연예인 D가 교도소 외부 대형병원에서 자신의 비용으로 치료받기를 원하였으나, 교도소장 A는 교도소의 의무관으로부터 소내 치료가 충분히 가능한 단순 타박상이라 보고받고 명백한 꾀병으로 보이기에 외부병원 치료 요청을 거부하였다.

④ 교도소장 A는 금고형을 선고받고 복역 중인 기업인 E가 교도작업을 하지 않는 것은 특혜라고 비칠까 봐 기업인 E가 거부함에도 불구하고 교도작업을 부과하였다.

20 맛차(Matza)의 표류이론(drift theory)에 대한 설명으로 옳지 않은 것은?

① 비행청소년들은 비행의 죄책감을 모면하기 위해 다양한 중화의 기술을 구사한다.

② 비행이론은 표류를 가능하게 하는, 즉 사회통제를 느슨하게 만드는 조건을 설명해야 한다고 주장하였다.

③ 대부분의 비행청소년들은 합법적인 영역에서 오랜 시간을 보낸다.

④ 비행청소년들은 비행 가치를 받아들여 비행이 나쁘지 않다고 생각하기 때문에 비행을 한다.

● 회독 CHECK 1 2 3

01 교정학에 대한 설명으로 옳지 않은 것은?

① 교정학은 교화개선 및 교정행정과 관련된 일련의 문제들을 이론적·과학적으로 연구하는 학문이다.

② 교정학은 감옥학에서 시작되어 행형학, 교정교육학, 교정보호론의 명칭으로 발전해왔다.

③ 교정은 수형자에 대해 이루어지므로 교정학의 연구대상은 형벌부과대상인 범죄인에 국한된다.

④ 교정학은 자유형의 집행과정 등을 중심으로 교정전반에 관한 이념과 학리를 계통적으로 연구하는 학문일 뿐만 아니라 사회학, 심리학, 정신의학 등 관련 학문의 종합적 응용이 요청되는 분야이다.

02 교정처우의 모델 중 재통합 모델(또는 재사회화 모델)에 대한 설명으로 옳지 않은 것은?

① 수형자의 주체성과 자율성을 중시하여 수형자를 처우의 객체가 아니라 처우의 주체로 보기 때문에 처우행형과 수형자의 법적지위확립은 조화를 이루기 어렵다고 본다.

② 범죄자의 사회재통합을 위해서는 지역사회와의 접촉과 유대관계가 중요한 전제이므로 지역사회에 기초한 교정을 강조한다.

③ 수형자의 처우프로그램은 교도관과 수형자의 공동토의에 의해 결정되므로 처우프로그램에 수형자를 강제로 참여시키는 것은 허용되지 않는다고 본다.

④ 범죄문제의 근본적 해결을 위해서는 수형자 스스로의 행동 변화는 물론 범죄를 유발했던 지역사회도 변화되어야 한다는 입장이다.

03 전과자 A는 교도소에서 배운 미용기술로 미용실을 개업하여 어엿한 사회인으로 돌아오고, 범죄와의 고리를 끊었다. 다음 중 이 사례를 설명할 수 있는 것으로 가장 거리가 먼 것은?

① 허쉬(Hirschi)의 사회유대

② 샘슨(Sampson)과 라웁(Laub)의 사회자본

③ 베커(Becker)의 일탈자로서의 지위

④ 머튼(Merton)의 제도화된 수단

04 형사정책의 연구방법에 대한 설명으로 옳지 않은 것은?

① 공식범죄통계는 범죄현상을 분석하는 데 기본적인 수단으로 활용되고 있으며, 다양한 숨은 범죄를 포함한 객관적인 범죄상황을 정확히 나타내는 장점이 있다.

② (준)실험적 연구는 새로 도입한 형사사법제도의 효과를 검증하는 데 유용하게 활용된다.

③ 표본조사방법은 특정한 범죄자 모집단의 일부를 표본으로 선정하여 그들에 대한 조사결과를 그 표본이 추출된 모집단에 유추 적용하는 방법이다.

④ 추행조사방법은 일정한 범죄자 또는 비범죄자들에 대해 시간적 간격을 두고 추적·조사하여 그들의 특성과 사회적 조건의 변화를 관찰함으로써 범죄와의 상호 연결 관계를 파악할 수 있다.

국가직 7급

교정학

05 피해자학 또는 범죄피해자에 대한 설명으로 옳지 않은 것은?

① 멘델존(Mendelsohn)은 피해자학의 아버지로 불리며 범죄피해자의 유책성 정도에 따라 피해자를 유형화하였다.

② 「범죄피해자 보호법」에서는 대인범죄 피해자와 재산범죄 피해자를 모두 범죄피해 구조대상으로 본다.

③ 마약 복용, 매춘 등의 행위는 '피해자 없는 범죄'에 해당한다.

④ 정당방위(「형법」 제21조 제1항)에 해당하여 처벌되지 않는 행위 및 과실에 의한 행위로 인한 피해는 범죄피해 구조대상에서 제외된다.

06 수용관리에 대한 설명으로 옳지 않은 것만을 모두 고른 것은?

ㄱ. 수형자의 전화통화의 허용횟수는 완화경비처우급의 경우 월 5회 이내로 제한된다.

ㄴ. 교정시설의 장은 다른 사람의 건강에 위해를 끼칠 우려가 있는 감염병에 걸린 사람의 수용을 거절할 수 있다.

ㄷ. 19세 이상 수형자는 교도소에 수용한다.

ㄹ. 목욕횟수는 부득이한 사정이 없으면 매주 1회 이상이 되도록 한다.

ㅁ. 19세 미만의 수용자와 계호상 독거수용자에 대하여는 건강검진을 6개월에 1회 이상 하여야 한다.

ㅂ. 수형자의 신입 수용시 변호사 선임에 관하여 고지하여야 한다.

ㅅ. 면회자가 가져온 음식물은 영치할 수 있다.

ㅇ. 수형자의 접견 횟수는 매월 4회이다.

① ㄱ, ㅂ, ㅅ　　　　② ㄴ, ㄹ, ㅇ

③ ㄱ, ㄹ, ㅅ, ㅇ　　④ ㄷ, ㅁ, ㅂ, ㅅ

07 누진계급 측정방법의 명칭과 설명이 옳게 짝 지어진 것은?

① 점수제(mark system) – 일정한 기간을 경과하였을 때 행형성적을 심사하여 진급을 결정하는 방법으로 기간제라고도 하며, 진급과 가석방 심사의 구체적 타당성을 기대할 수 있으나, 진급이 교도관의 자의에 의하여 좌우되기 쉽다.

② 고사제(probation system) – 최초 9개월의 독거구금 후 교도소에서 강제노동에 취업하는 수형자에게 고사급, 제3급, 제2급, 제1급, 특별급의 다섯 계급으로 나누어 상급에 진급함에 따라 우대를 더하는 방법으로 진급에는 지정된 책임점수를 소각하지 않으면 안 되는 방법이다.

③ 엘마이라제(Elmira reformatory system) – 누진계급을 제1급, 제2급, 제3급으로 구분하고 신입자를 제2급에 편입시켜 작업, 교육 및 행장에 따라 매월 각 3점 이하의 점수를 채점하여 54점을 취득하였을 때 제1급에 진급시키는 방법이다.

④ 잉글랜드제(England system) – 수형자가 매월 취득해야 하는 지정점수를 소각하는 방법으로서 책임점수제라고도 하며, 진급척도로서의 점수를 매일이 아닌 매월 계산한다.

08 「형의 집행 및 수용자의 처우에 관한 법률」, 동법 시행령 및 시행규칙상 허용되지 않는 사례는?

① 교도소장 A는 개방처우급 수형자인 B의 사회복귀와 기술습득을 촉진하기 위하여 필요하다고 여겨, B를 교도소 외부에 소재한 기업체인 C사로 통근하며 작업을 할 수 있도록 허가하였다.

② 개방처우급 수형자인 B가 교정 성적이 우수하고 타 수형자의 모범이 되는 점을 감안하여, 교도소장 A는 B가 교정시설에 수용동과 별도로 설치된 일반주택 형태의 건축물에서 1박 2일간 가족과 숙식을 함께 할 수 있도록 허가하였다.

③ 교도소장 A는 수형자 B의 교화 또는 건전한 사회복귀에 필요하다고 여겨, 인근 대학의 심리학 전공 교수 D를 초청하여 상담 및 심리치료를 하게 하였다.

④ 일반경비처우급 수용자인 E의 교정 성적이 우수하자, 교도소장 A는 E에게 자치생활을 허용하면서 월 1회 토론회를 할 수 있도록 허가하였다.

09 「형의 집행 및 수용자의 처우에 관한 법률 시행규칙」상 수형자의 가석방 적격심사신청을 위하여 교정시설의 장이 사전에 조사하여야 할 사항으로 옳은 항목의 개수는?

> • 작업장려금 및 작업상태
> • 석방 후의 생활계획
> • 범죄 후의 정황
> • 책임감 및 협동심
> • 접견 및 편지의 수신 · 발신 내역

① 2개   ② 3개
③ 4개   ④ 5개

10 「보호관찰 등에 관한 법률」상 구인에 대한 설명으로 옳지 않은 것은?

① 보호관찰소의 장은 구인사유가 있는 경우 관할 지방검찰청의 검사에게 신청하여 검사의 청구로 관할 지방법원 판사의 구인장을 발부받아 보호관찰 대상자를 구인할 수 있다.

② 보호관찰소의 장은 구인사유가 있는 경우로서 긴급하여 구인장을 발부받을 수 없는 경우에는 그 사유를 알리고 구인장 없이 보호관찰 대상자를 구인할 수 있다.

③ 보호관찰소의 장은 보호관찰 대상자를 긴급구인한 경우에는 긴급구인서를 작성하여 48시간 내에 관할 지방검찰청 검사의 승인을 받아야 한다.

④ 보호관찰소의 장은 긴급구인에 대하여 관할 지방검찰청 검사의 승인을 받지 못하면 즉시 보호관찰 대상자를 석방하여야 한다.

11 사회내 처우제도에 대한 설명으로 옳지 않은 것은?

① 지역사회의 자원이 동원됨으로써 교정에 대한 시민의 관심이 높아지고, 나아가 이들의 참여의식을 더욱 강화할 수 있다.

② 수용시설의 제한된 자원과는 달리 지역사회에서는 다양한 자원을 쉽게 발굴 및 활용할 수 있다.

③ 범죄인이 경제활동을 포함하여 지역사회에서 일상생활을 하는 것이 가능하므로, 범죄인 개인의 사회적 관계성을 유지할 수 있다.

④ 전자감시제도의 경우, 처우대상자의 선정에 공정성을 기하기 용이하다.

12 「성폭력범죄자의 성충동 약물치료에 관한 법률」상 약물 치료에 대한 설명으로 옳지 않은 것은?

① 법원은 정신건강의학과 전문의의 진단 또는 감정의 견만으로 치료명령 피청구자의 성도착증 여부를 판단하기 어려울 때에는 다른 정신건강의학과 전문의에게 다시 진단 또는 감정을 명할 수 있다.

② 치료명령을 선고받은 사람은 치료기간 동안 「보호관찰 등에 관한 법률」에 따른 보호관찰을 받는다.

③ 치료명령을 받은 사람은 치료기간 중 상쇄약물의 투약 등의 방법으로 치료의 효과를 해하여서는 아니 된다.

④ 국가는 치료명령의 결정을 받은 모든 사람의 치료기간 동안 치료비용을 부담하여야 한다.

13 수용자의 처우에 대한 설명으로 옳지 않은 것은? 〈변형〉

① 「수용자 처우에 관한 UN최저기준규칙」에서는 여자 피구금자는 여자직원에 의해서만 보호되고 감독되도록 하고 있으나, 남자직원 특히 의사 및 교사가 여자시설에서 직무를 행할 수 있도록 하고 있다.

② 남성교도관은 필요하다고 인정되는 경우에도 야간에는 수용자 거실에 있는 여성수용자를 시찰할 수 없다.

③ 여성수용자는 자신이 출산한 유아를 교정시설에서 양육할 것을 신청할 수 있으며, 특별한 사유가 없으면 생후 18개월에 이르기까지 허가하여야 한다.

④ 교정시설의 장은 수용자가 미성년자인 자녀와 접견하는 경우에는 접촉차단시설이 없는 장소에서 접견하게 할 수 있다.

14 사회적 처우에 대한 설명으로 옳지 않은 것은?

① 사회견학, 사회봉사, 종교행사 참석, 연극, 영화, 그 밖의 문화공연 관람은 사회적 처우에 속한다.

② 교정시설의 장은 원칙적으로 개방처우급, 완화경비처우급 및 일반경비처우급 수형자에 대하여 교정시설 밖에서 이루어지는 활동을 허가할 수 있다.

③ 연극이나 영화, 그 밖의 문화공연 관람에 필요한 비용은 수형자 부담이 원칙이며, 처우상 필요한 경우에는 예산의 범위에서 그 비용을 지원할 수 있다.

④ 교정시설의 장은 사회적 처우 시에 별도의 수형자 의류를 지정하여 입게 하지만 처우상 필요한 경우 자비 구매의류를 입게 할 수 있다.

15 「형의 집행 및 수용자의 처우에 관한 법률」상 귀휴에 대한 설명으로 옳지 않은 것은?

① 교정시설의 장은 6개월 이상 복역한 수형자로서 그 형기의 3분의 1이 지나고 교정성적이 우수한 사람의 가족 또는 배우자의 직계존속이 질병이나 사고로 위독한 때에는 형기 중 20일 이내의 귀휴를 허가할 수 있다.

② 교정시설의 장은 직계비속의 혼례가 있는 때에 수형자에게 5일 이내의 특별귀휴를 허가할 수 있다.

③ 특별귀휴는 교정성적이 우수하지 않아도 그 요건에 해당하면 허가할 수 있다.

④ 교정시설의 장은 귀휴 중인 수형자가 거소의 제한이나 그 밖에 귀휴허가에 붙인 조건을 위반한 때에는 그 귀휴를 취소할 수 있다.

16 수용자의 정보공개청구에 대한 지방교정청장 甲의 처분으로 적법한 것은?

① 정보공개를 위한 비용납부의 통지를 받은 수용자 A가 그 비용을 납부하기 전에 지방교정청장 甲은 정보공개의 결정을 하고 해당 정보를 A에게 공개하였다.

② 과거의 수용기간 동안 정당한 사유 없이 정보공개를 위한 비용을 납부하지 아니한 사실이 1회 있는 수용자 B가 정보공개청구를 하자, 청구를 한 날부터 7일째 甲은 B에게 정보의 공개 및 우송 등에 들 것으로 예상되는 비용을 미리 납부할 것을 통지하였다.

③ 정보공개를 위한 비용납부의 통지를 받은 수용자 C가 그 통지를 받은 후 3일 만에 비용을 납부했지만, 甲은 비공개 결정을 하고 C가 예납한 비용 중 공개 여부의 결정에 드는 비용을 제외한 금액을 반환하였다.

④ 현재의 수용기간 동안 甲에게 정보공개청구를 한 후 정당한 사유로 그 청구를 취하한 사실이 있는 수용자 D가 다시 정보공개청구를 하자, 甲은 D에게 정보의 공개 및 우송 등에 들 것으로 예상되는 비용을 미리 납부할 것을 통지하였다.

17 사형확정자의 처우에 대한 설명 중 옳지 않은 것만을 모두 고른 것은?

ㄱ. 사형확정자의 교육·교화프로그램, 작업 등의 적절한 처우를 위하여 필요한 경우에는 사형확정자와 수형자를 혼거수용할 수 있다.

ㄴ. 사형확정자의 번호표 및 거실표의 색상은 붉은색으로 한다.

ㄷ. 사형이 집행된 후 10분이 지나야 교수형에 사용한 줄을 풀 수 있다.

ㄹ. 사형확정자의 신청에 따라 작업을 부과할 수 있다.

ㅁ. 사형확정자를 수용하는 시설은 완화경비시설 또는 일반경비시설에 준한다.

ㅂ. 사형확정자의 교화나 심리적 안정을 위해 필요한 경우에 접견 횟수를 늘릴 수 있으나 접견시간을 연장할 수는 없다.

---

① ㄱ, ㄷ, ㅁ
② ㄴ, ㄹ, ㅁ
③ ㄷ, ㄹ, ㅂ
④ ㄷ, ㅁ, ㅂ

18 교정교육에 대한 설명으로 옳지 않은 것은?

① 독학에 의한 학위 취득과정과 방송통신대학과정의 실시에 소요되는 비용은 특별한 사정이 없으면 교육대상자의 부담으로 한다.

② 교정시설의 장은 교육을 위하여 필요한 경우에는 외부 강사를 초빙할 수 있으며, 카세트 또는 재생전용 기기의 사용을 허용할 수 있다.

③ 교정시설의 장은 의무교육을 받은 고령의 수형자에 대하여는 본인의 의사·나이·지식정도, 그 밖의 사정을 고려하여 그에 알맞게 교육하여야 한다.

④ 본인의 신청에 따른 미결수용자에 대한 교육·교화 프로그램은 교정시설 내에서만 실시하여야 한다.

19 수용자의 기본권에 대한 설명으로 옳은 것은?(다툼이 있는 경우 헌법재판소 판례에 의함)

① 변호사와 접견하는 경우에도 수용자의 접견은 원칙적으로 접촉 차단시설이 설치된 장소에서 하도록 규정하고 있는 「형의 집행 및 수용자의 처우에 관한 법률 시행령」 관련 조항은 수용자의 재판청구권을 침해한다.

② 수형자의 선거권을 전면적·획일적으로 제한하는 「공직선거법」 관련 조항은 범행의 불법성이 커 교정시설에 구금되어 있는 자들의 선거권을 일률적으로 제한해야 할 필요성에 근거한 것으로 수형자의 선거권을 침해하는 것은 아니다.

③ 교도소에 수용된 때에는 국민건강급여를 정지하도록 한 「국민건강보험법」상의 규정은 수용자의 건강권, 인간의 존엄성, 행복추구권, 인간다운 생활을 할 권리를 침해하는 것으로 위헌이다.

④ 교화상 또는 구금목적에 특히 부적당하다고 인정되는 기사, 조직범죄 등 수용자 관련 범죄기사에 대한 신문 기사를 삭제한 후 수용자에게 구독케 한 행위는 알 권리의 과잉침해에 해당한다.

20 바톨라스(Bartollas)와 밀러(Miller)의 소년교정 모델에 대한 설명으로 옳지 않은 것은?

① 의료 모형(medical model) – 비행소년은 자신이 통제할 수 없는 요인에 의해서 범죄자로 결정되었으며, 이들은 사회적으로 약탈된 사회적 병질자이기 때문에 처벌의 대상이 아니라 치료의 대상이다.

② 적응 모형(adjustment model) – 범죄자 스스로 책임 있는 선택과 합법적 결정을 할 수 없다. 그 결과, 현실요법, 환경요법 등의 방법이 처우에 널리 이용된다.

③ 범죄통제 모형(crime control model) – 청소년도 자신의 행동에 대해서 책임을 져야 하므로, 청소년 범죄자에 대한 처벌을 강화하는 것만이 청소년범죄를 줄일 수 있다.

④ 최소제한 모형(least-restrictive model) – 비행소년에 대해서 소년사법이 개입하게 되면, 이들 청소년들이 지속적으로 법을 위반할 가능성이 증대될 것이다.

01 선고유예와 가석방 제도에 대한 설명으로 옳은 것은?

① 선고유예와 가석방 모두 법원의 재량으로 결정할 수 있다.

② 선고유예와 가석방 모두 자격정지 이상의 형을 받은 전과가 없어야 한다.

③ 선고유예나 가석방 시 사회봉사를 명할 수 있다.

④ 선고유예의 경우는 유예기간이 경과하면, 전과가 남지 않는 것이 가석방의 경우와 다르다.

02 허쉬(Hirschi)의 사회통제이론의 네 가지 유대에 대한 설명으로 옳지 않은 것은?

① 애착(attachment) – 애정과 정서적 관심을 통하여 개인이 사회와 맺고 있는 유대관계가 강하면 비행이나 범죄를 저지를 가능성이 낮다.

② 전념(commitment) – 규범적인 생활에 집착하고 많은 관심을 지닌 사람은 그렇지 않은 사람들에 비해 잃을 것이 많기 때문에 비행이나 범죄를 저지를 가능성이 낮다.

③ 참여(involvement) – 사회생활에 대하여 참여가 높으면 그만큼 일탈행위의 기회가 증가됨으로써 비행이나 범죄를 저지를 가능성이 높다.

④ 신념(belief) – 규범에 대한 믿음이 약할수록 비행이나 범죄를 저지를 가능성이 높다.

03 교도작업임금제에 대하여 일반적으로 제기되는 반대론의 근거로 옳지 않은 것은?

① 수용자의 자긍심을 낮춰 교화개선에 장애를 초래할 우려가 있다.

② 사회정의나 일반시민의 법감정에 위배될 소지가 있다.

③ 임금 지급을 위한 추가적 예산 배정은 교정 경비의 과다한 증가를 초래할 수 있다.

④ 형벌집행 과정에서 임금이 지급된다면 형벌의 억제 효과를 감퇴시킬 우려가 있다.

04 「형의 집행 및 수용자의 처우에 관한 법률 시행령」상 수용자의 편지수수에 대한 설명으로 옳은 것은? 〈변형〉

① 수용자는 편지를 보내려는 경우 해당 편지를 봉함하지 않은 상태로 제출한다.

② 수용자가 보내는 편지의 발송한도는 매주 7회이다.

③ 소장은 수용자에게 온 편지에 금지물품이 들어 있는지를 개봉하여 확인할 수 있다.

④ 수용자의 편지 · 소송서류 등의 문서를 보내는 데 드는 비용은 국가가 부담하는 것을 원칙으로 한다.

05 교도소 내에서 수용자에게 무기를 사용할 수 있는 경우로만 묶인 것은?

> ㄱ. 수용자가 다른 사람에게 중대한 위해를 끼치거나 끼치려고 하여 그 사태가 위급한 때
> ㄴ. 수용자가 자살하려고 한 때
> ㄷ. 위력으로 교도관 등의 정당한 직무집행을 방해하는 때
> ㄹ. 수용자가 폭동을 일으키려고 하여 신속하게 제지하지 아니하면 그 확산을 방지하기 어렵다고 인정되는 때
> ㅁ. 도주하는 수용자에게 교도관 등이 정지할 것을 명령하였음에도 계속 도주하려고 하는 때

① ㄱ, ㄴ, ㄷ
② ㄱ, ㄹ, ㅁ
③ ㄴ, ㄷ, ㄹ
④ ㄷ, ㄹ, ㅁ

06 선별적 무능력화(selective incapacitation)에 대한 설명으로 옳지 않은 것은?

① 집합적 무능력화(collective incapacitation)에 비하여 교정예산의 절감에 도움이 되지 않는다.
② 범죄자 대체효과를 야기할 가능성이 있어 범죄예방에 도움이 되지 않는다는 비판이 있다.
③ 잘못된 부정(false negative)과 잘못된 긍정(false positive)의 문제를 야기할 수 있다.
④ 과학적 방법에 의하여 재범의 위험성이 높은 것으로 판단되는 개인을 구금하는 방법이다.

07 우리나라의 헌법재판소 판례의 입장으로 옳지 않은 것은?

① 수사 및 재판단계의 미결수용자에게 재소자용 의류를 입게 하는 것은 무죄추정의 원칙에 반하고, 인격권과 행복추구권, 공정한 재판을 받을 권리를 침해하는 것이다.
② 구치소에서의 정밀신체검사는 다른 사람이 볼 수 없는 차단된 공간에서 동성의 교도관이 짧은 시간 내에 손가락이나 도구의 사용 없이 항문을 보이게 하는 방법으로 시행한 경우 과잉금지의 원칙에 반하지 않는다.
③ 마약의 복용여부를 알아내기 위해 소변을 강제채취하는 일은 자신의 신체의 배출물에 대한 자기결정권이 다소 제한된다 하더라도 과잉금지의 원칙에 반한다고 할 수 없다.
④ 검찰조사실에서 계구(보호장비)해제요청을 거절하고 수갑 및 포승을 한 채 조사를 받도록 한 것은 위험의 방지를 위한 것으로써 신체의 자유를 과도하게 제한하였다고 할 수 없다.

08 「형의 집행 및 수용자의 처우에 관한 법률」상 안전과 질서에 대한 설명으로 옳지 않은 것은?

① 전자영상장비로 거실에 있는 수용자를 계호하는 것은 자살 등의 우려가 큰 때에만 할 수 있다.
② 수용자의 보호실 수용기간은, 소장이 연장을 하지 않는 한 30일 이내로 한다.
③ 수용자의 진정실 수용기간은, 소장이 연장을 하지 않는 한 24시간 이내로 한다.
④ 보호장비는 징벌의 수단으로 사용되어서는 아니 된다.

09 「형의 집행 및 수용자의 처우에 관한 법률」상 분류심사에 대한 설명으로 옳지 않은 것은?

① 소장은 분류심사를 위하여 수형자를 대상으로 상담 등을 통한 신상에 관한 개별사안의 조사, 심리·지능·적성검사, 그 밖에 필요한 검사를 할 수 있다.

② 집행할 형기가 짧거나 그 밖의 특별한 사정이 있는 경우에는 분류심사를 하지 않을 수 있다.

③ 동법의 시행규칙상 재심사는 정기 재심사, 부정기 재심사, 특별 재심사로 구분된다.

④ 분류심사 사항으로는 처우등급, 교육 및 교화프로그램 등의 처우방침, 거실 지정에 관한 사항, 이송에 관한 사항, 석방 후의 생활계획에 관한 사항이 포함된다.

10 「보호관찰 등에 관한 법률 시행령」상 보호관찰 대상자가 지켜야 할 특별준수사항으로 옳지 않은 것은?

① 운전면허를 취득할 때까지 자동차(원동기장치자전거를 포함한다) 운전을 하지 않을 것

② 정당한 수입원에 의하여 생활하고 있음을 입증할 수 있는 자료를 정기적으로 보호관찰에게 제출할 것

③ 주거지를 이전하는 경우 이전예정지, 이전이유, 이전 일자를 신고할 것

④ 보호관찰 대상자가 준수할 수 있고 자유를 부당하게 제한하지 아니하는 범위에서 개선·자립에 도움이 된다고 인정되는 구체적인 사항

11 「형의 집행 및 수용자의 처우에 관한 법률」상 교도소장이 1년 중 20일 이내의 범위에서 귀휴를 허가할 수 있는 수형자의 조건으로 옳지 않은 것은?

① 최소한 1년 이상 복역한 수형자

② 형기의 3분의 1이 지나고 교정성적이 우수한 수형자

③ 21년 이상의 유기형을 선고받고 7년 이상 복역한 수형자

④ 무기형을 선고받고 7년 이상 복역한 수형자

12 개방처우에 대한 설명으로 옳지 않은 것은?

① 개방처우의 유형으로는 외부통근제도, 주말구금제도, 부부접견제도 그리고 민영교도소제도 등을 들 수 있다.

② 개방시설에서의 처우는 유형적·물리적 도주방지장치가 전부 또는 일부가 없고 수용자의 자율 및 책임감에 기반을 둔 처우제도이다.

③ 외부통근제도는 수형자를 주간에 외부의 교육기관에서 교육을 받게 하거나, 작업장에서 생산작업에 종사하게 하는 것으로 사법형, 행정형 그리고 혼합형으로 구분된다.

④ 우리나라는 가족 만남의 집 운영을 통해 부부접견제도를 두고 있다고 해석할 수 있고, 외부통근제도도 시행하고 있으나 주말구금제도는 시행하고 있지 않다.

13 「형의 집행 및 수용자의 처우에 관한 법률 시행규칙」상 경비처우급에 따른 작업기준이 바르게 짝 지어진 것은?

① 개방처우급 – 구내작업 및 외부통근작업 가능

② 일반경비처우급 – 구내작업 및 필요시 개방지역작업 가능

③ 완화경비처우급 – 구내작업 및 필요시 외부통근작업 가능

④ 중경비처우급 – 필요시 개방지역작업 가능

14 사회내 처우에 대한 설명으로 옳지 않은 것은? 〈변형〉

① 시설내 처우의 범죄학습효과와 낙인효과를 피할 수 있다.

②「형법」,「치료감호 등에 관한 법률」,「청소년 보호법」,「성폭력범죄의 처벌 등에 관한 특례법」은 보호관찰 규정을 두고 있다.

③ 사회내 처우에는 전자감시, 가택구금, 사회봉사명령 그리고 외출제한명령 등이 포함된다.

④ 사회내 처우의 주대상자는 원칙으로 비행청소년이나 경미범죄자 또는 과실범이다.

15 조선시대 휼형(恤刑)과 형벌제도에 대한 설명으로 옳지 않은 것은?

① 휼형이란 범죄인에 대한 수사와 재판, 형집행을 엄중·공정하게 진행하되, 죄인을 진실로 불쌍히 여겨 성심껏 보살피며 용서하는 방향으로 고려해 주는 일체의 행위라고 정의할 수 있다.

② 휼형의 사례로는 사형은 유형으로, 유형은 장형으로, 도형은 태형으로 처리하는 감형(減刑)이 있었다.

③ 구금 중인 죄인의 건강이 좋지 않거나 구금 중에 친상을 당한 때에 죄인을 옥에서 석방하여 불구속상태로 재판을 받게 하거나 상을 치르고 난 후 다시 구금하는 보방(保放)제도가 있었다.

④ 조선시대 유형은 중죄자를 지방으로 귀양 보내 죽을 때까지 고향으로 돌아오지 못하게 하는 형벌로 기간이 정해지지 않았다는 점에서 오늘날 무기금고형에 속한다.

16 수용자의 위생과 의료에 대한 설명으로 옳은 것은?

① 19세 미만의 수용자와 계호상 독거수용자에 대하여는 건강검진을 1년에 1회 이상 하여야 한다.

② 소장은 감염병이 유행하는 경우에는 수용자에게 지급하는 음식물의 배급을 일시적으로 중지할 수 있다.

③ 교정시설에서 간호사가 할 수 있는 의료행위에는 응급을 요하는 수용자에 대한 응급처치가 포함된다.

④ 소장은 수용자를 외부 의료시설에 입원시키는 경우에는 그 사실을 지방교정청장에게까지 지체 없이 보고하여야 한다.

17 수용자의 권리보호에 대한 설명으로 옳지 않은 것은?

① 헌법 제10조에서 규정하고 있는 모든 국민의 인간으로서의 존엄과 가치, 행복추구권은 이의 근거가 된다.

② 수용자는 청원, 진정, 소장과의 면담, 그 밖의 권리구제를 위한 행위를 하였다는 이유로 불이익한 처우를 받지 아니한다.

③ 사법적 권리구제 수단으로, 공권력의 부당한 행사 내지 불행사로 인하여 기본권을 침해받은 수용자는 법원의 재판을 제외하고는 헌법소원을 제기할 수 있다.

④ 비사법적 권리구제 수단으로 서면으로 청원을 하는 경우 수용자는 청원서를 작성하여 봉한 후 소장 또는 순회점검 공무원에게 제출하여야 한다.

18 「형의 집행 및 수용자의 처우에 관한 법률」상 여성수용자의 특별한 보호에 대한 설명으로 옳지 않은 것은? 〈변형〉

① 여성수용자가 자신이 출산한 유아를 교정시설에서 양육할 것을 신청한 경우 법에서 규정한 특별한 사유에 해당하지 않으면 생후 24개월에 이르기까지 이를 허가하여야 한다.

② 여성수용자에 대하여 상담·교육·작업 등을 실시하는 때에는 여성교도관이 담당하는 것이 원칙이다.

③ 소장은 여성수용자에 대하여 건강검진을 실시하는 경우에는 나이·건강 등을 고려하여 부인과질환에 관한 검사를 포함시켜야 한다.

④ 여성수용자가 자신이 출산한 유아를 교정시설에서 양육할 것을 신청하더라도, 소장은 교정시설에 감염병이 유행할 경우 허가하지 않을 수 있다.

19 보호관찰제도에 관한 법령과 판례에 대한 설명으로 옳은 것은?

① 현역 군인 등 군법 적용 대상자에 대해서도 보호관찰, 사회봉사명령, 수강명령을 명할 수 있다.

② 성폭력범죄를 범한 피고인에게 형의 집행을 유예하면서 보호관찰을 받을 것을 명하지 않은 채 위치추적 전자장치 부착을 명하는 것은 적법하다.

③ 「가정폭력범죄의 처벌 등에 관한 특례법」상 사회봉사 명령을 부과하면서, 행위시 법상 사회봉사명령 부과시간의 상한인 100시간을 초과하여 상한을 200시간으로 올린 신법을 적용한 것은 적법하다.

④ 보호관찰명령 없이 사회봉사·수강명령만 선고하는 경우, 보호관찰대상자에 대한 특별준수사항을 사회봉사·수강명령 대상자에게 그대로 적용하는 것은 적합하지 않다.

20 벌금미납자의 사회봉사 집행에 대한 설명으로 옳지 않은 것으로만 묶인 것은?

ㄱ. 법원으로부터 벌금선고와 동시에 벌금을 완납할 때까지 노역장에 유치할 것을 명받은 사람은 사회봉사를 신청할 수 없다.

ㄴ. 벌금미납자의 사회봉사신청에 대하여 검사는 벌금미납자의 경제적 능력, 사회봉사 이행에 필요한 신체적 능력, 주거의 안정성 등을 고려하여 사회봉사 허가여부를 결정한다.

ㄷ. 신청인이 일정한 수입원이나 재산이 있어 벌금을 낼 수 있다고 판단되는 경우에는 사회봉사를 허가하지 아니한다.

ㄹ. 사회봉사는 보호관찰이 집행하며, 사회봉사 대상자의 성격, 사회경력, 범죄의 원인 및 개인적 특성을 고려하여 사회봉사의 집행분야를 정한다.

ㅁ. 사회봉사는 원칙적으로 1일 9시간을 넘겨 집행할 수 없지만, 보호관찰관이 사회봉사의 내용상 연속집행의 필요성이 있다고 판단하는 경우에는 최대 14시간까지 집행할 수 있다.

---

① ㄱ, ㄷ   ② ㄴ, ㄹ

③ ㄴ, ㅁ   ④ ㄷ, ㅁ

교육은 우리 자신의 무지를 점차 발견해 가는 과정이다.

− 윌 듀란트 −

SD에듀의
지텔프
최강 라인업

1주일 만에 끝내는
지텔프 문법

10회 만에 끝내는
지텔프 문법 모의고사

답이 보이는 지텔프 독해

스피드 지텔프 레벨2

지텔프 Level.2
실전 모의고사

2025

기출이 답이다

편저 · SD 공무원시험연구소

9 · 7급 교정직

교정학

11개년 기출문제집

정답 및 해설

SD에듀
(주)시대고시기획

교정학

해설편

PART 1
9급 교정학개론

한눈에 훑어보기

✔ 영역 분석

형사정책 01 02 03 05 07 08 09 10 19
9문항, 45%

교정학 04 06 11 12 13 14 15 16 17 18 20
11문항, 55%

✔ 빠른 정답

01	02	03	04	05	06	07	08	09	10
④	①	③	③	④	③	③	③	④	④
11	12	13	14	15	16	17	18	19	20
②	④	①	②	②	④	①	④	②	②

✔ 점수 체크

구분	1회독	2회독	3회독
맞힌 문항 수	/ 20	/ 20	/ 20
나의 점수	점	점	점

01 난도 ★★☆ 정답 ④

형사정책 > 범죄원인론

정답의 이유

④ 클라워드와 올린은 기회구조의 통합정도를 기준으로 비행 하위문화를 범죄 하위문화(criminal subculture), 갈등 하위문화(conflict subculture), 도피 하위문화(retreatist subculture)로 분류하였다.

오답의 이유

① 클라워드와 올린은 '기회구조의 개념'을 도입하여 성공을 위한 목표에의 수단이 합법적 · 비합법적인 두 가지 기회구조가 있음을 전제로 하였다.

② 도피 하위문화는 범죄의 학습기회도 수행기회도 제한된 갱 등에서 주로 발생하며 합법적 · 비합법적 기회 모두가 단절되어 있기 때문에 술 · 마약 등의 획득 · 소비에 몰두하는 활동을 한다.

③ 차별기회이론은 쇼와 맥케이의 문화전달이론 및 이를 체계화한 서덜랜드의 차별적 접촉이론과 머튼의 아노미이론을 종합하여 범죄 내지 비행문제를 설명하였다.

▶ 더 알아보기

클라워드와 올린의 비행 하위문화 구분

구분	상세
범죄 하위문화	범죄의 학습기회와 수행기회가 많은 지역에서 발생하며 하위문화권의 청소년은 관습적이며 비행적인 가치를 내면화하므로 경제적인 지위 향상을 위하여 절도 · 강도 등 범죄 및 비행을 일상적으로 수행하는 경우
갈등 하위문화	조직적인 범죄의 학습기회는 없지만 사회통제가 취약하여 폭력의 수행기회는 있는 곳에서 발생하며 비행기술을 배울 기회는 많지 않고 비행의 실행기회도 적기 때문에 비행의 성공 가능성이 상대적으로 낮은 경우
도피 하위문화	범죄의 학습기회도 수행기회도 제한된 곳에서 발생하며 합법적 · 비합법적 기회 모두가 단절되어 있기 때문에 이중실패자라고 부르며 이중실패자는 술 · 마약 등의 획득 · 소비에 몰두하는 활동을 하게 되는 유형

02 난도 ★☆☆　　　　　　　　　　　　정답 ①

형사정책 > 형벌과 보안처분론

[정답의 이유]

① 전자감독제도는 대상자의 신체에 송신기를 부착해 위치가 실시간으로 파악되기 때문에, 범죄자의 감시나 행정편의를 위하여 감시대상자의 사생활을 지나치게 침해할 우려가 있다는 비판이 있다.

[오답의 이유]

② 교정시설 수용인구의 과밀을 줄일 수 있고, 구금에 필요한 경비를 절감할 수 있다.

③ 사회통제망의 확대 및 형사사법대상자의 단순 증가를 초래한다는 비판이 제기되고 있다.

④ 감시장치를 통해 얻는 정보는 소재만 파악할 수 있을 뿐 감시구역 내에서 대상자가 어떤 행동을 하고 있는지에 대한 파악이 곤란하다.

03 난도 ★☆☆　　　　　　　　　　　　정답 ③

형사정책 > 형벌과 보안처분론

[정답의 이유]

③ 주거를 이전(移轉)하거나 1개월 이상 국내외 여행을 할 때에는 미리 보호관찰관에게 신고를 해야 한다(보호관찰 등에 관한 법률 제32조 제2항 제4호).

[오답의 이유]

① 보호관찰 등에 관한 법률 제32조 제2항 제1호

② 보호관찰 등에 관한 법률 제32조 제2항 제3호

④ 보호관찰 등에 관한 법률 제32조 제2항 제2호

04 난도 ★☆☆　　　　　　　　　　　　정답 ③

교정학 > 수용자의 법적 지위와 처우

[정답의 이유]

③ 형의 집행 및 수용자의 처우에 관한 법률 시행규칙 제74조 제1항 제3호

[오답의 이유]

① 개방처우급: 개방시설에 수용되어 가장 높은 수준의 처우가 필요한 수형자를 개방처우급으로 구분한다(형의 집행 및 수용자의 처우에 관한 법률 시행규칙 제74조 제1항 제1호).

② 완화경비처우급: 완화경비시설에 수용되어 통상적인 수준보다 높은 수준의 처우가 필요한 수형자를 완화경비처우급으로 구분한다(형의 집행 및 수용자의 처우에 관한 법률 시행규칙 제74조 제1항 제2호).

③ 중(重)경비처우급: 중(重)경비시설에 수용되어 기본적인 처우가 필요한 수형자를 중(重)경비처우급으로 구분한다(형의 집행 및 수용자의 처우에 관한 법률 시행규칙 제74조 제1항 제4호).

05 난도 ★★☆　　　　　　　　　　　　정답 ④

형사정책 > 범죄원인론

[정답의 이유]

④ 제시문은 메스너와 로젠펠드의 제도적 아노미이론에 대한 설명으로, 이들은 머튼의 아노미이론을 계승하여 제도적 아노미이론을 주장하였다.

[오답의 이유]

① 머튼은 아노미이론을 주장하였으며, 성공목표를 달성하기 위한 수단이 주로 사회경제적 계층에 따라 차등적으로 분배되어 목표와 수단의 괴리가 커지게 범죄가 발생한다고 하였다. 기회구조가 차단된 하류계층의 범죄를 설명하는 데에는 유용하지만, 중산층 범죄나 상류층의 범죄를 설명하는 데에는 한계가 있다.

② 코헨과 펠슨은 일상활동이론을 주장하였으며, 일상활동의 구조적 변화가 동기부여된 범죄자, 적절한 범행대상 및 보호의 부재라는 세 가지 요소에 대해 시간적·공간적으로 영향을 미친다고 하였다.

③ 코니쉬와 클라크는 합리적 선택이론을 주장하였으며, 경제이론에서 기대효용의 법칙에 기초하여 인간은 범죄로 인하여 얻게될 효용(이익)과 손실의 크기를 비교하여 범행여부를 결정한다고 보았다.

06 난도 ★★☆　　　　　　　　　　　　정답 ③

교정학 > 교정학의 이해

[정답의 이유]

③ 회복적 사법에서는 범죄를 가해자, 피해자 등 범죄사건 당사자들의 피해자에 대한 인간관계 또는 신뢰관계의 위반으로 파악하고 있다. 따라서 가해자의 사적 잘못(private wrong)에 초점을 맞추어 공식적인 처벌을 내리기보다 피해자가 입은 개인적 피해의 회복을 중요시하고 있다. 이와 달리, 공익에 초점을 맞춰 국가가 공익을 위하여 범죄자를 처벌하도록 강조하는 것은 응보적 사법이다.

[오답의 이유]

① 처벌보다는 범죄로 인해 손상된 관계를 회복하는 것을 목표로 하는 인본주의적인 전략이다.

② 가해자를 변화시키고 이들을 지역사회에 재통합시켜 재범률을 줄이는 것을 목표로 하므로 구금 위주 형벌정책의 대안이 될 수 있다.

④ 범죄를 개인 간의 갈등으로 보고 지역사회 및 피해자와 가해자의 입장을 모두 고려하여 범죄 행동에 의한 피해를 바로잡는 것에 중점을 둔다.

형사정책 > 형벌과 보안처분론

정답의 이유

ㄱ · ㄷ · ㄹ. 베카리아, 리프만, 캘버트가 사형폐지론을 주장하였다.

오답의 이유

ㄴ. 루소는 사형존치론자로 시민이 국가에 자신의 생명권을 양도하였기 때문에 국가에 의한 사형제도를 시민들이 인정한 것이라고 보았다.

더 알아보기

사형존폐론 입장에 따른 학자

사형폐지론자	베카리아(C. Beccaria), 리프만(M. Liepmann), 캘버트(E. Calvert), 존 하워드(J. Howard), 서덜랜드(E. H. Sutherland), 페스탈로치(Pestalozzi), 나탈레(Natale), 라드부르흐(Radbruch)
사형존치론자	루소(J. Rousseau), 칸트(I. Kant), 비르크마이어(Birkmeyer), 로크(Locke), 롬브로조(Lombroso)

형사정책 > 소년범죄론

정답의 이유

ㄱ. 보호소년 등의 처우에 관한 법률 제14조의2 제6항

ㄴ. 보호소년 등의 처우에 관한 법률 제14조의2 제3항 제3호 · 제4항

ㄷ. 보호소년 등의 처우에 관한 법률 제14조의2 제5항

오답의 이유

ㄹ. 원장은 법원 또는 검찰의 조사 · 심리, 이송, 그 밖의 사유로 호송하는 경우에는 소속 공무원으로 하여금 보호소년 등에 대하여 수갑, 포승 또는 보호대를 사용하게 할 수 있으나, 가스총이나 전자충격기는 사용하게 할 수 없다(보호소년 등의 처우에 관한 법률 제14조의2 제2항 제2호).

제14조의2(보호장비의 사용)
② 원장은 다음 각 호의 어느 하나에 해당하는 경우에는 소속 공무원으로 하여금 보호소년 등에 대하여 수갑, 포승 또는 보호대를 사용하게 할 수 있다. 〈개정 2013.7.30., 2016.3.29., 2020.10.20.〉
　　1. 이탈 · 난동 · 폭행 · 자해 · 자살을 방지하기 위하여 필요한 경우
　　2. 법원 또는 검찰의 조사 · 심리, 이송, 그 밖의 사유로 호송하는 경우
　　3. 그 밖에 소년원 · 소년분류심사원의 안전이나 질서를 해칠 우려가 현저한 경우

형사정책 > 소년범죄론

정답의 이유

④ 소년법에 따르면 '소년부는 조사 또는 심리를 할 때에 정신건강의학과의사 · 심리학자 · 사회사업가 · 교육자나 그 밖의 전문가의 진단, 소년 분류심사원의 분류심사 결과와 의견, 보호관찰소의 조사결과와 의견 등을 고려하여야 한다(소년법 제12조).'라고 명시되어 있다. 따라서 '소년교도소'의 조사결과와 의견은 고려 사항이 아니다.

제12조(전문가의 진단)
소년부는 조사 또는 심리를 할 때에 정신건강의학과의사 · 심리학자 · 사회사업가 · 교육자나 그 밖의 전문가의 진단, 소년 분류심사원의 분류심사 결과와 의견, 보호관찰소의 조사결과와 의견 등을 고려하여야 한다. 〈개정 2011.8.4.〉

오답의 이유

① 소년법 제11조 제1항

② 소년법 제17조의2 제1항

③ 소년법 제16조 제2항

형사정책 > 형사정책의 개관

정답의 이유

④ 법률상 비범죄화란 범죄였던 행위를 범죄의 폐지 또는 변경으로 더 이상 범죄로 보지 않는 경우를 말한다. 법률상 비범죄화에는 법률의 개정 등 입법에 의한 경우와 헌법재판소의 위헌결정에 의한 경우가 있다. 따라서 사실상 비범죄화(행정상 · 수사상 · 단속상)는 형벌법규가 존재함에도 수사기관이 사실상 수사를 하지 않거나 법원이 더 이상 범죄로 판단하지 않는 경우이다.

오답의 이유

① 비범죄화의 예시로는 경미한 범죄, 피해자 없는 범죄(매춘 · 도박 · 낙태 등), 윤리에 맡겨도 될 행위나 공공질서와 관련된 범죄(간통, 혼인빙자간음죄 등) 등을 들 수 있다.

② 비범죄화는 형법에서 범죄로 규정하고 있던 행위 규정을 삭제하거나 특정 범죄에 대한 형사처벌의 범위를 축소하는 것을 의미한다.

③ 비범죄화는 불필요한 형사처벌 대상을 감소시켜 형사사법기관의 과중한 업무부담 경감 등의 결과를 가져오며, 이에 따라 형사사법기관의 자원을 보다 효율적으로 활용할 수 있게 된다는 점에서 경미범죄에 대한 비범죄화의 필요성이 주장된다.

11 난도 ★★☆

정답 ②

교정학 > 시설내 처우

정답의 이유

② 소장이 수용자의 처우를 위하여 허가하는 경우에는 제92조 제1항 제2호의 물품(무인비행장치 · 전자 · 통신기기, 그 밖에 도주나 다른 사람과의 연락에 이용될 우려가 있는 물품)을 지닐 수 있다(형의 집행 및 수용자의 처우에 관한 법률 제92조 제2항).

오답의 이유

① · ③ · ④ 수용자가 지녀서는 안 되는 물품들이다(형의 집행 및 수용자의 처우에 관한 법률 제92조 제2항 제1호 · 제3호 · 제4호).

12 난도 ★★☆

정답 ④

교정학 > 교정시설과 수용제도론

정답의 이유

④ 소장은 특별한 사정이 있으면 제11조의 구분수용 기준에 따라 다른 교정시설로 이송하여야 할 수형자를 6개월을 초과하지 아니하는 기간 동안 계속하여 수용할 수 있다(형의 집행 및 수용자의 처우에 관한 법률 제12조 제4항).

오답의 이유

① 형의 집행 및 수용자의 처우에 관한 법률 제14조 제2호
② 형의 집행 및 수용자의 처우에 관한 법률 제12조 제1항 제2호
③ 형의 집행 및 수용자의 처우에 관한 법률 제12조 제3항

제12조(구분수용의 예외)

① 다음 각 호의 어느 하나에 해당하는 사유가 있으면 교도소에 미결수용자를 수용할 수 있다.
  1. 관할 법원 및 검찰청 소재지에 구치소가 없는 때
  2. 구치소의 수용인원이 정원을 훨씬 초과하여 정상적인 운영이 곤란한 때
  3. 범죄의 증거인멸을 방지하기 위하여 필요하거나 그 밖에 특별한 사정이 있는 때

② 취사 등의 작업을 위하여 필요하거나 그 밖에 특별한 사정이 있으면 구치소에 수형자를 수용할 수 있다.

③ 수형자가 소년교도소에 수용 중에 19세가 된 경우에도 교육 · 교화프로그램, 작업, 직업훈련 등을 실시하기 위하여 특히 필요하다고 인정되면 23세가 되기 전까지는 계속하여 수용할 수 있다. 〈개정 2008. 12.11.〉

④ 소장은 특별한 사정이 있으면 제11조의 구분수용 기준에 따라 다른 교정시설로 이송하여야 할 수형자를 6개월을 초과하지 아니하는 기간 동안 계속하여 수용할 수 있다.

13 난도 ★★☆

정답 ①

교정학 > 교정시설과 수용제도론

정답의 이유

① 소장은 감염병이 유행하는 경우에는 수용자가 자비로 구매하는 음식물의 공급을 중지할 수 있다(형의 집행 및 수용자의 처우에 관한 법률 시행령 제53조 제2항).

오답의 이유

② 형의 집행 및 수용자의 처우에 관한 법률 시행령 제53조 제1항
③ 형의 집행 및 수용자의 처우에 관한 법률 제35조
④ 형의 집행 및 수용자의 처우에 관한 법률 시행령 제53조 제3항 · 제4항

제53조(감염병에 관한 조치)

① 소장은 수용자가 감염병에 걸렸다고 의심되는 경우에는 1주 이상 격리수용하고 그 수용자의 휴대품을 소독하여야 한다. 〈개정 2010.12.29.〉

② 소장은 감염병이 유행하는 경우에는 수용자가 자비로 구매하는 음식물의 공급을 중지할 수 있다. 〈개정 2010.12.29.〉

③ 소장은 수용자가 감염병에 걸린 경우에는 즉시 격리수용하고 그 수용자가 사용한 물품과 설비를 철저히 소독하여야 한다. 〈개정 2010.12.29.〉

④ 소장은 제3항의 사실을 지체 없이 법무부장관에게 보고하고 관할 보건기관의 장에게 알려야 한다.

[제목개정 2010.12.29.]

14 난도 ★★★

정답 ②

교정학 > 교정학의 이해

정답의 이유

② 옴부즈맨은 1809년에서 1810년 사이에 스웨덴에서 창설되어 스칸디나비아로 확대되고, 뉴질랜드 · 영국 · 독일 · 이스라엘 · 미국 · 오스트레일리아 및 캐나다 등에서 유사한 제도가 시행되었다. 옴부즈맨은 보통 의회에서 임명되지만 의회의 간섭을 전혀 받지 않는다. 또한 특정 사건을 다룰 권한이 있고, 정부와 개인 사이에서 독립적이고도 공정한 중재자로 활동한다. 따라서 옴부즈맨의 성공 여부는 독립성, 비당파성 및 전문성에 달려 있어 교정당국이 임명한다면 독립성과 전문성을 확보하기 어렵다.

오답의 이유

① 재소자 권리구제 제도로서 옴부즈맨은 재소자가 제기하는 행정상의 부정의와 오류에 대한 시정을 요구하므로, 자율적으로 기능해야 하고 행정부뿐 아니라 입법부로부터도 독립되어 있어야 하며, 전문성을 갖추어야 한다.

③ 옴부즈맨이 본래 중재자로서 행정기관이 침해한 시민의 자유와 권리를 공정하게 조사하여 해결해주는 보충적 국민권리 구제제도이므로, 옴부즈맨은 재소자의 불평을 수리하여 조사하고 보고서를 작성해 적절한 대안을 제시해야 한다.

④ 옴부즈맨은 스웨덴 공무원제도에서 유래하였으며, 스웨덴어로 '대표자 · 대리인 · 변호인 · 후견인' 등을 의미한다는 사실에서 알 수 있듯이, 본래 시민들이 제기하는 행정상의 불편 사항을 조사하여 해결해 주는 제도이다.

교정학 > 시설내 처우

정답의 이유

② '징벌대상행위의 혐의가 있어 조사 중이거나 징벌집행 중인 경우'이다. 징벌집행을 마친 경우는 직업훈련 대상자 선정의 제한사항에 해당하지 않는다(형의 집행 및 수용자의 처우에 관한 법률 시행규칙 제126조 제3호).

오답의 이유

① 형의 집행 및 수용자의 처우에 관한 법률 시행규칙 제126조 제1호
③ 형의 집행 및 수용자의 처우에 관한 법률 시행규칙 제126조 제2호
④ 형의 집행 및 수용자의 처우에 관한 법률 시행규칙 제126조 제4호

> **제126조(직업훈련 대상자 선정의 제한)**
> 소장은 제125조에도 불구하고 수형자가 다음 각 호의 어느 하나에 해당하는 경우에는 직업훈련 대상자로 선정해서는 아니 된다. 〈개정 2013.4.16.〉
> 　1. 15세 미만인 경우
> 　2. 교육과정을 수행할 문자해독능력 및 강의 이해능력이 부족한 경우
> 　3. 징벌대상행위의 혐의가 있어 조사 중이거나 징벌집행 중인 경우
> 　4. 작업, 교육 · 교화프로그램 시행으로 인하여 직업훈련의 실시가 곤란하다고 인정되는 경우
> 　5. 질병 · 신체조건 등으로 인하여 직업훈련을 감당할 수 없다고 인정되는 경우

교정학 > 수용자의 법적 지위와 처우

정답의 이유

④ 형의 집행 및 수용자의 처우에 관한 법률 시행규칙 제95조 제1항

오답의 이유

① 소장은 수형자의 가족 또는 배우자의 직계존속이 사망하면 2일간, 부모 또는 배우자의 제삿날에는 1일간 해당 수형자의 작업을 면제한다. 다만, 수형자가 작업을 계속하기를 원하는 경우는 예외로 한다(형의 집행 및 수용자의 처우에 관한 법률 제72조 제1항).

② 소장은 금고형 또는 구류형의 집행 중에 있는 사람에 대하여는 신청에 따라 작업을 부과할 수 있다(형의 집행 및 수용자의 처우에 관한 법률 제67조).

③ 소장은 수형자의 신청에 따라 제68조의 작업(외부통근작업), 제69조 제2항의 훈련(외부직업훈련), 그 밖에 집중적인 근로가 필요한 작업을 부과하는 경우에는 접견 · 전화통화 · 교육 · 공동행사 참가 등의 처우를 제한할 수 있다(형의 집행 및 수용자의 처우에 관한 법률 제70조 제1항).

교정학 > 교정시설과 수용제도론

정답의 이유

① 서덜랜드와 크레시는 수형자들이 지향하는 가치를 기준으로 하위문화를 범죄 지향적 부문화, 수형 지향적 부문화, 합법 지향적 부문화로 구분했다.

오답의 이유

② 범죄 지향적 하위문화를 수용하는 수형자들은 자신이 가지고 있던 반사회적 범죄자문화를 고집하고 출소 후에도 계속 범죄생활을 할 것을 지향한다. 그렇기 때문에 교도소 내에서의 지위에는 관심이 없으며 반교도소적인 경향이 많으며 범죄생활이 일상화돼 있다.

③ 수형 지향적 하위문화를 수용하는 수형자들은 수용생활을 보다 쉽고 편하게 보내기 위해 교도소 내의 모든 생활방식을 수용하고 적응하려 한다. 교도소 내에서의 이점, 지위획득에만 몰두하며 출소 후의 생활에 대해서는 관심을 두지 않는다. 이들은 가장 쉽게 교도소화되지만 출소 후 재입소율도 가장 높다.

④ 합법 지향적 하위문화를 수용하는 수형자들은 준법적인 성향을 가진 자들로 수용생활을 하는 동안 범죄자문화에 가담하지 않고 교정시설의 규율에 따른다. 또한 교도관과도 긍정적인 관계를 유지하며 재범률이 가장 낮다. 슈랙(Schrag)이 분류한 수형자의 역할유형 중 친사회적 고지식자(Prosocial square johns)에 가깝다. 반사회적 정의한(Antisocial right guys)에 가까운 것은 범죄 지향적 하위문화를 수용하는 수형자이다.

교정학 > 사회적 처우와 사회내 처우

정답의 이유

④ 회의록은 해당 가석방 결정 등을 한 후 5년이 경과한 때부터 공개하나, 심의서는 해당 가석방 결정 등을 한 후부터 즉시 공개한다(형의 집행 및 수용자의 처우에 관한 법률 제120조 제3항 제2호 · 제3호).

> **제120조(위원회의 구성)**
> ③ 위원회의 심사과정 및 심사내용의 공개범위와 공개시기는 다음 각 호와 같다. 다만, 제2호 및 제3호의 내용 중 개인의 신상을 특정할 수 있는 부분은 삭제하고 공개하되, 국민의 알권리를 충족할 필요가 있는 등의 사유가 있는 경우에는 위원회가 달리 의결할 수 있다. 〈개정 2011.7.18., 2020.2.4.〉
> 　1. 위원의 명단과 경력사항은 임명 또는 위촉한 즉시
> 　2. 심의서는 해당 가석방 결정 등을 한 후부터 즉시
> 　3. 회의록은 해당 가석방 결정 등을 한 후 5년이 경과한 때부터

① 형의 집행 및 수용자의 처우에 관한 법률 제119조

② 형의 집행 및 수용자의 처우에 관한 법률 제120조 제1항 · 제2항

> 제120조(위원회의 구성)
> ① 위원회는 위원장을 포함한 5명 이상 9명 이하의 위원으로 구성
> 한다. 〈개정 2020.2.4.〉
> ② 위원장은 법무부차관이 되고, 위원은 판사, 검사, 변호사, 법무부
> 소속 공무원, 교정에 관한 학식과 경험이 풍부한 사람 중에서 법무
> 부장관이 임명 또는 위촉한다.

③ 형의 집행 및 수용자의 처우에 관한 법률 제122조 제1항

19 난도 ★★☆   정답 ②

형사정책 > 형벌과 보안처분론

정답의 이유

② 판결 전 조사 요구를 받은 보호관찰소의 장은 지체 없이 이를 조
사하여 서면으로 해당 법원에 알려야 한다(보호관찰 등에 관한
법률 제19조 제2항).

오답의 이유

① 보호관찰 등에 관한 법률 제19조 제3항

③ 법원은 피고인에 대하여 형법 제59조의2 및 제62조의2에 따른
보호관찰, 사회봉사 또는 수강을 명하기 위하여 필요하다고 인
정하면 그 법원의 소재지(所在地) 또는 피고인의 주거지를 관할
하는 보호관찰소의 장에게 범행 동기, 직업, 생활환경, 교우관
계, 가족상황, 피해회복 여부 등 피고인에 관한 사항의 조사를
요구할 수 있다(보호관찰 등에 관한 법률 제19조 제1항).

④ 보호관찰 등에 관한 법률 제19조의2 제1항

20 난도 ★☆☆   정답 ②

교정학 > 수용자의 법적 지위와 처우

정답의 이유

② 분류처우위원회는 위원장을 포함한 5명 이상 7명 이하의 위원으
로 구성하고, 위원장은 소장이 된다(형의 집행 및 수용자의 처우
에 관한 법률 제62조 제2항 전단).

오답의 이유

① 형의 집행 및 수용자의 처우에 관한 법률 제62조 제3항

③ 형의 집행 및 수용자의 처우에 관한 법률 제62조 제2항 후단

④ 형의 집행 및 수용자의 처우에 관한 법률 제62조 제1항

한눈에 훑어보기

빠른 정답

01	02	03	04	05	06	07	08	09	10
④	②	②	③	①	①	②	①	③	②
11	12	13	14	15	16	17	18	19	20
②	④	②	①	④	③	④	③	④	①

점수 체크

구분	1회독	2회독	3회독
맞힌 문항 수	/ 20	/ 20	/ 20
나의 점수	점	점	점

---

01 난도 ★☆☆　　　　　　　　　　　정답 ④

형사정책 > 범죄원인론

[정답의 이유]

④ 아노미이론은 부의 성취를 달성하기 위한 합법적인 수단이 제한된 하류계층 재산 범죄행위의 원인을 설명하는 데 유용하지만, 합법적인 기회가 충분히 부여되는 상류계층의 범죄를 설명하는 데에는 한계가 있다.

02 난도 ★☆☆　　　　　　　　　　　정답 ②

교정학 > 교정학의 이해

[정답의 이유]

② 제시문은 의료모형(=치료모형, 갱생모형)에 대한 설명이다. 범죄자는 스스로를 통제할 수 없어서 범죄를 저지른다고 본다. 따라서 범죄자를 환자로 여기고 치료의 대상으로 파악하여 처벌하기보다는 치료를 위한 프로그램 개발과 적용을 추구한다.

[오답의 이유]

① 적응모형: 개선모형이라고도 하며, 범죄자 스스로 책임 있는 선택과 합법적 결정을 할 수 있는 존재로 본다. 현실요법, 환경요법, 직업훈련 등의 방법이 처우에 널리 이용되고 있다.

③ 재통합모형: 범죄자의 사회재통합을 위해서 지역사회와의 의미 있는 접촉과 유대관계를 중시하므로 지역사회 교정을 강조한다.

④ 무력화모형: 교정은 사회보호의 목적으로 존재하며, 범죄자를 가둬놓는 동안에는 범죄가 불가능하므로 범죄자를 무력화하기 위해서 존재한다고 보는 이념이다. 무력화에는 집단적 무력화와 선택적 무력화가 있다.

03 난도 ★☆☆　　　　　　　　　　　정답 ②

형사정책 > 소년범죄론

[정답의 이유]

② 비시설수용이란 구금시설에 수용하지 않는 것으로, 성인교도소를 비롯한 소년 전담시설도 시설수용에 해당하기 때문에 해당 설명은 옳지 않다. 비시설수용은 구금으로 인한 폐해를 막기 위해 소년범에 대해서 가급적 시설수용이 아닌 사회내 처우를 확대·활용하는 것을 의미한다.

04 난도 ★★☆   정답 ③

교정학 > 시설내 처우

정답의 이유

③ 징벌위원회는 징벌을 의결하는 때에 행위의 동기 및 정황, 교정성적, 뉘우치는 정도 등 그 사정을 고려할 만한 사유가 있는 수용자에 대하여, 징벌위원회가 징벌을 의결하는 때에 2개월 이상 6개월 이하의 기간 내에서 징벌의 집행을 유예할 것을 의결할 수 있다(형의 집행 및 수용자의 처우에 관한 법률 제114조 제1항).

오답의 이유

① 징벌은 동일한 행위에 관하여 거듭하여 부과할 수 없으며, 행위의 동기 및 경중, 행위 후의 정황, 그 밖의 사정을 고려하여 수용목적을 달성하는 데에 필요한 최소한도에 그쳐야 한다(형의 집행 및 수용자의 처우에 관한 법률 제109조 제3항).

② 징벌사유가 발생한 날부터 2년이 지나면 이를 이유로 징벌을 부과하지 못한다(형의 집행 및 수용자의 처우에 관한 법률 제109조 제4항).

④ 소장은 질병이나 그 밖의 사유로 징벌집행이 곤란하면 그 사유가 해소될 때까지 그 집행을 일시 정지할 수 있으며, 징벌집행 중인 사람이 뉘우치는 빛이 뚜렷한 경우에는 그 징벌을 감경하거나 남은 기간의 징벌집행을 면제할 수 있다(형의 집행 및 수용자의 처우에 관한 법률 제113조 제1항·제2항).

05 난도 ★☆☆   정답 ①

교정학 > 수용자의 법적 지위와 처우

정답의 이유

① 고사제는 기간제로, 일정한 기간이 지난 후 교도관의 심사를 통해 진급을 결정하는 방식이다.

오답의 이유

②·③·④ 잉글랜드제, 아일랜드제, 엘마이라제는 점수제로 책임점수를 소득점수로 소각하여 진급을 결정하는 방식이다.

06 난도 ★☆☆   정답 ①

교정학 > 교정학의 이해

정답의 이유

① 다이버전은 보호관찰, 사회봉사명령, 수강명령 등의 사회내 처우를 대표적인 예로 들 수 있는데, 형벌 이외의 사회통제망 확대를 가져온다는 부작용이 있다.

07 난도 ★★☆   정답 ②

교정학 > 시설내 처우

정답의 이유

② 블럼스타인의 과밀수용 해소방안 중에서 구금인구 감소전략은 형벌의 제지효과가 형벌의 엄중성보다 확실성에 더 크게 좌우된다는 논리에 근거하고 있으므로 교정시설 입소를 억제하거나 출소를 촉진하는 전략이다. 즉, 구금형이 아닌 벌금이나 사회내 처우로 대응하는 것이 범죄예방에 더 효과적이라는 것이다.

08 난도 ★★☆   정답 ①

교정학 > 시설내 처우

정답의 이유

① 노무작업은 일정 시기에 수용자의 노무만 제공하면 되는 파종이나 추수 등의 작업이 주를 이루어, 경기변동에 큰 영향을 받지 않고 제품판로에 대한 부담도 없다.

오답의 이유

② 노무작업은 설비투자 없이 시행이 가능하지만 단기 작업이 많고 소수의 수용자가 작업을 진행하여 행형상 통일성을 기하기 어렵다.

③ 도급작업은 대규모 공사 시 불취업자 해소에 유리하지만 작업수준에 맞는 기술자 확보에 어려움이 있다.

④ 도급작업은 구외작업으로 인한 계호부담이 크고 가격 경쟁으로 인한 민간기업의 압박 가능성이 높다.

더 알아보기

노무작업과 도급작업의 비교

구분	장점	단점
노무 작업	• 경기변동에 영향을 받지 않으므로 손실에 대한 부담이 없음 • 노무만을 제공하면 되므로 물적 자본이 없이도 가능 • 제품의 판로에 대한 부담이 없음	• 작업의 통일 곤란 • 단순노동인 경우 기술 습득 및 직업훈련에 부적합 • 작업운영에 외부민간단체의 관여가 가장 심하여 교도작업 본래의 취지가 퇴색될 수 있으며, 외부 부정의 개입 가능성 존재
도급 작업	• 작업규모가 대형인 경우가 많으므로 높은 수익이 보장 • 대규모 작업으로 불취업자 해소에 유리 • 수형자의 전문기술 습득에 용이 • 수형자와 교도관 간의 인간적인 신뢰로 인한 반사회성 교정 및 갱생의욕 고취	• 대부분 구외작업인 경우가 많아 계호상 부담 • 사업이 대규모인 관계로 실패할 경우 손실이 막대

09 난도 ★☆☆   정답 ③

교정학 > 수용자의 법적 지위와 처우

정답의 이유

③ 부정기형의 정기재심사 시기는 장기형이 아니라 단기형을 기준으로 한다(형의 집행 및 수용자의 처우에 관한 법률 시행규칙 제66조 제2항).

오답의 이유

① 형의 집행 및 수용자의 처우에 관한 법률 시행규칙 제62조 제1항 제2호

② 형의 집행 및 수용자의 처우에 관한 법률 시행규칙 제66조 제3항

④ 형의 집행 및 수용자의 처우에 관한 법률 시행규칙 제62조 제3항

10 난도 ★☆☆

교정학 > 수용자의 법적 지위와 처우

[정답의 이유]

② 소장은 사형확정자의 자살·도주 등의 사고를 방지하기 위하여 <u>필요한 경우에는 사형확정자와 미결수용자를 혼거수용할 수 있고</u>, 사형확정자의 교육·교화프로그램, 작업 등의 적절한 처우를 위하여 필요한 경우에는 사형확정자와 수형자를 혼거수용할 수 있다(형의 집행 및 수용자의 처우에 관한 법률 시행규칙 제150조).

[오답의 이유]

① 형의 집행 및 수용자의 처우에 관한 법률 제81조

③ 형의 집행 및 수용자의 처우에 관한 법률 제84조 제2항

④ 형의 집행 및 수용자의 처우에 관한 법률 시행령 제58조 제3항·제59조 제3항 제3조

11 난도 ★★☆
정답 ②

형사정책 > 범죄원인론

[정답의 이유]

ㄴ·ㄹ. 나이는 사회통제이론을, 라이스는 개인통제력 중심의 통제이론을 주장하였다.

[오답의 이유]

ㄱ. 서덜랜드는 미국 범죄학의 아버지로 불리며, 제자인 크레시와 『범죄학의 원리』를 저술하였다. 또 차별적 접촉이론을 통해 화이트칼라범죄의 개념을 제시하였다.

ㄷ. 애그뉴는 스트레스와 긴장을 느끼는 개인이 범죄를 저지르기 쉬운 이유를 설명(긴장의 개인적 영향을 밝히는 데 도움을 줌)한 일반긴장이론을 주장하였다.

ㅁ. 베커는 일탈은 사람이 저지르는 행위의 특성이 아니라 오히려 다른 사람이 범인에게 법과 제재를 적용한 결과 일탈행동으로 규정하거나 낙인찍는 것이 사회적 지위와 같은 효과를 준다는 낙인이론을 주장하였다.

12 난도 ★★☆
정답 ④

형사정책 > 소년범죄론

[정답의 이유]

④ 검사가 소년부에 송치한 사건을 소년부가 다시 해당 검찰청 검사에게 송치할 수 있는 경우는, 조사 또는 심리한 결과 그 동기와 죄질이 금고 이상의 형사처분을 할 필요가 있다고 인정할 때이다. 이때 검사는 소년부에 사건을 다시 송치할 수 없다(소년법 제49조 제2항·제3항).

제49조(검사의 송치)

① 검사는 소년에 대한 피의사건을 수사한 결과 보호처분에 해당하는 사유가 있다고 인정한 경우에는 사건을 관할 소년부에 송치하여야 한다.

② 소년부는 제1항에 따라 송치된 사건을 조사 또는 심리한 결과 그 동기와 죄질이 금고 이상의 형사처분을 할 필요가 있다고 인정할 때에는 결정으로써 해당 검찰청 검사에게 송치할 수 있다.

③ 제2항에 따라 송치한 사건은 다시 소년부에 송치할 수 없다.

[오답의 이유]

① 소년법 제55조 제1항

② 소년법 제65조 제3호

③ 소년법 제60조 제1항

13 난도 ★★☆
정답 ②

형사정책 > 범죄원인론

[정답의 이유]

② 허쉬는 사회통제이론을 통해 개인이 범죄를 범하지 않고 정상적인 생활을 하는 것은 개인이 가지고 있는 사회와의 유대관계 때문이라고 설명하였다. 법집행기관의 통제가 범죄를 야기하는 과정을 설명하는 것은 낙인이론이다.

14 난도 ★☆☆
정답 ①

교정학 > 수용자의 법적 지위와 처우

[정답의 이유]

① 소장은 금고형 또는 구류형의 집행 중에 있는 사람에 대하여는 신청에 따라 작업을 부과할 수 있다(형의 집행 및 수용자의 처우에 관한 법률 제67조).

[오답의 이유]

② 형의 집행 및 수용자의 처우에 관한 법률 시행규칙 제126조 제1호

제126조(직업훈련 대상자 선정의 제한)

소장은 제125조에도 불구하고 수형자가 다음 각 호의 어느 하나에 해당하는 경우에는 직업훈련 대상자로 선정해서는 아니 된다.

1. 15세 미만인 경우
2. 교육과정을 수행할 문자해독능력 및 강의 이해능력이 부족한 경우
3. 징벌대상행위의 혐의가 있어 조사 중이거나 징벌집행 중인 경우
4. 작업, 교육·교화프로그램 시행으로 인하여 직업훈련의 실시가 곤란하다고 인정되는 경우
5. 질병·신체조건 등으로 인하여 직업훈련을 감당할 수 없다고 인정되는 경우

③ 형의 집행 및 수용자의 처우에 관한 법률 시행규칙 제128조 제1항 제2호

> **제128조(직업훈련의 보류 및 취소 등)**
> ① 소장은 직업훈련 대상자가 다음 각 호의 어느 하나에 해당하는 경우에는 직업훈련을 보류할 수 있다.
>   1. 징벌대상행위의 혐의가 있어 조사를 받게 된 경우
>   2. 심신이 허약하거나 질병 등으로 훈련을 감당할 수 없는 경우
>   3. 소질·적성·훈련성적 등을 종합적으로 고려한 결과 직업훈련을 계속할 수 없다고 인정되는 경우
>   4. 그 밖에 직업훈련을 계속할 수 없다고 인정되는 경우

④ 형의 집행 및 수용자의 처우에 관한 법률 시행규칙 제127조 제1항

15 난도 ★☆☆　　　　　　　　　　정답 ④

교정학 > 시설내 처우

정답의 이유

④ 도주하는 수용자에게 교도관이 정지할 것을 명령하였음에도 계속하여 도주하는 때 무기를 사용할 수 있다(형의 집행 및 수용자의 처우에 관한 법률 제101조 제1항 제4호).

> **제101조(무기의 사용)**
> ① 교도관은 다음 각 호의 어느 하나에 해당하는 사유가 있으면 수용자에 대하여 무기를 사용할 수 있다. 〈개정 2016.5.29., 2020.2.4.〉
>   1. 수용자가 다른 사람에게 중대한 위해를 끼치거나 끼치려고 하여 그 사태가 위급한 때
>   2. 수용자가 폭행 또는 협박에 사용할 위험물을 지니고 있어 교도관이 버릴 것을 명령하였음에도 이에 따르지 아니하는 때
>   3. 수용자가 폭동을 일으키거나 일으키려고 하여 신속하게 제지하지 아니하면 그 확산을 방지하기 어렵다고 인정되는 때
>   4. 도주하는 수용자에게 교도관이 정지할 것을 명령하였음에도 계속하여 도주하는 때
>   5. 수용자가 교도관의 무기를 탈취하거나 탈취하려고 하는 때
>   6. 그 밖에 사람의 생명·신체 및 설비에 대한 중대하고도 뚜렷한 위험을 방지하기 위하여 무기의 사용을 피할 수 없는 때

오답의 이유

① 수용자가 위력으로 교도관의 정당한 직무집행을 방해하는 때 보안장비를 사용할 수 있다(형의 집행 및 수용자의 처우에 관한 법률 제100조 제1항 제5호).

② 수용자가 자살하려고 하는 때 보안장비를 사용할 수 있다(형의 집행 및 수용자의 처우에 관한 법률 제100조 제1항 제2호).

③ 수용자가 교정시설의 설비·기구 등을 손괴하거나 손괴하려고 하는 때 보안장비를 사용할 수 있다(형의 집행 및 수용자의 처우에 관한 법률 제100조 제1항 제6호).

> **제100조(강제력의 행사)**
> ① 교도관은 수용자가 다음 각 호의 어느 하나에 해당하면 강제력을 행사할 수 있다. 〈개정 2016.5.29.〉
>   1. 도주하거나 도주하려고 하는 때
>   2. 자살하려고 하는 때
>   3. 자해하거나 자해하려고 하는 때
>   4. 다른 사람에게 위해를 끼치거나 끼치려고 하는 때
>   5. 위력으로 교도관의 정당한 직무집행을 방해하는 때
>   6. 교정시설의 설비·기구 등을 손괴하거나 손괴하려고 하는 때
>   7. 그 밖에 시설의 안전 또는 질서를 크게 해치는 행위를 하거나 하려고 하는 때
> ③ 제1항 및 제2항에 따라 강제력을 행사하는 경우에는 보안장비를 사용할 수 있다.

16 난도 ★★☆　　　　　　　　　　정답 ③

교정학 > 시설내 처우

정답의 이유

③ 소장은 관심대상수용자로 지정할 필요가 있다고 인정되는 미결수용자에 대하여는 교도관회의의 심의를 거쳐 관심대상수용자로 지정할 수 있는데, 이는 미결수용자는 분류심사위원회의 의결대상이 되지 않기 때문이다(형의 집행 및 수용자의 처우에 관한 법률 시행규칙 제211조 제1항).

> **제211조(지정 및 해제)**
> ① 소장은 제210조 각 호의 어느 하나에 해당하는 수용자에 대하여는 분류처우위원회의 의결을 거쳐 관심대상수용자로 지정한다. 다만, 미결수용자 등 분류처우위원회의 의결 대상자가 아닌 경우에도 관심대상수용자로 지정할 필요가 있다고 인정되는 수용자에 대하여는 교도관회의의 심의를 거쳐 관심대상수용자로 지정할 수 있다.

오답의 이유

① 소장은 교정시설에 마약류를 반입하는 것을 방지하기 위하여 필요하면 강제에 의하지 아니하는 범위에서 수용자의 소변을 채취하여 마약반응검사를 할 수 있다(형의 집행 및 수용자의 처우에 관한 법률 시행규칙 제206조 제2항).

② 소장은 엄중관리대상자 중 지속적인 상담이 필요하다고 인정되는 사람에 대하여는 상담책임자를 지정하는데, 상담대상자는 상담책임자 1명당 10명 이내로 하여야 한다(형의 집행 및 수용자의 처우에 관한 법률 시행규칙 제196조 제1항·제2항).

④ 소장은 조직폭력수용자에게 거실 및 작업장 등의 봉사원, 반장, 조장, 분임장, 그 밖에 수용자를 대표하는 직책을 부여해서는 아니 된다(형의 집행 및 수용자의 처우에 관한 법률 시행규칙 제200조).

교정학 > 수용자의 법적 지위와 처우

정답의 이유

④ 소장은 교정시설 안에 설치된 외부기업체 작업장에 통근하며 작업하는 대상자를 선정할 때, 개방처우급·완화경비처우급을 비롯해 일반경비처우급에 해당하는 수형자도 포함할 수 있다(형의 집행 및 수용자의 처우에 관한 법률 시행규칙 제120조 제2항).

제120조(선정기준)

① 외부기업체에 통근하며 작업하는 수형자는 다음 각 호의 요건을 갖춘 수형자 중에서 선정한다. 〈개정 2010.5.31., 2013.4.16., 2014.11.17., 2020.8.5.〉

  1. 18세 이상 65세 미만일 것

  2. 해당 작업 수행에 건강상 장애가 없을 것

  3. 개방처우급·완화경비처우급에 해당할 것

  4. 가족·친지 또는 법 제130조의 교정위원(이하 "교정위원"이라 한다) 등과 접견·편지수수·전화통화 등으로 연락하고 있을 것

  5. 집행할 형기가 7년 미만이고 가석방이 제한되지 아니할 것

② 교정시설 안에 설치된 외부기업체의 작업장에 통근하며 작업하는 수형자는 제1항 제1호부터 제4호까지의 요건(같은 항 제3호의 요건의 경우에는 일반경비처우급에 해당하는 수형자도 포함한다)을 갖춘 수형자로서 집행할 형기가 10년 미만이거나 형기기산일부터 10년 이상이 지난 수형자 중에서 선정한다. 〈신설 2013.4.16., 2014.11.17.〉

오답의 이유

① 형의 집행 및 수용자의 처우에 관한 법률 시행규칙 제123조

② 형의 집행 및 수용자의 처우에 관한 법률 제68조

③ 형의 집행 및 수용자의 처우에 관한 법률 시행규칙 제121조

형사정책 > 소년범죄론

정답의 이유

③ 보호소년 등의 처우에 관한 법률 제14조의2 제7항

오답의 이유

① 보호소년 등은 남성과 여성, 보호소년과 위탁소년 및 유치소년의 기준에 따라 분리 수용한다. 16세 미만인 자와 16세 이상인 자는 분리 수용 기준이 아니다(보호소년 등의 처우에 관한 법률 제8조 제2항).

제8조(분류처우)

① 원장은 보호소년등의 정신적·신체적 상황 등 개별적 특성을 고려하여 생활실을 구분하는 등 적합한 처우를 하여야 한다. 〈개정 2016.3.29.〉

② 보호소년등은 다음 각 호의 기준에 따라 분리 수용한다. 〈개정 2016.3.29., 2018.9.18.〉

  1. 남성과 여성

  2. 보호소년, 위탁소년 및 유치소년

---

② 보호소년등이 규율 위반행위를 하여 20일 이내의 기간 동안 지정된 실 안에서 근신하는 징계를 받은 경우에는 20일 이내의 텔레비전 시청 제한, 20일 이내의 단체 체육활동 정지, 20일 이내의 공동행사 참가 정지가 함께 부과된다. 따라서 원내 봉사활동은 해당되지 않는다(보호소년 등의 처우에 관한 법률 제15조 제1항 제7호·제4항).

제15조(징계)

① 원장은 보호소년등이 제14조의4 각 호의 어느 하나에 해당하는 행위를 하면 제15조의2 제1항에 따른 보호소년등처우·징계위원회의 의결에 따라 다음 각 호의 어느 하나에 해당하는 징계를 할 수 있다. 〈개정 2016.3.29., 2020.10.20.〉

  1. 훈계

  2. 원내 봉사활동

  3. 서면 사과

  4. 20일 이내의 텔레비전 시청 제한

  5. 20일 이내의 단체 체육활동 정지

  6. 20일 이내의 공동행사 참가 정지

  7. 20일 이내의 기간 동안 지정된 실(室) 안에서 근신하게 하는 것

---

④ 소년원 및 소년분류심사원에서 보호소년등이 사용하는 목욕탕, 세면실 및 화장실에 전자영상장비를 설치하여 운영하는 것은 자해등의 생명·신체를 해치거나 시설의 안전 또는 질서를 해칠 우려가 큰 때에만 할 수 있다(보호소년 등의 처우에 관한 법률 제14조의3 제2항).

제14조의3(전자장비의 설치·운영)

① 소년원 및 소년분류심사원에는 보호소년 등의 이탈·난동·폭행·자해·자살, 그 밖에 보호소년 등의 생명·신체를 해치거나 시설의 안전 또는 질서를 해치는 행위(이하 이 조에서 "자해 등"이라 한다)를 방지하기 위하여 필요한 최소한의 범위에서 전자장비를 설치하여 운영할 수 있다.

② 보호소년 등이 사용하는 목욕탕, 세면실 및 화장실에 전자영상장비를 설치하여 운영하는 것은 자해 등의 우려가 큰 때에만 할 수 있다. 이 경우 전자영상장비로 보호소년 등을 감호할 때에는 여성인 보호소년 등에 대해서는 여성인 소속 공무원만, 남성인 보호소년 등에 대해서는 남성인 소속 공무원만이 참여하여야 한다.

19 난도 ★★☆

정답 ④

교정학 > 시설내 처우

정답의 이유

ㄷ·ㄹ·ㅁ. 수형자를 징벌하기로 의결한 때, 분류심사에 오류가 있음이 발견된 때, 수형자가 학사 이상의 학위를 취득한 때는 부정기재심사 사유에 해당하는 내용들이다(형의 집행 및 수용자의 처우에 관한 법률 시행규칙 제67조).

제67조(부정기재심사)

부정기재심사는 다음 각 호의 어느 하나에 해당하는 경우에 할 수 있다. 〈개정 2010.5.31., 2014.11.17.〉

1. 분류심사에 오류가 있음이 발견된 때
2. 수형자가 교정사고(교정시설에서 발생하는 화재, 수용자의 자살·도주·폭행·소란, 그 밖에 사람의 생명·신체를 해하거나 교정시설의 안전과 질서를 위태롭게 하는 사고를 말한다. 이하 같다)의 예방에 뚜렷한 공로가 있는 때
3. 수형자를 징벌하기로 의결한 때
4. 수형자가 집행유예의 실효 또는 추가사건(현재 수용의 근거가 된 사건 외의 형사사건을 말한다. 이하 같다)으로 금고이상의 형이 확정된 때
5. 수형자가 숙련기술장려법 제20조 제2항에 따른 전국기능경기대회 입상, 기사 이상의 자격취득, 학사 이상의 학위를 취득한 때
6. 삭제 〈2014.11.17.〉
7. 그 밖에 수형자의 수용 또는 처우의 조정이 필요한 때

오답의 이유

ㄱ. 지방기능경기대회가 아니라 전국기능경기대회에서 입상한 때이다(형의 집행 및 수용자의 처우에 관한 법률 시행규칙 제67조 제5호).

ㄴ. 벌금형이 아니라 수형자가 현재 수용의 근거가 된 사건 외의 추가적 형사사건으로 인하여 금고 이상의 형이 확정된 때이다(형의 집행 및 수용자의 처우에 관한 법률 시행규칙 제67조 제4호).

20 난도 ★★☆

정답 ①

교정학 > 수용자의 법적 지위와 처우

정답의 이유

① 개방처우급 또는 완화경비처우급의 수형자에 대하여 직업능력 향상을 위하여 특히 필요하다고 인정되는 경우에는 교정시설 외부의 공공기관 또는 기업체 등에서 운영하는 직업훈련을 받게 할 수 있다(형의 집행 및 수용자의 처우에 관한 법률 시행규칙 제96조 제1항).

오답의 이유

② 소장은 수형자의 가족 또는 배우자의 직계존속이 사망하면 2일간, 부모 또는 배우자의 제삿날에는 1일간 해당 수형자의 작업을 면제한다(형의 집행 및 수용자의 처우에 관한 법률 제72조 제1항).

③ 형의 집행 및 수용자의 처우에 관한 법률 제73조 제3항

제73조(작업수입 등)

① 작업수입은 국고수입으로 한다.

② 소장은 수형자의 근로의욕을 고취하고 건전한 사회복귀를 지원하기 위하여 법무부장관이 정하는 바에 따라 작업의 종류, 작업성적, 교정성적, 그 밖의 사정을 고려하여 수형자에게 작업장려금을 지급할수 있다.

③ 제2항의 작업장려금은 석방할 때에 본인에게 지급한다. 다만, 본인의 가족생활 부조, 교화 또는 건전한 사회복귀를 위하여 특히 필요하면 석방 전이라도 그 전부 또는 일부를 지급할 수 있다.

---

④ 소장은 직업훈련 직종 선정 및 훈련과정별 인원을 법무부장관의 승인을 받아 정한다(형의 집행 및 수용자의 처우에 관한 법률 시행규칙 제124조 제1항).

교정학개론 | 2021년 국가직 9급

한눈에 훑어보기

✔ 영역 분석

형사정책 01 02 03 07 11 12 13 16 17 19 20
11문항, 55%

교정학 04 05 06 08 09 10 14 15 18
9문항, 45%

✔ 빠른 정답

01	02	03	04	05	06	07	08	09	10
①	②	③	①	④	②	①	③	①	④
11	12	13	14	15	16	17	18	19	20
①	③	④	②	②	②	③	④	③	②

✔ 점수 체크

구분	1회독	2회독	3회독
맞힌 문항 수	/ 20	/ 20	/ 20
나의 점수	점	점	점

---

01 난도 ★☆☆ 　　　　　　　　　　　　정답 ①

형사정책 > 소년범죄론

[정답의 이유]
① 소년법 제32조 제3항

[오답의 이유]
② 수강명령과 장기 소년원 송치는 12세 이상의 소년에게만 할 수 있다(소년법 제32조 제4항).

> **제32조(보호처분의 결정)**
> ① 소년부 판사는 심리 결과 보호처분을 할 필요가 있다고 인정하면 결정으로써 다음 각 호의 어느 하나에 해당하는 처분을 하여야 한다.
> 　1. 보호자 또는 보호자를 대신하여 소년을 보호할 수 있는 자에게 감호 위탁
> 　2. 수강명령
> 　3. 사회봉사명령
> 　4. 보호관찰관의 단기(短期) 보호관찰
> 　5. 보호관찰관의 장기(長期) 보호관찰
> 　6. 「아동복지법」에 따른 아동복지시설이나 그 밖의 소년보호시설에 감호 위탁
> 　7. 병원, 요양소 또는 「보호소년 등의 처우에 관한 법률」에 따른 의료재활소년원에 위탁
> 　8. 1개월 이내의 소년원 송치
> 　9. 단기 소년원 송치
> 　10. 장기 소년원 송치
> ④ 제1항 제2호 및 제10호의 처분은 12세 이상의 소년에게만 할 수 있다.

③ 1년 이내의 기간을 정하여 야간 등 특정 시간대의 외출을 제한하는 명령을 보호관찰대상자의 준수 사항으로 부과할 수 있다(소년법 제32조의2 제2항).

> **제32조의2(보호관찰처분에 따른 부가처분 등)**
> ② 제32조 제1항 제4호 또는 제5호의 처분을 할 때에 1년 이내의 기간을 정하여 야간 등 특정 시간대의 외출을 제한하는 명령을 보호관찰대상자의 준수 사항으로 부과할 수 있다.

④ 수강명령은 100시간을, 사회봉사명령은 200시간을 초과할 수 없다(소년법 제33조 제4항).

> **제33조(보호처분의 기간)**
> ④ 제32조 제1항 제2호의 수강명령은 100시간을, 제32조 제1항 제3호의 사회봉사명령은 200시간을 초과할 수 없으며, 보호관찰관이 그 명령을 집행할 때에는 사건 본인의 정상적인 생활을 방해하지 아니하도록 하여야 한다.

02 난도 ★☆☆
정답 ②

형사정책 > 형벌과 보안처분론

[정답의 이유]
② 치료명령을 받은 사람은 형의 집행이 종료되거나 면제·가석방 또는 치료감호의 집행이 종료·가종료 또는 치료위탁되는 날부터 10일 이내에 주거지를 관할하는 보호관찰소에 출석하여 서면으로 신고하여야 한다(성폭력범죄자의 성충동 약물치료에 관한 법률 제15조 제2항).

[오답의 이유]
① 성폭력범죄자의 성충동 약물치료에 관한 법률 제13조 제1항
③ 성폭력범죄자의 성충동 약물치료에 관한 법률 제14조 제4항 제1호
④ 성폭력범죄자의 성충동 약물치료에 관한 법률 제16조 제1항

03 난도 ★★☆
정답 ③

형사정책 > 범죄원인론

[정답의 이유]
③ 달가드와 크링그렌은 일란성쌍생아의 높은 범죄 일치율은 조사 대상자들이 비슷한 양육과정에 있었기 때문이고 실제 양육과정을 달리했을 때에는 큰 차이가 없다고 주장하였으며 결국 범죄 발생에서 유전적 요소의 중요성이란 존재하지 않는다고 주장하였다.

[오답의 이유]
① 덕데일은 주크가(家) 연구를 통해 '범죄는 유전의 결과'라는 견해를 밝힌 가장 대표적인 학자이다.
② 랑게는 저서 『운명으로서의 범죄』에서 일란성쌍생아의 범죄성 일치비율이 높은 이유가 유전의 영향이라는 주장을 발표하였다.
④ 허칭스와 메드닉은 양부모의 범죄성은 생부모의 범죄성보다 영향력이 약하다고 보았다.

04 난도 ★★☆
정답 ①

교정학 > 시설내 처우

[정답의 이유]
① 피호송자가 도주한 때에는 서류와 금품은 발송관서에 반환하여야 한다(수형자 등 호송 규정 제10조 제1항·제2항).

> **제10조(피호송자의 도주 등)**
> ① 피호송자가 도주한 때에는 호송관은 즉시 그 지방 및 인근 경찰관서와 호송관서에 통지하여야 하며, 호송관서는 관할 지방검찰청, 사건소관 검찰청, 호송을 명령한 관서, 발송관서 및 수송관서에 통지하여야 한다.
> ② 제1항의 경우에는 서류와 금품은 발송관서에 반환하여야 한다.

[오답의 이유]
② 수형자 등 호송 규정 제2조
③ 수형자 등 호송 규정 제6조 제4호
④ 수형자 등 호송 규정 제13조 제1항

05 난도 ★★☆
정답 ④

교정학 > 시설내 처우

[정답의 이유]
④ 형의 집행 및 수용자의 처우에 관한 법률 시행규칙 제265조 제2항

[오답의 이유]
① 수용자의 관리·교정교화 등 사무에 관한 지방교정청장의 자문에 응하기 위하여 지방교정청에 교정자문위원회를 둔다(형의 집행 및 수용자의 처우에 관한 법률 제129조 제1항).
② 교정자문위원회는 10명 이상 15명 이하의 위원으로 성별을 고려하여 구성하고, 위원장은 위원 중에서 호선하며, 위원은 교정에 관한 학식과 경험이 풍부한 외부인사 중에서 지방교정청장의 추천을 받아 법무부장관이 위촉한다(형의 집행 및 수용자의 처우에 관한 법률 제129조 제2항).
③ 위원장이 부득이한 사유로 직무를 수행할 수 없을 때에는 부위원장이 그 직무를 대행하고, 부위원장도 부득이한 사유로 직무를 수행할 수 없을 때에는 위원장이 미리 지명한 위원이 그 직무를 대행한다(형의 집행 및 수용자의 처우에 관한 법률 시행규칙 제267조 제2항).

교정학 > 시설내 처우

정답의 이유

② 증거를 인멸할 우려가 있는 때뿐만 아니라 다른 사람에게 위해를 끼칠 우려가 있거나 다른 수용자의 위해로부터 보호할 필요가 있을 때 조사기간 중 분리하여 수용할 수 있다(형의 집행 및 수용자의 처우에 관한 법률 제110조 제1항).

제110조(징벌대상자의 조사)
① 소장은 징벌사유에 해당하는 행위를 하였다고 의심할 만한 상당한 이유가 있는 수용자(이하 "징벌대상자"라 한다)가 다음 각 호의 어느 하나에 해당하면 조사기간 중 분리하여 수용할 수 있다.
　1. 증거를 인멸할 우려가 있는 때
　2. 다른 사람에게 위해를 끼칠 우려가 있거나 다른 수용자의 위해로부터 보호할 필요가 있는 때

오답의 이유

① 형의 집행 및 수용자의 처우에 관한 법률 제109조 제2항

제109조(징벌의 부과)
② 수용자가 다음 각 호의 어느 하나에 해당하면 제108조 제2호부터 제14호까지의 규정에서 정한 징벌의 장기의 2분의 1까지 가중할 수 있다.
　1. 2 이상의 징벌사유가 경합하는 때
　2. 징벌이 집행 중에 있거나 징벌의 집행이 끝난 후 또는 집행이 면제된 후 6개월 내에 다시 징벌사유에 해당하는 행위를 한 때

---

③ 형의 집행 및 수용자의 처우에 관한 법률 제114조 제1항

제114조(징벌집행의 유예)
① 징벌위원회는 징벌을 의결하는 때에 행위의 동기 및 정황, 교정성적, 뉘우치는 정도 등 그 사정을 고려할 만한 사유가 있는 수용자에 대하여 2개월 이상 6개월 이하의 기간 내에서 징벌의 집행을 유예할 것을 의결할 수 있다.

---

④ 형의 집행 및 수용자의 처우에 관한 법률 제111조 제2항

제111조(징벌위원회)
② 위원회는 위원장을 포함한 5명 이상 7명 이하의 위원으로 구성하고, 위원장은 소장의 바로 다음 순위자가 되며, 위원은 소장이 소속 기관의 과장(지소의 경우에는 7급 이상의 교도관) 및 교정에 관한 학식과 경험이 풍부한 외부인사 중에서 임명 또는 위촉한다. 이 경우 외부위원은 3명 이상으로 한다.

형사정책 > 형벌과 보안처분론

정답의 이유

① 형법 제7조는 '죄를 지어 외국에서 형의 전부 또는 일부가 집행된 사람에 대해서는 그 집행된 형의 전부 또는 일부를 선고하는 형에 산입한다.'라고 규정하고 있다. 이 규정의 취지는, 형사판결은 국가주권의 일부분인 형벌권 행사에 기초한 것이어서 피고인이 외국에서 형사처벌을 과하는 확정판결을 받았더라도 그 외국 판결은 우리나라 법원을 기속할 수 없고 우리나라에서는 기판력도 없어 일사부재리의 원칙이 적용되지 않으므로, 피고인이 동일한 행위에 관하여 우리나라 형벌법규에 따라 다시 처벌받는 경우에 생길 수 있는 실질적인 불이익을 완화하려는 것이다. 그런데 여기서 '외국에서 형의 전부 또는 일부가 집행된 사람'이란 문언과 취지에 비추어 '외국법원의 유죄판결에 의하여 자유형이나 벌금형 등 형의 전부 또는 일부가 실제로 집행된 사람'을 말한다고 해석하여야 한다. 따라서 형사사건으로 외국법원에 기소되었다가 무죄판결을 받은 사람은, 설령 그가 무죄판결을 받기까지 상당 기간 미결구금되었더라도 이를 유죄판결에 의하여 형이 실제로 집행된 것으로 볼 수는 없으므로, '외국에서 형의 전부 또는 일부가 집행된 사람'에 해당한다고 볼 수 없고, 그 미결구금 기간은 형법 제7조에 의한 산입의 대상이 될 수 없다(대판 2017.8.24. 2017도5977).

오답의 이유

② 대판 2019.4.18. 2017도14609 전합
③ 대결 2017.11.28. 2017모1990
④ 형사소송법 제471조의2 제1항 · 제2항

교정학 > 시설내 처우

정답의 이유

③ 형의 집행 및 수용자의 처우에 관한 법률 제37조 제2항

오답의 이유

① 법무부장관은 이송승인에 관한 권한을 대통령령으로 정하는 바에 따라 지방교정청장에게 위임할 수 있다(형의 집행 및 수용자의 처우에 관한 법률 제20조 제2항).
② 소장은 수용자를 다른 교정시설에 이송하는 경우에 의무관으로부터 수용자가 건강상 감당하기 어렵다는 보고를 받으면 이송을 중지하고 그 사실을 이송받을 소장에게 알려야 한다(형의 집행 및 수용자의 처우에 관한 법률 시행령 제23조).
④ 수용자가 이송 중에 징벌대상 행위를 하거나 다른 교정시설에서 징벌대상 행위를 한 사실이 이송된 후에 발각된 경우에는 그 수용자를 인수한 소장이 징벌을 부과한다(형의 집행 및 수용자의 처우에 관한 법률 시행령 제136조).

교정학 > 시설내 처우

정답의 이유

ㄴ·ㄹ. 형의 집행 및 수용자의 처우에 관한 법률 시행규칙 제120조 제1항

오답의 이유

ㄱ. 19세 이상 65세 미만이 아니라 18세 이상 65세 미만이다.

ㄷ. 일반경비처우급이 아니라 개방처우급·완화경비처우급이다.

ㅁ. 직업훈련이 아니라 가석방에 제한이 없을 것이다.

> **제120조(선정기준)**
> ① 외부기업체에 통근하며 작업하는 수형자는 다음 각 호의 요건을 갖춘 수형자 중에서 선정한다.
> 1. 18세 이상 65세 미만일 것
> 2. 해당 작업 수행에 건강상 장애가 없을 것
> 3. 개방처우급·완화경비처우급에 해당할 것
> 4. 가족·친지 또는 법 제130조의 교정위원(이하 "교정위원"이라 한다) 등과 접견·편지수수·전화통화 등으로 연락하고 있을 것
> 5. 집행할 형기가 7년 미만이고 가석방이 제한되지 아니할 것
> 6. 삭제 〈2013.4.16.〉

교정학 > 시설내 처우

정답의 이유

④ 형의 집행 및 수용자의 처우에 관한 법률 시행규칙 제46조 제2항

오답의 이유

① 임산부인 수용자에 대하여 교정시설에 근무하는 의사(공중보건의사를 포함한다. 이하 "의무관"이라 한다)의 의견을 들어 필요한 양의 죽 등의 주식이나 별도로 마련된 부식을 지급할 수 있으며, 양육유아에 대하여는 분유 등의 대체식품을 지급할 수 있다(형의 집행 및 수용자의 처우에 관한 법률 시행규칙 제42조).

② 소장은 소년수형자등의 나이·적성 등을 고려하여 필요하다고 인정하면 제87조 및 제90조에 따른 접견 및 전화통화 횟수를 늘릴 수 있다(형의 집행 및 수용자의 처우에 관한 법률 시행규칙 제59조의4).

③ 소장은 외국인수용자가 질병 등으로 위독하거나 사망한 경우에는 그의 국적이나 시민권이 속하는 나라의 외교공관 또는 영사관의 장이나 그 관원 또는 가족에게 이를 즉시 알려야 한다(형의 집행 및 수용자의 처우에 관한 법률 시행규칙 제59조).

형사정책 > 소년범죄론

정답의 이유

① 촉법소년(형벌법령에 저촉되는 행위를 한 10세 이상 14세 미만의 소년)이 있을 때에는 경찰서장은 직접 관할 소년부에 송치(送致)하여야 한다(소년법 제4조 제2항).

> **제4조(보호의 대상과 송치 및 통고)**
> ① 다음 각 호의 어느 하나에 해당하는 소년은 소년부의 보호사건으로 심리한다.
> 1. 죄를 범한 소년
> 2. 형벌 법령에 저촉되는 행위를 한 10세 이상 14세 미만인 소년
> 3. 다음 각 목에 해당하는 사유가 있고 그의 성격이나 환경에 비추어 앞으로 형벌 법령에 저촉되는 행위를 할 우려가 있는 10세 이상인 소년
>   가. 집단적으로 몰려다니며 주위 사람들에게 불안감을 조성하는 성벽(性癖)이 있는 것
>   나. 정당한 이유 없이 가출하는 것
>   다. 술을 마시고 소란을 피우거나 유해환경에 접하는 성벽이 있는 것
> ② 제1항 제2호 및 제3호에 해당하는 소년이 있을 때에는 경찰서장은 직접 관할 소년부에 송치(送致)하여야 한다.

오답의 이유

② 소년법 제6조 제1항

③ 소년법 제13조 제1항

④ 소년법 제29조 제1항

형사정책 > 범죄원인론

정답의 이유

③ 인간이 동물과는 달리 지능과 합리적 판단능력을 가지고 본인의 이익을 증진시키는 방향으로 행위를 할 수 있는 능력을 가졌으며, 사회질서나 법도 결국은 사람들이 자기의 이익을 충족하기 위하여 만들어졌다. 따라서 인간은 자기운명의 지배자이며 자기의 자유로운 의사에 따라 자기 생활을 영위한다는 입장은 고전주의에 해당한다.

오답의 이유

① 페리는 인간행위는 환경에 의해 영향을 받을 수밖에 없다는 결정론을 취하여 도덕적 책임을 부정하고 사회적 책임론을 제창하였다.

② 실증주의 학파는 범죄연구에 있어 경험적이고 과학적인 접근을 강조했으며 과학적 분석을 통한 범죄원인규명을 시도하였다.

④ 실증주의 학파는 범죄는 인간이 어찌할 수 없는 환경과 요인에 의해 결정된 결과로 보았다.

13 난도 ★★★ 　　　　　　　　　　　　　　　정답 ④

형사정책 > 소년범죄론

정답의 이유

④ 우리나라의 경우 소년법원은 소년분류심사원에 위탁하여 소년에 대한 분류심사를 할 수 있도록 하고 있다. 소년분류심사원은 미래의 주인공이 될 청소년 가운데 한순간의 잘못으로 국가의 특별한 보호조치가 필요한 청소년들을 법원소년부로부터 위탁받아 이들을 보호·교육(인성)하여 건전한 청소년으로의 변화를 유도함과 아울러, 이들의 비행원인과 문제행동을 진단하여 법원소년부에 심리자료로 제공하고 소년원, 보호관찰소, 가정, 학교 등에는 지도방향을 제시해 주는 국가기관이다.

오답의 이유

① 소년법원은 반사회성(反社會性)이 있는 소년의 환경 조정과 품행 교정(矯正)을 위한 보호처분 등의 필요한 조치를 하고, 형사처분에 관한 특별조치를 함으로써 소년이 건전하게 성장하도록 돕는 것을 목적으로 한다(소년법 제1조).

② 형법 제4조는 보호의 대상을 '죄를 범한 소년', '형벌 법령에 저촉되는 행위를 한 10세 이상 14세 미만인 소년', '다음 각 목에 해당하는 사유가 있고 그의 성격이나 환경에 비추어 앞으로 형벌 법령에 저촉되는 행위를 할 우려가 있는 10세 이상인 소년'으로 규정하고 있어 범죄소년뿐 아니라 다양한 유형의 문제에 대처하고자 한다.

③ 소년법원은 비공개로 재판하므로, 일반법원에 비해 비공식적이고 융통성이 있다고 할 수 있다.

14 난도 ★☆☆ 　　　　　　　　　　　　　　　정답 ②

교정학 > 시설내 처우

정답의 이유

② 형의 집행 및 수용자의 처우에 관한 법률 제95조 제2항

오답의 이유

① 소장은 수용자가 교도관의 제지에도 불구하고 소란행위를 계속하여 다른 수용자의 평온한 수용생활을 방해하는 때에 강제력을 행사하거나 보호장비를 사용하여도 그 목적을 달성할 수 없는 경우에만 진정실에 수용할 수 있다(형의 집행 및 수용자의 처우에 관한 법률 제96조 제1항 제2호).

> 제96조(진정실 수용)
> ① 소장은 수용자가 다음 각 호의 어느 하나에 해당하는 경우로서 강제력을 행사하거나 제98조의 보호장비를 사용하여도 그 목적을 달성할 수 없는 경우에만 진정실(일반 수용거실로부터 격리되어 있고 방음설비 등을 갖춘 거실을 말한다. 이하 같다)에 수용할 수 있다. 〈개정 2016.5.29.〉
> 1. 교정시설의 설비 또는 기구 등을 손괴하거나 손괴하려고 하는 때
> 2. 교도관의 제지에도 불구하고 소란행위를 계속하여 다른 수용자의 평온한 수용생활을 방해하는 때

③ 소장은 수용자를 보호실에 수용하거나 수용기간을 연장하는 경우에는 그 사유를 가족이 아니라 <u>본인</u>에게 알려 주어야 한다(형의 집행 및 수용자의 처우에 관한 법률 제95조 제4항).

④ 수용자를 보호실에 수용할 수 있는 기간은 계속하여 3개월을 초과할 수 없다(형의 집행 및 수용자의 처우에 관한 법률 제95조 제3항).

15 난도 ★★☆ 　　　　　　　　　　　　　　　정답 ②

교정학 > 시설내 처우

정답의 이유

② 상소권회복 또는 재심 청구사건의 대리인이 되려는 변호사와의 접견가능 횟수는 사건당 2회이다(형의 집행 및 수용자의 처우에 관한 법률 시행령 제59조의2 제2항 제2호).

> 제59조의2(변호사와의 접견)
> ② 수용자가 제1항 각 호의 변호사와 접견하는 횟수는 다음 각 호의 구분에 따르되, 이를 제58조 제3항, 제101조 및 제109조의 접견 횟수에 포함시키지 아니한다.
> 1. 소송사건의 대리인인 변호사: 월 4회
> 2. 「형사소송법」에 따른 상소권회복 또는 재심 청구사건의 대리인이 되려는 변호사: 사건당 2회

오답의 이유

① 형의 집행 및 수용자의 처우에 관한 법률 제41조 제2항 제2호

③ 형의 집행 및 수용자의 처우에 관한 법률 제41조 제4항 제1호

④ 형의 집행 및 수용자의 처우에 관한 법률 제41조 제3항 제1호

> 제41조(접견)
> ① 수용자는 교정시설의 외부에 있는 사람과 접견할 수 있다. 다만, 다음 각 호의 어느 하나에 해당하는 사유가 있으면 그러하지 아니하다.
> 1. 형사 법령에 저촉되는 행위를 할 우려가 있는 때
> 2. 「형사소송법」이나 그 밖의 법률에 따른 접견금지의 결정이 있는 때
> 3. 수형자의 교화 또는 건전한 사회복귀를 해칠 우려가 있는 때
> 4. 시설의 안전 또는 질서를 해칠 우려가 있는 때
> ② 수용자의 접견은 접촉차단시설이 설치된 장소에서 하게 한다. 다만, 다음 각 호의 어느 하나에 해당하는 경우에는 접촉차단시설이 설치되지 아니한 장소에서 접견하게 한다.
> 1. 미결수용자(형사사건으로 수사 또는 재판을 받고 있는 수형자와 사형확정자를 포함한다)가 변호인(변호인이 되려는 사람을 포함한다. 이하 같다)과 접견하는 경우
> 2. 수용자가 소송사건의 대리인인 변호사와 접견하는 경우 등 수용자의 재판청구권 등을 실질적으로 보장하기 위하여 대통령령으로 정하는 경우로서 교정시설의 안전 또는 질서를 해칠 우려가 없는 경우

③ 제2항에도 불구하고 다음 각 호의 어느 하나에 해당하는 경우에는 접촉차단시설이 설치되지 아니한 장소에서 접견하게 할 수 있다.

　　1. 수용자가 미성년자인 자녀와 접견하는 경우

　　2. 그 밖에 대통령령으로 정하는 경우

④ 소장은 다음 각 호의 어느 하나에 해당하는 사유가 있으면 교도관으로 하여금 수용자의 접견내용을 청취 · 기록 · 녹음 또는 녹화하게 할 수 있다.

　　1. 범죄의 증거를 인멸하거나 형사 법령에 저촉되는 행위를 할 우려가 있는 때

　　2. 수형자의 교화 또는 건전한 사회복귀를 위하여 필요한 때

　　3. 시설의 안전과 질서유지를 위하여 필요한 때

16 난도 ★☆☆

정답 ②

형사정책 > 범죄피해자론

정답의 이유

② 기소유예처분의 사유에 해당하는 경우는 형사조정에 회부할 수 있다(범죄피해자 보호법 제41조 제2항 단서).

오답의 이유

① 범죄피해자 보호법 제41조 제2항 제1호

③ 범죄피해자 보호법 제41조 제2항 제2호

④ 범죄피해자 보호법 제41조 제2항 제1호

제41조(형사조정 회부)

① 검사는 피의자와 범죄피해자(이하 "당사자"라 한다) 사이에 형사분쟁을 공정하고 원만하게 해결하여 범죄피해자가 입은 피해를 실질적으로 회복하는 데 필요하다고 인정하면 당사자의 신청 또는 직권으로 수사 중인 형사사건을 형사조정에 회부할 수 있다.

② 형사조정에 회부할 수 있는 형사사건의 구체적인 범위는 대통령령으로 정한다. 다만, 다음 각 호의 어느 하나에 해당하는 경우에는 형사조정에 회부하여서는 아니 된다.

　　1. 피의자가 도주하거나 증거를 인멸할 염려가 있는 경우

　　2. 공소시효의 완성이 임박한 경우

　　3. 불기소처분의 사유에 해당함이 명백한 경우(다만, 기소유예처분의 사유에 해당하는 경우는 제외한다)

17 난도 ★☆☆

정답 ③

형사정책 > 형벌과 보안처분론

정답의 이유

③ 보호관찰 등에 관한 법률상 법원의 직권에 의한 갱생보호는 없고 갱생보호의 대상자나 대상자를 수용하고 있는 기관의 신청에 의한 갱생보호만 규정되어 있다(보호관찰 등에 관한 법률 제66조 제1항).

제66조(갱생보호의 신청 및 조치)

① 갱생보호 대상자와 관계 기관은 보호관찰소의 장, 제67조 제1항에 따라 갱생보호사업 허가를 받은 자 또는 제71조에 따른 한국법무보호복지공단에 갱생보호 신청을 할 수 있다.

② 제1항의 신청을 받은 자는 지체 없이 보호가 필요한지 결정하고 보호하기로 한 경우에는 그 방법을 결정하여야 한다.

③ 제1항의 신청을 받은 자가 제2항에 따라 보호결정을 한 경우에는 지체 없이 갱생보호에 필요한 조치를 하여야 한다.

오답의 이유

① 보호관찰 등에 관한 법률 제70조의2

② 보호관찰 등에 관한 법률 제70조 제4호

제70조(갱생보호사업의 허가 취소 등)

법무부장관은 사업자가 다음 각 호의 어느 하나에 해당할 때에는 그 허가를 취소하거나 6개월 이내의 기간을 정하여 그 사업의 전부 또는 일부의 정지를 명할 수 있다. 다만, 제1호 또는 제4호에 해당하는 때에는 그 허가를 취소하여야 한다.

　　1. 부정한 방법으로 갱생보호사업의 허가를 받은 경우

　　2. 갱생보호사업의 허가 조건을 위반한 경우

　　3. 목적사업 외의 사업을 한 경우

　　4. 정당한 이유 없이 갱생보호사업의 허가를 받은 후 6개월 이내에 갱생보호사업을 시작하지 아니하거나 1년 이상 갱생보호사업의 실적이 없는 경우

　　5. 제69조에 따른 보고를 거짓으로 한 경우

　　6. 이 법 또는 이 법에 따른 명령을 위반한 경우

④ 보호관찰 등에 관한 법률 제71조

18 난도 ★★☆

정답 ④

교정학 > 사회적 처우와 사회내 처우

정답의 이유

④ 지역사회 교정에는 전환, 재판 전 석방, 벌금, 배상명령, 지역사회봉사, 보호관찰, 집중감시프로그램, 가택구금, 전자감시, 주간출근소(day reporting center), 병영식 캠프(boot camp), 거주센터(residential centers), 일시석방(temporary release), 가석방 등이 있다. 범죄자의 선별적 무력화(selective incapacitation)는 소수의 중 · 누범죄자를 장기구금하여 범죄의 감소를 추구하는 방안으로 지역사회 교정의 형태는 아니다.

형사정책 > 형벌과 보안처분론

오답의 이유

③ 전자장치 부착 등에 관한 법률 제9조의2 제1항 제3호

오답의 이유

① 어린이보호구역 등 특정지역·장소에의 출입금지가 아니라 접근금지이다(전자장치 부착 등에 관한 법률 제9조의2 제1항 제2호).

② 주거지역의 제한은 어린이보호구역 등 특정지역·장소에 해당된다(전자장치 부착 등에 관한 법률 제9조의2 제1항 제2의2호).

④ '특정범죄 치료 프로그램의 이수'는 500시간의 범위에서 그 기간을 정해야 한다(전자장치 부착 등에 관한 법률 제9조의2 제1항 제2호).

제9조의2(준수사항)

① 법원은 제9조 제1항에 따라 부착명령을 선고하는 경우 부착기간의 범위에서 준수기간을 정하여 다음 각 호의 준수사항 중 하나 이상을 부과할 수 있다. 다만, 제4호의 준수사항은 500시간의 범위에서 그 기간을 정하여야 한다.

　1. 야간, 아동·청소년의 통학시간 등 특정 시간대의 외출제한

　2. 어린이 보호구역 등 특정지역·장소에의 출입금지 및 접근금지

　2의2. 주거지역의 제한

　3. 피해자 등 특정인에의 접근금지

　4. 특정범죄 치료 프로그램의 이수

　5. 마약 등 중독성 있는 물질의 사용금지

　6. 그 밖에 부착명령을 선고받는 사람의 재범방지와 성행교정을 위하여 필요한 사항

③ 제1항에도 불구하고 법원은 19세 미만의 사람에 대해서 성폭력범죄를 저지른 사람에 대해서 제9조 제1항에 따라 부착명령을 선고하는 경우에는 제1항 제1호 및 제3호를 포함하여 준수사항을 부과하여야 한다. 다만, 제1항 제1호의 준수사항을 부과하여서는 아니될 특별한 사정이 있다고 판단하는 경우에는 그러하지 아니하다.

형사정책 > 형벌과 보안처분론

오답의 이유

② 치료감호 등에 관한 법률 제16조 제2항

제16조(치료감호의 내용)

① 치료감호를 선고받은 자(이하 "피치료감호자"라 한다)에 대하여는 치료감호시설에 수용하여 치료를 위한 조치를 한다.

② 피치료감호자를 치료감호시설에 수용하는 기간은 다음 각 호의 구분에 따른 기간을 초과할 수 없다.

　1. 제2조 제1항 제1호 및 제3호에 해당하는 자: 15년

　2. 제2조 제1항 제2호에 해당하는 자: 2년

제2조(치료감호대상자)

① 이 법에서 "치료감호대상자"란 다음 각 호의 어느 하나에 해당하는 자로서 치료감호시설에서 치료를 받을 필요가 있고 재범의 위험성이 있는 자를 말한다.

　1. 「형법」 제10조 제1항에 따라 벌하지 아니하거나 같은 조 제2항에 따라 형을 감경할 수 있는 심신장애인으로서 금고 이상의 형에 해당하는 죄를 지은 자

　2. 마약·향정신성의약품·대마, 그 밖에 남용되거나 해독(害毒)을 끼칠 우려가 있는 물질이나 알코올을 식음(食飮)·섭취·흡입·흡연 또는 주입받는 습벽이 있거나 그에 중독된 자로서 금고 이상의 형에 해당하는 죄를 지은 자

　3. 소아성기호증(小兒性嗜好症), 성적가학증(性的加虐症) 등 성적 성벽(性癖)이 있는 정신성적 장애인으로서 금고 이상의 형에 해당하는 성폭력범죄를 지은 자

오답의 이유

① 심신장애인으로서 금고 이상의 형에 해당하는 죄를 지은 자가 치료감호 대상자이다(치료감호 등에 관한 법률 제2조 제1항 제1호).

③ 치료감호가 가종료되었을 때 시작되는 보호관찰의 기간은 3년으로 한다(치료감호 등에 관한 법률 제32조 제1항 제1호·제2항).

④ 가종료 또는 치료위탁의 경우에 보호관찰 기간이 끝나면 치료감호가 끝난다(치료감호 등에 관한 법률 제35조 제1항).

교정학개론 | 2020년 국가직 9급

한눈에 훑어보기

✔ 영역 분석

형사정책 01 09 10 17 18 19 20
7문항, 35%

교정학 02 03 04 05 06 07 08 11 12 13 14 15 16
13문항, 65%

✔ 빠른 정답

01	02	03	04	05	06	07	08	09	10
①	④	①	③	①	①	③	②	④	③
11	12	13	14	15	16	17	18	19	20
②	④	①	②	④	④	①	③	④	③

✔ 점수 체크

구분	1회독	2회독	3회독
맞힌 문항 수	/ 20	/ 20	/ 20
나의 점수	점	점	점

01 난도 ★☆☆

정답 ①

형사정책 > 범죄원인론

[정답의 이유]

① 19세기 프랑스의 대표적 사회학자인 뒤르켐은 범죄문제를 사회학적 시각에서 고찰하여 아노미의 개념을 제시하였다. 그는 저서 『범죄정상설』에서 범죄란 모든 사회에서 나타나는 현상으로 병리적인 것이 아닌 정상적인 것이며 어느 사회이든 일정량의 범죄는 있을 수 밖에 없다고 주장했다. 아노미란 인간의 생래적인 끝없는 욕망을 사회의 규범이나 도덕으로서 제대로 통제하지 못하는 상태로, 무규범의 상태를 말한다. 머튼은 뒤르켐의 아노미 개념을 바탕으로 아노미를 사회의 문화적 목표와 이를 달성할 수 있는 수단 간의 불일치로 파악함으로써 뒤르켐의 이론을 보다 발전시켰다.

[오답의 이유]

② 케틀레는 모든 사회현상을 '대수(大數)의 법칙'으로 파악하였으며, 나이·성별·인종·빈곤·교육·계절·경제사정 등의 제 조건과 범죄와의 관계를 분석하였다. 범죄는 일정 사회에서 항상적인 법칙을 가지고 반복되므로 감옥이나 사형장의 비용은 정확하게 예산화할 수 있다는 범죄항상설을 주장하였다.

③ 베카리아는 인간행동은 자유의지와 판단능력을 배경으로 하므로 개인은 법에 의해 정해진 형벌과 범죄행위로부터 얻어지는 이득을 비교하여 행동을 결정하는 합리적 존재라고 주장하였다. 또, 범죄에 대한 형벌은 법률만으로 정할 수 있도록 해야 하고, 사회계약에 의해 결합된 사회 전체를 대표할 수 있는 입법기관만이 형법제정권을 가지며, 법률은 문서로 확정하되 모든 사람들이 읽고 이해할 수 있도록 간결하고 명확해야 한 죄형법정주의를 제창하였다.

④ 서딜랜드는 화이트칼라범죄를 '사회적 지위가 높은 사람들이 그 직업상 저지르는 범죄'라고 정의하였다. 주로 상류계층에 속하는 사람의 직무와 관련된 범죄이어야 하므로 상류층의 범죄라도 일반형사범죄는 제외되며, 고도의 지능적 범죄라도 범죄의 주체가 상류층이 아니라면 제외하였다.

교정학 > 시설내 처우

정답의 이유

ㄴ·ㄹ. 보안장비에는 교도봉, 전기교도봉, 가스분사기, 가스총, 최루탄, 전자충격기 등이 있다(형의 집행 및 수용자의 처우에 관한 법률 시행규칙 제186조).

제186조(보안장비의 종류)
교도관이 법 제100조에 따라 강제력을 행사하는 경우 사용할 수 있는 보안장비는 다음 각 호와 같다.
1. 교도봉(접이식을 포함한다. 이하 같다)
2. 전기교도봉
3. 가스분사기
4. 가스총(고무탄 발사겸용을 포함한다. 이하 같다)
5. 최루탄: 투척용, 발사용(그 발사장치를 포함한다. 이하 같다)
6. 전자충격기
7. 그 밖에 법무부장관이 정하는 보안장비

03 난도 ★☆☆   정답 ①

교정학 > 시설내 처우

정답의 이유

① 형의 집행 및 수용자의 처우에 관한 법률 시행령 제92조

오답의 이유

② 소장은 수형자에게 작업을 부과하는 경우 작업의 종류 및 작업과정을 정하여 수형자에게 고지하여야 한다(형의 집행 및 수용자의 처우에 관한 법률 시행령 제91조 제1항).

③ 공휴일·토요일과 그 밖의 휴일에는 작업을 부과하지 않는다. 다만 취사·청소·간호, 그 밖에 특히 필요한 작업은 예외로 한다(형의 집행 및 수용자의 처우에 관한 법률 제71조).

제71조(작업시간 등)
⑤ 공휴일·토요일과 대통령령으로 정하는 휴일에는 작업을 부과하지 아니한다. 다만, 다음 각 호의 어느 하나에 해당하는 경우에는 작업을 부과할 수 있다.
1. 제2항에 따른 교정시설의 운영과 관리에 필요한 작업을 하는 경우
2. 작업장의 운영을 위하여 불가피한 경우
3. 공공의 안전이나 공공의 이익을 위하여 긴급히 필요한 경우
4. 수형자가 신청하는 경우

④ 작업과정을 정하기 어려운 경우에는 작업시간을 작업과정으로 본다(형의 집행 및 수용자의 처우에 관한 법률 시행령 제91조 제2항).

교정학 > 시설내 처우

정답의 이유

③ 소장은 조직폭력수용자로 지정된 사람에 대하여는 석방할 때까지 지정을 해제할 수 없다. 다만, 공소장변경 또는 재판 확정에 따라 지정사유가 해소되었다고 인정되는 경우에는 교도관회의의 심의 또는 분류처우위원회의 의결을 거쳐 지정을 해제한다(형의 집행 및 처우에 관한 법률 시행규칙 제199조 제2항).

오답의 이유

① 형의 집행 및 처우에 관한 법률 시행규칙 제198조 제3호·제199조 제1항

제198조(지정대상)
조직폭력수용자의 지정대상은 다음 각 호와 같다.
1. 체포영장, 구속영장, 공소장 또는 재판서에 조직폭력사범으로 명시된 수용자
2. 공소장 또는 재판서에 조직폭력사범으로 명시되어 있지는 아니하나 「폭력행위 등 처벌에 관한 법률」 제4조·제5조 또는 「형법」 제114조가 적용된 수용자
3. 공범·피해자 등의 체포영장·구속영장·공소장 또는 재판서에 조직폭력사범으로 명시된 수용자
4. 삭제 〈2013.4.16.〉

제199조(지정 및 해제)
① 소장은 제198조 각 호의 어느 하나에 해당하는 수용자에 대하여는 조직폭력수용자로 지정한다. 현재의 수용생활 중 집행되었거나 집행할 형이 제198조 제1호 또는 제2호에 해당하는 경우에도 또한 같다.
② 소장은 제1항에 따라 조직폭력수용자로 지정된 사람에 대하여는 석방할 때까지 지정을 해제할 수 없다. 다만, 공소장 변경 또는 재판 확정에 따라 지정사유가 해소되었다고 인정되는 경우에는 교도관회의의 심의 또는 분류처우위원회의 의결을 거쳐 지정을 해제한다.

② 형의 집행 및 처우에 관한 법률 시행규칙 제200조
④ 형의 집행 및 처우에 관한 법률 시행규칙 제201조

05 난도 ★☆☆   정답 ①

교정학 > 시설내 처우

정답의 이유

① '수용자의 처우 또는 교정시설의 운영에 관하여 거짓사실을 유포하는 때'는 접견을 중지할 수 있는 사유이다(형의 집행 및 수용자의 처우에 관한 법률 제42조 제4호).

제42조(접견의 중지 등)

교도관은 접견 중인 수용자 또는 그 상대방이 다음 각 호의 어느 하나에 해당하면 접견을 중지할 수 있다.

1. 범죄의 증거를 인멸하거나 인멸하려고 하는 때
2. 제92조의 금지물품을 주고받거나 주고받으려고 하는 때
3. 형사 법령에 저촉되는 행위를 하거나 하려고 하는 때
4. 수용자의 처우 또는 교정시설의 운영에 관하여 거짓사실을 유포하는 때
5. 수형자의 교화 또는 건전한 사회복귀를 해칠 우려가 있는 행위를 하거나 하려고 하는 때
6. 시설의 안전 또는 질서를 해하는 행위를 하거나 하려고 하는 때

오답의 이유

② 형의 집행 및 수용자의 처우에 관한 법률 제41조 제4항 제3호
③ 형의 집행 및 수용자의 처우에 관한 법률 제41조 제4항 제1호
④ 형의 집행 및 수용자의 처우에 관한 법률 제41조 제4항 제2호

제41조(접견)

④ 소장은 다음 각 호의 어느 하나에 해당하는 사유가 있으면 교도관으로 하여금 수용자의 접견내용을 청취·기록·녹음 또는 녹화하게 할 수 있다. 〈개정 2019.4.23.〉

1. 범죄의 증거를 인멸하거나 형사 법령에 저촉되는 행위를 할 우려가 있는 때
2. 수형자의 교화 또는 건전한 사회복귀를 위하여 필요한 때
3. 시설의 안전과 질서유지를 위하여 필요한 때

06 난도 ★☆☆   정답 ①

교정학 > 시설내 처우

정답의 이유

① 소장은 수용자가 임신 중이거나 출산(유산·사산을 포함한다)한 경우에는 모성보호 및 건강유지를 위하여 정기적인 검진 등 적절한 조치를 하여야 한다(형의 집행 및 수용자의 처우에 관한 법률 제52조 제1항).

오답의 이유

② 형의 집행 및 처우에 관한 법률 시행규칙 제51조 제2항
③ 형의 집행 및 처우에 관한 법률 시행규칙 제57조 제1항
④ 형의 집행 및 처우에 관한 법률 시행규칙 제43조 제2항

07 난도 ★★★   정답 ③

교정학 > 시설내 처우

정답의 이유

ㄴ. 특별회계는 세입총액이 세출총액에 미달된 경우 또는 시설 개량이나 확장에 필요한 경우에는 예산의 범위에서 일반회계로부터 전입을 받을 수 있다(교도작업의 운영 및 특별회계에 관한 법률 제10조).

ㄷ. 특별회계의 결산상 잉여금은 다음 연도의 세입에 이입한다(교도작업의 운영 및 특별회계에 관한 법률 제11조의2).

오답의 이유

ㄱ. 교도작업의 운영 및 특별회계에 관한 법률 제11조 제1항
ㄹ. 교도작업의 운영 및 특별회계에 관한 법률 제7조·제8조 제1항

08 난도 ★★☆   정답 ②

교정학 > 교정의 민영화

정답의 이유

② 교정법인은 기본재산에 대하여 용도변경 또는 담보제공의 행위를 하려면 법무부장관의 허가를 받아야 한다(민영교도소 등의 설치·운영에 관한 법률 제14조 제2항).

제14조(재산)

② 교정법인은 기본재산에 대하여 다음 각 호의 행위를 하려면 법무부장관의 허가를 받아야 한다. 다만, 대통령령으로 정하는 경미한 사항은 법무부장관에게 신고하여야 한다.

1. 매도·증여 또는 교환
2. 용도 변경
3. 담보 제공
4. 의무의 부담이나 권리의 포기

오답의 이유

① 민영교도소 등의 설치·운영에 관한 법률 제15조 제2항·제26조
③ 민영교도소 등의 설치·운영에 관한 법률 제31조 제1항
④ 민영교도소 등의 설치·운영에 관한 법률 제36조 제1항

09 난도 ★★☆   정답 ④

형사정책 > 형벌과 보안처분론

정답의 이유

④ 치료감호 등에 관한 법률 제27조

오답의 이유

① 마약·향정신성의약품·대마, 그 밖에 남용되거나 해독(害毒)을 끼칠 우려가 있는 물질이나 알코올을 식음(食飮)·섭취·흡입·흡연 또는 주입받는 습벽이 있거나 그에 중독된 자가 금고 이상의 형에 해당하는 죄를 범하여 치료감호의 선고를 받은 경우 치료감호시설 수용 기간은 2년을 초과할 수 없다(치료감호 등에 관한 법률 제16조 제2항 제2호).

② 구속영장에 의하여 구속된 피의자에 대하여 검사가 공소를 제기하지 아니하는 결정을 하고 치료감호 청구만을 하는 때에는 구속영장은 치료감호영장으로 보며 그 효력을 잃지 아니한다(치료감호 등에 관한 법률 제8조).

③ 치료감호와 형이 병과된 경우에는 치료감호를 먼저 집행한다. 이 경우 치료감호의 집행기간은 형 집행기간에 포함한다(치료감호 등에 관한 법률 제18조).

10 난도 ★★☆

정답 ③

형사정책 > 소년범죄론

정답의 이유

ㄱ. 소년법 제33조 제2항

ㄴ. 소년법 제33조 제3항

ㅁ. 소년법 제33조 제6항

제32조(보호처분의 결정)

① 소년부 판사는 심리 결과 보호처분을 할 필요가 있다고 인정하면 결정으로써 다음 각 호의 어느 하나에 해당하는 처분을 하여야 한다.

　1. 보호자 또는 보호자를 대신하여 소년을 보호할 수 있는 자에게 감호 위탁

　2. 수강명령

　3. 사회봉사명령

　4. 보호관찰관의 단기(短期) 보호관찰

　5. 보호관찰관의 장기(長期) 보호관찰

　6. 「아동복지법」에 따른 아동복지시설이나 그 밖의 소년보호시설에 감호 위탁

　7. 병원, 요양소 또는 「보호소년 등의 처우에 관한 법률」에 따른 의료재활소년원에 위탁

　8. 1개월 이내의 소년원 송치

　9. 단기 소년원 송치

　10. 장기 소년원 송치

제33조(보호처분의 기간)

① 제32조 제1항 제1호·제6호·제7호의 위탁기간은 6개월로 하되, 소년부 판사는 결정으로써 6개월의 범위에서 한 번에 한하여 그 기간을 연장할 수 있다. 다만, 소년부 판사는 필요한 경우에는 언제든지 결정으로써 그 위탁을 종료시킬 수 있다.

② 제32조 제1항 제4호의 단기 보호관찰기간은 1년으로 한다.

③ 제32조 제1항 제5호의 장기 보호관찰기간은 2년으로 한다. 다만, 소년부 판사는 보호관찰관의 신청에 따라 결정으로써 1년의 범위에서 한 번에 한하여 그 기간을 연장할 수 있다.

④ 제32조 제1항 제2호의 수강명령은 100시간을, 제32조 제1항 제3호의 사회봉사명령은 200시간을 초과할 수 없으며, 보호관찰관이 그 명령을 집행할 때에는 사건 본인의 정상적인 생활을 방해하지 아니하도록 하여야 한다.

⑤ 제32조 제1항 제9호에 따라 단기로 소년원에 송치된 소년의 보호기간은 6개월을 초과하지 못한다.

⑥ 제32조 제1항 제10호에 따라 장기로 소년원에 송치된 소년의 보호기간은 2년을 초과하지 못한다.

⑦ 제32조 제1항 제6호부터 제10호까지의 어느 하나에 해당하는 처분을 받은 소년이 시설위탁이나 수용 이후 그 시설을 이탈하였을 때에는 위 처분기간은 진행이 정지되고, 재위탁 또는 재수용된 때로부터 다시 진행한다.

오답의 이유

ㄷ. 제32조 제1항 제1호(보호자 또는 보호자를 대신하여 소년을 보호할 수 있는 자에게 감호 위탁)·제6호(아동복지법에 따른 아동복지시설이나 그 밖의 소년보호시설에 감호 위탁)·제7호(병원, 요양소 또는 보호소년 등의 처우에 관한 법률에 따른 의료재활소년원에 위탁)의 위탁기간은 6개월로 하되, 소년부 판사는 결정으로써 6개월의 범위에서 한 번에 한하여 그 기간을 연장할 수 있다. 다만, 소년부 판사는 필요한 경우에는 언제든지 결정으로써 그 위탁을 종료시킬 수 있다(소년법 제33조 제1항).

ㄹ. 단기로 소년원에 송치된 소년의 보호기간은 6개월을 초과하지 못한다(소년법 제33조 제5항).

11 난도 ★☆☆

정답 ②

교정학 > 수용자의 법적 지위와 처우

정답의 이유

② 수용자는 그 처우에 관하여 불복하는 경우 법무부장관·순회점 검공무원 또는 관할 지방교정청장에게 청원할 수 있다(형의 집행 및 수용자의 처우에 관한 법률 제117조 제1항).

오답의 이유

① 형의 집행 및 수용자의 처우에 관한 법률 제116조 제2항 제1호

③ 형의 집행 및 수용자의 처우에 관한 법률 제117조 제2항

④ 형의 집행 및 수용자의 처우에 관한 법률 제118조

12 난도 ★★☆

정답 ④

교정학 > 교정학의 이해

정답의 이유

④ 선도조건부 기소유예는 검찰단계의 전환의 주요한 예에 해당한다. 선도조건부 기소유예 제도는 검사가 소년 범법자를 수사한 결과 범죄내용이 다소 중하더라도 개선가능성이 있다고 보이면 교도소나 소년원 등 수용처분보다는 민간인인 선도위원의 선도보호에 맡기는 것이 효과적이라는 판단 아래 1981년 전국 검찰청에서 실시되었다. 2007년 12월 21일 소년법 제49조의3(조건부 기소유예) 조항을 신설하여 법적 근거를 만들었다.

더 알아보기

전환(diversion)의 종류

경찰단계	훈방, 경고, 통고처분, 보호기관위탁 등
검찰단계	형량을 감경하는 조건으로 범죄자가 피해자에게 보상하도록 조정
법원단계	범죄자를 지역사회의 처우, 교육, 상담프로그램에 전환시키는 조건으로 약식명령(벌금 등), 선고유예결정, 집행유예선고(공식적 전환제도) 등
보호단계	보호관찰, 사회봉사명령, 전자감시제도 등

13 난도 ★★☆

정답 ①

교정학 > 교정학의 이해

정답의 이유

① 회복적 사법은 피해자 및 피해의 회복에 중점을 둔 것으로, 화합적이고 공동체적인 가치를 권장한다.

더 알아보기

회복적 사법(restorative justice)

지역사회, 피해자와 가해자의 입장을 모두 고려하여 범죄 행동에 의한 피해를 바로잡는 것에 중점을 둔 사법적 이론이다. 회복적 사법의 목표는 다음과 같다(United Nations Office on Drugs and Crime, UNODC 2009).

- 피해자의 의견을 듣고 표현하게 하며 해결 과정에 참여하도록 하는 등 필요한 도움을 제공하는 것이다.
- 범죄에 가장 잘 대처하는 방법이 무엇인지 합의하여 범죄로 인해 손상된 관계를 회복하는 것이다.
- 범죄행동을 받아들일 수 없는 행동으로 비난하고 지역사회의 가치를 재확인하는 것이다.
- 관련자 모두가 책임을 지는데, 특히 가해자가 책임을 통감하도록 만들고 회복적이고 미래지향적인 결과를 이끌어 내는 것이다.
- 가해자를 변화시키고 이들을 지역사회에 재통합시켜 재범을 줄이는 것이다.
- 범죄를 야기한 요인들을 밝혀 국가로 하여금 범죄 감소 전략을 마련하도록 하는 것이다.

응징적 패러다임과 회복주의(원상회복주의) 패러다임

구분	응징적 패러다임	회복주의 패러다임
관심	적법절차 준수	참여자의 만족 극대화
내용	응징적	복구적
방식	강제적	협조적
주체	정부와 범죄자	정부, 지역사회, 가해자와 피해자, 그들의 가족
장소	격리적 시설 내	지역사회 내
시기	사후대응적	사전예방적

14 난도 ★☆☆

정답 ②

교정학 > 사회적 처우와 사회내 처우

정답의 이유

② 보스탈은 '보호' 또는 '피난시설'이란 뜻으로 영국 켄트지방의 보스탈(Borstal)에 있었던 시설에서 일반화되었다. 주로 16세부터 21세까지의 범죄소년을 1년 이상 3년 이하의 부정기간 동안 수용하고 직업훈련·학과 교육 등을 실시하여 교정·교화하는 것이며 1897년 브라이어스에 의해 창안되었다.

오답의 이유

① 오번 제도(Auburn system)는 주간에는 침묵을 지키게 하면서 공장에서 작업을 시키는 주간 혼거제(混居制)와 야간에는 독방에 수용하는 야간 독거제의 교도소 구금제로, 1823년 미국 오번 교도소에서 처음으로 시행하였다.

③ 카티지 제도(Cottage system)는 수형자를 개인적 적성에 따라 여러 개의 소규모 카티지로 분류하여 수용한 후 카티지별로 가족적인 분위기에서 단위별 특성에 적합한 처우를 행하는 제도로, 대규모시설에서 획일적 처우를 행하는 것에 따르는 부작용을 보완하기 위한 차원에서 시도된 소규모 처우제도이다. 기존의 대형화·집단화 행형에 대한 반성에서 비롯되었으며 1854년 미국 오하이오주 랭커스터의 오하이오 학교에서 최초 시행하던 것을 행형제도에 도입한 것으로, 1904년 뉴욕주의 청소년보호수용소에서 이를 채택한 이래 여자교도소와 소년교도소 및 성인교도소까지 확대 시행되었다.

④ 펜실베니아 제도(Pennsylvania system)는 절대 침묵과 정숙을 유지하며 주야간 구분 없이 엄정한 독거수용을 통해 반성을 목적으로 한 구금방식으로 모든 수용자가 모든 활동을 각자 자신의 거실에서 함으로써 수용자 상호 간에 철저한 격리를 요구하며 엄정독거제, 분방제, 필라델피아제로 불리기도 한다.

15 난도 ★☆☆

정답 ④

교정학 > 시설내 처우

정답의 이유

④ 소장은 이송이나 출정, 그 밖의 사유로 미결수용자를 교정시설 밖으로 호송하는 경우에는 해당 사건에 관련된 사람과 호송 차량의 좌석을 분리하는 등의 방법으로 서로 접촉하지 못하게 하여야 한다(형의 집행 및 수용자의 처우에 관한 법률 시행령 제100조).

오답의 이유

① 형의 집행 및 수용자의 처우에 관한 법률 제79조·제80조

② 형의 집행 및 수용자의 처우에 관한 법률 제86조 제1항, 동법 시행령 제103조 제2항

③ 형의 집행 및 수용자의 처우에 관한 법률 시행령 제104조·제105조

16 난도 ★★☆

정답 ④

교정학 > 시설내 처우

정답의 이유

④ 소요되는 비용은 특별한 사정이 없으면 교육대상자의 부담으로 한다(형의 집행 및 수용자의 처우에 관한 법률 시행규칙 제102조 제2항).

오답의 이유

① 형의 집행 및 수용자의 처우에 관한 법률 제63조 제3항

② 형의 집행 및 수용자의 처우에 관한 법률 제64조 제1항·동법 시행령 제88조

③ 형의 집행 및 수용자의 처우에 관한 법률 시행규칙 제106조 제1항

17 난도 ★☆☆   정답 ①

형사정책 > 형벌과 보안처분론

[정답의 이유]

① 검사는 미성년자 대상 유괴범죄를 저지른 사람으로서 미성년자 대상 유괴범죄를 다시 범할 위험성이 있다고 인정되는 사람에 대하여 부착명령을 법원에 청구할 수 있다. 다만, 유괴범죄로 징역형의 실형 이상의 형을 선고받아 그 집행이 종료 또는 면제된 후 다시 유괴범죄를 저지른 경우에는 부착명령을 청구하여야 한다(전자장치 부착 등에 관한 법률 제5조 제2항).

[오답의 이유]

②·③·④ 검사가 부착명령을 법원에 청구할 수 있는 임의적 청구 대상이다.

② 전자장치 부착 등에 관한 법률 제5조 제4항 제3호
③ 전자장치 부착 등에 관한 법률 제5조 제1항 제3호
④ 전자장치 부착 등에 관한 법률 제5조 제1항 제5호

제5조(전자장치 부착명령의 청구)

① 검사는 다음 각 호의 어느 하나에 해당하고, 성폭력범죄를 다시 범할 위험성이 있다고 인정되는 사람에 대하여 전자장치를 부착하도록 하는 명령(이하 "부착명령"이라 한다)을 법원에 청구할 수 있다.

  1. 성폭력범죄로 징역형의 실형을 선고받은 사람이 그 집행을 종료한 후 또는 집행이 면제된 후 10년 이내에 성폭력범죄를 저지른 때

  2. 성폭력범죄로 이 법에 따른 전자장치를 부착받은 전력이 있는 사람이 다시 성폭력범죄를 저지른 때

  3. 성폭력범죄를 2회 이상 범하여(유죄의 확정판결을 받은 경우를 포함한다) 그 습벽이 인정된 때

  4. 19세 미만의 사람에 대하여 성폭력범죄를 저지른 때

  5. 신체적 또는 정신적 장애가 있는 사람에 대하여 성폭력범죄를 저지른 때

② 검사는 미성년자 대상 유괴범죄를 저지른 사람으로서 미성년자 대상 유괴범죄를 다시 범할 위험성이 있다고 인정되는 사람에 대하여 부착명령을 법원에 청구할 수 있다. 다만, 유괴범죄로 징역형의 실형 이상의 형을 선고받아 그 집행이 종료 또는 면제된 후 다시 유괴범죄를 저지른 경우에는 부착명령을 청구하여야 한다.

③ 검사는 살인범죄를 저지른 사람으로서 살인범죄를 다시 범할 위험성이 있다고 인정되는 사람에 대하여 부착명령을 법원에 청구할 수 있다. 다만, 살인범죄로 징역형의 실형 이상의 형을 선고받아 그 집행이 종료 또는 면제된 후 다시 살인범죄를 저지른 경우에는 부착명령을 청구하여야 한다.

④ 검사는 다음 각 호의 어느 하나에 해당하고 강도범죄를 다시 범할 위험성이 있다고 인정되는 사람에 대하여 부착명령을 법원에 청구할 수 있다.

  1. 강도범죄로 징역형의 실형을 선고받은 사람이 그 집행을 종료한 후 또는 집행이 면제된 후 10년 이내에 다시 강도범죄를 저지른 때

  2. 강도범죄로 이 법에 따른 전자장치를 부착하였던 전력이 있는 사람이 다시 강도범죄를 저지른 때

  3. 강도범죄를 2회 이상 범하여(유죄의 확정판결을 받은 경우를 포함한다) 그 습벽이 인정된 때

---

18 난도 ★☆☆   정답 ③

형사정책 > 형벌과 보안처분론

[정답의 이유]

③ 사회봉사·수강명령 대상자는 주거를 이전하거나 1개월 이상 국내외여행을 할 때에는 미리 보호관찰관에게 신고하여야 한다(보호관찰 등에 관한 법률 제62조 제2항 제2호).

[오답의 이유]

① 보호관찰 등에 관한 법률 제59조 제1항
② 보호관찰 등에 관한 법률 제60조 제1항
④ 보호관찰 등에 관한 법률 제63조 제2항

---

19 난도 ★★☆   정답 ④

형사정책 > 형벌과 보안처분론

[정답의 이유]

④ '보호관찰을 조건으로 한 형의 선고유예의 실효'는 검사가 보호관찰소의 장의 신청을 받아 법원에 청구하며 법원이 결정한다(보호관찰 등에 관한 법률 제47조 제1항).

[오답의 이유]

②·③·④의 경우에는 보호관찰 등에 관한 법률 제6조(관장 사무)의 각 호에 따라 보호관찰 심사위원회가 심사·결정하는 사항에 해당된다.

제6조(보호관찰 심사위원회의 관장 사무)

심사위원회는 이 법에 따른 다음 각 호의 사항을 심사·결정한다.

1. 가석방과 그 취소에 관한 사항

2. 임시퇴원, 임시퇴원의 취소 및 보호소년 등의 처우에 관한 법률 제43조 제3항에 따른 보호소년의 퇴원에 관한 사항

3. 보호관찰의 임시해제와 그 취소에 관한 사항

4. 보호관찰의 정지와 그 취소에 관한 사항

5. 가석방 중인 사람의 부정기형의 종료에 관한 사항

6. 이 법 또는 다른 법령에서 심사위원회의 관장 사무로 규정된 사항

7. 제1호부터 제6호까지의 사항과 관련된 사항으로서 위원장이 회의에 부치는 사항

형사정책 > 범죄원인론

정답의 이유

ㄱ. 낙인이론은 특정한 범죄행위를 취급하는 것이 아니라 일탈행위 전반에 준거하고 있는 토대라고 할 수 있는 일탈행위와 사회적 낙인화를 사회적 상호작용의 관점에서 파악한다.

ㄴ. 낙인이론은 일탈 혹은 범죄행동이 특정 행동에 대한 사회문화적 평가와 소외의 결과로 규정된다고 보는 이론으로 비공식적 통제기관의 낙인이나 공식적 통제기관의 처벌이 2차 일탈·범죄의 중요한 동기로 작용한다고 보았다.

ㄹ. 낙인이 2차적 일탈의 원인이 되므로 형사정책적으로 비범죄화, 탈시설화, 다이버전의 실시를 통해 공적 통제를 통한 낙인의 제거를 강조하였다.

오답의 이유

ㄷ. 버제스와 에이커스의 '차별적 강화이론'에 대한 내용이다.

교정학개론 | 2019년 국가직 9급

한눈에 훑어보기

✔ **영역 분석**

형사정책   04   05   06   07   16   18   19   20
8문항, 40%

교정학   01   02   03   08   09   10   11   12   13   14   15   17
12문항, 60%

✔ **빠른 정답**

01	02	03	04	05	06	07	08	09	10
④	④	③	②	④	②	②	②	②	③
11	12	13	14	15	16	17	18	19	20
④	①	③	③	③	①	①	②	④	②

✔ **점수 체크**

구분	1회독	2회독	3회독
맞힌 문항 수	/ 20	/ 20	/ 20
나의 점수	점	점	점

01   난도 ★★☆   정답 ④

교정학 > 교정시설과 수용제도론

정답의 이유

④ 교도관은 계호상 독거수용자를 수시로 시찰하여 건강상 또는 교화상 이상이 없는지 살펴야 한다(형의 집행 및 수용자의 처우에 관한 법률 시행령 제6조 제1항).

오답의 이유

① 형의 집행 및 수용자의 처우에 관한 법률 제14조 제3호
② 형의 집행 및 수용자의 처우에 관한 법률 시행령 제5조 제1호
③ 형의 집행 및 수용자의 처우에 관한 법률 시행령 제5조 제2호

02   난도 ★★★   정답 ④

교정학 > 사회적 처우와 사회내 처우

정답의 이유

④ 과거에는 범죄통제의 대상이 되지 않았던 대상자를 범죄의 통제 대상이 되게 함으로써 형사사법망(사법통제망)의 확대를 초래한다는 비판을 받고 있다.

> **더 알아보기**
>
> **형사사법망의 확대**
> 지역사회교정의 지나친 확대로 범죄통제의 대상이 되지 않았던 경미한 범죄인까지도 통제대상에 포함하게 되어 형사사법망의 확대를 초래할 수 있는데, 형사사법망의 확대에 관해서는 다음과 같은 세 가지 입장이 주장되고 있다.
> - 망의 확대: 국가에 의해서 통제되고 규제되는 시민의 비율이 증가되는 현상. 즉 더 많은 사람을 잡을 수 있도록 그물망을 키워왔다는 것
> - 망의 강화: 범죄인에 대한 개입의 강도를 높임으로써 범죄인에 대한 통제를 강화시켰다는 것
> - 상이한 망의 설치: 범죄인을 사법기관이 아닌 다른 기관으로 위탁하여 실제로는 더 많은 사람을 통제의 대상으로 만들었다는 것

03 난도 ★★☆ 　　　　　　　　　　　　정답 ③

교정학 > 사회적 처우와 사회내 처우

정답의 이유

③ 소장은 가족 또는 배우자의 직계존속이 사망한 때 또는 직계비속의 혼례가 있는 때의 사유가 있는 수형자에 대하여 5일 이내의 특별귀휴를 허가할 수 있다(형의 집행 및 수용자의 처우에 관한 법률 제77조 제2항). 수형자의 가족 또는 배우자의 직계존속이 위독한 때는 <u>일반귀휴 사유</u>에 해당한다(동조 제1항 제1호).

오답의 이유

① 형의 집행 및 수용자의 처우에 관한 법률 제77조 제1항 제2호
② 형의 집행 및 수용자의 처우에 관한 법률 시행규칙 제129조 제2항 단서
④ 형의 집행 및 수용자의 처우에 관한 법률 제77조 제4항·동법 시행규칙 제142조 제1항

04 난도 ★★☆ 　　　　　　　　　　　　정답 ②

형사정책 > 범죄원인론

정답의 이유

ㄱ·ㄴ·ㄹ. 고전주의 학파의 주장에 해당한다.

오답의 이유

ㄷ·ㅁ. 실증주의 학파의 주장에 해당한다.

더 알아보기

고전주의 학파와 실증주의 학파의 비교

학파	고전주의 학파	실증주의 학파
전체	비결정론	결정론
범죄원인	자유의사	사회적·심리적·신체적 요인
관점	범죄행위	범죄자
수단	사법제도	과학적인 방법
목적	일반예방	특별예방

05 난도 ★★☆ ※ 법령 개정·변경된 내용으로 문제 및 선지 교체　정답 ④

형사정책 > 형벌과 보안처분론

정답의 이유

④ '만 19세 미만의 자에 대하여 부착명령을 선고한 때에는 19세에 이르기까지 이 법에 따른 전자장치를 부착할 수 없다(전자장치 부착 등에 관한 법률 제4조).'라고 규정하고 있으므로 전자장치 부착명령을 선고할 수는 있으나, 만 19세에 이르기까지 부착할 수 없다.

오답의 이유

① 전자장치 부착 등에 관한 법률 제5조 제4항 제1호

제5조(전자장치 부착명령의 청구)

④ 검사는 다음 각 호의 어느 하나에 해당하고 강도범죄를 다시 범할 위험성이 있다고 인정되는 사람에 대하여 부착명령을 법원에 청구할 수 있다.

　1. 강도범죄로 징역형의 실형을 선고받은 사람이 그 집행을 종료한 후 또는 집행이 면제된 후 10년 이내에 다시 강도범죄를 저지른 때

　2. 강도범죄로 이 법에 따른 전자장치를 부착하였던 전력이 있는 사람이 다시 강도범죄를 저지른 때

　3. 강도범죄를 2회 이상 범하여(유죄의 확정판결을 받은 경우를 포함한다) 그 습벽이 인정된 때

② 전자장치 부착 등에 관한 법률 제14조 제3항
③ 전자장치 부착 등에 관한 법률 제17조 제1항·제2항

06 난도 ★★☆ 　　　　　　　　　　　　정답 ②

형사정책 > 소년범죄론

정답의 이유

② 소년법 제13조 제1항·제2항

오답의 이유

① 검사가 소년피의사건에 대하여 소년부 송치결정을 한 경우에는 소년을 구금하고 있는 시설의 장은 검사의 이송 지휘를 받은 때로부터 법원 소년부가 있는 시·군에서는 <u>24시간 이내</u>에, 그 밖의 시·군에서는 48시간 이내에 소년을 소년부에 인도하여야 한다(소년법 제52조 제1항).

③ 보호처분이 계속 중일 때에 사건 본인에 대하여 유죄판결이 확정된 경우에 보호처분을 한 소년부 판사는 그 처분을 존속할 필요가 없다고 인정하면 <u>결정으로써 보호처분을 취소할 수 있다</u>(소년법 제39조).

④ 죄를 범할 당시 <u>18세 미만</u>인 소년에 대하여 사형 또는 무기형으로 처할 경우에는 15년의 유기징역으로 한다(소년법 제59조).

07 난도 ★★☆ 　　　　　　　　　　　　정답 ②

형사정책 > 범죄원인론

정답의 이유

② 베커의 사회적 지위(social status)로서의 일탈에 관한 내용이다. 저서 『이방인들(Outsiders)』로 잘 알려진 베커는 일탈은 사람이 저지르는 행위의 특성이 아니라 오히려 다른 사람이 범인에게 법과 제재를 적용한 결과 일탈행동으로 규정하거나 낙인찍는 것이 사회적 지위와 같은 효과를 주며, 일탈자로 공식적으로 규정된다는 것은 그것이 사회적 상호작용에 악영향을 미친다는 점에서 다른 보조적 지위(auxiliary status)를 능가하기 때문에 주지위(master status)로서의 기능을 갖게 된다고 하였다. 한편 슈어는 자기관념으로부터의 일탈을 통해 사회적 낙인보다 스스로 일탈자라고 규정함으로써 2차적 일탈에 이르는 경우도 있다는 점을 강조하며 대책으로 불간섭주의를 제시하였다.

08 난도 ★★★
정답 ②

교정학 > 수용자의 법적 지위와 처우

정답의 이유

② 형의 집행 및 수용자의 처우에 관한 법률 시행규칙 제64조

오답의 이유

① 법무부장관은 분류심사를 전담하는 교정시설을 지정 · 운영하는 경우에는 지방교정청별로 1개소 이상이 되도록 하여야 한다(형의 집행 및 수용자의 처우에 관한 법률 시행령 제86조).

③ 소장은 분류심사를 위하여 수형자를 대상으로 상담 등을 통한 신상에 관한 개별사안의 조사, 심리 · 지능 · 적성 검사, 그 밖에 필요한 검사를 할 수 있다(형의 집행 및 수용자의 처우에 관한 법률 제59조 제3항). 소장은 분류심사와 그 밖에 수용목적의 달성을 위하여 필요하면 수용자의 가족 등을 면담하거나 법원 · 경찰관서, 그 밖의 관계 기관 또는 단체에 대하여 필요한 사실을 조회할 수 있다(형의 집행 및 수용자의 처우에 관한 법률 제60조 제1항).

④ 징역형 · 금고형이 확정된 사람으로서 집행할 형기가 형집행지휘서 접수일부터 3개월 미만인 사람 또는 구류형이 확정된 사람에 대해서는 분류심사를 하지 아니한다(형의 집행 및 수용자의 처우에 관한 법률 시행규칙 제62조 제1항).

09 난도 ★★☆
정답 ②

교정학 > 교정학의 이해

정답의 이유

② 워렌이 개발한 대인적 성숙도 검사(I-Level; Interpersonal Maturity Level Classification System)는 청소년의 대인적 성숙도를 1~7단계로 구분하여 청소년 범죄자를 그들의 성숙 수준에 맞는 처우 프로그램을 적용하는 데 활용되었다. 고도의 전문성을 갖춘 전문가를 필요로 하고, 비교적 많은 비용이 소요된다.

10 난도 ★★☆
정답 ③

교정학 > 교정시설과 수용제도론

정답의 이유

③ 수형지향적 부문화는 교도소 사회에서의 모든 생활방식을 수용하고 적응하려고 하고, 자신의 수용생활을 보다 쉽고 편하게 보내기 위해 교도소 내에서의 지위획득에만 몰두하며 출소 후의 생활에 대해서는 관심을 두지 않는다.

11 난도 ★★☆
정답 ④

교정학 > 수용자의 법적 지위와 처우

정답의 이유

④ 소장은 수용자가 순회점검공무원에게 청원하는 경우에는 그 인적사항을 청원부에 기록하여야 한다(형의 집행 및 수용자의 처우에 관한 법률 시행령 제139조 제1항).

오답의 이유

① 형의 집행 및 수용자의 처우에 관한 법률 제117조 제1항
② 형의 집행 및 수용자의 처우에 관한 법률 제117조 제2항
③ 형의 집행 및 수용자의 처우에 관한 법률 제117조 제3항

> **형의 집행 및 수용자의 처우에 관한 법률 제117조(청원)**
> ① 수용자는 그 처우에 관하여 불복하는 경우 법무부장관 · 순회점검공무원 또는 관할 지방교정청장에게 청원할 수 있다.
> ② 제1항에 따라 청원하려는 수용자는 청원서를 작성하여 봉한 후 소장에게 제출하여야 한다. 다만, 순회점검공무원에 대한 청원은 말로도 할 수 있다.
> ③ 소장은 청원서를 개봉하여서는 아니 되며, 이를 지체 없이 법무부장관 · 순회점검공무원 또는 관할 지방교정청장에게 보내거나 순회점검공무원에게 전달하여야 한다.
> ④ 제2항 단서에 따라 순회점검공무원이 청원을 청취하는 경우에는 해당 교정시설의 교도관이 참여하여서는 아니 된다.
> ⑤ 청원에 관한 결정은 문서로 하여야 한다.
> ⑥ 소장은 청원에 관한 결정서를 접수하면 청원인에게 지체 없이 전달하여야 한다.

12 난도 ★★☆ ※ 법령 개정 · 변경된 내용으로 문제 및 선지 교체
정답 ①

교정학 > 시설내 처우

정답의 이유

① 형의 집행 및 수용자의 처우에 관한 법률 시행령 제65조 제1항 제1호 나목

오답의 이유

② 소장은 발신 또는 수신이 금지된 편지는 그 구체적인 사유를 서면으로 작성해 관리하고, 수용자에게 그 사유를 알린 후 교정시설에 보관한다. 다만, 수용자가 동의하면 폐기할 수 있다(형의 집행 및 수용자의 처우에 관한 법률 제43조 제7항).

③ 수용자는 소장의 허가를 받아 교정시설의 외부에 있는 사람과 전화통화를 할 수 있다. 허가에는 통화내용의 청취 또는 녹음을 조건으로 붙일 수 있다(형의 집행 및 수용자의 처우에 관한 법률 제44조 제1항 · 제2항).

④ 수용자의 전화통화 요금은 수용자가 부담한다. 소장은 교정성적이 양호한 수형자 또는 보관금이 없는 수용자 등에 대하여는 예산의 범위에서 요금을 부담할 수 있다(형의 집행 및 수용자의 처우에 관한 법률 시행규칙 제29조 제1항 · 제2항).

13 난도 ★★★   정답 ③

교정학 > 교정시설과 수용제도론

[정답의 이유]

③ 교정 이전단계에서 범죄자를 보호관찰, 가택구금, 벌금형, 배상처분, 사회봉사명령 등 비구금적 제재로 전환시킴으로써 교정시설에 수용되는 인구 자체를 줄이자는 방안은 정문정책(front-door policy)에 해당한다. 그러나 이러한 방식은 중요한 강력범죄자에게는 적용할 수 없고 오히려 형사사법망을 확대시키는 결과를 초래하여 더 많은 사람을 교정의 대상으로 삼게 되는 문제점을 야기할 가능성도 배제할 수 없다.

더 알아보기

블룸스타인(A. Blumstein)의 과밀수용의 해소방안

- 무익한(무능한) 전략(null strategy): 별다른 대책 없이 그냥 교정시설이 증가되는 재소자만큼 더 소화시킬 수밖에 없다는 것
- 선별적 무능력화(selecrive incapacitation): 교정시설의 공간확보에는 과다한 비용이 소요되고 공간이 제한되어 있기 때문에 이용가능한 제한된 공간을 구금함으로써 가장 많은 범죄를 줄일 수 있는 범죄자만을 표적으로 선별적으로 구금하여 교정시설공간을 보다 효율적으로 운영하자는 것
- 수용인구 감소전략(population-reduction strategy)
  - 정문정책(front-door) 전략: 교정 이전단계에서 범죄자를 보호관찰, 가택구금, 벌금형, 배상처분, 사회봉사명령 등 비구금적 제재로 전환시킴으로써 교정시설에 수용되는 인구 자체를 줄이자는 주장
  - 후문정책(back-door) 전략: 일단 수용된 범죄자를 보호관찰부 가석방, 외부통근, 선시제도 등을 이용하여 새로운 입소자들을 위한 공간확보를 위해서 그들의 형기종료 이전에 미리 출소시키는 방법

14 난도 ★★★   정답 ③

교정학 > 교정의 민영화

[정답의 이유]

③ 교정법인의 대표자는 그 교정법인이 운영하는 민영교도소 등의 장을 겸할 수 없고, 이사는 감사나 해당 교정법인이 운영하는 민영교도소 등의 직원(민영교도소 등의 장은 제외한다)을 겸할 수 없다(민영교도소 등의 설치·운영에 관한 법률 제13조 제1항·제2항).

[오답의 이유]

① 민영교도소 등의 설치·운영에 관한 법률 제3조 제1항

② 민영교도소 등의 설치·운영에 관한 법률 제4조 제4항

④ 민영교도소 등의 설치·운영에 관한 법률 제33조 제1항

15 난도 ★★☆   정답 ③

교정학 > 시설내 처우

[정답의 이유]

ㄴ. 형의 집행 및 수용자의 처우에 관한 법률 제94조 제1항

ㄷ. 형의 집행 및 수용자의 처우에 관한 법률 제97조 제1항 제3호·제98조 제2항 제1호

제97조(보호장비의 사용)

① 교도관은 수용자가 다음 각 호의 어느 하나에 해당하면 보호장비를 사용할 수 있다.

  1. 이송·출정, 그 밖에 교정시설 밖의 장소로 수용자를 호송하는 때

  2. 도주·자살·자해 또는 다른 사람에 대한 위해의 우려가 큰 때

  3. 위력으로 교도관의 정당한 직무집행을 방해하는 때

  4. 교정시설의 설비·기구 등을 손괴하거나 그 밖에 시설의 안전 또는 질서를 해칠 우려가 큰 때

제98조(보호장비의 종류 및 사용요건)

① 보호장비의 종류는 다음 각 호와 같다.

  1. 수갑

  2. 머리보호장비

  3. 발목보호장비

  4. 보호대(帶)

  5. 보호의자

  6. 보호침대

  7. 보호복

  8. 포승

[오답의 이유]

ㄱ. 소장은 수용자가 자살 또는 자해의 우려가 있는 때에는 의무관의 의견을 고려하여 보호실(자살 및 자해 방지 등의 설비를 갖춘 거실)에 수용할 수 있다(형의 집행 및 수용자의 처우에 관한 법률 제95조 제1항 제1호).

ㄹ. 교도관은 수용자가 다른 사람에게 위해를 끼치거나 끼치려고 하는 때에는 강제력을 행사할 수 있고(형의 집행 및 수용자의 처우에 관한 법률 제100조 제1항 제4호), 수용자가 다른 사람에게 중대한 위해를 끼치거나 끼치려고 하여 그 사태가 위급한 때에는 무기를 사용할 수 있다(동법 제101조 제1항 제1호).

16 난도 ★☆☆ 정답 ①

형사정책 > 형벌과 보안처분론

정답의 이유

① 치료감호 등에 관한 법률 제12조 제1항

오답의 이유

② 근로에 종사하는 피치료감호자에게는 근로의욕을 북돋우고 석방 후 사회정착에 도움이 될 수 있도록 법무부장관이 정하는 바에 따라 근로보상금을 지급하여야 한다(치료감호 등에 관한 법률 제29조).

③ 치료감호심의위원회는 치료감호만을 선고받은 피치료감호자에 대한 집행이 시작된 후 1년이 지났을 때에는 상당한 기간을 정하여 그의 법정대리인, 배우자, 직계친족, 형제자매(법정대리인 등)에게 치료감호시설 외에서의 치료를 위탁할 수 있다(치료감호 등에 관한 법률 제23조 제1항).

④ 살인범죄를 저질러 치료감호를 선고받은 피치료감호자가 살인범죄를 다시 범할 위험성이 있고 계속 치료가 필요하다고 인정되는 경우에는 법원은 치료감호시설의 장의 신청에 따른 검사의 청구로 3회까지 매회 2년의 범위에서 피치료감호자를 치료감호시설에 수용하는 기간을 연장하는 결정을 할 수 있고(치료감호 등에 관한 법률 제16조 제3항), 검사의 청구는 피치료감호자를 치료감호시설에 수용하는 기간 또는 치료감호가 연장된 기간이 종료하기 6개월 전까지 하여야 한다(동조 제5항).

17 난도 ★★★ 정답 ①

교정학 > 시설내 처우

정답의 이유

① 교정시설의 장은 민간기업이 참여할 교도작업의 내용을 해당 기업체와의 계약으로 정하고 이에 대하여 법무부장관의 승인을 받아야 한다. 다만, 법무부장관이 정하는 단기의 계약(계약기간이 2개월 이하인 계약)에 대하여는 그러하지 아니하다(교도작업의 운영 및 특별회계에 관한 법률 제6조 제2항·동법 시행규칙 제5조 제1항).

오답의 이유

② 교도작업의 운영 및 특별회계에 관한 법률 시행규칙 제6조 제1항

③ 교도작업의 운영 및 특별회계에 관한 법률 시행규칙 제6조 제2항

④ 교도작업의 운영 및 특별회계에 관한 법률 시행규칙 제9조 제1항

18 난도 ★★☆ 정답 ②

형사정책 > 형벌과 보안처분론

정답의 이유

② 벌금과 과료는 판결확정일로부터 30일 내에 납입하여야 한다. 단, 벌금을 선고할 때에는 동시에 그 금액을 완납할 때까지 노역장에 유치할 것을 명할 수 있다(형법 제69조 제1항).

오답의 이유

① 형법 제45조·제47조

③ 형법 제70조 제2항

④ 형법 제69조 제2항

19 난도 ★★★ 정답 ④

형사정책 > 소년범죄론

정답의 이유

④ 소년원장은 미성년자인 보호소년등이 친권자나 후견인이 없거나 있어도 그 권리를 행사할 수 없을 때에는 법원의 허가를 받아 그 보호소년등을 위하여 친권자나 후견인의 직무를 행사할 수 있다(보호소년 등의 처우에 관한 법률 제23조).

오답의 이유

① 보호소년 등의 처우에 관한 법률 제12조 제1항

② 보호소년 등의 처우에 관한 법률 제14조의3 제2항

③ 보호소년 등의 처우에 관한 법률 제18조 제4항

20 난도 ★★☆ 정답 ②

형사정책 > 소년범죄론

정답의 이유

A. 의료모형: 교정을 치료로 보았으며, 소년원에 있어 교정교육기법의 기저가 되었다. - ㄱ

B. 적응(조정)모형: 범죄자는 치료의 대상이지만 스스로 책임 있는 선택과 합리적 결정을 할 수 있는 자로 본다. - ㄴ

C. 범죄통제모형: 청소년도 자신의 행동에 대해서 책임을 져야 하므로, 청소년 범죄자에 대한 처벌을 강화하는 것만이 청소년 범죄를 줄일 수 있다. - ㄹ

D. 최소제한(제약)모형: 낙인이론에 근거하여 시설수용의 폐단을 지적하고, 처벌 및 처우개념을 모두 부정하며 불간섭주의를 주장한다. - ㄷ

한눈에 훑어보기

✓ 영역 분석

형사정책 03 04 05 07 08 11 15 19
8문항, 40%

교정학 01 02 06 09 10 12 13 14 16 17 18 20
12문항, 60%

✓ 빠른 정답

01	02	03	04	05	06	07	08	09	10
②	③	①	③	②	③	③	③	②	②
11	12	13	14	15	16	17	18	19	20
③	②	④	②	④	④	①	④	④	①

✓ 점수 체크

구분	1회독	2회독	3회독
맞힌 문항 수	/ 20	/ 20	/ 20
나의 점수	점	점	점

---

01 난도 ★★★ 정답 ②

교정학 > 시설내 처우

[정답의 이유]

② '수형자'란 징역형·금고형 또는 구류형의 선고를 받아 그 형이 확정되어 교정시설에 수용된 사람과 벌금 또는 과료를 완납하지 아니하여 노역장 유치명령을 받아 교정시설에 수용된 사람을 말한다(형의 집행 및 수용자의 처우에 관한 법률 제2조 제2호).

[오답의 이유]

① 형의 집행 및 수용자의 처우에 관한 법률 제2조 제1호
② 형의 집행 및 수용자의 처우에 관한 법률 제2조 제3호
③ 형의 집행 및 수용자의 처우에 관한 법률 제2조 제4호

02 난도 ★★★ 정답 ③

교정학 > 교정학의 이해

[정답의 이유]

③ 사법(정의·공정)모델은 개선모델과 의료모델의 인권침해적 요소(재량권 남용, 차별적 처우 등)에 대한 반성과 더불어 행형의 특별예방효과와 개방적 교정처우제도의 효과에 대한 의심에서 비롯되었다.

03 난도 ★★★ 정답 ①

형사정책 > 범죄원인론

[정답의 이유]

(가) 가해(손상)의 부정: 훔친 것을 빌린 것이라고 하는 등 자신의 행위가 위법한 것일지는 몰라도 실제로 자신의 행위로 인하여 손상을 입은 사람은 아무도 없다고 주장하며 합리화하는 경우가 이에 해당한다(자신의 범죄사실을 부정하는 것).

(나) 책임의 부정: 의도적인 것이 아니었거나 자기의 잘못이 아니라 주거환경, 친구 등에 책임을 전가하거나 또는 자신도 자기를 통제할 수 없는 외부세력의 피해자라고 여기는 경우가 이에 해당한다(사람·환경에 책임을 전가하는 것).

04 난도 ★★★ 정답 ③

형사정책 > 범죄원인론

[정답의 이유]

ⓒ 혁명·전복·반역형: 정치범, 환경보호론자, 낙태금지론자, 동물보호론자 등

ⓔ 도피·회피·퇴행형: 정신병자, 빈민층, 방랑자, 폭력배, 만성적 알코올 중독자 및 마약상습자 등

㉠ 동조형: 정상인

㉡ 개혁·혁신형: 대부분의 범죄(성매매, 마약거래, 강도, 사기, 횡령 등)

㉢ 의례·의식형: 사회적으로 중하층인, 자기가 하는 일의 목표는 안중에 없고 무사안일하게 절차적 규범이나 규칙만을 준수하는 관료 등

05 난도 ★★☆   정답 ②

형사정책 > 소년범죄론

② 형의 집행유예나 선고유예를 선고할 때에는 부정기형을 선고하지 못한다(소년법 제60조 제1항·제3항).

① 소년법 제55조 제1항

③ 소년에 대한 형사사건의 심리는 다른 피의사건과 관련된 경우에도 심리에 지장이 없으면 그 절차를 분리하여야 한다(소년법 제57조).

④ 소년법 제62조

06 난도 ★★★   정답 ③

교정학 > 교정시설과 수용제도론

③ 펜실베니아시스템은 절대침묵과 정숙을 유지하며 주야 구분 없이 엄정한 독거수용을 통해 회오반성을 목적으로 한 구금방식이다. 엄정독거제, 분방제, 필라델피아제로 불리며, 오번시스템은 엄정독거제의 결점을 보완하고 혼거제의 폐해인 수형자 상호 간의 악풍감염을 제거하기 위한 구금형태로 절충제(엄정독거제와 혼거제를 절충), 완화독거제(반독거제, 엄정독거제보다 완화된 형태), 교담금지제(침묵제, 주간작업 시 엄중침묵 강요)라고도 한다.

07 난도 ★★★   정답 ③

형사정책 > 소년범죄론

③ 보호관찰관의 단기 보호관찰 또는 장기 보호관찰의 처분을 할 때에 1년 이내의 기간을 정하여 야간 등 특정 시간대의 외출을 제한하는 명령을 보호관찰대상자의 준수 사항으로 부과할 수 있다(소년법 제32조의2 제2항).

① 소년법 제33조 제4항

② 소년법 제38조 제1항

④ 소년법 제32조 제3항·제4항

08 난도 ★★☆   정답 ③

형사정책 > 소년범죄론

③ 보호자, 소년을 보호할 수 있는 적당한 자 또는 시설에 위탁 및 병원이나 그 밖의 요양소에의 위탁기간은 3개월을, 소년분류심사원에의 위탁기간은 1개월을 초과하지 못한다. 다만, 특별히 계속 조치할 필요가 있을 때에는 한 번에 한하여 결정으로써 연장할 수 있다(소년법 제18조 제3항).

① 소년법 제18조 제1항 제1호·제3항

② 소년법 제18조 제1항 제2호·제3항

④ 소년법 제18조 제1항 제1호·제3항

제18조(임시조치)

① 소년부 판사는 사건을 조사 또는 심리하는 데에 필요하다고 인정하면 소년의 감호에 관하여 결정으로써 다음 각 호의 어느 하나에 해당하는 조치를 할 수 있다.

    1. 보호자, 소년을 보호할 수 있는 적당한 자 또는 시설에 위탁

    2. 병원이나 그 밖의 요양소에 위탁

    3. 소년분류심사원에 위탁

② 동행된 소년 또는 제52조 제1항에 따라 인도된 소년에 대하여는 도착한 때로부터 24시간 이내에 제1항의 조치를 하여야 한다.

③ 제1항 제1호 및 제2호의 위탁기간은 3개월을, 제1항 제3호의 위탁기간은 1개월을 초과하지 못한다. 다만, 특별히 계속 조치할 필요가 있을 때에는 한 번에 한하여 결정으로써 연장할 수 있다.

---

09 난도 ★★★   정답 ②

교정학 > 수용자의 법적 지위와 처우

ㄱ. 형의 집행 및 수용자의 처우에 관한 법률 제59조 제3항

ㄷ. 경비처우급을 상향 또는 하향 조정하기 위하여 고려할 수 있는 평정소득점수의 기준은 상향 조정은 8점 이상(형기의 6분의 5에 도달한 때에 하는 재심사의 경우에는 7점 이상), 하향 조정은 5점 이하이다. 다만, 수용 및 처우를 위하여 특히 필요한 경우 법무부장관이 달리 정할 수 있다(형의 집행 및 수용자의 처우에 관한 법률 시행규칙 제81조).

ㄹ. 형의 집행 및 수용자의 처우에 관한 법률 시행규칙 제79조 제3항

ㄴ. 개별처우계획을 조정할 것인지를 결정하기 위한 분류심사(재심사)는 정기재심사(일정한 형기가 도달한 때 하는 재심사), 부정기재심사(상벌 또는 그 밖의 사유가 발생한 경우에 하는 재심사)로 구분한다(형의 집행 및 수용자의 처우에 관한 법률 시행규칙 제65조).

ㅁ. 조정된 처우등급에 따른 처우는 그 조정이 확정된 다음 날부터 한다. 이 경우 조정된 처우등급은 그 달 초일부터 적용된 것으로 본다(형의 집행 및 수용자의 처우에 관한 법률 시행규칙 제82조 제1항).

10 난도 ★★★　　　　　　　　　　　정답 ②

교정학 > 시설내 처우

정답의 이유

ㄱ. 형의 집행 및 수용자의 처우에 관한 법률 제72조 제2항

ㄴ. 형의 집행 및 수용자의 처우에 관한 법률 시행규칙 제95조 제1항

ㄹ. 형의 집행 및 수용자의 처우에 관한 법률 제73조 제3항

오답의 이유

ㄷ. 소장은 법무부장관의 승인을 받아 수형자에게 부과하는 작업의 종류를 정한다(형의 집행 및 수용자의 처우에 관한 법률 시행령 제89조).

ㅁ. 소장은 수형자의 가족 또는 배우자의 직계존속이 사망하면 2일간, 부모 또는 배우자의 제삿날에는 1일간 해당 수형자의 작업을 면제한다. 다만, 수형자가 작업을 계속하기를 원하는 경우는 예외로 한다(형의 집행 및 수용자의 처우에 관한 법률 제72조 제1항).

11 난도 ★★★　　　　　　　　　　　정답 ③

형사정책 > 범죄원인론

정답의 이유

ㄱ. – B. 존 하워드: 영국의 교도소 개량운동가이자 박애주의자로 교도소 개혁의 아버지라고 불리기도 한다. 유럽 각 국의 교도소를 시찰한 내용을 바탕으로 『교도소의 상태』를 집필하고 자비출판하였다. 감옥의 개량과 교도소 수감자들의 인권 향상을 위해 앞장섰으며, 그의 사후 1866년 영국에 하워드협회가 설립되었다.

ㄴ. – A. 베카리아: 이탈리아의 형법학자이자 계몽사상가로서 근대 형법학의 선구자로 불린다. 형벌은 마땅히 입법자에 의하여 법률로 엄밀히 규정되어야 한다고 역설하였다. 형벌은 어디까지나 범죄의 경중과 균형을 이루어야 하고, 그 균형은 법률로써 정해야 한다는 죄형법정주의의 사상과 고문·사형의 폐지론 등을 낳게 했다.

ㄷ. – C. 벤담: 최소 인력으로 최대의 감시 효과를 이끌어내기 위해, 파놉티콘을 제안하였다. 파놉티콘은 중심에 위치한 감시자들은 외곽에 위치한 피감시자들을 감시할 수 있으나, 감시자들이 위치한 중심은 어둡게 되어 있어, 피감시자들은 감시자들의 존재 여부를 확인하기조차 어렵게 설계되어 있다.

ㄹ. – D. 페리: 범죄포화의 법칙을 통해 범죄의 원인이 존재하는 사회에서는 이에 상응하는 일정한 양의 범죄가 반드시 발생한다고 주장하였다. 범죄란 항상 포화상태에 있다는 것인데 동일한 사회조건이라면 범죄자를 격리하더라도 여전히 같은 수만큼 범죄가 발생하며 범죄의 발생은 항상 포화상태에 있다는 것이다.

12 난도 ★★★　　　　　　　　　　　정답 ②

교정학 > 시설내 처우

정답의 이유

② 법무부장관은 교정시설의 운영, 교도관의 복무, 수용자의 처우 및 인권실태 등을 파악하기 위하여 매년 1회 이상 교정시설을 순회점검하거나 소속 공무원으로 하여금 순회점검하게 하여야 한다(형의 집행 및 수용자의 처우에 관한 법률 제8조).

오답의 이유

① 형의 집행 및 수용자의 처우에 관한 법률 제7조 제1항

③ 형의 집행 및 수용자의 처우에 관한 법률 제12조 제3항

④ 소장은 가족 또는 배우자의 직계존속이 사망한 때, 직계비속의 혼례가 있는 때의 사유가 있는 수형자에 대하여는 5일 이내의 특별귀휴를 허가할 수 있다(형의 집행 및 수용자의 처우에 관한 법률 제77조 제2항).

13 난도 ★★★　　　　　　　　　　　정답 ④

교정학 > 수용자의 법적 지위와 처우

정답의 이유

④ 일반경비처우급은 구내작업 및 필요시 개방지역작업이 가능하다(형의 집행 및 수용자의 처우에 관한 법률 시행규칙 제74조 제2항 제3호).

더 알아보기

경비처우급에 따른 작업기준

개방처우급	외부통근작업 및 개방지역작업 가능
완화경비처우급	개방지역작업 및 필요시 외부통근작업 가능
일반경비처우급	구내작업 및 필요시 개방지역작업 가능
중(重)경비처우급	필요시 구내작업 가능

14 난도 ★★★　　　　　　　　　　　정답 ②

교정학 > 시설과 수용제도론

정답의 이유

② 판사와 검사 외의 사람은 교정시설을 참관하려면 학술연구 등 정당한 이유를 명시하여 교정시설의 장(소장)의 허가를 받아야 한다(형의 집행 및 수용자의 처우에 관한 법률 제9조 제2항).

오답의 이유

① 형의 집행 및 수용자의 처우에 관한 법률 시행령 제3조 제1항

③ 형의 집행 및 수용자의 처우에 관한 법률 시행령 제2조 제1항

④ 형의 집행 및 수용자의 처우에 관한 법률 시행령 제2조 제2항

15 난도 ★★☆　　　　　　　　　　　　　정답 ④

형사정책 > 형벌과 보안처분론

정답의 이유

④ 형의 선고유예를 받은 날로부터 2년을 경과한 때에는 면소된 것으로 간주한다(형법 제60조).

오답의 이유

① 죄를 범할 당시 18세 미만인 소년에 대하여 사형 또는 무기형으로 처할 경우에는 15년의 유기징역으로 한다(소년법 제59조).
② 형법 제42조
③ 형법 제62조 제2항

16 난도 ★★★　　　　　　　　　　　　　정답 ④

교정학 > 시설내 처우

정답의 이유

④ 소장은 수용자가 임신 중이거나 출산(유산·사산을 포함한다)한 경우에는 모성보호 및 건강유지를 위하여 정기적인 검진 등 적절한 조치를 하여야 한다(형의 집행 및 수용자의 처우에 관한 법률 제52조 제1항).

오답의 이유

① 형의 집행 및 수용자의 처우에 관한 법률 제50조 제2항
② 형의 집행 및 수용자의 처우에 관한 법률 제41조 제3항
③ 형의 집행 및 수용자의 처우에 관한 법률 제51조 제1항

17 난도 ★★★　　　　　　　　　　　　　정답 ①

교정학 > 시설내 처우

정답의 이유

① 직업훈련직종 선정 및 훈련과정별 인원은 법무부장관의 승인을 받아 소장이 정한다(형의 집행 및 수용자의 처우에 관한 법률 시행규칙 제124조 제1항).

오답의 이유

② 형의 집행 및 수용자의 처우에 관한 법률 시행규칙 제125조 제2항
③ 형의 집행 및 수용자의 처우에 관한 법률 시행규칙 제126조 제1호
④ 형의 집행 및 수용자의 처우에 관한 법률 시행규칙 제128조 제1항 제1호

18 난도 ★☆☆　※ 법령 개정·변경된 내용으로 문제 및 선지 교체　정답 ④

교정학 > 사회적 처우와 사회내 처우

정답의 이유

④ 가석방취소자 및 가석방실효자의 남은 형기 기간은 가석방을 실시한 다음 날부터 원래 형기의 종료일까지로 하고, 남은 형기 집행 기산일은 가석방의 취소 또는 실효로 인하여 교정시설에 수용된 날부터 한다(형의 집행 및 수용자의 처우에 관한 법률 시행규칙 제263조 제5항).

오답의 이유

① 징역이나 금고의 집행 중에 있는 사람이 그 행상이 양호하여 뉘우침이 뚜렷한 때에는 무기형은 20년, 유기형은 형기의 3분의 1을 경과한 후 행정처분으로 가석방을 할 수 있다(형법 제72조 제1항).
② 형의 집행 및 수용자의 처우에 관한 법률 제120조 제1항
③ 형의 집행 및 수용자의 처우에 관한 법률 제122조 제1항

19 난도 ★★☆　　　　　　　　　　　　　정답 ④

형사정책 > 형벌과 보안처분론

정답의 이유

④ 보호관찰기간이 끝나기 전이라도 치료감호심의위원회의 치료감호의 종료결정이 있을 때에는 보호관찰이 종료된다(치료감호 등에 관한 법률 제32조 제3항 제2호).

오답의 이유

① 치료감호 등에 관한 법률 제32조 제2항
② 치료감호 등에 관한 법률 제32조 제1항 제1호
③ 치료감호 등에 관한 법률 제32조 제1항 제2호

제32조(보호관찰)

① 피치료감호자가 다음 각 호의 어느 하나에 해당하게 되면 「보호관찰 등에 관한 법률」에 따른 보호관찰(이하 "보호관찰"이라 한다)이 시작된다. 〈개정 2017.12.12.〉

　1. 피치료감호자에 대한 치료감호가 가종료되었을 때
　2. 피치료감호자가 치료감호시설 외에서 치료받도록 법정대리인 등에게 위탁되었을 때
　3. 제16조 제2항 각 호에 따른 기간 또는 같은 조 제3항에 따라 연장된 기간(이하 "치료감호기간"이라 한다)이 만료되는 피치료감호자에 대하여 제37조에 따른 치료감호심의위원회가 심사하여 보호관찰이 필요하다고 결정한 경우에는 치료감호기간이 만료되었을 때

② 보호관찰의 기간은 3년으로 한다.

③ 보호관찰을 받기 시작한 자(이하 "피보호관찰자"라 한다)가 다음 각 호의 어느 하나에 해당하게 되면 보호관찰이 종료된다. 〈개정 2017.12.12.〉

　1. 보호관찰기간이 끝났을 때
　2. 보호관찰기간이 끝나기 전이라도 제37조에 따른 치료감호심의위원회의 치료감호의 종료결정이 있을 때
　3. 보호관찰기간이 끝나기 전이라도 피보호관찰자가 다시 치료감호 집행을 받게 되어 재수용되었을 때

교정학 > 시설내 처우

정답의 이유

㉠ 미결수용자의 접견 횟수는 매일 1회로 하되, 변호인과의 접견은 그 횟수에 포함시키치 않는다(형의 집행 및 수용자의 처우에 관한 법률 시행령 제101조).

㉡ 소장은 수용자에 대하여 1년에 1회 이상 건강검진을 하여야 한다. 다만, 19세 미만의 수용자와 계호상 독거수용자에 대하여는 6개월에 1회 이상 하여야 한다(형의 집행 및 수용자의 처우에 관한 법률 시행령 제51조 제1항).

㉢ 소장은 작업의 특성, 계절, 그 밖의 사정을 고려하여 수용자의 목욕횟수를 정하되 부득이한 사정이 없으면 매주 1회 이상이 되도록 한다(형의 집행 및 수용자의 처우에 관한 법률 시행령 제50조).

한눈에 훑어보기

✔ **빠른 정답**

01	02	03	04	05	06	07	08	09	10
③	①	④	③	④	④	②	③	④	①
11	12	13	14	15	16	17	18	19	20
②	④	①	②	②	②	②	③	③	①

✔ **점수 체크**

구분	1회독	2회독	3회독
맞힌 문항 수	/ 20	/ 20	/ 20
나의 점수	점	점	점

01 난도 ★★★   정답 ③

교정학 > 시설내 처우

[정답의 이유]

③ 형의 집행 및 수용자의 처우에 관한 법률 제47조 제1항 · 제2항

[오답의 이유]

① 수용자는 문서 또는 도화를 작성하거나 문예 · 학술, 그 밖의 사항에 관하여 집필할 수 있다(형의 집행 및 수용자의 처우에 관한 법률 제49조 제1항). 집필용구의 구입비용은 수용자가 부담한다. 다만, 소장은 수용자가 그 비용을 부담할 수 없는 경우에는 필요한 집필용구를 지급할 수 있다(동법 시행령 제74조).

② 소장은 수용자의 지식함양 및 교양습득에 필요한 도서를 비치하고 수용자가 이용할 수 있도록 하여야 한다(형의 집행 및 수용자의 처우에 관한 법률 제46조). 따라서 영상녹화물은 비치대상이 아니다.

④ 소장은 수용자의 건강과 일과시간 등을 고려하여 1일 6시간 이내에서 방송편성시간을 정한다(형의 집행 및 수용자의 처우에 관한 법률 시행규칙 제39조).

02 난도 ★★★   정답 ①

교정학 > 시설내 처우

[정답의 이유]

③ 교도관은 수용자가 위력으로 교도관의 정당한 직무집행을 방해하는 때에 강제력을 행사할 수 있다(형의 집행 및 수용자의 처우에 관한 법률 제100조 제1항). 위계는 강제력의 행사 요건이 아니다.

> **제100조(강제력의 행사)**
> ① 교도관은 수용자가 다음 각 호의 어느 하나에 해당하면 강제력을 행사할 수 있다. 〈개정 2016.5.29.〉
> 1. 도주하거나 도주하려고 하는 때
> 2. 자살하려고 하는 때
> 3. 자해하거나 자해하려고 하는 때
> 4. 다른 사람에게 위해를 끼치거나 끼치려고 하는 때
> 5. 위력으로 교도관의 정당한 직무집행을 방해하는 때
> 6. 교정시설의 설비 · 기구 등을 손괴하거나 손괴하려고 하는 때
> 7. 그 밖에 시설의 안전 또는 질서를 크게 해치는 행위를 하거나 하려고 하는 때

② 형의 집행 및 수용자의 처우에 관한 법률 제100조 제2항 제2호

③ 형의 집행 및 수용자의 처우에 관한 법률 제100조 제5항

④ 형의 집행 및 수용자의 처우에 관한 법률 시행령 제125조

03 난도 ★★☆ 정답 ④

교정학 > 시설내 처우

정답의 이유

④ 교정시설 안에 설치된 외부기업체의 작업장에 통근하며 작업하는 수형자는 집행할 형기가 10년 미만이거나 형기기산일부터 10년 이상이 지난 수형자 중에서 선정한다(형의 집행 및 수용자의 처우에 관한 법률 시행규칙 제120조 제1항 제5호).

오답의 이유

① 형의 집행 및 수용자의 처우에 관한 법률 시행규칙 제120조 제1항 제1호

② 형의 집행 및 수용자의 처우에 관한 법률 시행규칙 제120조 제1항 제2호

③ 형의 집행 및 수용자의 처우에 관한 법률 시행규칙 제120조 제1항 제3호

제120조(선정기준)

① 외부기업체에 통근하며 작업하는 수형자는 다음 각 호의 요건을 갖춘 수형자 중에서 선정한다. 〈개정 2010.5.31., 2013.4.16., 2014.11.17., 2020.8.5.〉

　1. 18세 이상 65세 미만일 것

　2. 해당 작업 수행에 건강상 장애가 없을 것

　3. 개방처우급·완화경비처우급에 해당할 것

　4. 가족·친지 또는 법 제130조의 교정위원(이하 "교정위원"이라 한다) 등과 접견·편지수수·전화통화 등으로 연락하고 있을 것

　5. 집행할 형기가 7년 미만이고 가석방이 제한되지 아니할 것

　6. 삭제 〈2013.4.16.〉

② 교정시설 안에 설치된 외부기업체의 작업장에 통근하며 작업하는 수형자는 제1항 제1호부터 제4호까지의 요건(같은 항 제3호의 요건의 경우에는 일반경비처우급에 해당하는 수형자도 포함한다)을 갖춘 수형자로서 집행할 형기가 10년 미만이거나 형기기산일부터 10년 이상이 지난 수형자 중에서 선정한다. 〈신설 2013.4.16., 2014.11.17.〉

③ 소장은 제1항 및 제2항에도 불구하고 작업 부과 또는 교화를 위하여 특히 필요하다고 인정하는 경우에는 제1항 및 제2항의 수형자 외의 수형자에 대하여도 외부통근자로 선정할 수 있다. 〈개정 2013.4.16.〉

---

04 난도 ★★☆ ※ 법령 개정·변경된 내용으로 문제 및 선지 교체 정답 ③

교정학 > 시설내 처우

정답의 이유

③ 직업훈련 대상자는 소속기관의 수형자 중에서 소장이 선정한다. 다만, 집체직업훈련(직업훈련 전담 교정시설이나 그 밖에 직업훈련을 실시하기에 적합한 교정시설에 수용하여 실시하는 훈련) 대상자는 집체직업훈련을 실시하는 교정시설의 관할 지방교정청장이 선정한다(형의 집행 및 수용자의 처우에 관한 법률 시행규칙 제124조 제2항).

오답의 이유

① 형의 집행 및 수용자의 처우에 관한 법률 시행규칙 제153조 제1항

② 형의 집행 및 수용자의 처우에 관한 법률 제72조 제1항

④ 형의 집행 및 수용자의 처우에 관한 법률 제76조 제1항

05 난도 ★★★ ※ 법령 개정·변경된 내용으로 문제 및 선지 교체 정답 ④

교정학 > 시설내 처우

정답의 이유

④ 소장은 수용자 이외의 사람의 신청에 따라 수용자에게 건네줄 것을 허가한 물품은 검사할 필요가 없다고 인정되는 경우가 아니면 교도관으로 하여금 검사하게 해야 한다. 이 경우 그 물품이 의약품인 경우에는 의무관으로 하여금 검사하게 해야 한다(형의 집행 및 수용자의 처우에 관한 법률 시행령 제43조).

오답의 이유

① 형의 집행 및 수용자의 처우에 관한 법률 제25조 제1항 제1호

② 형의 집행 및 수용자의 처우에 관한 법률 시행령 제34조 제3항

③ 형의 집행 및 수용자의 처우에 관한 법률 시행령 제36조

06 난도 ★★☆ 정답 ④

교정학 > 시설내 처우

정답의 이유

④ 소장은 수용자가 자신의 고의 또는 중대한 과실로 부상 등이 발생하여 외부의료시설에서 진료를 받은 경우에는 그 진료비의 전부 또는 일부를 그 수용자에게 부담하게 할 수 있다(형의 집행 및 수용자의 처우에 관한 법률 제37조 제5항).

오답의 이유

① 형의 집행 및 수용자의 처우에 관한 법률 제38조

② 형의 집행 및 수용자의 처우에 관한 법률 제40조 제2항

제40조(수용자의 의사에 반하는 의료조치)

① 소장은 수용자가 진료 또는 음식물의 섭취를 거부하면 의무관으로 하여금 관찰·조언 또는 설득을 하도록 하여야 한다.

② 소장은 제1항의 조치에도 불구하고 수용자가 진료 또는 음식물의 섭취를 계속 거부하여 그 생명에 위험을 가져올 급박한 우려가 있으면 의무관으로 하여금 적당한 진료 또는 영양보급 등의 조치를 하게 할 수 있다.

---

③ 형의 집행 및 수용자의 처우에 관한 법률 시행령 제51조 제2항

07 난도 ★★☆ 　　　　　　　　　　정답 ②

형사정책 > 형벌과 보안처분론

정답의 이유

② 구류와 과료는 형의 집행을 종료하거나 그 집행이 면제된 때에 그 형은 실효된다(형의 실효 등에 관한 법률 제7조 제1항).

오답의 이유

① 형의 실효 등에 관한 법률 제7조 제1항 제2호

③ 형의 실효 등에 관한 법률 제7조 제2항

제7조(형의 실효)

① 수형인이 자격정지 이상의 형을 받지 아니하고 형의 집행을 종료하거나 그 집행이 면제된 날부터 다음 각 호의 구분에 따른 기간이 경과한 때에 그 형은 실효된다. 다만, 구류(拘留)와 과료(科料)는 형의 집행을 종료하거나 그 집행이 면제된 때에 그 형이 실효된다.

　1. 3년을 초과하는 징역 · 금고: 10년

　2. 3년 이하의 징역 · 금고: 5년

　3. 벌금: 2년

② 하나의 판결로 여러 개의 형이 선고된 경우에는 각 형의 집행을 종료하거나 그 집행이 면제된 날부터 가장 무거운 형에 대한 제1항의 기간이 경과한 때에 형의 선고는 효력을 잃는다. 다만, 제1항 제1호 및 제2호를 적용할 때 징역과 금고는 같은 종류의 형으로 보고 각 형기(刑期)를 합산한다.

---

④ 형법 제81조

---

08 난도 ★★★ 　※ 법령 개정 · 변경된 내용으로 문제 및 선지 교체 　정답 ③

형사정책 > 소년범죄론

정답의 이유

ㄱ · ㄴ · ㄷ · ㄹ. 보호소년 등의 처우에 관한 법률에서 규정한 보호장비의 종류에는 수갑, 포승, 가스총, 전자충격기가 있다(보호소년 등의 처우에 관한 법률 제14조의2 제1항).

제14조의2(보호장비의 사용)

① 보호장비의 종류는 다음 각 호와 같다. 〈개정 2013.7.30., 2016.3.29., 2020.10.20.〉

　1. 수갑

　2. 포승(捕繩)

　3. 가스총

　4. 전자충격기

　5. 머리보호장비

　6. 보호대(保護帶)

② 원장은 다음 각 호의 어느 하나에 해당하는 경우에는 소속 공무원으로 하여금 보호소년등에 대하여 수갑, 포승 또는 보호대를 사용하게 할 수 있다. 〈개정 2013.7.30., 2020.10.20.〉

　1. 이탈 · 난동 · 폭행 · 자해 · 자살을 방지하기 위하여 필요한 경우

　2. 법원 또는 검찰의 조사 · 심리, 이송, 그 밖의 사유로 호송하는 경우

　3. 그 밖에 소년원 · 소년분류심사원의 안전이나 질서를 해칠 우려가 현저한 경우

오답의 이유

ㅁ · ㅂ. 형의 집행 및 수용자의 처우에 관한 법률에서 규정한 보호장비에 해당한다(집행 및 수용자의 처우에 관한 법률 제98조 제1항).

제98조(보호장비의 종류 및 사용요건)

① 보호장비의 종류는 다음 각 호와 같다.

　1. 수갑

　2. 머리보호장비

　3. 발목보호장비

　4. 보호대(帶)

　5. 보호의자

　6. 보호침대

　7. 보호복

　8. 포승

---

09 난도 ★☆☆ 　　　　　　　　　　정답 ④

교정학 > 수용자의 법적 지위와 처우

정답의 이유

④ 엘마이라제는 자력적 갱생에 중점을 둔 행형제도로 일명 감화제라고도 하는데, 초범의 청소년 범죄자를 대상으로 하여 개선 · 교화를 위해 교도소를 학교와 같은 분위기에서 운영하는 제도이다.

---

10 난도 ★☆☆ 　　　　　　　　　　정답 ①

형사정책 > 소년범죄론

정답의 이유

① 샘슨과 라웁은 사회적 자본 개념을 도입하여 대부분의 비행 청소년은 성인 범죄자가 되지 않는다고 주장하며, 범죄자도 긍정적인 사회 유대를 맺고 사회자본을 형성한다면 범죄나 일탈 행동으로부터 벗어날 수 있다는 관점을 제시한다. 결혼이나 취업과 같은 성인 시기의 변이는 새로운 사회 유대를 형성하고 비공식적 통제를 가하는데 이러한 사회적 결속으로 인해 범죄 행동의 가능성이 줄어들 수 있다고 주장하였다. 모피트는 청소년기에 비행을 저지른 사람 중 일부만이 성인이 되어서도 지속적으로 범죄를 저지를 뿐, 대부분의 비행은 청소년기에 한정된다고 주장하였다.

11 난도 ★★☆   정답 ②

형사정책 > 형벌과 보안처분론

정답의 이유

② 귀휴제도는 일정 기간을 복역하고 교정성적이 우수한 수형자에 대해 외출 또는 외박을 허가하는 형벌휴가제도로, 사회적 처우이다.

오답의 이유

①·③·④ 단기자유형의 대체방안으로 벌금형의 활용, 각종 유예제도의 활용, 기소유예제도의 확대운용 및 구금제도의 완화(주말구금, 휴일구금, 단속구금 등), 사회봉사명령 등이 있다.

12 난도 ★★★   정답 ④

교정학 > 시설내 처우

정답의 이유

④ 형의 집행 및 수용자의 처우에 관한 법률 제6조 제1항

오답의 이유

① 교정시설의 구내와 교도관이 수용자를 계호하고 있는 그 밖의 장소로서 교도관의 통제가 요구되는 공간에 대하여 적용한다(형의 집행 및 수용자의 처우에 관한 법률 제3조).

② 법무부장관은 교정시설의 설치 및 운영에 관한 업무의 일부를 법인 또는 개인에게 위탁할 수 있다(형의 집행 및 수용자의 처우에 관한 법률 제7조 제1항).

③ 판사와 검사는 직무상 필요하면 교정시설을 시찰할 수 있다(형의 집행 및 수용자의 처우에 관한 법률 제9조 제1항). 당해 사건의 변호인은 권한이 없다.

13 난도 ★★☆   ※ 법령 개정·변경된 내용으로 문제 및 선지 교체   정답 ①

교정학 > 시설내 처우

정답의 이유

① 소장은 형집행정지 중에 있는 사람이 기간만료 또는 그 밖의 정지사유가 없어져 재수용된 경우에는 석방 당시와 동일한 처우등급을 부여할 수 있다(형의 집행 및 수용자의 처우에 관한 법률 시행규칙 제60조 제2항).

오답의 이유

② 형의 집행 및 수용자의 처우에 관한 법률 시행규칙 제160조 제1항

③ 형의 집행 및 수용자의 처우에 관한 법률 시행규칙 제160조 제1항

④ 형의 집행 및 수용자의 처우에 관한 법률 시행규칙 제160조 제1항

14 난도 ★★☆   정답 ②

교정학 > 사회적 처우와 사회내 처우

정답의 이유

② 수강명령에 대한 설명이며, 사회봉사명령이란 유죄가 인정된 범죄인이나 보호소년들을 교도소나 소년원에 구금하는 대신에 정상적인 사회생활을 영위하면서 일정한 기간 내에 지정된 시간 동안 무보수로 근로에 종사하도록 명하는 것을 말한다.

15 난도 ★★☆   정답 ②

교정학 > 사회적 처우와 사회내 처우

정답의 이유

ㄱ. 보호관찰 등에 관한 법률 제32조 제2항 제1호

ㄷ. 보호관찰 등에 관한 법률 제32조 제2항 제2호

ㄹ. 보호관찰 등에 관한 법률 제32조 제2항 제3호

ㅁ. 보호관찰 등에 관한 법률 제32조 제2항 제4호

오답의 이유

ㄴ·ㅂ은 일반적 준수사항 외에 범죄의 내용과 종류 및 본인의 특성 등을 고려하여 필요하면 보호관찰 기간의 범위에서 기간을 정하여 특별히 지켜야 할 준수사항이다.

ㄴ. 보호관찰 등에 관한 법률 제32조 제3항 제4호

ㅂ. 보호관찰 등에 관한 법률 제32조 제3항 제7호

제32조(보호관찰 대상자의 준수사항)

② 보호관찰 대상자는 다음 각 호의 사항을 지켜야 한다.

1. 주거지에 상주(常住)하고 생업에 종사할 것

2. 범죄로 이어지기 쉬운 나쁜 습관을 버리고 선행(善行)을 하며 범죄를 저지를 염려가 있는 사람들과 교제하거나 어울리지 말 것

3. 보호관찰관의 지도·감독에 따르고 방문하면 응대할 것

4. 주거를 이전(移轉)하거나 1개월 이상 국내외 여행을 할 때에는 미리 보호관찰관에게 신고할 것

③ 법원 및 심사위원회는 판결의 선고 또는 결정의 고지를 할 때에는 제2항의 준수사항 외에 범죄의 내용과 종류 및 본인의 특성 등을 고려하여 필요하면 보호관찰 기간의 범위에서 기간을 정하여 다음 각 호의 사항을 특별히 지켜야 할 사항으로 따로 과(科)할 수 있다.

1. 야간 등 재범의 기회나 충동을 줄 수 있는 특정 시간대의 외출 제한

2. 재범의 기회나 충동을 줄 수 있는 특정 지역·장소의 출입 금지

3. 피해자 등 재범의 대상이 될 우려가 있는 특정인에 대한 접근 금지

4. 범죄행위로 인한 손해를 회복하기 위하여 노력할 것

5. 일정한 주거가 없는 자에 대한 거주장소 제한

6. 사행행위에 빠지지 아니할 것

7. 일정량 이상의 음주를 하지 말 것

8. 마약 등 중독성 있는 물질을 사용하지 아니할 것

9. 마약류관리에 관한 법률상의 마약류 투약, 흡연, 섭취 여부에 관한 검사에 따를 것

10. 그 밖에 보호관찰 대상자의 재범 방지를 위하여 필요하다고 인정되어 대통령령으로 정하는 사항

16 난도 ★★☆　　　　　　　　　　　　　　정답 ②

형사정책 > 범죄피해자론

정답의 이유

② <u>구조금은 유족구조금 · 장해구조금 및 중상해구조금으로 구분하며, 일시금으로 지급한다</u>(범죄피해자 보호법 제17조 제1항). 예외 규정은 없다.

오답의 이유

① 범죄피해자 보호법 제19조 제1항 · 제7항
③ 범죄피해자 보호법 제18조 제1항 제3호
④ 범죄피해자 보호법 제21조 제1항

17 난도 ★★☆　　　　　　　　　　　　　　정답 ②

교정학 > 시설내 처우

정답의 이유

② 대판 2009.12.10. 2009도11448

오답의 이유

① 소장은 미결수용자에 대하여는 <u>신청에 따라</u> 교육 또는 교화프로그램을 실시하거나 작업을 부과할 수 있다(형의 집행 및 수용자의 처우에 관한 법률 제86조 제1항).
③ 헌법재판소가 미결수용자와 변호인과의 접견에 대해 어떠한 명분으로도 제한할 수 없다고 한 것은 구속된 자와 변호인 간의 자유로운 접견, 즉 대화내용에 대하여 비밀이 완전히 보장되고, 부당한 간섭 없이 자유롭게 대화할 수 있는 접견을 제한할 수 없다는 것이지, 변호인과의 접견 자체에 대해 아무런 제한도 가할 수 없다는 것을 의미하는 것이 아니다. <u>미결수용자의 변호인 접견권 역시 국가안전보장 · 질서유지 또는 공공복리를 위해 필요한 경우에는 법률로써 제한될 수 있다</u>(헌재 2011.5.26. 2009헌마341).
④ 소장은 미결수용자가 징벌대상자로서 조사받고 있거나 징벌집행 중인 경우에도 소송서류의 작성, 변호인과의 접견 · 편지수수, 그 밖의 수사 및 재판 과정에서의 권리행사를 보장하여야 한다(형의 집행 및 수용자의 처우에 관한 법률 제85조).

18 난도 ★★☆　　　　　　　　　　　　　　정답 ③

형사정책 > 소년범죄론

정답의 이유

③ 보호관찰관의 단기보호관찰기간은 1년으로 한다(소년법 제33조 제2항).

오답의 이유

① · ② 보호자 등에게 감호위탁, 아동복지시설이나 그 밖의 소년보호시설에 감호위탁, 병원 · 요양소 또는 소년의료시설에 위탁 기간은 6개월로 하되, 소년부 판사는 결정으로써 6개월의 범위에서 한 번에 한하여 그 기간을 연장할 수 있다(소년법 제33조 제1항).
④ 보호관찰관의 장기보호관찰기간은 2년으로 한다. 다만, 소년부 판사는 보호관찰관의 신청에 따라 결정으로써 1년의 범위에서 한 번에 한하여 그 기간을 연장할 수 있다(소년법 제33조 제3항).

19 난도 ★☆☆　　　　　　　　　　　　　　정답 ③

형사정책 > 범죄원인론

오답의 이유

ㄴ. 애그뉴의 일반긴장이론은 스트레스와 긴장을 느끼는 개인이 범죄를 저지르는 이유를 설명하는 이론으로서, 미시적 관점의 범죄이론에 해당한다.

20 난도 ★☆☆　　　　　　　　　　　　　　정답 ①

형사정책 > 범죄원인론

정답의 이유

① 올린에 따르면 보호적 보호관찰관 유형이 지역사회보호와 범죄자보호 양쪽 사이에서 갈등을 가장 크게 겪는 유형이다.

교정학개론 | 2016년 국가직 9급

한눈에 훑어보기

✔ 영역 분석

형사정책 01 05 07 08 16 19
6문항, 30%

교정학 02 03 04 06 09 10 11 12 13 14 15 17
14문항, 70% 18 20

✔ 빠른 정답

01	02	03	04	05	06	07	08	09	10
③	①	③	②	③	②	②	②	③	④
11	12	13	14	15	16	17	18	19	20
④	④	③	③	④	④	①	④	④	①

✔ 점수 체크

구분	1회독	2회독	3회독
맞힌 문항 수	/ 20	/ 20	/ 20
나의 점수	점	점	점

01 난도 ★☆☆ 정답 ③

형사정책 > 범죄원인론

정답의 이유

③ 서덜랜드의 차별적 접촉이론에 대한 설명이다. 사회해체이론, 문화전달이론, 문화갈등이론 및 상호관계의 의사소통과정을 통한 행위와 태도의 학습을 강조하는 상징적 상호작용이론을 기초로 하여 특정지역사회와 범죄발생을 연결하는 메커니즘을 규명하려는 이론을 말하며, 범죄행위란 범죄적인 행동양식에 동의하고 이를 지지하는 집단 내에서 정상적인 학습을 통해서 터득한 행동양식의 표현이라고 한다. 이러한 차별적 접촉의 유형으로 빈도, 기간, 시기, 강도의 측면이 있다.

02 난도 ★☆☆ 정답 ①

교정학 > 사회적 처우와 사회내 처우

정답의 이유

① 형사사법망의 확대는 과거 범죄통제 대상이 되지 않았던 대상자들까지 범죄통제의 대상으로 하는 것을 말하며, 이는 지역사회교정에 대한 비판적 입장에 해당한다.

더 알아보기

개방처우의 장 · 단점

장점	단점
• 완화된 시설과 감시가 수형자의 신체적 · 정신적 건강에 유리	• 통상적 형벌 관념이나 일반 국민의 법감정에 배치
• 교정당국에 대한 신뢰감 증가로 자발적 개선의욕을 촉진	• 도주의 위험이 증가하며, 완화된 계호와 감시를 이용하여 외부인과의 부정한 거래 우려
• 가족이나 친지 등과의 유대감 지속으로 정서적 안정을 도모	• 대상자 선정에 있어 사회의 안전을 지나치게 강조할 경우 수용의 필요성이 없는 수형자를
• 통제 및 감시에 소요되는 비용을 절감할 수 있다는 점에서 경제적	개방처우하게 되어 결과적으로 형사사법망의 확대를 초래
• 수형자의 사회적응력 향상에 적합하며, 사회 복귀를 촉진	
• 형벌의 인도화에 기여	

교정학 > 사회적 처우와 사회내 처우

정답의 이유

③ 집중감독보호관찰이 아닌 충격구금에 대한 설명으로 보호관찰에 앞서 구금의 고통이 가장 큰 짧은 기간 동안(통상 30~90일 사이)만 범죄인을 구금함으로써 미래 범죄행위에 대한 억지(억제)력을 발휘할 것이라고 가정하는 처벌형태로 이는 장기구금에 따른 폐해와 부정적 요소를 해소하거나 줄이고 구금이 가질 수 있는 긍정적 측면을 강조한다.

04 난도 ★★★   정답 ②

교정학 > 시설내 처우

정답의 이유

② 소장은 사형확정자의 자살·도주 등의 사고를 방지하기 위하여 필요한 경우에는 사형확정자와 미결수용자를 혼거수용할 수 있고, 사형확정자의 교육·교화프로그램, 작업 등의 적절한 처우를 위하여 필요한 경우에는 사형확정자와 수형자를 혼거수용할 수 있다(형의 집행 및 처우에 관한 법률 시행규칙 제150조 제3항).

오답의 이유

① 형의 집행 및 처우에 관한 법률 제89조 제2항

③ 형의 집행 및 처우에 관한 법률 제90조 제1항

④ 형의 집행 및 처우에 관한 법률 시행규칙 제156조

05 난도 ★★☆   정답 ③

형사정책 > 소년범죄론

정답의 이유

③ 소년수형자 전담교정시설이 아닌 교정시설에서는 소년수용자를 수용하기 위하여 별도의 거실을 지정하여 운용할 수 있다(형의 집행 및 처우에 관한 법률 시행규칙 제59조의3).

오답의 이유

① 형의 집행 및 처우에 관한 법률 시행규칙 제59조의6

② 형의 집행 및 처우에 관한 법률 시행규칙 제59조의4

④ 형의 집행 및 처우에 관한 법률 시행규칙 제59조의2 제2항

06 난도 ★★☆   정답 ②

교정학 > 사회적 처우와 사회내 처우

정답의 이유

- 시설수용의 단점을 피할 수 있다.: 개방처우, 전자감시, 사회봉사, 수강명령의 장점이다.
- 임산부 등 특별한 처우가 필요한 범죄자에게도 실시할 수 있다.: 전자감시, 수강명령의 장점이다.
- 판결 이전이나 형집행 이후 등 형사사법의 각 단계에서 폭넓게 사용될 수 있다.: 전자감시의 장점이다.

② 전자감시제도란 범죄자를 구금하지 않고 정상적으로 사회생활을 하게 하면서 지정된 시간에 지정된 장소에 있을 것을 조건으로 대상자의 신체에 전자감응장치를 부착시키고 이를 통해 준수사항을 이행하고 있는지를 원격감시하는 제도를 말한다. 교도소 과밀수용을 완화시키고 수용비용 절감시킨다는 점과 처우의 다양화를 기할 수 있다는 점 등이 장점이며 단기자유형을 선고받은 자 혹은 남은 형기가 얼마 남지 않은 자, 중한 범죄를 저지르지 않은 자, 알코올이나 마약중독자가 아닌 자, 일정한 주거와 전화를 가진 자 등이 대상자가 된다.

07 난도 ★★☆   정답 ②

형사정책 > 소년범죄론

정답의 이유

② 보호소년등이 변호인 또는 보조인과 면회를 할 때에는 소속 공무원이 참석하지 아니한다. 다만, 보이는 거리에서 보호소년등을 지켜볼 수 있다(보호소년 등의 처우에 관한 법률 제18조 제3항). 보조인은 소년보호사건에서 소년부 판사의 허가를 받아(보호자나 변호사를 보조인으로 선임하는 경우에는 소년부 판사의 허가 불요) 선임된 자를 말한다(소년법 제17조 제1항·제2항). 보조인은 형사사건에서의 변호인과 같이 소년보호사건에서 법률적 도움을 주는 자를 가리킨다. 친권자가 보조인으로 선임될 수도 있으나 단순히 친권자라고 해서 이에 해당되지는 않는다.

오답의 이유

① 보호소년 등의 처우에 관한 법률 제46조 제1항

③ 보호소년 등의 처우에 관한 법률 제14조의3 제2항

④ 보호소년 등의 처우에 관한 법률 제18조 제6항·제19조 제5호

08 난도 ★★★   정답 ②

형사정책 > 형벌과 보안처분론

정답의 이유

② 법원은 형법에 따른 사회봉사를 명할 경우에 사회봉사·수강명령 대상자가 사회봉사를 하거나 수강할 분야와 장소 등을 지정할 수 있다(보호관찰 등에 관한 법률 제59조 제2항).

오답의 이유

① 보호관찰 등에 관한 법률 제61조 제1항

③ 보호관찰 등에 관한 법률 제62조 제2항 제2호

④ 보호관찰 등에 관한 법률 제59조 제1항

09 난도 ★★★　　　　　　　　　　　　　　정답 ③

교정학 > 교정시설과 수용제도론

오답의 이유

ㄱ. 블럼스타인은 집합적 무력화가 아닌 선별적 무력화를 주장하였다.

> **더 알아보기**
>
> • 형사사법기관 간의 공조를 통한 수용인구 조절전략: 경찰, 검찰, 법원 그리고 교정당국으로 구성되는 형사사법협의체를 구성하는 전략이다. 이를 통해 형사사법체제 간의 협의와 협조체계를 구축하여 시설의 수용능력을 감안하여 정책을 수행하도록 하는 것이다.
> • 수용공간의 확대(capacity expansion)는 교정시설의 범죄자 수용능력을 확대함으로써 수용밀도를 낮추자는 것이다.

10 난도 ★★☆　　　　　　　　　　　　　　정답 ④

교정학 > 시설내 처우

정답의 이유

④ 노인수용자의 거실은 시설부족 또는 그 밖의 부득이한 사정이 없으면 건물의 1층에 설치하고, 특히 겨울철 난방을 위하여 필요한 시설을 갖추어야 한다(형의 집행 및 수용자의 처우에 관한 법률 시행규칙 제44조 제2항).

오답의 이유

① 형의 집행 및 수용자의 처우에 관한 법률 시행규칙 제47조 제2항
② 형의 집행 및 수용자의 처우에 관한 법률 시행규칙 제43조 제2항
③ 형의 집행 및 수용자의 처우에 관한 법률 시행규칙 제45조

11 난도 ★★★　　※ 법령 개정·변경된 내용으로 문제 및 선지 교체　　정답 ④

교정학 > 시설내 처우

정답의 이유

④ 형사 법령에 저촉되는 내용이 기재되어 있다고 의심할 만한 상당한 이유가 있는 때 수용자가 주고받는 편지의 내용을 검열할 수 있다(형의 집행 및 수용자의 처우에 관한 법률 제43조 제4항 제3호). 민사 법령에 저촉되는 경우는 해당하지 않는다.

> 제43조(편지수수)
> ④ 수용자가 주고받는 편지의 내용은 검열받지 아니한다. 다만, 다음 각 호의 어느 하나에 해당하는 사유가 있으면 그러하지 아니하다.
> 　1. 편지의 상대방이 누구인지 확인할 수 없는 때
> 　2. 「형사소송법」이나 그 밖의 법률에 따른 편지검열의 결정이 있는 때
> 　3. 제1항 제2호 또는 제3호에 해당하는 내용이나 형사 법령에 저촉되는 내용이 기재되어 있다고 의심할 만한 상당한 이유가 있는 때
> 　4. 대통령령으로 정하는 수용자 간의 편지인 때

> 형의 집행 및 수용자의 처우에 관한 법률 시행령 제66조
> ① 소장은 법 제43조 제4항 제4호에 따라 다음 각 호의 어느 하나에 해당하는 수용자가 다른 수용자와 편지를 주고받는 때에는 그 내용을 검열할 수 있다.
> 　1. 법 제104조 제1항에 따른 마약류사범·조직폭력사범 등 법무부령으로 정하는 수용자인 때
> 　2. 편지를 주고받으려는 수용자와 같은 교정시설에 수용 중인 때
> 　3. 규율위반으로 조사 중이거나 징벌집행 중인 때
> 　4. 범죄의 증거를 인멸할 우려가 있는 때

12 난도 ★★★　　　　　　　　　　　　　　정답 ④

교정학 > 시설내 처우

정답의 이유

④ '집중적인 근로가 필요한 작업'이란 수형자의 신청에 따라 1일 작업시간 중 접견·전화통화·교육 및 공동행사 참가 등을 하지 아니하고 휴게시간을 제외한 작업시간 내내 하는 작업을 말한다(형의 집행 및 수용자의 처우에 관한 법률 시행령 제95조).

오답의 이유

① 형의 집행 및 수용자의 처우에 관한 법률 시행령 제89조
② 형의 집행 및 수용자의 처우에 관한 법률 제74조 제1항 제2호·제2항
③ 형의 집행 및 수용자의 처우에 관한 법률 제70조 제1항

13 난도 ★★★　　　　　　　　　　　　　　정답 ③

교정학 > 시설내 처우

정답의 이유

③ 소장은 19세 미만의 신입자 그 밖에 특히 필요하다고 인정하는 수용자에 대하여는 신입자 거실 수용기간을 30일까지 연장할 수 있다(형의 집행 및 수용자의 처우에 관한 법률 시행령 제18조 제3항).

오답의 이유

① 형의 집행 및 수용자의 처우에 관한 법률 제17조
② 형의 집행 및 수용자의 처우에 관한 법률 시행령 제15조
④ 형의 집행 및 수용자의 처우에 관한 법률 제21조

14 난도 ★★★　　　　　　　　　　　　　　정답 ③

교정학 > 시설내 처우

정답의 이유

③ 수갑, 포승은 이송·출정, 그 밖에 교정시설 밖의 장소로 수용자를 호송하는 때 사용할 수 있으나 발목보호장비는 사용할 수 없다(형의 집행 및 수용자의 처우에 관한 법률 제98조 제2항).

오답의 이유

① 형의 집행 및 수용자의 처우에 관한 법률 시행령 제122조
② 형의 집행 및 수용자의 처우에 관한 법률 제97조 제1항 제3호
④ 형의 집행 및 수용자의 처우에 관한 법률 제101조 제3항

15 난도 ★★★   정답 ④

교정학 > 시설내 처우

정답의 이유

④ 소장은 귀휴자가 귀휴조건을 위반하였을 때는 그 귀휴를 취소할 수 있다(형의 집행 및 수용자의 처우에 관한 법률 제78조). 귀휴 심사위원회 회의는 수형자에게 귀휴사유가 발생하여 귀휴심사가 필요하다고 인정하는 때에 개최한다(동법 시행규칙 제133조).

> **제78조(귀휴의 취소)**
> 소장은 귀휴 중인 수형자가 다음 각 호의 어느 하나에 해당하면 그 귀휴를 취소할 수 있다.
> 1. 귀휴의 허가사유가 존재하지 아니함이 밝혀진 때
> 2. 거소의 제한이나 그 밖에 귀휴허가에 붙인 조건을 위반한 때

오답의 이유

① 형의 집행 및 수용자의 처우에 관한 법률 시행규칙 제140조 제4호
② 형의 집행 및 수용자의 처우에 관한 법률 시행규칙 제142조 제1항
③ 형의 집행 및 수용자의 처우에 관한 법률 시행규칙 제142조 제2항

16 난도 ★☆☆   정답 ④

형사정책 > 범죄원인론

정답의 이유

④ 거리의 규범을 주장한 학자는 엘리야 앤더슨이다. 브레이스웨이트의 재통합적 수치심부여이론은 타인과의 관계에서 생성될 수 있는 지나친 수치심은 하나의 낙인요인에 해당되고, 이는 일탈행위를 유발하지만 결국 그 일탈자를 사회에 재통합시킨다는 주장이다. 즉, 가해자는 피해자를 직접 만나 피해자의 이야기를 들으면서 자신의 행동으로 야기된 피해자의 고통을 충분히 듣고, 직접 확인함으로써 수치심을 느끼게 된다. 이러한 수치심은 가해자가 피해자에게 진정으로 사과하고 용서를 구하고자 하는 태도와 자발적 교정의지가 생겨날 수 있다고 한다. 다시 말하자면, 적절한 수치심이 오히려 행위자로 하여금 규범의 동조, 즉, 재통합이 가능하다는 이론이다.

17 난도 ★★☆   정답 ①

교정학 > 시설내 처우

오답의 이유

ㄹ. 민간시장의 가격경쟁원리를 해친다는 단점이 있다.
ㅁ. 제품의 판매와 상관없이 생산만 하면 되므로 불경기가 문제되지 않는 것은 위탁작업에 해당한다.

18 난도 ★★★   정답 ④

교정학 > 시설내 처우

정답의 이유

④ 형의 집행 및 수용자의 처우에 관한 법률 제95조·제96조

오답의 이유

① 소장은 수용자가 자살 또는 자해의 우려가 있는 때 혹은 신체적·정신적 질병으로 인하여 특별한 보호가 필요한 때에 해당하면 의무관의 의견을 고려하여 보호실(자살 및 자해 방지 등의 설비를 갖춘 거실을 말함)에 수용할 수 있다(형의 집행 및 수용자의 처우에 관한 법률 제95조 제1항 제2호).
② 현행법상 소장이 수용자를 보호실 또는 진정실에 수용할 경우 변호인의 의견을 고려하여야 할 의무는 없다. 다만, 소장은 수용자를 보호실에 수용할 때 의무관의 의견을 고려하여 수용할 수 있으며, 보호실 또는 진정실의 수용기간을 연장할 필요가 있으면 의무관의 의견을 고려하여 연장할 수 있다(형의 집행 및 수용자의 처우에 관한 법률 제95조·제96조).
③ 소장은 수용자를 보호실에 수용하거나 수용기간을 연장하는 경우에는 그 사유를 본인에게 알려 주어야 한다(형의 집행 및 수용자의 처우에 관한 법률 제95조 제4항).

19 난도 ★★☆   정답 ④

형사정책 > 형벌과 보안처분론

정답의 이유

④ 치료감호의 내용과 실태는 대통령령으로 정하는 바에 따라 공개하여야 한다. 이 경우 피치료감호자나 그의 보호자가 동의한 경우 외에는 피치료감호자의 개인신상에 관한 것은 공개하지 아니한다(치료감호 등에 관한 법률 제20조).

오답의 이유

① 치료감호 등에 관한 법률 제32조 제1항·제2항
② 치료감호 등에 관한 법률 제22조
③ 치료감호 등에 관한 법률 제2조 제1항 제3호

교정학 > 사회적 처우와 사회내 처우

정답의 이유

① 개방형 처우는 시설 내에 근거하면서 사회적 처우를 실시하는 것을 말한다.

　　ㄱ. 주말구금: 사회적 처우, 개방형 처우에 해당한다.

　　ㄴ. 부부접견: 사회적 처우, 개방형 처우에 해당한다.

　　ㄷ. 외부통근: 사회적 처우, 개방형 처우에 해당한다.

오답의 이유

ㄹ. 보호관찰: 사회내 처우, 사회형 처우에 해당한다.

ㅁ. 사회봉사명령: 사회내 처우, 사회형 처우에 해당한다.

ㅂ. 수형자자치제: 시설내 처우, 폐쇄형 처우에 해당한다.

교정학개론 | 2015년 국가직 9급

한눈에 훑어보기

✔ 영역 분석

형사정책 01 03 05 08 11 12 14
7문항, 35%

교정학 02 04 06 07 09 10 13 15 16 17 18 19
13문항, 65% **20**

✔ 빠른 정답

01	02	03	04	05	06	07	08	09	10
③	③	③	④	②	②	①	①	④	①
11	**12**	**13**	**14**	**15**	**16**	**17**	**18**	**19**	**20**
③	④	③	④	④	②	②	④	①	③

✔ 점수 체크

구분	1회독	2회독	3회독
맞힌 문항 수	/ 20	/ 20	/ 20
나의 점수	점	점	점

01 난도 ★☆☆   정답 ③

형사정책 > 범죄원인론

[정답의 이유]

③ 셀린은 동일한 문화 안에서 사회변화에 의하여 갈등이 생기는 경우를 2차적(종적) 문화갈등이라 보고, 상이한 문화 안에서 갈등이 생기는 경우를 1차적(횡적) 문화갈등으로 보았다.

02 난도 ★★★   정답 ③

교정학 > 수용자의 법적 지위와 처우

[정답의 이유]

③ 청원에 관한 결정은 문서로써 하여야 한다(형의 집행 및 수용자의 처우에 관한 법률 제117조 제5항).

[오답의 이유]

① 형의 집행 및 수용자의 처우에 관한 법률 제117조 제2항
② 형의 집행 및 수용자의 처우에 관한 법률 제1항 제3호
④ 형의 집행 및 수용자의 처우에 관한 법률 제3항

03 난도 ★★☆   정답 ③

형사정책 > 소년범죄론

[정답의 이유]

③ 소년법 제33조 제3항

[오답의 이유]

① 소년부 판사는 결정으로써 6개월의 범위에서 한 번에 한하여 보호관찰의 기간을 연장할 수 있다(소년법 제33조 제1항).
② 장기 보호관찰의 경우 보호관찰의 기간은 보호관찰관의 신청에 따라 결정으로써 1년의 범위에서 한번에 한하여 그 기간을 연장할 수 있다(소년법 제33조 제3항).
④ 소년부 판사는 보호관찰관의 신청에 따라 결정으로써 2년이 아닌 1년의 범위에서 한 번에 한하여 그 기간을 연장할 수 있다(소년법 제33조 제3항).

제33조(보호처분의 기간)

① 제32조 제1항 제1호·제6호·제7호의 위탁기간은 6개월로 하되, 소년부 판사는 결정으로써 6개월의 범위에서 한 번에 한하여 그 기간을 연장할 수 있다. 다만, 소년부 판사는 필요한 경우에는 언제든지 결정으로써 그 위탁을 종료시킬 수 있다.
② 제32조 제1항 제4호의 단기 보호관찰기간은 1년으로 한다.
③ 제32조 제1항 제5호의 장기 보호관찰기간은 2년으로 한다. 다만, 소년부 판사는 보호관찰관의 신청에 따라 결정으로써 1년의 범위에서 한 번에 한하여 그 기간을 연장할 수 있다.

04 난도 ★★☆ ※ 법령 개정·변경된 내용으로 문제 및 선지 교체 정답 ④

형사정책 > 형벌과 보안처분론

[정답의 이유]

④ 치료감호와 형이 병과된 경우에는 <u>치료감호를 먼저 집행한다</u>(치료감호 등에 관한 법률 제18조).

[오답의 이유]

① 치료감호 등에 관한 법률 제2조의2 제1호
② 형사소송법 제471조 제1항의 각호에 해당되는 사유가 있을 때에는 치료감호의 집행을 정지할 수 있다(치료감호 등에 관한 법률 제24조).

형사소송법 제471조(동전)

① 징역, 금고 또는 구류의 선고를 받은 자에 대하여 다음 각 호의 1에 해당한 사유가 있는 때에는 형을 선고한 법원에 대응한 검찰청 검사 또는 형의 선고를 받은 자의 현재지를 관할하는 검찰청검사의 지휘에 의하여 형의 집행을 정지할 수 있다. 〈개정 2007.12.21.〉
  1. 형의 집행으로 인하여 현저히 건강을 해하거나 생명을 보전할 수 없을 염려가 있는 때
  2. 연령 70세 이상인 때
  3. 잉태 후 6월 이상인 때
  4. 출산 후 60일을 경과하지 아니한 때
  5. 직계존속이 연령 70세 이상 또는 중병이나 장애인으로 보호할 다른 친족이 없는 때
  6. 직계비속이 유년으로 보호할 다른 친족이 없는 때
  7. 기타 중대한 사유가 있는 때

③ 치료감호 등에 관한 법률 제4조 제7항

05 난도 ★★☆ ※ 법령 개정·변경된 내용으로 문제 및 선지 교체 정답 ②

형사정책 > 형벌과 보안처분론

② 벌금 미납자의 사회봉사 집행에 관한 특례법 제6조 제4항

[오답의 이유]

① 징역 또는 금고와 동시에 벌금을 선고받은 사람은 사회봉사를 신청할 수 없다(벌금 미납자의 사회봉사 집행에 관한 특례법 제4조 제2항 제1호).

③ 대통령령으로 정한 금액(500만 원) 범위 내의 벌금형이 확정된 벌금 미납자는 검사의 납부명령일부터 30일 이내에 주거지를 관할하는 지방검찰청(지방검찰청지청을 포함)의 검사에게 사회봉사를 신청할 수 있다(벌금 미납자의 사회봉사 집행에 관한 특례법 제4조 제1항).
④ 사회봉사 대상자는 사회봉사의 이행을 마치기 전에 벌금의 전부 또는 일부를 낼 수 있다(벌금 미납자의 사회봉사 집행에 관한 특례법 제12조 제1항).

06 난도 ★★☆ 정답 ②

교정학 > 교정학의 이해

[정답의 이유]

② 형식적 의미의 범죄는 형법상 범죄구성요건으로 규정된 행위를 의미하며, 실질적 의미의 범죄는 법규정과 관계없이 범죄의 실질을 가지는 반사회적인 법익침해행위를 말한다.

07 난도 ★★★ ※ 법령 개정·변경된 내용으로 문제 및 선지 교체 정답 ①

교정학 > 시설내 처우

[정답의 이유]

① 소장은 외국인수용자가 질병 등으로 위독하거나 사망한 경우에는 그의 국적이나 시민권이 속하는 나라의 <u>외교공관 또는 영사관의 장이나 그 관원 또는 가족에게</u> 이를 즉시 알려야 한다(형의 집행 및 수용자의 처우에 관한 법률 시행규칙 제59조).

[오답의 이유]

② 형의 집행 및 수용자의 처우에 관한 법률 시행규칙 제57조 제1항
③ 형의 집행 및 수용자의 처우에 관한 법률 시행규칙 제56조 제2항
④ 형의 집행 및 수용자의 처우에 관한 법률 시행규칙 제58조 제1항

08 난도 ★★☆ ※ 법령 개정·변경된 내용으로 문제 및 선지 교체 정답 ①

형사정책 > 형벌과 보안처분론

[정답의 이유]

① 법원은 특정범죄를 범한 자에 대하여 형의 집행을 유예하면서 보호관찰을 받을 것을 명할 때에는 <u>보호관찰기간의 범위 내에서 기간을 정하여 준수사항의 이행여부 확인 등을 위하여 전자장치를 부착할 것을 명할 수 있다</u>(전자장치 부착 등에 관한 법률 제28조 제1항).

[오답의 이유]

② 전자장치 부착 등에 관한 법률 제24조 제3항
③ 전자장치 부착 등에 관한 법률 제4조
④ 전자장치 부착 등에 관한 법률 제29조 제1항

교정학 > 수용자의 법적 지위와 처우

정답의 이유

④ 몰수는 타형에 부가하여 과한다. 단, 행위자에게 유죄의 재판을 아니할 때에도 몰수의 요건이 있는 때에는 몰수만을 선고할 수 있다(형법 제49조).

오답의 이유

① 형법 제69조 제2항

> 제69조(벌금과 과료)
> ① 벌금과 과료는 판결확정일로부터 30일 내에 납입하여야 한다. 단, 벌금을 선고할 때에는 동시에 그 금액을 완납할 때까지 노역장에 유치할 것을 명할 수 있다.
> ② 벌금을 납입하지 아니한 자는 1일 이상 3년 이하, 과료를 납입하지 아니한 자는 1일 이상 30일 미만의 기간 노역장에 유치하여 작업에 복무하게 한다.

② 형법 제44조 2항

③ 형법 제59조 제1항 · 제62조 제1항

> 제59조(선고유예의 요건)
> ① 1년 이하의 징역이나 금고, 자격정지 또는 벌금의 형을 선고할 경우에 제51조의 사항을 고려하여 뉘우치는 정상이 뚜렷할 때에는 그 형의 선고를 유예할 수 있다. 다만, 자격정지 이상의 형을 받은 전과가 있는 사람에 대해서는 예외로 한다.
>
> 제62조(집행유예의 요건)
> ① 3년 이하의 징역이나 금고 또는 500만 원 이하의 벌금의 형을 선고할 경우에 제51조의 사항을 참작하여 그 정상에 참작할 만한 사유가 있는 때에는 1년 이상 5년 이하의 기간 형의 집행을 유예할 수 있다. 다만, 금고 이상의 형을 선고한 판결이 확정된 때부터 그 집행을 종료하거나 면제된 후 3년까지의 기간에 범한 죄에 대하여 형을 선고하는 경우에는 그러하지 아니하다. 〈개정 2005.7.29., 2016.1.6.〉

교정학 > 시설내 처우

정답의 이유

① 징벌사유가 발생한 날부터 2년이 지나면 이를 이유로 징벌을 부과하지 못한다(형의 집행 및 수용자의 처우에 관한 법률 제109조 제4항).

오답의 이유

② 형의 집행 및 수용자의 처우에 관한 법률 시행규칙 제214조의2 제1호

> 형의 집행 및 수용자의 처우에 관한 법률 시행규칙 제214조의2(포상)
> 법 제106조에 따른 포상기준은 다음 각 호와 같다. 〈개정 2017.8.22.〉
> 1. 법 제106조 제1호 및 제2호에 해당하는 경우 소장표창 및 제89조에 따른 가족만남의 집 이용 대상자 선정
> 2. 법 제106조 제3호 및 제4호에 해당하는 경우 소장표창 및 제89조에 따른 가족만남의 날 행사 참여 대상자 선정
> [본조신설 2013.4.16.]
>
> 형의 집행 및 수용자의 처우에 관한 법률 제106조(포상)
> 소장은 수용자가 다음 각 호의 어느 하나에 해당하면 법무부령으로 정하는 바에 따라 포상할 수 있다.
> 1. 사람의 생명을 구조하거나 도주를 방지한 때
> 2. 제102조 제1항에 따른 응급용무에 공로가 있는 때
> 3. 시설의 안전과 질서유지에 뚜렷한 공이 인정되는 때
> 4. 수용생활에 모범을 보이거나 건설적이고 창의적인 제안을 하는 등 특히 포상할 필요가 있다고 인정되는 때

③ 형의 집행 및 수용자의 처우에 관한 법률 시행규칙 제231조 제3항

④ 형의 집행 및 수용자의 처우에 관한 법률 시행규칙 제220조 제1항

형사정책 > 범죄원인론

정답의 이유

③ 사이크스와 맛차의 중화기술의 유형 중 '피해자의 부정'에 해당한다.

더 알아보기

중화기술이론

사이크스와 맛차의 중화기술이론에 따르면 비행자의 규범의식 또는 가치관을 중화(합리화)시킴으로써 죄책감과 수치심이 낮아져 비행을 하게 된다는 것으로 상황적결정론에 입각한 이론을 말한다. 즉 규범위반에 대한 중화(합리화)를 통한 내적통제 약화를 범죄의 발생원인으로 본다. 또한 중화기술의 유형에는 책임의 부정, 가해의 부정, 피해자의 부정, 비난자에 대한 비난, 고도의 충성심에 호소 등 5가지가 있다.

형사정책 > 형벌과 보안처분론

정답의 이유

④ 소년법 제32조 제1항 제4호(단기보호관찰) 및 제5호(장기보호관찰)의 보호처분을 받은 사람은 그 법률에서 정한 기간에 보호관찰을 받는다(보호관찰 등에 관한 법률 제30조 제5호). 단기 보호관찰기간은 1년으로 한다(소년법 제33조 제2항). 따라서 소년법상 단기보호관찰 처분을 받은 자의 보호관찰기간은 1년이다.

소년법 제33조(보호처분의 기간)

① 제32조 제1항 제1호·제6호·제7호의 위탁기간은 6개월로 하되, 소년부 판사는 결정으로써 6개월의 범위에서 한 번에 한하여 그 기간을 연장할 수 있다. 다만, 소년부 판사는 필요한 경우에는 언제든지 결정으로써 그 위탁을 종료시킬 수 있다.

② 제32조 제1항 제4호의 단기 보호관찰기간은 1년으로 한다.

③ 제32조 제1항 제5호의 장기 보호관찰기간은 2년으로 한다. 다만, 소년부 판사는 보호관찰관의 신청에 따라 결정으로써 1년의 범위에서 한 번에 한하여 그 기간을 연장할 수 있다.

오답의 이유

① 보호관찰 등에 관한 법률 제30조 제2호

② 보호관찰 등에 관한 법률 제30조 제6호, 전자장치 부착 등에 관한 법률 제21조의3 제1항

③ 보호관찰 등에 관한 법률 제30조 제1호, 형법 제59조의2 제1항

제30조(보호관찰의 기간)

보호관찰 대상자는 다음 각 호의 구분에 따른 기간에 보호관찰을 받는다.

1. 보호관찰을 조건으로 형의 선고유예를 받은 사람: 1년

2. 보호관찰을 조건으로 형의 집행유예를 선고받은 사람: 그 유예기간. 다만, 법원이 보호관찰 기간을 따로 정한 경우에는 그 기간

3. 가석방자: 「형법」 제73조의2 또는 「소년법」 제66조에 규정된 기간

4. 임시퇴원자: 퇴원일부터 6개월 이상 2년 이하의 범위에서 심사위원회가 정한 기간

5. 「소년법」 제32조 제1항 제4호 및 제5호의 보호처분을 받은 사람: 그 법률에서 정한 기간

6. 다른 법률에 따라 이 법에서 정한 보호관찰을 받는 사람: 그 법률에서 정한 기간

13 난도 ★★★   정답 ③

교정학 > 시설내 처우

정답의 이유

③ 징벌위원회의 위원장은 소장의 바로 다음 순위자가 된다(형의 집행 및 수용자의 처우에 관한 법률 제111조 제2항).

오답의 이유

① 형의 집행 및 수용자의 처우에 관한 법률 제111조 제5항

② 형의 집행 및 수용자의 처우에 관한 법률 제111조 제2항

④ 형의 집행 및 수용자의 처우에 관한 법률 제111조 제6항

제111조(징벌위원회)

① 징벌대상자의 징벌을 결정하기 위하여 교정시설에 징벌위원회(이하 이 조에서 "위원회"라 한다)를 둔다.

② 위원회는 위원장을 포함한 5인 이상 7인 이하의 위원으로 구성하고, 위원장은 소장의 바로 다음 순위자가 되며, 위원은 소장이 소속 기관의 과장(지소의 경우에는 7급 이상의 교도관) 및 교정에 관한 학식과 경험이 풍부한 외부인사 중에서 임명 또는 위촉한다. 이 경우 외부위원은 3인 이상으로 한다.

③ 위원회는 소장의 징벌요구에 따라 개회하며, 징벌은 그 의결로써 정한다.

④ 위원이 징벌대상자의 친족이거나 그 밖에 공정한 심의·의결을 기대할 수 없는 특별한 사유가 있는 경우에는 위원회에 참석할 수 없다.

⑤ 징벌대상자는 위원에 대하여 기피신청을 할 수 있다. 이 경우 위원회의 의결로 기피 여부를 결정하여야 한다.

⑥ 위원회는 징벌대상자가 위원회에 출석하여 충분한 진술을 할 수 있는 기회를 부여하여야 하며, 징벌대상자는 서면 또는 말로써 자기에게 유리한 사실을 진술하거나 증거를 제출할 수 있다.

⑦ 위원회의 위원 중 공무원이 아닌 사람은 「형법」 제127조 및 제129조부터 제132조까지의 규정을 적용할 때에는 공무원으로 본다.

14 난도 ★★☆   정답 ④

형사정책 > 소년범죄론

정답의 이유

④ 소년법 제50조·제51조

오답의 이유

① 소년이 소년분류심사원에 위탁된 경우 보조인이 없을 때에는 법원은 변호사 등 적정한 자를 보조인으로 선정하여야 하며, 소년이 소년분류심사원에 위탁되지 아니하였을 때에도 소년에게 신체적·정신적 장애가 의심되는 경우, 빈곤이나 그 밖의 사유로 보조인을 선임할 수 없는 경우, 그 밖에 소년부 판사가 보조인이 필요하다고 인정하는 경우 법원은 직권에 의하거나 소년 또는 보호자의 신청에 따라 보조인을 선정할 수 있다(소년법 제17조의2).

② 검사는 피의자에 대하여 범죄예방자원봉사위원의 선도, 소년의 선도·교육과 관련된 단체·시설에서의 상담·교육·활동등의 선도 등을 받게 하고, 피의사건에 대한 공소를 제기하지 아니할 수 있다. 이 경우 소년과 소년의 친권자·후견인 등 법정대리인의 동의를 받아야 한다(소년법 제49조의3).

③ 소년부 판사는 피해자 또는 그 법정대리인·변호인·배우자·직계친족·형제자매가 의견진술을 신청할 때에는 피해자나 그 대리인 등에게 심리 기일에 의견을 진술할 기회를 주어야 한다. 다만, 신청인이 이미 심리절차에서 충분히 진술하여 다시진술할 필요가 없다고 인정되는 경우, 신청인의 진술로 심리절차가 현저하게 지연될 우려가 있는 경우에는 그러하지 아니하다(소년법 제25조의2).

15. 난도 ★★★　　　　　정답 ④

교정학 > 수용자의 법적 지위와 처우

정답의 이유

④ 소장은 수형자에 대한 개별처우계획을 합리적으로 수립하고 조정하기 위하여 수형자의 인성, 행동특성 및 자질 등을 과학적으로 조사·측정·평가하여야 한다. 다만, 집행할 형기가 짧거나 그 밖의 특별한 사정이 있는 경우에는 예외로 할 수 있다(형의 집행 및 수용자의 처우에 관한 법률 제59조 제1항).

오답의 이유

① 형의 집행 및 수용자의 처우에 관한 법률 제59조 제2항
② 형의 집행 및 수용자의 처우에 관한 법률 제62조 제2항
③ 형의 집행 및 수용자의 처우에 관한 법률 제61조

16. 난도 ★★☆　　　　　정답 ②

교정학 > 교정학의 이해

정답의 이유

② 안치에 대한 설명이며, 충군은 도형(도역) 대신 군역에 복무시키는 일종의 대체형벌로, 주로 군인이나 군사관련 범죄에 대하여 적용하였다.

17. 난도 ★★★　　　　　정답 ②

교정학 > 수용자의 법적 지위와 처우

정답의 이유

ㄱ. 경비처우급에 해당한다(형의 집행 및 수용자의 처우에 관한 법률 시행규칙 제72조 제2호).
ㄴ. 기본수용급에 해당한다(형의 집행 및 수용자의 처우에 관한 법률 시행규칙 제72조 제1호).
ㄷ. 개별처우급에 해당한다(형의 집행 및 수용자의 처우에 관한 법률 시행규칙 제72조 제3호).

> **제72조(처우등급)**
> 수형자의 처우등급은 다음 각 호와 같이 구분한다.
> 1. 기본수용급: 성별·국적·나이·형기 등에 따라 수용할 시설 및 구획 등을 구별하는 기준
> 2. 경비처우급: 도주 등의 위험성에 따라 수용시설과 계호의 정도를 구별하고, 범죄성향의 진전과 개선정도, 교정성적에 따라 처우수준을 구별하는 기준
> 3. 개별처우급: 수형자의 개별적인 특성에 따라 중점처우의 내용을 구별하는 기준
> [전문개정 2010.5.31.]

18. 난도 ★★★ ※ 법령 개정·변경된 내용으로 문제 및 선지 교체　정답 ④

형사정책 > 소년범죄론

정답의 이유

④ 형의 집행 및 수용자 처우에 관한 법률 시행규칙 제255조

오답의 이유

① 가석방의 처분을 받은 후 그 처분이 실효 또는 취소되지 아니하고 가석방기간을 경과한 때에는 형의 집행을 종료한 것으로 본다(형법 제76조 제1항).
② 가석방심사위원회는 가석방 적격결정을 하였으면 5일 이내에 법무부장관에게 가석방 허가를 신청하여야 한다(형의 집행 및 수용자의 처우에 관한 법률 제122조 제1항).
③ 징역이나 금고의 집행 중에 있는 사람이 행상이 양호하여 뉘우침이 뚜렷한 때에는 무기형은 20년, 유기형은 형기의 3분의 1이 지난 후 행정처분으로 가석방을 할 수 있다(형법 제72조 제1항).

19. 난도 ★★★　　　　　정답 ①

교정학 > 시설내 처우

정답의 이유

① 수용자의 접견은 접촉차단시설이 설치된 장소에서 하게 한다. 다만, 미결수용자(형사사건으로 수사 또는 재판을 받고 있는 수형자와 사형확정자를 포함한다)가 변호인(변호인이 되려는 사람을 포함한다. 이하 같다)과 접견하는 경우, 수용자가 소송사건의 대리인인 변호사와 접견하는 경우 등 수용자의 재판청구권 등을 실질적으로 보장하기 위하여 대통령령으로 정하는 경우로서 교정시설의 안전 또는 질서를 해칠 우려가 없는 경우에 해당하는 때에는 접촉차단시설이 설치되지 아니한 장소에서 접견하게 한다(형의 집행 및 수용자의 처우에 관한 법률 제41조 제2항 제1호).

> **제41조(접견)**
> ① 수용자는 교정시설의 외부에 있는 사람과 접견할 수 있다. 다만, 다음 각 호의 어느 하나에 해당하는 사유가 있으면 그러하지 아니하다.
>   1. 형사 법령에 저촉되는 행위를 할 우려가 있는 때
>   2. 「형사소송법」이나 그 밖의 법률에 따른 접견금지의 결정이 있는 때
>   3. 수형자의 교화 또는 건전한 사회복귀를 해칠 우려가 있는 때
>   4. 시설의 안전 또는 질서를 해칠 우려가 있는 때
> ② 수용자의 접견은 접촉차단시설이 설치된 장소에서 하게 한다. 다만, 다음 각 호의 어느 하나에 해당하는 경우에는 접촉차단시설이 설치되지 아니한 장소에서 접견하게 한다. 〈신설 2019.4.23., 2022.12.27.〉
>   1. 미결수용자(형사사건으로 수사 또는 재판을 받고 있는 수형자와 사형확정자를 포함한다)가 변호인(변호인이 되려는 사람을 포함한다. 이하 같다)과 접견하는 경우

2. 수용자가 소송사건의 대리인인 변호사와 접견하는 경우 등 수용자의 재판청구권 등을 실질적으로 보장하기 위하여 대통령령으로 정하는 경우로서 교정시설의 안전 또는 질서를 해칠 우려가 없는 경우

③ 제2항에도 불구하고 다음 각 호의 어느 하나에 해당하는 경우에는 접촉차단시설이 설치되지 아니한 장소에서 접견하게 할 수 있다. 〈신설 2019.4.23.〉

1. 수용자가 미성년자인 자녀와 접견하는 경우

2. 그 밖에 대통령령으로 정하는 경우

[오답의 이유]

② 형의 집행 및 수용자 처우에 관한 법률 제84조 제1항

③ 형의 집행 및 수용자 처우에 관한 법률 제85조

④ 형의 집행 및 수용자 처우에 관한 법률 시행령 제59조 제2항 제1호

20 난도 ★★★   정답 ③

교정학 > 수용자의 법적 지위와 처우

[정답의 이유]

③ 형의 집행 및 수용자의 처우에 관한 법률 제67조

[오답의 이유]

① 소장은 수형자의 근로의욕을 고취하고 건전한 사회복귀를 지원하기 위하여 법무부장관이 정하는 바에 따라 작업의 종류, 작업성적, 교정성적, 그 밖의 사정을 고려하여 수형자에게 작업장려금을 지급할 수 있다(형의 집행 및 수용자 처우에 관한 법률 제73조 제2항).

② 외부 통근 작업 대상자의 선정기준 등에 관하여 필요한 사항은 법무부령으로 정한다(형의 집행 및 수용자 처우에 관한 법률 제68조 제2항).

④ 소장은 수형자의 신청에 따라 외부통근작업, 외부직업훈련, 그 밖에 집중적인 근로가 필요한 작업을 부과하는 경우에는 접견·전화통화·교육·공동행사 참가 등의 처우를 제한할 수 있다(형의 집행 및 수용자 처우에 관한 법률 제70조 제1항).

교정학개론 | 2014년 국가직 9급

한눈에 훑어보기

✓ 영역 분석

형사정책 01 03 05 06 07 09 11 17 18 19
10문항, 50%

교정학 02 04 08 10 12 13 14 15 16 20
10문항, 50%

✓ 빠른 정답

01	02	03	04	05	06	07	08	09	10
①	②	②	①	④	④	③	④	③	②
11	12	13	14	15	16	17	18	19	20
①	②	④	③	④	①	①	②	②	③

✓ 점수 체크

구분	1회독	2회독	3회독
맞힌 문항 수	/ 20	/ 20	/ 20
나의 점수	점	점	점

01 난도 ★☆☆ 정답 ①

형사정책 > 범죄원인론

정답의 이유

ㄱ. 애착은 주변 사람들과의 감정적 결속을 의미한다.

ㄴ. 전념은 성공적인 미래를 위한 각자의 합리적 판단을 의미한다.

ㄷ. 참여는 통상적인 사회활동에 참여가 많을수록 범죄를 저지를 가능성이 낮아진다는 것을 의미한다.

ㄹ. 신념은 규범에 대한 믿음을 설명한다.

02 난도 ★☆☆ 정답 ②

교정학 > 교정학의 이해

정답의 이유

② 하위계층의 재산범죄를 설명하는 논리가 되는 것이 혁신형이다. 혁신형은 문화적 목표는 지향하지만 목표를 달성하기 위해 합법적 방법이 아닌 불법적 방법을 선택한다.

더 알아보기

아노미이론 적응유형

동조형	문화적 목표와 제도화된 수단 모두 수용
의례형	문화적 목표는 포기하고 제도화된 수단은 수용
반역형	기존의 가치를 거부하고 새로운 가치를 수용
혁신형	문화적 목표는 수용하고 제도화된 수단은 거부

03 난도 ★★★ 정답 ②

형사정책 > 형벌과 보안처분론

정답의 이유

② 벌금형은 국가에 대한 채권과 상계가 허용되지 않는다. 한편 벌금은 일신전속적 성격이지만 예외가 없는 것(조세, 전매, 기타 공과에 관하여 받은 벌금형)은 아니다.

04 난도 ★★★ 정답 ①

교정학 > 시설내 처우

정답의 이유

① 수강명령은 12세 이상 소년에 대하여 100시간 범위 내에서 부과할 수 있고, 사회봉사명령은 14세 이상 소년에 대하여 200시간 범위 내에서 부과할 수 있다(소년법 제32조 제4항 · 제33조 제4항).

05 난도 ★★★   정답 ④

형사정책 > 소년범죄론

정답의 이유

④ 원장은 보호소년등이 규율을 위반하였을 경우 훈계, 원내 봉사활동, 14세 이상인 자에게 지정된 실내에서 20일 이내의 기간 동안 근신 등의 징계를 할 수 있다(보호소년 등의 처우에 관한 법률 제15조 제1항).

제15조(징계)

① 원장은 보호소년등이 제14조의4 각 호의 어느 하나에 해당하는 행위를 하면 제15조의2 제1항에 따른 보호소년등처우 · 징계위원회의 의결에 따라 다음 각 호의 어느 하나에 해당하는 징계를 할 수 있다. 〈개정 2016.3.29., 2020.10.20.〉

　　1. 훈계
　　2. 원내 봉사활동
　　3. 서면 사과
　　4. 20일 이내의 텔레비전 시청 제한
　　5. 20일 이내의 단체 체육활동 정지
　　6. 20일 이내의 공동행사 참가 정지
　　7. 20일 이내의 기간 동안 지정된 실(室) 안에서 근신하게 하는 것

오답의 이유

① 보호소년등을 소년원이나 소년분류심사원에 수용할 때에는 법원소년부의 결정서, 법무부장관의 이송허가서 또는 지방법원 판사의 유치허가장에 의하여야 한다(보호소년 등의 처우에 관한 법률 제7조 제1항).

② 보호소년 등의 처우에 관한 법률 제14조 제2항

③ 보호소년 등의 처우에 관한 법률 제11조

06 난도 ★★☆   정답 ④

형사정책 > 형벌과 보안처분론

정답의 이유

④ 보안관찰처분대상자 또는 피보안관찰자가 보안관찰처분 또는 보안관찰을 면탈할 목적으로 은신 또는 도주한 때에는 3년 이하의 징역에 처한다(보안관찰법 제27조 제1항).

오답의 이유

① 보안관찰법 제5조 제1항

② 보안관찰법 제5조 제2항

제5조(보안관찰처분의 기간)

① 보안관찰처분의 기간은 2년으로 한다.

② 법무부장관은 검사의 청구가 있는 때에는 보안관찰처분심의위원회의 의결을 거쳐 그 기간을 갱신할 수 있다.

---

③ 보안관찰법 제12조 제5항

07 난도 ★★☆   ※ 법령 개정 · 변경된 내용으로 문제 및 선지 교체   정답 ③

형사정책 > 형벌과 보안처분론

정답의 이유

③ 치료명령의 임시해제 신청은 치료명령의 집행이 개시된 날부터 6개월이 지난 후에 하여야 한다(성폭력범죄자의 성충동 약물치료에 관한 법률 제17조 제2항).

오답의 이유

① 성폭력범죄자의 성충동 약물치료에 관한 법률 제13조 제1항

② 성폭력범죄자의 성충동 약물치료에 관한 법률 제21조 제2항

④ 성폭력범죄자의 성충동 약물치료에 관한 법률 제15조 제3항

08 난도 ★★☆   정답 ④

교정학 > 시설내 처우

정답의 이유

④ 보호위원회 위원장이 부득이한 사유로 직무를 수행할 수 없을 때에는 위원장이 미리 지정한 위원이 그 직무를 대행한다(범죄피해자 보호법 시행령 제14조 제2항).

오답의 이유

① 범죄피해자보호위원회의 위원장은 법무부장관이 된다(범죄피해자 보호법 시행령 제13조 제1항).

② 위촉된 위원의 임기는 2년으로 하되 두 차례만 연임할 수 있으며, 보궐위원의 임기는 전임자의 임기의 남은 기간으로 한다(범죄피해자 보호법 시행령 제13조 제3항).

③ 보호위원회의 회의는 재적위원 과반수의 출석으로 개의하고, 출석위원 과반수의 찬성으로 의결한다(범죄피해자 보호법 시행령 제14조 제3항).

09 난도 ★☆☆   정답 ③

형사정책 > 형벌과 보안처분론

정답의 이유

③ 보호관찰 등에 관한 법률 시행규칙 제25조의2 제6항

오답의 이유

① 위원의 임기는 2년으로 한다(보호관찰 등에 관한 법률 시행규칙 제25조의2 제3항).

② 원호협의회는 5명 이상의 위원으로 구성하되, 보호관찰소의 장은 당연직 위원으로서 위원장이 되고, 위원은 다음 각 호에 해당하는 사람 중에서 위원장이 위촉한다(보호관찰 등에 관한 법률 시행규칙 제25조의2 제2항).

④ 보호관찰소의 장은 원호활동을 종합적이고 체계적으로 전개하기 위하여 원호협의회를 설치할 수 있다(보호관찰 등에 관한 법률 시행규칙 제25조의2 제1항).

10 난도 ★★☆   정답 ②

교정학 > 수용자의 법적 지위와 처우

정답의 이유

ㄱ – c. 펜실베니아제: 미국에서 1790년 윌리엄 펜이 하워드의 영향을 받아 설립한 월넛가 감옥(Walnut Street Jail)에서 시작되었다. 하빌랜드의 설계로 현대적 교도소의 원형이 된 피츠버그의 동부교도소(1826)와 필라델피아의 서부교도소(1829)가 설립되며 펜실베니아제가 확립되었다. 절대 침묵과 정숙을 유지하며 주야간 구분 없이 엄정한 독거수용을 통해 반성을 목적으로 한 구금방식으로 모든 수용자가 모든 활동을 각자 자신의 거실에서 함으로써 수용자 상호 간에 철저한 격리를 요구하며 엄정독거제, 분방제, 필라델피아제로 불리기도 한다.

ㄴ – d. 오번제: 1823년에 미국 뉴욕주(州) 오번시(市)에서 최초로 실시되었으며 주간에는 작업에 종사하게 하고 야간에는 독방에 수용하여 교화개선을 시도하는 야간 독거제의 교도소 구금제이다.

ㄷ – b. 엘마이라제: 수형자의 자력적 개선에 중점을 두며 사회복귀 프로그램의 동기부여 등 누진적 처우방법을 시도하는 제도이다.

ㄹ – a. 카티지제: 1854년 미국 오하이오주 랭커스터의 오하이오학교에서 최초 시행하던 것을 행형제도에 도입한 것으로, 1904년 뉴욕주의 청소년보호수용소에서 이를 채택한 이래 여자교도소와 소년교도소 및 성인 교도소까지 확대 시행되었다. 기존의 대규모(대형화·집단화) 수형자자치제의 단점을 보완하기 위해 수형자를 소집단으로 처우하는 소규모 처우제도이다.

11 난도 ★★★   정답 ①

형사정책 > 범죄원인론

정답의 이유

① 50시간 이내의 근로봉사와 30일 이내의 작업 정지는 함께 부과할 수 없다(형의 집행 및 수용자의 처우에 관한 법률 제108조 제1호·8호, 제109조 제1항).

제108조(징벌의 종류)

징벌의 종류는 다음 각 호와 같다.

1. 경고
2. 50시간 이내의 근로봉사
3. 3개월 이내의 작업장려금 삭감
4. 30일 이내의 공동행사 참가 정지
5. 30일 이내의 신문열람 제한
6. 30일 이내의 텔레비전 시청 제한
7. 30일 이내의 자비구매물품(의사가 치료를 위하여 처방한 의약품을 제외한다) 사용 제한
8. 30일 이내의 작업 정지(신청에 따른 작업에 한정한다)
9. 30일 이내의 전화통화 제한
10. 30일 이내의 집필 제한
11. 30일 이내의 편지수수 제한
12. 30일 이내의 접견 제한

---

13. 30일 이내의 실외운동 정지
14. 30일 이내의 금치(禁置)

제109조(징벌의 부과)

① 제108조 제4호부터 제13호까지의 처분은 함께 부과할 수 있다.

오답의 이유

② 형의 집행 및 수용자의 처우에 관한 법률 제111조 제2항
③ 형의 집행 및 수용자의 처우에 관한 법률 제110조 제1항 제1호
④ 형의 집행 및 수용자의 처우에 관한 법률 제108조 제12호·제13호, 제109조 제1항

12 난도 ★★★   정답 ②

교정학 > 사회적 처우와 사회내 처우

정답의 이유

ㄴ. 형의 집행 및 수용자의 처우에 관한 법률 제77조 제2항 제1호
ㄹ. 형의 집행 및 수용자의 처우에 관한 법률 제77조 제2항 제2호

오답의 이유

ㄱ·ㄷ·ㅁ은 일반귀휴 사유에 해당한다.

ㄱ. 형의 집행 및 수용자의 처우에 관한 법률 제77조 제1항 제4호·제129조 제3항 제8호
ㄷ. 형의 집행 및 수용자의 처우에 관한 법률 제77조 제1항 제4호·제129조 제3항 제2호
ㅁ. 형의 집행 및 수용자의 처우에 관한 법률 제77조 제1항 제4호·제129조 제3항 제4호

제77조(귀휴)

① 소장은 6개월 이상 형을 집행받은 수형자로서 그 형기의 3분의 1(21년 이상의 유기형 또는 무기형의 경우에는 7년)이 지나고 교정성적이 우수한 사람이 다음 각 호의 어느 하나에 해당하면 1년 중 20일 이내의 귀휴를 허가할 수 있다. 〈개정 2020.2.4.〉

1. 가족 또는 배우자의 직계존속이 위독한 때
2. 질병이나 사고로 외부의료시설에의 입원이 필요한 때
3. 천재지변이나 그 밖의 재해로 가족, 배우자의 직계존속 또는 수형자 본인에게 회복할 수 없는 중대한 재산상의 손해가 발생하였거나 발생할 우려가 있는 때
4. 그 밖에 교화 또는 건전한 사회복귀를 위하여 법무부령으로 정하는 사유가 있는 때

② 소장은 다음 각 호의 어느 하나에 해당하는 사유가 있는 수형자에 대하여는 제1항에도 불구하고 5일 이내의 특별귀휴를 허가할 수 있다.

1. 가족 또는 배우자의 직계존속이 사망한 때
2. 직계비속의 혼례가 있는 때

③ 소장은 귀휴를 허가하는 경우에 법무부령으로 정하는 바에 따라 거소의 제한이나 그 밖에 필요한 조건을 붙일 수 있다.
④ 제1항 및 제2항의 귀휴기간은 형 집행기간에 포함한다.

---

13 난도 ★★★　　　　　　　　　　　정답 ④

교정학 > 시설내 처우

[정답의 이유]

④ 형의 집행 및 수용자의 처우에 관한 법률 제101조 제1항 제1호

[오답의 이유]

① 이송·출정, 그 밖에 교정시설 밖의 장소로 수용자를 호송하는 때 - 보호장비(형의 집행 및 수용자의 처우에 관한 법률 제97조 제1항 제1호)

② 도주·자살·자해 또는 다른 사람에 대한 위해의 우려가 큰 때 - 보호장비, 보안장비(형의 집행 및 수용자의 처우에 관한 법률 제97조 제1항 제2호, 보안장비)

③ 위력으로 교도관 등의 정당한 직무집행을 방해하는 때 - 보호장비, 보안장비(형의 집행 및 수용자의 처우에 관한 법률 제97조 제1항 제3호, 제100조 제1항 제5호 제3항)

제97조(보호장비의 사용)

① 교도관은 수용자가 다음 각 호의 어느 하나에 해당하면 보호장비를 사용할 수 있다. 〈개정 2016.5.29.〉
　1. 이송·출정, 그 밖에 교정시설 밖의 장소로 수용자를 호송하는 때
　2. 도주·자살·자해 또는 다른 사람에 대한 위해의 우려가 큰 때
　3. 위력으로 교도관의 정당한 직무집행을 방해하는 때
　4. 교정시설의 설비·기구 등을 손괴하거나 그 밖에 시설의 안전 또는 질서를 해칠 우려가 큰 때

제100조(강제력의 행사)

① 교도관은 수용자가 다음 각 호의 어느 하나에 해당하면 강제력을 행사할 수 있다. 〈개정 2016.5.29.〉
　1. 도주하거나 도주하려고 하는 때
　2. 자살하려고 하는 때
　3. 자해하거나 자해하려고 하는 때
　4. 다른 사람에게 위해를 끼치거나 끼치려고 하는 때
　5. 위력으로 교도관의 정당한 직무집행을 방해하는 때
　6. 교정시설의 설비·기구 등을 손괴하거나 손괴하려고 하는 때
　7. 그 밖에 시설의 안전 또는 질서를 크게 해치는 행위를 하거나 하려고 하는 때

② 교도관은 수용자 외의 사람이 다음 각 호의 어느 하나에 해당하면 강제력을 행사할 수 있다. 〈개정 2016.5.29., 2020.2.4.〉
　1. 수용자를 도주하게 하려고 하는 때
　2. 교도관 또는 수용자에게 위해를 끼치거나 끼치려고 하는 때
　3. 위력으로 교도관의 정당한 직무집행을 방해하는 때
　4. 교정시설의 설비·기구 등을 손괴하거나 하려고 하는 때
　5. 교정시설에 침입하거나 하려고 하는 때
　6. 교정시설의 안(교도관이 교정시설의 밖에서 수용자를 계호하고 있는 경우 그 장소를 포함한다)에서 교도관의 퇴거요구를 받고도 이에 따르지 아니하는 때

③ 제1항 및 제2항에 따라 강제력을 행사하는 경우에는 보안장비를 사용할 수 있다.

---

④ 제3항에서 "보안장비"란 교도봉·가스분사기·가스총·최루탄 등 사람의 생명과 신체의 보호, 도주의 방지 및 시설의 안전과 질서 유지를 위하여 교도관이 사용하는 장비와 기구를 말한다. 〈개정 2016.5.29.〉

14 난도 ★★★　※ 법령 개정·변경된 내용으로 문제 및 선지 교체　정답 ③

교정학 > 시설내 처우

[정답의 이유]

③ 형의 집행 및 수용자의 처우에 관한 법률 제86조 제1항

[오답의 이유]

① 미결수용자가 재판·국정감사에 참석할 때에는 사복을 착용할 수 있다. 다만, 소장은 도주우려가 크거나 특히 부적당한 사유가 있다고 인정하면 교정시설에서 지급하는 의류를 입게 할 수 있다 (형의 집행 및 수용자의 처우에 관한 법률 제82조).

② 미결수용자와 변호인 간의 접견은 시간과 횟수를 제한하지 아니한다(형의 집행 및 수용자의 처우에 관한 법률 제84조 제2항).

④ 미결수용자와 변호인 간의 편지는 교정시설에서 상대방이 변호인임을 확인할 수 없는 경우를 제외하고는 검열할 수 없다(형의 집행 및 수용자의 처우에 관한 법률 제84조 제2항).

15 난도 ★★★　　　　　　　　　　　정답 ④

교정학 > 시설내 처우

[정답의 이유]

④ 형의 집행 및 수용자의 처우에 관한 법률 제52조 제1항

[오답의 이유]

① 남성교도관이 1인의 여성수용자에 대하여 실내에서 여성교도관 입회 없이 상담 등을 하려면 투명한 창문이 설치된 장소에서 다른 여성을 입회시킨 후 실시하여야 한다(형의 집행 및 수용자의 처우에 관한 법률 제51조 제2항).

② 소장은 여성수용자는 자신이 출산한 유아를 교정시설에서 양육할 것을 신청한 경우, 아래 각 호에 해당하는 사유가 없는 경우에만 유아의 양육을 허가하여야 한다(형의 집행 및 수용자의 처우에 관한 법률 제53조 제1항).

제53조(유아의 양육)

① 여성수용자는 자신이 출산한 유아를 교정시설에서 양육할 것을 신청할 수 있다. 이 경우 소장은 다음 각 호의 어느 하나에 해당하는 사유가 없으면, 생후 18개월에 이르기까지 허가하여야 한다. 〈개정 2009.12.29.〉
　1. 유아가 질병·부상, 그 밖의 사유로 교정시설에서 생활하는 것이 특히 부적당하다고 인정되는 때
　2. 수용자가 질병·부상, 그 밖의 사유로 유아를 양육할 능력이 없다고 인정되는 때
　3. 교정시설에 감염병이 유행하거나 그 밖의 사정으로 유아양육이 특히 부적당한 때

③ 거실에 있는 여성수용자에 대해서는 자살 등의 우려가 큰 때에는 전자영상장비로 계호할 수 있다. 이때의 계호는 여성교도관이 하여야 한다(형의 집행 및 수용자의 처우에 관한 법률 제94조 제1항·제2항).

16 난도 ★★★　　　　　　　　　　　정답 ①

교정학 > 시설내 처우

정답의 이유

① 소장은 수형자에게 작업을 부과하려면 나이·형기·건강상태·기술·성격·취미·경력·장래생계, 그 밖의 수형자의 사정을 고려하여야 한다(형의 집행 및 수용자 의 처우에 관한 법률 제65조 제2항). '죄명, 형기, 죄질, 성격, 범죄전력, 나이, 경력 및 수용생활 태도, 그밖의 수형자의 개인적 특성'은 수용거실 지정 시 고려사항이다(형의 집행 및 수용자의 처우에 관한 법률 제15조 제2항).

오답의 이유

② 형의 집행 및 수용자의 처우에 관한 법률 제73조 제2항
③ 형의 집행 및 수용자의 처우에 관한 법률 시행령 제93조
④ 형의 집행 및 수용자의 처우에 관한 법률 시행령 제90조

17 난도 ★★★　※ 법령 개정·변경된 내용으로 문제 및 선지 교체　정답 ①

교정학 > 수용자의 법적 지위와 처우

정답의 이유

ㄱ. 형의 집행 및 수용자의 처우에 관한 법률 제71조 제5항
ㄴ. 형의 집행 및 수용자의 처우에 관한 법률 제72조 제1항
ㄷ. 형의 집행 및 수용자의 처우에 관한 법률 제73조 제1항

오답의 이유

ㄹ. 소장은 금고형 또는 구류형의 집행 중에 있는 사람에 대하여는 신청에 따라 작업을 부과할 수 있다(형의 집행 및 수용자의 처우에 관한 법률 제67조).
ㅁ. 작업장려금은 석방할 때 본인에게 지급한다. 본인의 가족생활 부조, 교화 또는 사회복귀를 위하여 특히 필요하면 석방 전이라도 그 전부 또는 일부를 지급할 수 있다(형의 집행 및 수용자의 처우에 관한 법률 제73조 제2항).

18 난도 ★★☆　※ 법령 개정·변경된 내용으로 문제 및 선지 교체　정답 ②

형사정책 > 형벌과 보안처분론

정답의 이유

② 만 19세 미만의 자에 대하여 부착명령을 선고한 때에는 19세에 이르기까지 전자장치를 부착할 수 없다(전자장치 부착 등에 관한 법률 제4조). 따라서, 부착할 수 없을 뿐 부착명령을 선고는 할 수 있다.

오답의 이유

① 전자장치 부착 등에 관한 법률 제2조 제1호
③ 전자장치 부착 등에 관한 법률 제9조 제7항
④ 전자장치 부착 등에 관한 법률 제22조 제1항

19 난도 ★★★　※ 법령 개정·변경된 내용으로 문제 및 선지 교체　정답 ②

형사정책 > 형벌과 보안처분론

정답의 이유

② 갱생보호사업을 하려는 자는 법무부령으로 정하는 바에 따라 법무부장관의 허가를 받아야 한다(보호관찰 등에 관한 법률 제67조 제1항).

오답의 이유

① 보호관찰 등에 관한 법률 제65조 제1항
③ 보호관찰 등에 관한 법률 제70조의2
④ 보호관찰 등에 관한 법률 제71조

20 난도 ★★☆　　　　　　　　　　　정답 ③

교정학 > 수용자의 법적 지위와 처우

정답의 이유

③ 옳은 지문은 첫 번째, 두 번째, 세 번째, 다섯 번째로 총 4개이다.
  • 첫 번째 지문: 소년법 제39조
  • 두 번째 지문: 소년법 제32조의2 제3항
  • 세 번째 지문: 소년법 제42조 제1항
  • 다섯 번째 지문: 소년법 제40조

오답의 이유

네 번째 지문: 사회봉사명령 처분은 14세 이상의 소년에게만 할 수 있다(소년법 제32조 제1항 제3호·제3항).

PART 2

7급 교정학

한눈에 훑어보기

영역 분석

형사정책 03 06 10 14 15 16 18 21 23 24
10문항, 40%

교정학 01 02 04 05 07 08 09 11 12 13 17 19
15문항, 60% 20 22 25

빠른 정답

01	02	03	04	05	06	07	08	09	10
④	①	③	②	④	②	④	③	②	④
11	12	13	14	15	16	17	18	19	20
①	①	③	③	②	①	③	④	②	②
21	22	23	24	25					
①	①	①	④	②					

점수 체크

구분	1회독	2회독	3회독
맞힌 문항 수	/ 25	/ 25	/ 25
나의 점수	점	점	점

01 난도 ★★☆ 　　　　　　　　　 정답 ④

교정학 > 수용자의 법적 지위와 처우

[정답의 이유]

④ '집행할 형기가 7년 미만이고 가석방이 제한되지 아니할 것'이며, 교정시설 안에 설치된 외부기업체의 작업장에 통근하며 작업하는 수형자는 집행할 형기가 10년 미만이거나 형기기산일로부터 10년 이상이 지난 수형자만 가능하다(형의 집행 및 수용자의 처우에 관한 법률 시행규칙 제120조 제1항 제5호ㆍ제2항).

[오답의 이유]

① 형의 집행 및 수용자의 처우에 관한 법률 시행규칙 제120조 제1항 제1호ㆍ2호

② 형의 집행 및 수용자의 처우에 관한 법률 시행규칙 제120조 제1항 제3호

③ 형의 집행 및 수용자의 처우에 관한 법률 시행규칙 제120조 제1항 제4호

> **제120조(선정기준)**
> ① 외부기업체에 통근하며 작업하는 수형자는 다음 각 호의 요건을 갖춘 수형자 중에서 선정한다. 〈개정 2010.5.31., 2013.4.16., 2014.11.17., 2020.8.5.〉
> 　1. 18세 이상 65세 미만일 것
> 　2. 해당 작업 수행에 건강상 장애가 없을 것
> 　3. 개방처우급ㆍ완화경비처우급에 해당할 것
> 　4. 가족ㆍ친지 또는 법 제130조의 교정위원(이하 "교정위원"이라 한다) 등과 접견ㆍ편지수수ㆍ전화통화 등으로 연락하고 있을 것
> 　5. 집행할 형기가 7년 미만이고 가석방이 제한되지 아니할 것
> 　6. 삭제 〈2013.4.16.〉
> ② 교정시설 안에 설치된 외부기업체의 작업장에 통근하며 작업하는 수형자는 제1항 제1호부터 제4호까지의 요건(같은 항 제3호의 요건의 경우에는 일반경비처우급에 해당하는 수형자도 포함한다)을 갖춘 수형자로서 집행할 형기가 10년 미만이거나 형기기산일부터 10년 이상이 지난 수형자 중에서 선정한다. 〈신설 2013.4.16., 2014.11.17.〉
> ③ 소장은 제1항 및 제2항에도 불구하고 작업 부과 또는 교화를 위하여 특히 필요하다고 인정하는 경우에는 제1항 및 제2항의 수형자 외의 수형자에 대하여도 외부통근자로 선정할 수 있다. 〈개정 2013.4.16.〉

02 난도 ★★☆
정답 ①

교정학 > 수용자의 법적 지위와 처우

정답의 이유

① '변호사와 접견하는 경우에도 수용자의 접견은 원칙적으로 접촉차단시설이 설치된 장소에서 하도록 규정하고 있는 형의 집행 및 수용자의 처우에 관한 법률 시행령(2008.10.29. 대통령령 제21095호로 개정된 것) 제58조 제4항(이하 '이 사건 접견조항'이라 한다)이 재판청구권을 침해하는지 여부(적극) 판결문(헌재 2013.8.29. 선고 2011헌마122)에 따르면, 수용자는 효율적인 재판준비를 하는 것이 곤란하게 되고, 특히 교정시설 내에서의 처우에 대하여 국가 등을 상대로 소송을 하는 경우에는 소송의 상대방에게 소송자료를 그대로 노출하게 되어 무기대등의 원칙이 훼손될 수 있다. 변호사 직무의 공공성, 윤리성 및 사회적 책임성은 변호사 접견권을 이용한 증거인멸, 도주 및 마약 등 금지물품 반입 시도 등의 우려를 최소화시킬 수 있으며, 변호사접견이라 하더라도 교정시설의 질서 등을 해할 우려가 있는 특별한 사정이 있는 경우에는 예외를 두도록 한다면 악용될 가능성도 방지할 수 있다. 따라서 이 사건 접견조항은 과잉금지원칙에 위배하여 청구인의 재판청구권을 지나치게 제한하고 있으므로, 헌법에 위반된다(헌재 2013.8.29. 2011헌마122).

03 난도 ★★☆
정답 ③

형사정책 > 형벌과 보안처분론

정답의 이유

③ '신체적 또는 정신적 장애가 있는 사람이'가 아니라 '신체적 또는 정신적 장애가 있는 사람에 대하여' 성폭력범죄를 저지른 때이다(전자장치 부착 등에 관한 법률 제5조 제1항 제5호).

오답의 이유

① 전자장치 부착 등에 관한 법률 제5조 제1항 제1호
② 전자장치 부착 등에 관한 법률 제5조 제1항 제3호
④ 전자장치 부착 등에 관한 법률 제5조 제1항 제4호

> **제5조(전자장치 부착명령의 청구)**
> ① 검사는 다음 각 호의 어느 하나에 해당하고, 성폭력범죄를 다시 범할 위험성이 있다고 인정되는 사람에 대하여 전자장치를 부착하도록 하는 명령(이하 "부착명령"이라 한다)을 법원에 청구할 수 있다. 〈개정 2008.6.13., 2010.4.15., 2012.12.18.〉
>   1. 성폭력범죄로 징역형의 실형을 선고받은 사람이 그 집행을 종료한 후 또는 집행이 면제된 후 10년 이내에 성폭력범죄를 저지른 때
>   2. 성폭력범죄로 이 법에 따른 전자장치를 부착받은 전력이 있는 사람이 다시 성폭력범죄를 저지른 때
>   3. 성폭력범죄를 2회 이상 범하여(유죄의 확정판결을 받은 경우를 포함한다) 그 습벽이 인정된 때
>   4. 19세 미만의 사람에 대하여 성폭력범죄를 저지른 때
>   5. <u>신체적 또는 정신적 장애가 있는 사람에 대하여 성폭력범죄를 저지른 때</u>

04 난도 ★★☆
정답 ②

교정학 > 수용자의 법적 지위와 처우

정답의 이유

② 형의 집행 및 수용자의 처우에 관한 법률 시행규칙 제93조 제1항 제1호에서 제3호에 따라 '형기가 3년 이상인 사람', '범죄 횟수가 2회 이하인 사람', '중간처우를 받는 날부터 가석방 또는 형기 종료 예정일까지 기간이 3개월 이상 1년 6개월 이하인 사람'이 해당된다(형의 집행 및 수용자의 처우에 관한 법률 시행규칙 제93조 제1항 제1호·제2호·제3호).

> **제93조(중간처우)**
> ① 소장은 개방처우급 혹은 완화경비처우급 수형자가 다음 각 호의 사유에 모두 해당하는 경우에는 교정시설에 설치된 개방시설에 수용하여 사회 적응에 필요한 교육, 취업지원 등 적정한 처우를 할 수 있다.
>   1. 형기가 <u>3년</u> 이상인 사람
>   2. 범죄 횟수가 <u>2회</u> 이하인 사람
>   3. 중간처우를 받는 날부터 가석방 또는 형기 종료 예정일까지 기간이 <u>3개월</u> 이상 1년 6개월 이하인 사람

05 난도 ★★☆
정답 ④

교정학 > 수용자의 법적 지위와 처우

정답의 이유

④ 외국인수용자를 수용하는 소장은 외국어에 능통한 소속 교도관을 전담요원으로 지정하여 일상적인 개별면담, 고충해소, 통역·번역 및 외교공관 또는 영사관 등 관계기관과의 연락 등의 업무를 수행하게 하여야 한다(형의 집행 및 수용자의 처우에 관한 법률 시행규칙 제56조 제1항).

오답의 이유

①·②·③ 전담요원 지정 대상이 아니다.

06 난도 ★★☆
정답 ②

형사정책 > 범죄원인론

정답의 이유

ㄱ·ㄷ. 모피트는 범죄자를 인생지속형과 청소년기 한정형 범죄자로 나누고 인생지속형 범죄자는 정상인에 비해 뇌신경학적 손상과 어린 나이에 부모로부터 학대를 당하는 등 부모와 정상적인 애착관계를 형성하지 못한 경우가 대부분이라고 했다. 반면 청소년기 한정형 범죄자들은 최신경학적 손상과 무관하고 다만, 청소년기 동안 성인들의 역할과 지위를 갈망하게 되고 범죄자들을 흉내 내며 흡련, 음주 등 경미한 비행을 일삼다가 어른이 되면 저절로 비행을 멈춘다고 한다. 따라서 청소년기 한정형 범죄자들의 일탈의 원인은 성숙의 차이와 사회모방이라고 할 수 있다.

07 난도 ★★☆ 정답 ④

교정학 > 시설내 처우

정답의 이유

④ 교도작업의 운영 및 특별회계에 관한 법률 제9조

오답의 이유

① 법무부장관은 교도작업으로 생산되는 제품의 종류와 수량을 회계연도 개시 1개월 전까지 공고하여야 한다(교도작업의 운영 및 특별회계에 관한 법률 제4조).

② 특별회계의 세입은 교도작업으로 생산된 제품 및 서비스의 판매, 그밖에 교도작업에 부수되는 수입금과 일반회계로부터의 전입금이 입금만 해당된다. 따라서 교도작업시설의 개량이나 확정에 필요한 경우로 예산의 범위에서 일반회계로 전입된 금액은 '일반회계로부터의 전입금'에 해당되므로 '포함되어야 한다'가 맞다(교도작업의 운영 및 특별회계에 관한 법률 제9조 제1항 제2호).

> **제9조(특별회계의 세입·세출)**
> ① 특별회계의 세입(歲入)은 다음 각 호와 같다.
> 1. 교도작업으로 생산된 제품 및 서비스의 판매, 그 밖에 교도작업에 부수되는 수입금
> 2. 제10조에 따른 일반회계로부터의 전입금
> 3. 제11조에 따른 차입금
> ② 특별회계의 세출(歲出)은 다음 각 호와 같다.
> 1. 교도작업의 관리, 교도작업 관련 시설의 마련 및 유지·보수, 그 밖에 교도작업의 운영을 위하여 필요한 경비
> 2. 「형의 집행 및 수용자의 처우에 관한 법률」 제73조 제2항의 작업장려금
> 3. 「형의 집행 및 수용자의 처우에 관한 법률」 제74조의 위로금 및 조위금
> 4. 수용자의 교도작업 관련 직업훈련을 위한 경비

③ 민간기업 등에 직접 판매하거나 위탁 판매도 할 수 있다(교도작업의 운영 및 특별회계에 관한 법률 제7조).

08 난도 ★★☆ 정답 ③

교정학 > 교정학의 이해

정답의 이유

③ 간수교습규정은 갑오개혁 시(1894년)가 아닌 일제 강점기인 1917년에 간수를 채용하고 교육하기 위하여 둔 규정이다.

09 난도 ★★☆ 정답 ②

교정학 > 수용자의 법적 지위와 처우

정답의 이유

ㄱ. 형의 집행 및 수용자의 처우에 관한 법률 시행령 제59조의2 제2항

ㄷ. 형의 집행 및 수용자의 처우에 관한 법률 제41조 제2항 제1호

오답의 이유

ㄴ. 수형자가 19세 미만인 때에 해당하면 접견횟수를 늘릴 수 있으나(형의 집행 및 수용자의 처우에 관한 법률 시행령 제59조 제2항 제1호) 접견시간은 수형자의 교화 또는 건전한 사회복귀를 위하여 특별히 인정한 때에만 연장할 수 있다(형의 집행 및 수용자의 처우에 관한 법률 시행령 제59조 제1항).

ㄹ. 접견내용이 청취·녹음 또는 녹화될 때에는 외국어를 사용해서는 아니 되나 국어로 의사소통하기 곤란한 사정이 있는 경우에는 외국어를 사용할 수 있다. 또 소장은 필요하다고 인정하면 교도관 또는 통역인으로 하여금 통역하게 할 수 있다(형의 집행 및 수용자의 처우에 관한 법률 시행령 제60조 제1항·제2항)

10 난도 ★★☆ 정답 ④

형사정책 > 형벌과 보안처분론

정답의 이유

④ 검사는 소속 검찰청 소재지 또는 성폭력 수형자의 주소를 관할하는 보호관찰소의 장에게 성폭력 수형자에 대해서 범죄의 동기, 피해자와의 관계, 심리상태, 재범의 위험성 등(성폭력범죄자의 성충동 약물치료에 관한 법률 제5조 제1항) 필요한 사항의 조사를 요청할 수 있다(성폭력범죄자의 성충동 약물치료에 관한 법률 제22조 제2항 제3호). 따라서 관할하는 교도소·구치소의 장이 아니라 보호관찰소의 장이다.

오답의 이유

① 성폭력범죄자의 성충동 약물치료에 관한 법률 제22조 제2항 제1호

② 성폭력범죄자의 성충동 약물치료에 관한 법률 제22조 제2항 제2호

③ 성폭력범죄자의 성충동 약물치료에 관한 법률 제23조 제1항

11 난도 ★★☆ 정답 ①

교정학 > 수용자의 법적 지위와 처우

정답의 이유

① 여성수용자는 자신이 출산한 유아를 교정시설에서 양육할 것을 신청할 수 있으며, 소장은 해당하는 사유가 없으면 18개월에 이르기까지 허가하여야 한다(형의 집행 및 수용자의 처우에 관한 법률 제53조 제1항).

오답의 이유

② 형의 집행 및 수용자의 처우에 관한 법률 제50조 제2항

③ 형의 집행 및 수용자의 처우에 관한 법률 제51조 제2항

④ 형의 집행 및 수용자의 처우에 관한 법률 제52조 제1항

12 난도 ★★☆　　　　　　　　　　　정답 ①

교정학 > 수용자의 법적 지위와 처우

정답의 이유

① 시설의 안전과 질서유지를 위해서는 혼거수용보다는 독거수용
이 적합하다.

오답의 이유

② 형의 집행 및 수용자의 처우에 관한 법률 제14조 제3호
③ 형의 집행 및 수용자의 처우에 관한 법률 제14조 제2호
④ 형의 집행 및 수용자의 처우에 관한 법률 제14조 제1호

13 난도 ★★☆　　　　　　　　　　　정답 ③

교정학 > 수용자의 법적 지위와 처우

정답의 이유

③ 형의 집행 및 수용자의 처우에 관한 법률 제82조

오답의 이유

① 소장은 미결수용자로서 사건에 서로 관련이 있는 사람은 분리수
용하고 서로 간의 접촉을 금지하여야 한다(형의 집행 및 수용자
의 처우에 관한 법률 제81조).
② 미결수용자와 변호인간의 편지는 '절대로'가 아닌 상대방이 변호
인임을 확인할 수 없는 경우를 제외하고는 검열할 수 없다(형의
집행 및 수용자의 처우에 관한 법률 제84조 제3항).
④ 미결수용자와 변호인관의 접견은 교도관이 참여하거나 그 내용
을 청취 또는 녹취하지 못한다. 다만 보이는 거리에서 관찰할 수
는 있다(형의 집행 및 수용자의 처우에 관한 법률 제84조 제1항).

제84조(변호인과의 접견 및 편지수수)

① 제41조 제4항에도 불구하고 미결수용자와 변호인과의 접견에는
교도관이 참여하지 못하며 그 내용을 청취 또는 녹취하지 못한다. 다
만, 보이는 거리에서 미결수용자를 관찰할 수 있다. 〈개정 2019.4.23.,
2022.12.27.〉
② 미결수용자와 변호인 간의 접견은 시간과 횟수를 제한하지 아니
한다.
③ 제43조 제4항 단서에도 불구하고 미결수용자와 변호인 간의 편
지는 교정시설에서 상대방이 변호인임을 확인할 수 없는 경우를 제
외하고는 검열할 수 없다.

---

14 난도 ★★☆　　　　　　　　　　　정답 ③

형사정책 > 범죄원인론

정답의 이유

③ 서덜랜드는 화이트칼라범죄를 '사회적 지위가 높은 사람들이 의
욕적 동기에서 자신들의 직업상 저지르는 범죄'라고 정의하였
다. 오늘날에는 서덜랜드의 정의보다 그 개념이 확대해석하여
'존경받고 합법적인 직업 활동 과정에서 개인이나 집단에 의해
저질러진 법률위반적인 행위'로 이해되고 있다.

오답의 이유

①·②·④ 서덜랜드가 정의한 화이트칼라범죄에서는 주로 상류계
층에 속하는 사람의 직무와 관련된 범죄이어야 하므로 상류층의
범죄라도 일반형사범죄는 제외되며, 고도의 지능적 범죄라도 범
죄의 주체가 상류층이 아니라면 제외하였다는 맹점이 있다.

15 난도 ★★☆　　　　　　　　　　　정답 ②

형사정책 > 범죄피해자론

정답의 이유

② 피해자는 제1심 또는 제2심 공판의 변론이 종결될 때까지 사건
이 계속(係屬)된 법원에 제25조에 따른 피해배상을 신청할 수
있으므로, 제2심 공판절차에서도 피해배상을 신청할 수 있다(소
송촉진 등에 관한 특례법 제26조 제1항).

오답의 이유

① 형법 제51조

제51조(양형의 조건)

형을 정함에 있어서는 다음 사항을 참작하여야 한다.
1. 범인의 연령, 성행, 지능과 환경
2. 피해자에 대한 관계
3. 범행의 동기, 수단과 결과
4. 범행 후의 정황

---

④ 정부는 형사소송법 제477조 제1항에 따라 집행된 벌금에 100분
의 6 이상의 범위에서 대통령령으로 정한 비율을 곱한 금액을
기금에 납입하여야 한다(범죄피해자보호기금법 제4조 제2항).

16 난도 ★★☆　　　　　　　　　　　정답 ①

형사정책 > 범죄원인론

정답의 이유

① 자신의 절도행위를 '빈곤'의 탓으로 돌리며 책임을 전가하고 있으
므로, 사람·환경에 책임을 전가하는 책임의 부정에 해당한다.

오답의 이유

② 성매수 행위에 대한 법적 책임을 필요 없다고 자신의 범죄사실
을 부정하고 있으므로 가해의 부정에 해당한다.
③ 자신으로 인해 피해를 입은 피해자를 부정하고 있으므로 피해자
의 부정에 해당한다.
④ 비난자(경찰관)를 비난하고 있는 것이므로 비난자에 대한 비난
에 해당한다.

17 난도 ★★☆ 정답 ③

교정학 > 수용자의 법적 지위와 처우

정답의 이유

③ 취업지원협의회의 기능에 가석방적격 사전심의는 해당되지 않는다.

오답의 이유

① 형의 집행 및 수용자의 처우에 관한 법률 시행규칙 제144조 제1호
② 형의 집행 및 수용자의 처우에 관한 법률 시행규칙 제144조 제5호
④ 형의 집행 및 수용자의 처우에 관한 법률 시행규칙 제144조 제6호

더 알아보기

취업지원협의회의 기능

- 수형자 사회복귀 지원 업무에 관한 자문에 대한 조언
- 수형자 취업 · 창업 교육
- 수형자 사회복귀 지원을 위한 지역사회 네트워크 추진
- 취업 및 창업 지원을 위한 자료제공 및 기술지원
- 직업적성 및 성격검사 등 각종 검사 및 상담
- 불우수형자 및 그 가족에 대한 지원 활동
- 그 밖에 수형자 취업알선 및 창업지원을 위하여 필요한 활동

18 난도 ★★☆ 정답 ④

형사정책 > 소년범죄론

정답의 이유

④ 소년에 대한 형사사건의 심리는 다른 피의사건과 관련된 경우 심리에 지장이 없으면 그 절차를 분리하여야 한다(소년법 제57조).

오답의 이유

① 소년법 제63조
② 소년법 제59조
③ 소년법 제65조

19 난도 ★★☆ 정답 ②

교정학 > 사회적 처우와 사회내 처우

정답의 이유

ㄱ. 가석방자관리규정 제4조 제2항
ㄷ. 가석방자관리규정 제8조

오답의 이유

ㄴ. 가석방자는 가석방기간 내 출석 확인과 동시에 신고하는 것은 아니다. 가석방자는 관할경찰서에 출석하여 가석방증에 적힌 기간 내에 관할경찰서에 출석해서 확인을 받고, 그의 주거지에 도착하였을 때에는 지체 없이 종사할 직업 등 생활계획을 세우고 이를 관할경찰서의 장에게 서면으로 신고하면 된다(가석방자관리규정 제5조 · 제6호).

ㄹ. 가석방자가 1개월이상 여행 후 주거지에 도착하여 관할경찰서의 장에게 신고하여야 하는 경우는 국외여행에 한하며 국내여행에는 해당되지 않는다(가석방자관리규정 제16조).

제16조(국외 여행자의 귀국신고)

국외 여행을 한 가석방자는 귀국하여 주거지에 도착하였을 때에는 지체 없이 그 사실을 관할경찰서의 장에게 신고하여야 한다. 국외 이주한 가석방자가 입국하였을 때에도 또한 같다.

20 난도 ★★☆ 정답 ②

교정학 > 교정의 민영화

정답의 이유

② 민영교도소 등의 설치 · 운영에 관한 법률 제28조 제1호

오답의 이유

① 민영교도소 등에 수용자가 작업하여 생긴 수입은 국고수입으로 한다(민영교도소 등의 설치 · 운영에 관한 법률 제26조).

③ 법무부장관은 민영교도소등의 업무 및 그와 관련된 교정법인의 업무를 지도 · 감독하며, 필요한 경우 지시나 명령을 할 수 있다. 다만, 수용자에 대한 교육과 교화프로그램에 관하여는 그 교정법인의 의견을 최대한 존중하여야 한다(민영교도소 등의 설치 · 운영에 관한 법률 제33조 제1항).

④ 교정법인의 대표자는 그 교정법인이 운영하는 민영교도소의 장을 겸할 수 없다(민영교도소 등의 설치 · 운영에 관한 법률 제13조 제1항).

21 난도 ★★☆ 정답 ①

형사정책 > 범죄원인론

정답의 이유

① 행동수정요법에서 강화란 특정한 행동 뒤에 뒤따르는 결과로써 강화물을 제공해서 그 행동의 발생 빈도를 증가시키거나 유지시키는 것을 말하며 정적 강화와 부적 강화로 나눌 수 있다. 정적 강화란 바람직한 행동을 했을 때 칭찬하고 지지함으로써 그 행동의 발생 확률을 증가시키거나 오랫동안 지속시키는 것을 가리킨다. 즉 특정 행동을 했을 때 대상자가 좋아하는 것을 제공하여 바람직한 행동의 빈도를 높이는 것을 말한다. 이와 반대로 부적 강화란 바람직한 행동을 하는 경우 조건부로 혐오자극을 제거하여 바람직한 행동을 하도록 강화하는 것이다. 바람직한 행동을 했을 때 대상자가 싫어하는 것을 제거하는 보상을 제공함으로써 바람직한 행동의 발생 빈도를 높인다. 그러므로 ①은 정적 강화가 아닌 부적 강화에 대한 설명이다.

22 난도 ★★★ 정답 ①

교정학 > 수용자의 법적 지위와 처우

정답의 이유

① 이송 · 출정, 그 밖에 교정시설 밖의 장소로 수용자를 호송하는 때에는 한손수갑이 아닌 양손수갑을 채워야 한다(형의 집행 및 수용자의 처우에 관한 법률 제97조 제1항 제1호, 동법 시행규칙 제181조). 한손수갑은 진료를 받거나 입원 중인 수용자에 대하여 사용한다(형의 집행 및 수용자의 처우에 관한 법률 시행규칙 제172조 제1항 제3호).

형의 집행 및 수용자의 처우에 관한 법률 시행규칙 제181조(보호장비 사용의 기록)

교도관은 법 제97조 제1항에 따라 보호장비를 사용하는 경우에는 별지 제10호서식의 보호장비 사용 심사부에 기록하여야 한다. 다만, 법 제97조 제1항 제1호에 따라 보호장비를 사용하거나 중경비시설 안에서 수용자의 동행계호를 위하여 양손수갑을 사용하는 경우에는 호송계획서나 수용기록부의 내용 등으로 그 기록을 갈음할 수 있다.

형의 집행 및 수용자의 처우에 관한 법률 제97조(보호장비의 사용)

① 교도관은 수용자가 다음 각 호의 어느 하나에 해당하면 보호장비를 사용할 수 있다. 〈개정 2016.5.29.〉

　1. 이송·출정, 그 밖에 교정시설 밖의 장소로 수용자를 호송하는 때

　2. 도주·자살·자해 또는 다른 사람에 대한 위해의 우려가 큰 때

　3. 위력으로 교도관의 정당한 직무집행을 방해하는 때

　4. 교정시설의 설비·기구 등을 손괴하거나 그 밖에 시설의 안전 또는 질서를 해칠 우려가 큰 때

오답의 이유

② 형의 집행 및 수용자의 처우에 관한 법률 시행규칙 제172조 제1항 제2호

③ 형의 집행 및 수용자의 처우에 관한 법률 제97조 제1항 제3호

④ 형의 집행 및 수용자의 처우에 관한 법률 시행규칙 제172조 제4항

제172조(수갑의 사용방법)

① 수갑의 사용방법은 다음 각 호와 같다.

　1. 법 제97조 제1항 각 호의 어느 하나에 해당하는 경우에는 별표 6의 방법으로 할 것

　2. 법 제97조 제1항 제2호부터 제4호까지의 규정의 어느 하나에 해당하는 경우 별표 6의 방법으로는 사용목적을 달성할 수 없다고 인정되면 별표 7의 방법으로 할 것

　3. 진료를 받거나 입원 중인 수용자에 대하여 한손수갑을 사용하는 경우에는 별표 8의 방법으로 할 것

② 제1항 제1호에 따라 수갑을 사용하는 경우에는 수갑보호기를 함께 사용할 수 있다.

③ 제1항 제2호에 따라 별표 7의 방법으로 수갑을 사용하여 그 목적을 달성한 후에는 즉시 별표 6의 방법으로 전환하거나 사용을 중지하여야 한다.

④ 수갑은 구체적 상황에 적합한 종류를 선택하여 사용할 수 있다. 다만, 일회용수갑은 일시적으로 사용하여야 하며, 사용목적을 달성한 후에는 즉시 사용을 중단하거나 다른 보호장비로 교체하여야 한다. 〈개정 2013.4.16.〉

23 난도 ★★☆　　　　　정답 ①

형사정책 > 형벌과 보안처분론

정답의 이유

① 사회봉사명령 대상자가 그 집행 중 금고 이상의 형의 집행을 받게 된 때에는 해당 형의 집행이 종료·면제되거나 가석방된 경우 잔여 사회봉사명령을 집행한다(보호관찰 등에 관한 법률 제63조 제2항).

오답의 이유

② 보호관찰 등에 관한 법률 제61조 제1항

③ 보호관찰 등에 관한 법률 제59조 제1항

④ 보호관찰 등에 관한 법률 제63조 제1항 제2호

24 난도 ★★☆　　　　　정답 ④

형사정책 > 형벌과 보안처분론

정답의 이유

④ 피보호관찰자가 보호관찰기간 중 새로운 범죄로 금고 이상의 형의 집행을 받게 된 때에는 보호관찰은 종료되지 아니하며, 해당 형의 집행기간 동안 피보호관찰자에 대한 보호관찰기간은 계속 집행된다(치료감호 등에 관한 법률 제32조 제4항).

오답의 이유

① 치료감호 등에 관한 법률 제32조 제1항 제1호

② 치료감호 등에 관한 법률 제32조 제1항 제2호

③ 치료감호 등에 관한 법률 제32조 제2항

제32조(보호관찰)

① 피치료감호자가 다음 각 호의 어느 하나에 해당하게 되면 「보호관찰 등에 관한 법률」에 따른 보호관찰(이하 "보호관찰"이라 한다)이 시작된다. 〈개정 2017.12.12.〉

　1. 피치료감호자에 대한 치료감호가 가종료되었을 때

　2. 피치료감호자가 치료감호시설 외에서 치료받도록 법정대리인 등에게 위탁되었을 때

　3. 제16조 제2항 각 호에 따른 기간 또는 같은 조 제3항에 따라 연장된 기간(이하 "치료감호기간"이라 한다)이 만료되는 피치료감호자에 대하여 제37조에 따른 치료감호심의위원회가 심사하여 보호관찰이 필요하다고 결정한 경우에는 치료감호기간이 만료되었을 때

② 보호관찰의 기간은 3년으로 한다.

③ 보호관찰을 받기 시작한 자(이하 "피보호관찰자"라 한다)가 다음 각 호의 어느 하나에 해당하게 되면 보호관찰이 종료된다. 〈개정 2017.12.12.〉

　1. 보호관찰기간이 끝났을 때

　2. 보호관찰기간이 끝나기 전이라도 제37조에 따른 치료감호심의위원회의 치료감호의 종료결정이 있을 때

　3. 보호관찰기간이 끝나기 전이라도 피보호관찰자가 다시 치료감호 집행을 받게 되어 재수용되었을 때

④ 피보호관찰자가 보호관찰기간 중 새로운 범죄로 금고 이상의 형의 집행을 받게 된 때에는 보호관찰은 종료되지 아니하며, 해당 형의 집행기간 동안 피보호관찰자에 대한 보호관찰기간은 계속 진행된다. 〈신설 2017.12.12.〉

⑤ 피보호관찰자에 대하여 제4항에 따른 금고 이상의 형의 집행이 종료·면제되는 때 또는 피보호관찰자가 가석방되는 때에 보호관찰기간이 아직 남아있으면 그 잔여기간 동안 보호관찰을 집행한다. 〈신설 2017.12.12.〉

25 난도 ★★☆ 　　　　　　　　　　　　　　　정답 ②

교정학 > 교정학의 이해

정답의 이유

② 해체적 수치심 또는 거부적 수치심이 아닌 재통합적 수치심을 부여하여야 범죄자의 재범확률을 낮출 수 있으며, 궁극적으로는 사회의 범죄율을 감소시킬 수 있다.

더 알아보기

브레이스웨이트의 재통합적 수치심부여이론

재통합적 수치부여이론에서 '수치'란 낙인이로에서의 '낙인'에 상응하는 개념으로 볼 수 있으며, 브레이스웨이트는 이 수치를 '불승인 표시로써 당사자에게 양심의 가책을 느끼게 하는 것'으로 정의하였다. 재통합적 수치는 일정한 제재를 통해 버모지자로 하여금 양심을 가책을 느끼도록 하되, 지역사회의 구성원으로 재통합하려는 노력을 병행함으로써 미래 범죄의 가능성을 줄이고자 하는 의도를 포함하였다.

교정학 | 2021년 국가직 7급

한눈에 훑어보기

✔ 영역 분석

형사정책 01 09 10 11 16 20 22 24 25
9문항, 36%

교정학 02 03 04 05 06 07 08 12 13 14 15 17
16문항, 64% 18 19 21 23

✔ 빠른 정답

01	02	03	04	05	06	07	08	09	10
③	③	④	②	②	④	②	①	①	②
11	**12**	**13**	**14**	**15**	**16**	**17**	**18**	**19**	**20**
④	③	④	②	①	②	③	①	①	④
21	**22**	**23**	**24**	**25**					
③	③	①	③	④					

✔ 점수 체크

구분	1회독	2회독	3회독
맞힌 문항 수	/ 25	/ 25	/ 25
나의 점수	점	점	점

01 난도 ★★☆　　　　　　　　　　　정답 ③

교정학 > 교정시설과 수용제도론

[정답의 이유]

③ 수형지향적 하위문화에 속하는 수형자는 교도소 내에서의 지위 획득에 깊은 관심을 가질 뿐만 아니라 사회에 나가서의 생활문제를 부차적인 문제로 돌리는 이른바 '교도소화'가 극도로 잘된 사람들로 재입소율이 가장 높다.

[오답의 이유]

① 교도소화에 대한 주요 학자들의 정의를 살펴보면, 교도소의 일반문화, 관습, 민속, 관행을 취하는 것, 수형자들이 교도소의 반문화 안에서 독특한 사회적 역할에 적응하는 것, 수형자가 수형자 하위문화와 그 가치체계에 동화하는 정도로 정의된다.

② 클레머는 수형기간의 장기화에 따라 수용자의 교도소화의 정도가 강화된다고 주장하였다.

④ 휠러의 U형 곡선에 의하면 중간단계의 수용자는 친교도관적 태도가 가장 낮다.

02 난도 ★★☆　　　　　　　　　　　정답 ③

교정학 > 시설내 처우

[정답의 이유]

③ 교도관직무규칙 제40조 제1항

[오답의 이유]

① 소장은 교도관으로 하여금 매월 1회 이상 소화기 등 소방기구를 점검하게 하고 그 사용법의 교육과 소방훈련을 하게 하여야 한다(교도관직무규칙 제16조).

② "당직간부"란 교정시설의 장이 지명하는 교정직교도관으로서 보안과의 보안업무 전반에 걸쳐 보안과장을 보좌하고, 휴일 또는 야간(당일 오후 6시부터 다음날 오전 9시까지를 말한다. 이하 같다)에 소장을 대리하는 사람을 말한다(교도관직무규칙 제2조 8호).

④ 정문근무자는 수용자의 취침 시간부터 기상 시간까지는 당직간부의 허가 없이 정문을 여닫을 수 없다(교도관직무규칙 제42조 제4항).

03 난도 ★☆☆

정답 ④

교정학 > 시설내 처우

정답의 이유

④ 수형자가 소년교도소에 수용 중에 19세가 된 경우에도 교육·교화프로그램, 작업, 직업훈련 등을 실시하기 위하여 특히 필요하다고 인정되면 23세가 되기 전까지는 계속하여 수용할 수 있다(형의 집행 및 수용자의 처우에 관한 법률 제12조 제3항).

오답의 이유

① 형의 집행 및 수용자의 처우에 관한 법률 제12조 제1항 제1호
② 형의 집행 및 수용자의 처우에 관한 법률 제12조 제1항 제3호
③ 형의 집행 및 수용자의 처우에 관한 법률 제12조 제2항

04 난도 ★★☆

정답 ②

교정학 > 시설내 처우

정답의 이유

② 징벌 집행 중인 수용자가 다른 교정시설로 이송되거나 법원 또는 검찰청 등에 출석하는 경우에는 징벌집행이 계속되는 것으로 본다(형의 집행 및 수용자의 처우에 관한 법률 시행령 제134조).

오답의 이유

① 소장은 교도관에게 작업장이나 실외에서 수용거실로 돌아오는 수용자의 신체·의류 및 휴대품을 검사하게 하여야 한다. 다만, 교정성적 등을 고려하여 그 검사가 필요하지 아니하다고 인정되는 경우에는 예외로 할 수 있다(형의 집행 및 수용자의 처우에 관한 법률 시행령 제113조).
③ 교도관은 외부의료시설 입원, 이송·출정, 그 밖의 사유로 교정시설 밖에서 수용자를 계호하는 경우 보호장비나 수용자의 팔목 등에 전자경보기를 부착하여 사용할 수 있다(형의 집행 및 수용자의 처우에 관한 법률 시행규칙 제165조).
④ 형의 집행 및 수용자의 처우에 관한 법률 시행규칙 제180조

> **제180조(둘 이상의 보호장비 사용)**
> 하나의 보호장비로 사용목적을 달성할 수 없는 경우에는 둘 이상의 보호장비를 사용할 수 있다. 다만, 다음 각 호의 어느 하나에 해당하는 경우에는 다른 보호장비와 같이 사용할 수 없다.
> 1. 보호의자를 사용하는 경우
> 2. 보호침대를 사용하는 경우

05 난도 ★☆☆

정답 ②

교정학 > 교정시설과 수용제도론

정답의 이유

② 입소 전 중간처우의 집(halfway in house)은 정신질환 범죄자나 마약중독자들에게 유용하며 구금의 충격을 완화시켜 주는 역할을 한다.

더 알아보기

석방 전 중간처우의 집(halfway out house)
- 교도소와 사회 중간에 설치, 출소준비자들이 취업 시까지 이곳에 거주
- 수용인원은 20명 내외, 거주기간은 30~90일 정도, 출입에 대한 제한을 최소화
- 일반적으로 중간처우의 집은 석방 전 중간처우소를 의미함
- 예 미국의 석방 전 지도센터, 영국의 호스텔

06 난도 ★★☆

정답 ④

교정학 > 교정학의 이해

정답의 이유

④ 범죄행위도 욕구와 가치관의 표현이라는 점에서 일반적인 타행위와 같으나 일반적인 욕구나 가치관으로는 범죄행위를 설명할 수 없다.

더 알아보기

서덜랜드의 차별접촉이론의 9가지 명제
1. 범죄행위는 학습의 결과이다.
2. 범죄행위는 다른 사람과의 교제나 접촉 등의 상호작용을 수행하는 과정에서 학습된다.
3. 범죄행위학습의 주요 부분은 가족·친지 등의 가까운 사집단 내에서 이루어지고 라디오, TV, 영화, 신문 등의 비인격적 매체와는 관련이 없다.
4. 범죄행위의 학습에는 복잡하든지 단순하든지 간에 범죄를 행하는 기법, 동기, 욕구, 합리화 및 태도의 구체적 관리법을 포함하고 있다.
5. 동기와 욕구의 관리법은 법을 우호적·비우호적으로 정의하느냐에 따른 다양한 관점으로부터 학습된다.
6. 특정의 개인이 범죄자가 되는 것은 법의 위반을 긍정적으로 해석하는 정의들과의 접촉이 법의 위반을 부정적으로 해석하는 정의들과의 접촉을 능가하기 때문이다.
7. 차별적 접촉은 접촉의 빈도, 기간, 시기, 강도에 따라 다르다.
8. 범죄행위를 배우는 과정은 일상생활 속에서 행해지는 다른 행위의 학습과정과 동일한 메커니즘을 지닌다. 범죄자와 준법자와의 차이는 접촉의 양상에 있을 뿐 학습이 진행되는 과정에는 아무런 차이가 없다.
9. 범죄행위도 욕구와 가치관의 표현이라는 점에서 일반적인 타행위와 같으나 일반적인 욕구나 가치관으로는 범죄행위를 설명할 수 없다.

07 난도 ★★☆　　　　　　　　정답 ②

교정학 > 교정시설과 수용제도론

정답의 이유

② 클라워드와 올린은 기회구조의 통합정도를 기준으로 비행 하위문화를 범죄 하위문화·갈등 하위문화·도피 하위문화 등 세 가지로 분류하였다. 도피 하위문화는 범죄의 학습기회도 수행기회도 제한된 곳에서 발생하며 합법적·비합법적 기회 모두가 단절되어 있기 때문에 이중의 실패자라고 부르며 이중의 실패자는 술·마약 등의 획득·소비에 몰두하는 활동을 하게 된다.

08 난도 ★★★　　　　　　　　정답 ①

교정학 > 교정학의 이해

정답의 이유

① 노동을 통한 교화개선은 일에 의한 훈련과 일을 위한 훈련으로 구분할 수 있다. 즉 일에 의한 훈련(training by work)이란 규칙적인 작업을 통해 계발된 근로습관은 지속될 수 있다는 것이고, 일을 위한 훈련(training for work)이란 교도작업을 통해서 재소자가 직업기술을 터득할 수 있다는 것이다.

09 난도 ★☆☆　　　　　　　　정답 ①

교정학 > 수용자의 법적 지위와 처우

정답의 이유

① 소장은 청원서를 개봉하여서는 아니 되며, 이를 지체 없이 법무부장관·순회점검공무원 또는 관할 지방교정청장에게 보내거나 순회점검공무원에게 전달하여야 한다(형의 집행 및 수용자의 처우에 관한 법률 제117조).

오답의 이유

② 형의 집행 및 수용자의 처우에 관한 법률 제117조 제1항
③ 형의 집행 및 수용자의 처우에 관한 법률 제117조 제5항
④ 형의 집행 및 수용자의 처우에 관한 법률 제117조 제2항

10 난도 ★★☆　　　　　　　　정답 ②

형사정책 > 형벌과 보안처분론

정답의 이유

② 올린은 보호관찰관의 유형을 처벌적·보호적·복지적·수동적 보호관찰관으로 구분하였다. 보호적 보호관찰관이란 사회와 범죄자의 보호 양자 사이를 망설이는 유형으로 주로 직접적인 지원이나 강연 또는 칭찬과 꾸중의 방법을 이용하며 사회와 범죄자의 입장을 번갈아 편들기 때문에 어정쩡한 입장에 처하기 쉽다.

더 알아보기

올린의 보호관찰관 구분

유형	주요 특징
보호적 보호관찰관	• 사회와 범죄자의 보호 양자 사이를 망설이는 유형 • 주로 직접적인 지원이나 강연 또는 칭찬과 꾸중의 방법을 이용 • 사회와 범죄자의 입장을 번갈아 편들기 때문에 어정쩡한 입장에 처하기 쉬움
처벌적 보호관찰관	위협과 처벌을 수단으로 범죄자를 사회에 동조하도록 강요하고 사회의 보호, 범죄자의 통제 그리고 범죄자에 대한 체계적 의심 등 강조
복지적 보호관찰관	• 자신의 목표를 범죄자에 대한 복지의 향상에 두고 범죄자의 능력과 한계를 고려하여 적응할 수 있도록 도움을 줌 • 범죄자의 개인적 적응 없이는 사회의 보호도 있을 수 없다고 믿음
수동적 보호관찰관	자신의 임무를 단지 최소한의 노력을 요하는 것으로 인식하는 사람

11 난도 ★★★　　　　　　　　정답 ④

형사정책 > 형벌과 보안처분론

정답의 이유

④ 가정폭력범죄의 처벌 등에 관한 특례법상 보호관찰처분을 받은 자의 보호관찰기간은 6개월이다(가정폭력범죄의 처벌 등에 관한 특례법 제41조).

제41조(보호처분의 기간)
제40조 제1항 제1호부터 제3호까지 및 제5호부터 제8호까지의 보호처분의 기간은 6개월을 초과할 수 없으며, 같은 항 제4호의 사회봉사·수강명령의 시간은 200시간을 각각 초과할 수 없다.

오답의 이유

① 치료감호 등에 관한 법률 제32조 제2항
② 소년법 제33조 제2항
③ 보호관찰 등에 관한 법률 제30조 제1호

12 난도 ★☆☆　　　　　　　　정답 ③

교정학 > 시설내 처우

정답의 이유

③ 소년수형자 전담교정시설이 아닌 교정시설에서는 소년수용자를 수용하기 위하여 별도의 거실을 지정하여 운용할 수 있다(형의 집행 및 수용자의 처우에 관한 법률 시행규칙 제59조의3 제1항).

오답의 이유

① 형의 집행 및 수용자의 처우에 관한 법률 시행령 제79조
② 형의 집행 및 수용자의 처우에 관한 법률 제53조의2 제1항
④ 형의 집행 및 수용자의 처우에 관한 법률 시행규칙 제44조 제2항

13 난도 ★☆☆ 정답 ④

교정학 > 시설내 처우

정답의 이유

④ 소장은 수용자의 정신질환 치료를 위하여 필요하다고 인정하면 법무부장관의 승인을 받아 치료감호시설로 이송할 수 있다(형의 집행 및 수용자의 처우에 관한 법률 제37조 제2항).

오답의 이유

① 형의 집행 및 수용자의 처우에 관한 법률 제32조
② 형의 집행 및 수용자의 처우에 관한 법률 제37조 제4항
③ 형의 집행 및 수용자의 처우에 관한 법률 제35조

14 난도 ★★☆ 정답 ②

교정학 > 교정학의 이해

정답의 이유

② 재통합모형은 범죄자의 문제는 범죄문제가 시작된 바로 그 사회에서 해결되어야 한다는 가정에서 출발한다. 따라서 우리 사회도 범죄문제에 대해서 어느 정도 책임이 있기 때문에 그 책임을 다해야 한다는 이론이다. 이들은 이러한 전제와 가정을 가장 효율적으로 달성할 수 있는 대안으로 주요 강력범죄자를 제외하고는 지역사회교정이 바람직하며, 시설수용이 어쩔 수 없는 일부 강력범죄자에게도 가능한 한 다양한 사회복귀프로그램이 제공되어야 한다고 주장한다.

15 난도 ★★☆ 정답 ①

교정학 > 교정학의 이해

정답의 이유

① 선별적 무력화 전략은 위험한 수형자를 선별적으로 수용하는 것으로 제한된 교정시설의 공간을 보다 효율적으로 운영하고자 하는 방안이다.

오답의 이유

② 교화개선이 범죄인의 개선의도를 가지고 있다면 무력화는 범죄자의 개선보다는 사회방위에 목적이 있다.
③ 무력화는 범죄자와 잠재적 범죄자를 범죄를 행할 수 없는 처지로 만드는 것으로 범죄자를 추방하거나 구금, 사형함으로써 그 범죄자가 사회에 그대로 있었다면 저지를 수 있는 범죄를 행하지 못하게 범죄의 능력을 무력화시키는 것이다.
④ 형벌의 억제의 요소에는 처벌의 확실성, 엄중성, 신속성이 있다.

16 난도 ★★★ 정답 ②

형사정책 > 소년범죄론

정답의 이유

ㄷ. 보호소년 등의 처우에 관한 법률 제15조
ㄹ. 보호소년 등의 처우에 관한 법률 제45조의2 제2항

오답의 이유

ㄱ. 신설하는 소년원 및 소년분류심사원은 수용정원이 150명 이내의 규모가 되도록 하여야 한다. 다만, 소년원 및 소년분류심사원의 기능·위치나 그 밖의 사정을 고려하여 그 규모를 증대할 수 있다(보호소년 등의 처우에 관한 법률 제6조 제1항).
ㄴ. 소년분류심사원장은 유치소년이 중환자로 판명되어 수용하기 위험하거나 장기간 치료가 필요하여 교정교육의 실효를 거두기가 어렵다고 판단되는 경우 또는 심신의 장애가 현저하거나 임신 또는 출산(유산·사산한 경우를 포함한다), 그 밖의 사유로 특별한 보호가 필요한 경우에는 유치 허가를 한 지방법원 판사 또는 소년분류심사원 소재지를 관할하는 법원소년부에 유치 허가의 취소에 관한 의견을 제시할 수 있다(보호소년 등의 처우에 관한 법률 제9조 제3항).
ㅁ. 원장은 법원 또는 검찰의 조사·심리, 이송, 그 밖의 사유로 보호소년 등을 호송하는 경우, 소속 공무원으로 하여금 수갑, 포승 또는 보호대를 사용하게 할 수 있다(보호소년 등의 처우에 관한 법률 제14조의2 제2항).

17 난도 ★★☆ 정답 ③

교정학 > 시설내 처우

정답의 이유

③ 형의 집행 및 수용자의 처우에 관한 법률 시행규칙 제120조 제3항

오답의 이유

① 외부기업체에 통근하며 작업하는 수형자는 개방처우급·완화경비처우급에 해당하는 수형자 중에서 선정한다(형의 집행 및 수용자의 처우에 관한 법률 시행규칙 제120조 제1항 제3호). 다만 작업 부과 또는 교화를 위하여 특히 필요하다고 인정하는 경우에는 일반경비처우급의 수형자에 대하여도 외부통근자로 선정할 수 있다(형의 집행 및 수용자의 처우에 관한 법률 시행규칙 제120조 제3항).
② 소장은 수형자가 작업 또는 직업훈련으로 인한 부상 또는 질병으로 신체에 장해가 발생한 때에는 위로금을 지급한다(형의 집행 및 수용자의 처우에 관한 법률 제74조 제1항 제1호). 위로금은 작업장려금과 마찬가지로 석방 시 지급한다.
④ 소장은 수형자의 근로의욕을 고취하고 건전한 사회복귀를 지원하기 위하여 법무부장관이 정하는 바에 따라 작업의 종류, 작업성적, 교정성적, 그 밖의 사정을 고려하여 수형자에게 작업장려금을 지급할 수 있다(형의 집행 및 수용자의 처우에 관한 법률 제73조 제2항).

교정학 > 수용자의 법적 지위와 처우

정답의 이유

① 아일랜드제 처우내용(4단계 처우)

구분	내용
엄정독거구금	최초 9개월
혼거구금	• 혼거상태로 토목공사, 요새공사에 취업 • 5계급 처우(고사급 → 제3급 → 제2급 → 제1급 → 최상급)
중간감옥처우	최상급에 진급한 자는 중간감옥으로 이송되며 사회적 응훈련을 받음
가석방	• 가석방 후 경찰감시 실시 • 가석방자에 휴가증(ticket of leave) 발부(가석방증) 실시 → 보호관찰부 가석방의 시초가 됨

오답의 이유

② 고사제는 누진처우로 자력개선의 희망을 준 반면 교도관의 심사에 의하므로 교도관의 주관적 의지가 개입될 가능성과 관계직원이 공평을 저하시킬 우려가 있다.

③ 잉글랜드제는 수형자를 최초 9개월간 독거구금 후 공역교도소에서 혼거시켜 강제노역에 종사하도록 했다. 또한 이들을 고사급·제3급·제2급·제1급·특별급의 5계급으로 나누어 지정된 책임점수를 소각하면 진급시키고 처우상 우대하였다.

④ 1869년 16세부터 30세까지의 남자 범죄자들을 수용하기 위하여 뉴욕의 엘마이라교화원(Elmira Reformatory)이 인가되었다. 1876년 엘마이라감화원이 개원하면서 브록웨이가 원장으로 임명되었다.

교정학 > 시설내 처우

정답의 이유

① 징벌사유가 발생한 날부터 <u>2년</u>이 지나면 이를 이유로 징벌을 부과하지 못한다(형의 집행 및 수용자의 처우에 관한 법률 제109조 제4항).

오답의 이유

② 형의 집행 및 수용자의 처우에 관한 법률 제112조 제5항

③ 형의 집행 및 수용자의 처우에 관한 법률 제114조 제1항

④ 징벌은 동일한 행위에 관하여 거듭하여 부과할 수 없으며, 행위의 동기 및 경중, 행위 후의 정황, 그 밖의 사정을 고려하여 수용목적을 달성하는 데에 필요한 최소한도에 그쳐야 한다(형의 집행 및 수용자의 처우에 관한 법률 제109조 제3항).

형사정책 > 형벌과 보안처분론

정답의 이유

④ (가) Smykla, (나) 중개(brokerage)

더 알아보기

스미크라의 보호관찰 모형

전통적 모형 (traditional model)	관찰관이 지식인으로서 내부자원을 이용하여 지역적으로 균등배분된 대상자에 대해서 지도·감독에서 보도 원호에 이르기까지 다양한 기능을 수행하나 통제가 더 중시됨
프로그램 모형 (program model)	• 관찰관은 전문가를 지향하나 목적수행을 위한 자원은 내부적으로 해결하는 경우에 해당 • 관찰관이 전문가로 기능하기 때문에 대상자를 분류하여 관찰관의 전문성에 따라 배정 • 범죄자의 상당수는 특정한 한 가지 문제만으로 범죄자가 된 것은 아니며 한 가지의 처우만이 필요한 것도 아니라는 것이 문제
옹호 모형 (advocacy model)	보호관찰관은 지식인으로서 외부자원을 적극 활용하여 관찰대상자에게 다양하고 전문적인 사회적 서비스를 제공받을 수 있도록 무작위로 배정된 대상자들을 사회기관에 위탁하는 것을 주요 일과로 삼고 있음
중개 모형 (brokerage model)	보호관찰관은 전문가로서 자신의 전문성에 맞게 배정된 관찰대상자들에게 사회자원의 개발과 중개의 방법으로 외부자원을 적극 활용하여 대상자가 전문적인 보호관찰을 받을 수 있게 하는 것

교정학 > 수용자의 법적 지위와 처우

정답의 이유

③ 丙은 이시의 두 개의 범죄로 인해 각각 5년, 7년의 징역형이 선고되었으므로 총 형량은 12년이다. 일반귀휴는 형기의 3분의 1 이상이 경과된 경우에 가능하므로 3년 동안 복역 중인 丙은 일반귀휴에 해당하지 않는다(형의 집행 및 수용자의 처우에 관한 법률 제77조 제1항).

오답의 이유

① 특별귀휴가 가능하다(형의 집행 및 수용자의 처우에 관한 법률 제77조 제2항).

② 일반귀휴가 가능하다(형의 집행 및 수용자의 처우에 관한 법률 제77조 제1항).

④ 수용자 배우자의 직계존속인 장모가 사망한 경우는 일반귀휴 사유에 해당하지 않는다. 특별귀휴에 해당한다(형의 집행 및 수용자의 처우에 관한 법률 제77조).

22 난도 ★★☆　　　　　　　　　정답 ③

형사정책 > 범죄원인론

정답의 이유

③ 범죄는 사람의 의지에 의하여 발생하는 것이 아니라 사회 환경 및 사람의 성격에 의하여 발생하는 것이라고 보는 것은 목적형주의의 입장이다. 응보형주의는 형벌의 본질을 범죄에 대한 응보로서의 해악으로 이해하는 사상으로 형벌은 범죄를 범하였기 때문에 당연히 과하여지는 것이지 다른 목적이 있을 수 없다고 본다.

23 난도 ★★☆　　　　　　　　　정답 ①

교정학 > 교정학의 이해

정답의 이유

① 형사사법대상자 확대 및 형벌 이외의 비공식적 사회통제망 확대는 전환제도의 단점이다.

더 알아보기

전환제도의 장 · 단점

장점	단점
• 범죄적 낙인과 접촉으로 인한 부정적 위험을 피함으로써 2차적 일탈 방지 • 구금의 비생산성에 대한 대안적 분쟁해결방식 제공 • 공식적 환경을 비공식적 환경으로 대체 가능 • 공식적인 형사절차가 교도소건축비, 시설유지비 등의 막대한 비용이 필요한 데 비해 비용이 절감됨 • 법원의 업무경감으로 형사사법제도에 능률성 및 신축성 부여 • 개선 가능성이 큰 청소년범죄자에게 더욱 효과적	• 형사사법대상자 확대 및 형벌 이외의 비공식적 사회통제망 확대 • 범죄자에 대한 가벼운 처벌로 형벌제지효과 감소 및 재범 가능성 증가 • 형사사법기관의 전환재량권 남용으로 인한 형사사법의 불평등 유발의 가능성과 적법절차 위배로 인한 대상자의 인권침해 우려 • 범죄자부조나 사회보호 때문이 아니라 자원부족 해결을 위한 것이기 때문에 강제적 참여를 요구하게 되었고, 이는 결국 범죄원인 제거와는 무관하다는 비판

24 난도 ★★☆　　　　　　　　　정답 ③

형사정책 > 소년범죄론

정답의 이유

③ 소년부 판사가 결정으로써 그 기간을 연장할 수 있는 보호처분은 '보호자 또는 보호자를 대신하여 소년을 보호할 수 있는 자에게 감호 위탁(소년법 제32조 제1항 제1호)', '아동복지법에 따른 아동복지시설이나 그 밖의 소년보호시설에 감호 위탁(소년법 제32조 제1항 제6호)', '병원, 요양소 또는 보호소년 등의 처우에 관한 법률에 따른 의료재활소년원에 위탁(소년법 제32조 제1항 제7호)' 3가지이다(소년법 제32조 제1항 · 제33조 제1항).

ㄴ. 소년법 제32조 제1항 제7호

ㄹ. 소년법 제32조 제1항 제1호

제32조(보호처분의 결정)

① 소년부 판사는 심리 결과 보호처분을 할 필요가 있다고 인정하면 결정으로써 다음 각 호의 어느 하나에 해당하는 처분을 하여야 한다.

　1. 보호자 또는 보호자를 대신하여 소년을 보호할 수 있는 자에게 감호 위탁

　2. 수강명령

　3. 사회봉사명령

　4. 보호관찰관의 단기(短期) 보호관찰

　5. 보호관찰관의 장기(長期) 보호관찰

　6. 「아동복지법」에 따른 아동복지시설이나 그 밖의 소년보호시설에 감호 위탁

　7. 병원, 요양소 또는 「보호소년 등의 처우에 관한 법률」에 따른 의료재활소년원에 위탁

　8. 1개월 이내의 소년원 송치

　9. 단기 소년원 송치

　10. 장기 소년원 송치

제33조(보호처분의 기간)

① 제32조 제1항 제1호 · 제6호 · 제7호의 위탁기간은 6개월로 하되, 소년부 판사는 결정으로써 6개월의 범위에서 한 번에 한하여 그 기간을 연장할 수 있다. 다만, 소년부 판사는 필요한 경우에는 언제든지 결정으로써 그 위탁을 종료시킬 수 있다.

오답의 이유

ㄱ. 보호관찰관의 단기 보호관찰(소년법 제32조 제1항 제4호)

ㄷ. 장기 소년원 송치(소년법 제32조 제1항 제10호)는 결정으로써 기간을 연장할 수 있는 보호처분에 해당되지 않는다.

25 난도 ★★☆　　　　　　　　　정답 ④

형사정책 > 범죄원인론

정답의 이유

④ 가족이나 친구 사이에 애착관계가 형성되면, 친사회적 행동으로 발달하게 되고, 애착관계가 적절히 형성되지 않으면 반사회적 행동의 발달을 촉진한다. 부모 등 가족구성원이 실망할 것을 우려해서 비행을 그만두는 것은 사회유대의 형성 방법으로서 애착에 의한 것으로 설명할 수 있다.

오답의 이유

① 대항범죄는 자본가들의 지배에 대항하는 범죄유형으로 비폭력적이거나 잠재적인 불법행위와 자본주의에 직접적으로 대항하는 혁명적인 행위를 말한다.

② 레크리스는 범죄를 유발하는 압력요인으로 열악한 생활조건, 가족갈등, 열등한 신분적 지위, 성공기회의 박탈 등을 들고 있다.

③ 비난자에 대한 비난에 해당한다.

한눈에 훑어보기

✔ 빠른 정답

01	02	03	04	05	06	07	08	09	10
①	①	③	②	④	②	④	④	②	③
11	12	13	14	15	16	17	18	19	20
④	④	①	①	②	①	③	④	②	③

✔ 점수 체크

구분	1회독	2회독	3회독
맞힌 문항 수	/ 20	/ 20	/ 20
나의 점수	점	점	점

01 난도 ★☆☆ 정답 ①

교정학 > 시설내 처우

정답의 이유

① 소장은 수용자가 감염병에 걸렸다고 의심되는 경우에는 1주 이상 격리수용하고 그 수용자의 휴대품을 소독하여야 한다(형의 집행 및 수용자의 처우에 관한 법률 시행령 제53조 제1항).

오답의 이유

② 형의 집행 및 수용자의 처우에 관한 법률 시행령 제53조 제2항

③ 형의 집행 및 수용자의 처우에 관한 법률 시행령 제53조 제4항

④ 소장은 감염병(감염병의 예방 및 관리에 관한 법률에 따른 감염병을 말한다)의 유행 또는 수용자의 징벌집행 등으로 자비구매물품의 사용이 중지된 경우에는 구매신청을 제한할 수 있다(형의 집행 및 수용자의 처우에 관한 법률 시행규칙 제17조 제2항).

02 난도 ★☆☆ 정답 ①

교정학 > 시설내 처우

정답의 이유

① 초록색은 수용자의 번호표에 사용하지 않는다.

오답의 이유

② 노란색: 관심대상수용자 · 조직폭력수용자의 번호표에 사용한다(형의 집행 및 수용자의 처우에 관한 법률 시행규칙 제195조 제1항 제1호 · 제2호).

③ 파란색: 마약류수용자의 번호표에 사용한다(형의 집행 및 수용자의 처우에 관한 법률 시행규칙 제195조 제1항 제3호).

> 제195조(번호표 등 표시)
> ① 엄중관리대상자의 번호표 및 거실표의 색상은 다음 각 호와 같이 구분한다.
> 1. 관심대상수용자: 노란색
> 2. 조직폭력수용자: 노란색
> 3. 마약류수용자: 파란색
> ② 제194조의 엄중관리대상자 구분이 중복되는 수용자의 경우 그 번호표 및 거실표의 색상은 제1항 각 호의 순서에 따른다.

④ 붉은색: 사형확정자의 번호표에 사용한다(형의 집행 및 수용자의 처우에 관한 법률 시행규칙 제150조 제4항).

> 제150조(구분수용 등)
> ④ 사형확정자의 번호표 및 거실표의 색상은 붉은색으로 한다.

03 난도 ★★☆   정답 ③

교정학 > 시설내 처우

정답의 이유

③ 형의 집행 및 수용자의 처우에 관한 법률 시행령 제75조 제1항

오답의 이유

① 수용자가 자신의 비용으로 구독을 신청할 수 있는 신문·잡지 또는 도서는 교정시설의 보관범위 및 수용자의 소지범위를 벗어나지 아니하는 범위에서 원칙적으로 신문은 월 3종 이내로, 도서(잡지를 포함한다)는 월 10권 이내로 한다(형의 집행 및 수용자의 처우에 관한 법률 시행규칙 제35조).

② 소장은 수용자의 건강과 일과시간 등을 고려하여 1일 6시간 이내에서 방송편성시간을 정한다. 다만, 토요일·공휴일, 작업·교육실태 및 수용자의 특성을 고려하여 방송편성시간을 조정할 수 있다(형의 집행 및 수용자의 처우에 관한 법률 시행규칙 제39조).

④ 소장은 수용자의 신앙생활에 필요하다고 인정하는 경우에는 외부에서 제작된 휴대용 종교도서 및 성물을 수용자가 지니게 할 수 있다(형의 집행 및 수용자의 처우에 관한 법률 시행규칙 제34조 제1항).

04 난도 ★☆☆   정답 ②

교정학 > 시설내 처우

정답의 이유

② 청원은 행정청에 제기하는 것으로 사법적 구제수단이 아니다. 사법적 구제수단으로는 행정소송, 민·형사소송, 헌법소원이 있다.

오답의 이유

① 형의 집행 및 수용자의 처우에 관한 법률 제116조 제3항

③ 국가인권위원회법 제31조 제6항

④ 형의 집행 및 수용자의 처우에 관한 법률 제117조 제1항

05 난도 ★★☆   정답 ④

형사정책 > 범죄원인론

정답의 이유

④ 범죄는 사회적으로 용인된 기술을 학습하여 얻은 자기합리화의 결과로 보는 것은 사이크스와 맛차의 중화기술이론이다. 애그뉴는 스트레스와 긴장을 느끼는 개인이 범죄를 저지르기 쉬운 이유를 일반긴장이론을 통해 주장하였다.

오답의 이유

① 라이스는 소년들이 비행을 저지르는 계기를 개인통제력의 미비함과 사회통제력의 부족으로 보았다.

② 레크리스는 자기관념이론을 발전시켜 강력한 내면적 통제와 이를 보강하는 외부적 통제가 사회적·법적 행위규범의 위반에 대한 하나의 절연체를 구성한다고 하였으나 긍정적 자아관념이 구체적으로 어떻게 생성되는지는 설명하지 못했다.

③ 허쉬는 인간을 끝없는 욕망의 존재자로 보고 사회통제력의 약화가 범죄를 야기한다는 뒤르켐의 견해를 수용하여 사회통제이론을 전개하였다.

06 난도 ★★★   정답 ②

교정학 > 교정학의 이해

정답의 이유

② 인생항로이론은 인간은 인생항로 속에서 많은 변화를 경험하게 되고, 다양한 사회적·개인적·경제적 요인들이 범죄성에 영향을 미친다는 것으로 일부 위험스러운 아이가 왜 범죄를 중단하는가를 설명할 수 있다. 이 이론은 개인의 생애 과정 가운데 범죄를 만들어 내는 결정적 순간을 파악하고자 한다.

오답의 이유

③ 샘슨과 라웁의 등급이론에 해당한다.

④ 모피트의 발전학습론에 해당한다.

07 난도 ★★★   정답 ④

교정학 > 교정학의 이해

정답의 이유

④ 실험연구는 일정한 조건을 인위적으로 설정하고 그 속에서 발생하는 사실을 관찰함으로써 어떤 가설의 타당성과 새로운 시책의 효과를 검증하고 새로운 사실을 관찰하는 방법이다. 주로 새로운 형사정책을 시행할 때 문제점을 발견하고 그 효과를 평가하는 방법으로 이용된다. 실험연구는 실험상황을 인위적으로 조작할 수 있기 때문에 외적 타당도에 영향을 미치는 요인들을 통제하는 데 가장 유리한 연구방법으로 볼 수 없다.

08 난도 ★☆☆   정답 ④

교정학 > 사회적 처우와 사회내 처우

정답의 이유

④ 선택적 무력화는 소수의 중·누범자 등 직업적 범죄자를 선별적으로 수용하여 이들의 범죄능력을 무력화시키자는 것이다. 이는 선별적 예측의 문제, 죄형법정주의, 형평성, 위헌성 논란 등의 문제와 교도소의 과밀수용과 그로 인한 수용관리의 어려움을 초래한다.

오답의 이유

① 다이버전은 특정한 사건을 공식적 사회통제 체계로부터 전환시키거나 우회시켜 절차적으로 비범죄화시키는 것으로 법원의 판결이 내려지기 전에 형사사법기관이 통상의 사법처리절차를 중지하는 조치를 의미한다.

② 충격구금이란 보호관찰에 앞서 구금의 고통이 가장 큰 짧은 기간 동안(통상 30~90일 사이)만 범죄인을 구금함으로써 미래 범죄행위에 대한 억지(억제)력을 발휘할 것이라고 가정하는 처벌 형태를 말한다.

③ 중간처우소는 시설수용 내지는 석방의 충격을 완화하는 완충지대역할을 담당하는 시설로 1950년 최초로 미시간주와 콜로라도주의 교도소에서 채택되었다.

교정학 > 수용자의 법적 지위와 처우

정답의 이유

② 재심사에 따라 경비처우급을 조정할 필요가 있는 경우에는 한 단계의 범위에서 조정한다. 다만, 수용 및 처우를 위하여 특히 필요한 경우에는 두 단계의 범위에서 조정할 수 있다(형의 집행 및 수용자의 처우에 관한 법률 시행규칙 제68조 제2항).

오답의 이유

① 형의 집행 및 수용자의 처우에 관한 법률 시행규칙 제81조

③ 형의 집행 및 수용자의 처우에 관한 법률 시행규칙 제82조 제2항

④ 형의 집행 및 수용자의 처우에 관한 법률 시행규칙 제83조 제2항

형사정책 > 범죄원인론

정답의 이유

③ 버제스는 수형자들에게 공통된 인자들을 추출하여 이를 토대로 경험표라고 부른 예측표를 작성하여 재범예측에 사용하였는데 각 인자들에 +1, 0, -1 등의 점수를 부여하여 실점부여방식이라고 불린다.

오답의 이유

① 전체적 평가법은 직관적 방법과 통계적 예측방법을 조합하여 객관성과 개인적 특수성이라는 단점을 보완하고자 한 것이다. 즉, 객관성의 문제는 직관적 방법으로 보완하고 개인의 특수성에 대한 파악의 한계는 통계적 예측방법을 통해 보완한다.

② 범죄자의 소질과 인격에 대한 상황을 분석하여 범죄자의 범죄성향을 임상적 경험에 의하여 예측하는 방법은 임상적 예측법이다.

④ 가석방 시의 예측은 교도소에서 가석방을 결정할 때 수용생활 중의 성적, 재범위험성, 피해자에 대한 보복가능성 등 다양한 측면을 고려하여 결정한다.

교정학 > 수용자의 법적 지위와 처우

정답의 이유

④ 형의 집행 및 수용자의 처우에 관한 법률 시행규칙 제89조 제2항

오답의 이유

① '가족 만남의 날 행사'란 수형자와 그 가족이 교정시설의 일정한 장소에서 다과와 음식을 함께 나누면서 대화의 시간을 갖는 행사를 말하며, '가족 만남의 집'이란 수형자와 그 가족이 숙식을 함께 할 수 있도록 교정시설에 수용동과 별도로 설치된 일반주택 형태의 건축물을 말한다(형의 집행 및 수용자의 처우에 관한 법률 시행규칙 제89조 제4항).

② · ③ 소장은 개방처우급 · 완화경비처우급 수형자에 대하여 가족 만남의 날 행사에 참여하게 하거나 가족 만남의 집을 이용하게 할 수 있다. 이 경우 제87조의 접견 허용횟수에는 포함되지 아니한다(형의 집행 및 수용자의 처우에 관한 법률 시행규칙 제89조 제1항).

형사정책 > 형벌과 보안처분론

정답의 이유

④ 전자장치 부착 등에 관한 법률 제30조

> **제30조(부착명령 집행의 종료)**
> 제28조의 부착명령은 다음 각 호의 어느 하나에 해당하는 때에 그 집행이 종료된다.
> 1. 부착명령기간이 경과한 때
> 2. 집행유예가 실효 또는 취소된 때
> 3. 집행유예된 형이 사면되어 형의 선고의 효력을 상실하게 된 때

오답의 이유

① 만 19세 미만의 자에 대하여 부착명령을 선고한 때에는 19세에 이르기까지 이 법에 따른 전자장치를 부착할 수 없다(전자장치 부착 등에 관한 법률 제4조).

② 전자장치 부착기간은 이를 집행한 날부터 기산하되, 초일은 시간을 계산함이 없이 1일로 산정한다(전자장치 부착 등에 관한 법률 제32조 제1항).

③ 전자장치 부착명령의 청구는 공소가 제기된 사건의 항소심 변론종결 시까지 한다(전자장치 부착 등에 관한 법률 제5조 제5항).

교정학 > 시설내 처우

정답의 이유

① 형의 집행 및 수용자의 처우에 관한 법률 시행규칙 제56조 제2항

오답의 이유

② 외국인수용자를 수용하는 소장은 외국어에 능통한 소속 교도관을 전담요원으로 지정하여 일상적인 개별상담, 고충해소, 통역 · 번역 및 외교공관 또는 영사관 등 관계기관과의 연락 등의 업무를 수행하게 하여야 한다(형의 집행 및 수용자의 처우에 관한 법률 시행규칙 제56조 제1항).

③ 소장은 외국인수용자의 수용거실을 지정하는 경우에는 종교 또는 생활관습이 다르거나 민족감정 등으로 인하여 분쟁의 소지가 있는 외국인수용자는 거실을 분리하여 수용하도록 하고, 그 생활양식을 고려하여 필요한 수용설비를 제공하도록 노력하여야 한다(형의 집행 및 수용자의 처우에 관한 법률 시행규칙 제57조).

④ 외국인수용자에게 지급하는 음식물의 총열량은 소속 국가의 음식문화, 체격 등을 고려하여 조정할 수 있다(형의 집행 및 수용자의 처우에 관한 법률 시행규칙 제58조 제1항).

14 난도 ★☆☆　　　　　　　　　　　　　　정답 ①

교정학 > 수용자의 법적 지위와 처우

정답의 이유

① 수용자를 부를 때에는 수용자 번호를 사용한다. 다만, 수용자의 심리적 안정이나 교화를 위하여 필요한 경우에는 수용자 번호와 성명을 함께 부르거나 성명만을 부를 수 있다(교도관직무규칙 제12조).

오답의 이유

② 교도관직무규칙 제6조

③ 교도관직무규칙 제41조 제1항

④ 교도관직무규칙 제14조 제1항

15 난도 ★☆☆　　　　　　　　　　　　　　정답 ②

교정학 > 수용자의 법적 지위와 처우

정답의 이유

② 외부기업체 통근작업 대상은 원칙적으로 개방처우급과 완화경비처우급에 대해서만 가능하다. 일반경비처우급 이상에 해당하는 수형자는 개방지역작업의 대상은 될 수 있다(형의 집행 및 수용자의 처우에 관한 법률 시행규칙 제120조 제1항).

오답의 이유

① 형의 집행 및 수용자의 처우에 관한 법률 시행규칙 제120조 제1항 제2호

③ 형의 집행 및 수용자의 처우에 관한 법률 시행규칙 제120조 제1항 제4호

④ 형의 집행 및 수용자의 처우에 관한 법률 시행규칙 제120조 제1항 제5호

제120조(선정기준)

① 외부기업체에 통근하며 작업하는 수형자는 다음 각 호의 요건을 갖춘 수형자 중에서 선정한다.

1. 18세 이상 65세 미만일 것
2. 해당 작업 수행에 건강상 장애가 없을 것
3. 개방처우급·완화경비처우급에 해당할 것
4. 가족·친지 또는 법 제130조의 교정위원(이하 "교정위원"이라 한다) 등과 접견·편지수수·전화통화 등으로 연락하고 있을 것
5. 집행할 형기가 7년 미만이고 가석방이 제한되지 아니할 것

---

16 난도 ★★☆　　　　　　　　　　　　　　정답 ①

교정학 > 시설내 처우

정답의 이유

① 형의 집행 및 수용자의 처우에 관한 법률 시행규칙 제53조

오답의 이유

② 소장은 사형확정자가 작업을 신청하면 교도관회의의 심의를 거쳐 교정시설 안에서 실시하는 작업을 부과할 수 있다. 이 경우 부과하는 작업은 심리적 안정과 원만한 수용생활을 도모하는 데 적합한 것이어야 한다(형의 집행 및 수용자의 처우에 관한 법률 시행규칙 제153조 제1항).

③ 소장은 교도관에게 매일 수형자의 작업실적을 확인하게 하여야 한다(형의 집행 및 수용자의 처우에 관한 법률 시행령 제92조).

④ "집중적인 근로가 필요한 작업"이란 수형자의 신청에 따라 1일 작업시간 중 접견·전화통화·교육 및 공동행사 참가 등을 하지 아니하고 휴게시간을 제외한 작업시간 내내 하는 작업을 말한다(형의 집행 및 수용자의 처우에 관한 법률 시행령 제95조).

17 난도 ★★☆　　　　　　　　　　　　　　정답 ③

교정학 > 수용자의 법적 지위와 처우

정답의 이유

③ 일반귀휴는 "6개월 이상 형을 집행받은 수형자로서 그 형기의 3분의 1(21년 이상의 유기형 또는 무기형의 경우에는 7년)이 지나고 교정성적이 우수한 사람이 다음 각 호의 어느 하나에 해당하면 1년 중 20일 이내의 귀휴를 허가할 수 있다."라고 규정되어 있다. C는 20년 형기 중 6년 복역한 상태로 3분의 1이 경과하지 않아 일반귀휴의 대상이 아니다(형의 집행 및 수용자의 처우에 관한 법률 제77조 제1항).

오답의 이유

① 특별귀휴가 가능하다(형의 집행 및 수용자의 처우에 관한 법률 제77조 제2항 제1호).

② 일반귀휴가 가능하다(형의 집행 및 수용자의 처우에 관한 법률 제77조 제1항 제4호).

④ 일반귀휴가 가능하다(형의 집행 및 수용자의 처우에 관한 법률 시행규칙 제129조 제3항 제3호).

제77조(귀휴)

① 소장은 6개월 이상 형을 집행받은 수형자로서 그 형기의 3분의 1(21년 이상의 유기형 또는 무기형의 경우에는 7년)이 지나고 교정성적이 우수한 사람이 다음 각 호의 어느 하나에 해당하면 1년 중 20일 이내의 귀휴를 허가할 수 있다.

1. 가족 또는 배우자의 직계존속이 위독한 때
2. 질병이나 사고로 외부의료시설에의 입원이 필요한 때
3. 천재지변이나 그 밖의 재해로 가족, 배우자의 직계존속 또는 수형자 본인에게 회복할 수 없는 중대한 재산상의 손해가 발생하였거나 발생할 우려가 있는 때
4. 그 밖에 교화 또는 건전한 사회복귀를 위하여 법무부령으로 정하는 사유가 있는 때

② 소장은 다음 각 호의 어느 하나에 해당하는 사유가 있는 수형자에 대하여는 제1항에도 불구하고 5일 이내의 특별귀휴를 허가할 수 있다.

1. 가족 또는 배우자의 직계존속이 사망한 때
2. 직계비속의 혼례가 있는 때

③ 소장은 귀휴를 허가하는 경우에 법무부령으로 정하는 바에 따라 거소의 제한이나 그 밖에 필요한 조건을 붙일 수 있다.

④ 제1항 및 제2항의 귀휴기간은 형 집행기간에 포함한다.

---

18 난도 ★☆☆   정답 ④

형사정책 > 소년범죄론

정답의 이유

④ 지역사회교정은 교정개혁에 초점을 둔 인간적 처우를 증진하는 것이나 범죄자의 책임을 경감시키는 시도는 아니다. 지역사회교정에는 전환, 재판 전 석방, 벌금, 배상명령, 지역사회봉사, 보호관찰, 집중감시프로그램, 가택구금, 전자감시, 주간출근소(day reporting center), 병영식 캠프(boot camp), 거주센터(resi-dential centers), 일시석방(temporary release), 가석방 등이 있다.

19 난도 ★★☆   정답 ②

교정학 > 시설내 처우

정답의 이유

② 형의 집행 및 수용자의 처우에 관한 법률 시행규칙 제59조의4

오답의 이유

① 소년수형자 전담교정시설에는 별도의 공동학습공간을 마련하고 학용품 및 소년의 정서 함양에 필요한 도서, 잡지 등을 갖춰 두어야 한다(형의 집행 및 수용자의 처우에 관한 법률 시행규칙 제59조의2 제2항).

③ 소장은 소년수형자의 나이·적성 등을 고려하여 필요하다고 인정하면 사회견학, 사회봉사, 자신이 신봉하는 종교행사 참석, 연극, 영화, 그 밖의 문화공연 관람을 허가할 수 있다. 이 경우 소장이 허가할 수 있는 활동에는 발표회 및 공연 등 참가 활동이 포함된다(형의 집행 및 수용자의 처우에 관한 법률 시행규칙 제59조의5).

④ 소년수형자 전담교정시설이 아닌 교정시설에서는 소년수용자를 수용하기 위한 별도의 거실을 지정하여 운영할 수 있다(형의 집행 및 수용자의 처우에 관한 법률 시행규칙 제59조의3).

20 난도 ★★★   정답 ③

교정학 > 수용자의 법적 지위와 처우

정답의 이유

③ 형의 집행 및 수용자의 처우에 관한 법률 시행규칙 제46조 제2항

오답의 이유

① 노인수형자 전담교정시설에는 별도의 공동휴게실을 마련하고 노인이 선호하는 오락용품 등을 갖춰 두어야 한다(형의 집행 및 수용자의 처우에 관한 법률 시행규칙 제43조 제2항).

② 노인수형자 전담교정시설의 장은 노인문제에 관한 지식과 경험이 풍부한 외부전문가를 초빙하여 교육하게 하는 등 노인수형자의 교육 받을 기회를 확대하고, 노인전문오락, 그 밖에 노인의 특성에 알맞은 교화프로그램을 개발·시행하여야 한다(형의 집행 및 수용자의 처우에 관한 법률 시행규칙 제48조 제1항).

④ 소장은 노인수용자가 작업을 원하는 경우에는 나이·건강상태 등을 고려하여 해당 수용자가 감당할 수 있는 정도의 작업을 부과한다. 이 경우 의무관의 의견을 들어야 한다(형의 집행 및 수용자의 처우에 관한 법률 시행규칙 제48조 제2항).

교정학 | 2019년 국가직 7급

✔ 빠른 정답

01	02	03	04	05	06	07	08	09	10
④	③	④	③	④	①	③	③	①	①
11	**12**	**13**	**14**	**15**	**16**	**17**	**18**	**19**	**20**
④	④	①	④	②	④	②	②	④	②

✔ 점수 체크

구분	1회독	2회독	3회독
맞힌 문항 수	/ 20	/ 20	/ 20
나의 점수	점	점	점

01 난도 ★★☆ 정답 ④

교정학 > 교정학의 이해

[오답의 이유]

① 범죄통계표에서는 범죄 및 범죄자에 관한 일반적 경향성은 나타나지만 암수범죄는 나타나지 않는다. 범죄사례가 빠짐없이 신고되는 것도 아니고 그렇다고 해서 수사기관이 신고되지도 않은 사건을 모조리 적발해 내는 것도 아니기 때문에 어떤 통계라도 실제로 발생한 범죄건수보다 적게 집계된다.

② 참여적 관찰법은 다른 연구방법에 비하여 직접적인 자료의 획득이 용이하다는 장점이 있으나, 조사방법이 소규모로 진행되기 때문에 연구결과를 일반화하기 어렵다(대상이 범죄자 개인이기 때문에 집단현상으로서의 범죄의 원인 및 대책에 대하여 원용하는 데에는 한계가 있음). 시간이 많이 소요되고 연구자 자신이 범죄행위를 행하는 경우가 발생할 위험이 있으며, 관찰자의 주관적인 편견이 개입될 소지가 많아 사실이 왜곡될 염려가 있다.

③ 실험적 연구방법은 어떤 가설의 타당성을 검증하거나 새로운 사실을 관찰하는 데 유용하지만, 실험여건이나 대상의 확보가 쉽지 않고 자연사실이 아닌 인간을 대상으로 한다는 점에서 실행의 곤란함이 있다.

02 난도 ★★☆ 정답 ③

교정학 > 수용자의 법적 지위와 처우

[정답의 이유]

③ 형의 집행 및 수용자의 처우에 관한 법률 시행규칙 제66조 제3항

[오답의 이유]

① 소장은 수형자가 개방처우급 또는 완화경비처우급으로서 작업·교육 등의 성적이 우수하고 관련 기술이 있는 경우에는 교도관의 작업지도를 보조하게 할 수 있다(형의 집행 및 수용자의 처우에 관한 법률 시행규칙 제94조).

② 소장은 형집행정지 중에 있는 사람이 기간만료 또는 그 밖의 정지사유가 없어져 재수용된 경우에는 석방 당시와 동일한 처우등급을 부여할 수 있다(형의 집행 및 수용자의 처우에 관한 법률 시행규칙 제60조 제2항).

④ 소장은 수형자의 경비처우급에 따라 물품에 차이를 두어 지급할 수 있다. 다만, 주·부식, 음료, 그 밖에 건강유지에 필요한 물품은 그러하지 아니하다(형의 집행 및 수용자의 처우에 관한 법률 시행규칙 제84조 제1항).

03 난도 ★★☆ 정답 ④

형사정책 > 범죄원인론

정답의 이유

ⓒ 형벌은 범죄행위 후 신속하게 과해질수록 그것이 정당하고 유용하므로 미결구금은 가능한 한 단축되어야 하며 그 참혹성은 완화시켜야 한다. 처벌이 신속할수록 사람들의 마음속에서 범죄와 처벌이란 두 가지 생각 간의 관계가 더욱 공고해지고 지속될 수 있기 때문이다.

ⓔ 범죄를 처벌하는 것보다 예방하는 것이 더욱 바람직하다. 형벌의 근본 목적은 범죄인을 괴롭히는 것이 아니라 범죄인이 또 다시 사회에 해를 끼치지 않도록, 또 다른 사람이 범죄를 저지르지 않도록 예방하는 것이다.

오답의 이유

ⓐ 죄형법정주의에 해당한다.

ⓑ 죄형균형론에 해당한다.

04 난도 ★☆☆ 정답 ③

교정학 > 교정학의 이해

정답의 이유

③ 교정제도는 ⓐ 위하적 단계 → ⓔ 교육적 개선단계 → ⓑ 과학적 처우단계 → ⓒ 사회적 권리보장단계 순으로 발전되었다.

05 난도 ★★☆ 정답 ④

교정학 > 수용자의 법적 지위와 처우

정답의 이유

④ 잉글랜드제에 대한 설명이다. 잉글랜드제는 수형자를 최초 9개월간 독거구금 후 공역교도소에서 혼거시켜 강제노역에 종사하도록 하고, 이들을 고사급·제3급·제2급·제1급·특별급의 5계급으로 나누어 지정된 책임점수를 소각하면 진급시키고 처우상 우대하였다. 매일의 작업에 대한 노력과 성적에 따라 소득점수와 작업상여금이 정해졌고, 적어도 4계급을 경과하지 않으면 가석방이 허가되지 않았으며, 형기단축의 최고한도는 공역감옥 복역기간의 1/4을 초과할 수 없었다. 한편, 아일랜드제는 마코노키의 점수제를 응용하여 1854년부터 1862년 사이 아일랜드의 교정국장을 지냈던 월터 크로프톤이 창안한 제도이다. 수형자를 점차 자유로운 상태에 근접하게 하며, 마지막 단계에 가까울수록 규제는 최소화하고, 자유는 확대하였고 석방 이후 엄격한 감시를 받게 되며, 재범의 우려가 높으면 석방허가증이 철회되었다.

06 난도 ★☆☆ 정답 ①

교정학 > 교정학의 이해

정답의 이유

① 샘슨과 라웁은 청소년기에 비행을 저지른 아이들도 사회유대 혹은 사회적 자본의 형성을 통해 취업과 결혼으로 가정을 이루는 인생의 전환점을 만들면 성인이 되어 정상인으로 돌아가게 된다고 보았다. 비행청소년들의 대부분은 성인이 되어서 비행을 중단한다는 주장하였다.

07 난도 ★★☆ 정답 ③

교정학 > 수용자의 법적 지위와 처우

정답의 이유

③ 형의 집행 및 수용자의 처우에 관한 법률 시행규칙 제122조

오답의 이유

① 외부통근자는 개방처우급·완화경비처우급에 해당하고, 연령은 18세 이상 65세 미만이어야 한다(형의 집행 및 수용자의 처우에 관한 법률 시행규칙 제120조 제1항).

② 소장은 외부통근자가 법령에 위반되는 행위를 하거나 법무부장관 또는 소장이 정하는 지켜야 할 사항을 위반한 경우에는 외부통근자 선정을 취소할 수 있다(형의 집행 및 수용자의 처우에 관한 법률 시행규칙 제121조).

④ 소장은 외부통근자의 사회적응능력을 기르고 원활한 사회복귀를 촉진하기 위하여 필요하다고 인정하는 경우에는 수형자 자치에 의한 활동을 허가할 수 있다(형의 집행 및 수용자의 처우에 관한 법률 시행규칙 제123조).

08 난도 ★☆☆ 정답 ③

교정학 > 시설내 처우

정답의 이유

③ 형의 집행 및 수용자의 처우에 관한 법률 시행규칙 제211조 제1항

오답의 이유

① 징역형·금고형이 확정된 사람으로서 집행할 형기가 형집행지휘서 접수일부터 3개월 미만인 사람, 구류형이 확정된 사람에 대해서는 분류심사를 하지 아니한다(형의 집행 및 수용자의 처우에 관한 법률 시행규칙 제62조 제1항).

② 소장은 체포영장·구속영장·공소장 또는 재판서에 마약류관리에 관한 법률, 마약류 불법거래방지에 관한 특례법, 그 밖에 마약류에 관한 형사 법률이 적용된 수용자 또는 마약류에 관한 형사 법률을 적용받아 집행유예가 선고되어 그 집행유예 기간 중에 별건으로 수용된 수용자에 대하여는 마약류수용자로 지정하여야 한다(형의 집행 및 수용자의 처우에 관한 법률 시행규칙 제204조·제205조 제1항).

④ 소장은 신입자 및 다른 교정시설로부터 이송되어 온 사람에 대하여 수용자번호를 지정하고 수용 중 번호표를 상의의 왼쪽 가슴에 붙이게 하여야 한다. 다만, 수용자의 교화 또는 건전한 사회복귀를 위하여 특히 필요하다고 인정하면 번호표를 붙이지 아니할 수 있다(형의 집행 및 수용자의 처우에 관한 법률 시행령 제17조 제2항).

09 난도 ★★★　　　　　　　　　　　정답 ①

교정학 > 수용자의 법적 지위와 처우

정답의 이유

① 소장은 수용자가 감염병에 걸린 경우에는 즉시 격리수용하고 그 수용자가 사용한 물품과 설비를 철저히 소독하여야 한다(형의 집행 및 수용자의 처우에 관한 법률 시행령 제53조 제3항).

오답의 이유

② 형의 집행 및 수용자의 처우에 관한 법률 시행령 제51조 제1항, 동법 시행규칙 제47조 제2항

③ 형의 집행 및 수용자의 처우에 관한 법률 시행규칙 제52조

④ 형의 집행 및 수용자의 처우에 관한 법률 시행령 제57조

10 난도 ★★★　　　　　　　　　　　정답 ①

교정학 > 사회적 처우와 사회내 처우

정답의 이유

① 귀휴심사위원회의 위원장은 소장이 되며, 위원은 소장이 소속기관의 부소장·과장(지소의 경우에는 7급 이상의 교도관) 및 교정에 관한 학식과 경험이 풍부한 외부인사 중에서 임명 또는 위촉한다. 이 경우 외부위원은 2명 이상으로 한다(형의 집행 및 수용자의 처우에 관한 법률 시행규칙 제131조 제3항).

오답의 이유

② 형의 집행 및 수용자의 처우에 관한 법률 제62조 제2항

③ 형의 집행 및 수용자의 처우에 관한 법률 제111조 제2항

④ 형의 집행 및 수용자의 처우에 관한 법률 제120조 제2항

11 난도 ★★★　　　　　　　　　　　정답 ④

교정학 > 시설내 처우

정답의 이유

④ 소장은 수형자의 가족 또는 배우자의 직계존속이 사망하면 2일간, 부모 또는 배우자의 제삿날에는 1일간 해당 수형자의 작업을 면제한다. 다만, 수형자가 작업을 계속하기를 원하는 경우는 예외로 한다(형의 집행 및 수용자의 처우에 관한 법률 제72조 제1항).

오답의 이유

① 형의 집행 및 수용자의 처우에 관한 법률 제71조, 동법 시행령 제96조

② 형의 집행 및 수용자의 처우에 관한 법률 제73조 제3항

③ 형의 집행 및 수용자의 처우에 관한 법률 제67조

12 난도 ★☆☆　　　　　　　　　　　정답 ③

형사정책 > 형벌과 보안처분론

오답의 이유

① 중간처벌이란 구금형과 일반보호관찰 사이에 존재하는 대체처벌로써, 중간처우가 사회복귀에 중점을 두는 것이라면 중간처벌은 제재에 보다 중점을 둔 제도이다.

③ 충격구금은 보호관찰을 실시하기 전에 일시적인 구금의 고통이 미래 범죄행위에 대한 억지력을 발휘할 것이라고 가정하는 처벌 형태로, 이는 장기구금에 따른 폐해와 부정적 요소를 해소하거나 줄이는 대신 구금이 가질 수 있는 긍정적 측면을 강조하기 위한 것이다.

④ 집중감독(감시)보호관찰은 주 5회 정도 실시하는 제도로 주로 마약사범이나 조직폭력범들에게 적용하는 프로그램이다.

13 난도 ★★★　　　　　　　　　　　정답 ①

교정학 > 시설내 처우

정답의 이유

① 독학에 의한 학사학위 취득과정은 경비처우급과 관련이 없으며 일반경비처우급 이상의 수형자를 대상으로 하는 교육과정은 방송통신대학, 전문대학 위탁교육과정, 외국어 교육과정이다.

오답의 이유

② 형의 집행 및 수용자의 처우에 관한 법률 시행규칙 제110조 제2항 제1호

③ 형의 집행 및 수용자의 처우에 관한 법률 시행규칙 제110조 제2항 제3호

④ 형의 집행 및 수용자의 처우에 관한 법률 시행규칙 제110조 제2항 제2호

14 난도 ★★☆　　　　　　　　　　　정답 ④

형사정책 > 형벌과 보안처분론

정답의 이유

④ 법원은 보호관찰을 조건으로 한 형의 선고유예의 실효 및 집행유예의 취소 청구의 신청 또는 보호처분의 변경 신청이 있는 경우에 심리를 위하여 필요하다고 인정되면 심급마다 20일의 범위에서 한 차례만 유치기간을 연장할 수 있다(보호관찰 등에 관한 법률 제43조 제2항).

제43조(유치기간)

① 제42조에 따른 유치의 기간은 제39조 제1항 또는 제40조 제1항에 따라 구인한 날부터 20일로 한다.

② 법원은 제42조 제1항 제1호 또는 제3호에 따른 신청이 있는 경우에 심리(審理)를 위하여 필요하다고 인정되면 심급마다 20일의 범위에서 한 차례만 유치기간을 연장할 수 있다.

③ 보호관찰소의 장은 가석방 및 임시퇴원의 취소 신청이 있는 경우에 심사위원회의 심사에 필요하면 검사에게 신청하여 검사의 청구로 지방법원 판사의 허가를 받아 10일의 범위에서 한 차례만 유치기간을 연장할 수 있다.

오답의 이유

① 보호관찰 등에 관한 법률 제42조 제1항

② 보호관찰 등에 관한 법률 제42조 제2항

③ 보호관찰 등에 관한 법률 제45조

15 난도 ★☆☆ 정답 ②

교정학 > 시설내 처우

정답의 이유

② 형의 집행 및 수용자의 처우에 관한 법률 제115조 제1항

오답의 이유

① 다른 수용자의 징벌대상행위를 방조한 수용자에게는 그 징벌 대상행위를 한 수용자에게 부과되는 징벌과 같은 징벌을 부과하되, 그 정황을 고려하여 2분의 1까지 감경할 수 있다(형의 집행 및 수용자의 처우에 관한 법률 시행규칙 제217조 제2항).

③ 소장은 특별한 사유가 없으면 교도관으로 하여금 징벌대상자에 대한 심리상담을 하도록 해야 한다(형의 집행 및 수용자의 처우에 관한 법률 시행규칙 제219조의2).

④ 소장은 징벌집행의 유예기간 중에 있는 수용자가 다시 징벌대상행위를 하여 징벌이 결정되면 그 유예한 징벌을 집행한다(형의 집행 및 수용자의 처우에 관한 법률 제114조 제2항).

16 난도 ★★☆ 정답 ④

교정학 > 사회적 처우와 사회내 처우

정답의 이유

㉠ (×) 소장은 수형자의 가족 또는 배우자의 직계존속이 위독한 때 일반귀휴를 허가할 수 있다(형의 집행 및 수용자의 처우에 관한 법률 제77조 제1항 제1호).

㉡ (×) 소장은 귀휴의 허가사유가 존재하지 아니함이 밝혀진 때에는 그 귀휴를 취소할 수 있다(형의 집행 및 수용자의 처우에 관한 법률 제78조 제1호).

㉢ (×) 귀휴는 수형자를 대상으로 한다(형의 집행 및 수용자의 처우에 관한 법률 제77조 제1항).

㉣ (×) 특별귀휴는 횟수제한이 없다. 1년 중 사유가 있다면 횟수에 관련 없이 귀휴가 가능하다.

17 난도 ★★☆ 정답 ②

교정학 > 사회적 처우와 사회내 처우

오답의 이유

① 소규모 수형자 자치제인 카티지제에 대한 설명이다.

③ 민영교도소는 시설내 처우이다.

④ 수형자자치제는 가석방을 전제로 하기에 정기형제도보다 부정기형제도 하에서 더욱 효과적으로 운영될 수 있다.

18 난도 ★★★ 정답 ②

형사정책 > 형벌과 보안처분론

정답의 이유

② 사회봉사 대상자는 법원으로부터 사회봉사 허가의 고지를 받은 날부터 10일 이내에 사회봉사 대상자의 주거지를 관할하는 보호관찰소의 장에게 주거, 직업, 그 밖에 대통령령으로 정하는 사항을 신고하여야 한다(벌금 미납자의 사회봉사 집행에 관한 특례법 제8조 제1항).

오답의 이유

① 벌금 미납자의 사회봉사 집행에 관한 특례법 제4조 제1항

③ 벌금 미납자의 사회봉사 집행에 관한 특례법 제10조 제2항

④ 벌금 미납자의 사회봉사 집행에 관한 특례법 제11조

19 난도 ★☆☆ 정답 ④

교정학 > 시설내 처우

정답의 이유

④ 남성교도관이 1인의 여성수용자에 대하여 실내에서 상담 등을 하려면 투명한 창문이 설치된 장소에서 다른 여성을 입회시킨 후 실시하여야 한다(형의 집행 및 수용자의 처우에 관한 법률 제51조 제2항).

오답의 이유

① 형의 집행 및 수용자의 처우에 관한 법률 제53조 제1항

② 형의 집행 및 수용자의 처우에 관한 법률 시행령 제80조 제1항

③ 형의 집행 및 수용자의 처우에 관한 법률 제52조 제1항

20 난도 ★★★ 정답 ②

교정학 > 수용자의 법적 지위와 처우

정답의 이유

㉡ · ㉢ 지역사회에 설치된 개방시설에 수용하여 중간처우를 할 수 있는 대상자이다(형의 집행 및 수용자의 처우에 관한 법률 시행규칙 제93조 제2항).

오답의 이유

㉠ 형기가 2년이므로 중간처우 대상자가 아니다.

㉣ 중간처우를 받는 날부터 가석방 또는 형기 종료 예정일까지의 기간이 9개월 미만이어야 한다.

> **제93조(중간처우)**
> ① 소장은 개방처우급 혹은 완화경비처우급 수형자가 다음 각 호의 사유에 모두 해당하는 경우에는 교정시설에 설치된 개방시설에 수용하여 사회 적응에 필요한 교육, 취업지원 등 적정한 처우를 할 수 있다.
>   1. 형기가 3년 이상인 사람
>   2. 범죄 횟수가 2회 이하인 사람
>   3. 중간처우를 받는 날부터 가석방 또는 형기 종료 예정일까지 기간이 3개월 이상 1년 6개월 이하인 사람
> ② 소장은 제1항에 따른 처우의 대상자 중 중간처우를 받는 날부터 가석방 또는 형기 종료 예정일까지의 기간이 9개월 미만인 수형자에 대해서는 지역사회에 설치된 개방시설에 수용하여 제1항에 따른 처우를 할 수 있다.
> ③ 제1항에 따른 중간처우 대상자의 선발절차는 법무부장관이 정한다.
> [본조신설 2015.12.10.]

교정학 | 2018년 국가직 7급

한눈에 훑어보기

영역 분석

형사정책 01 03 14 18 19 20
6문항, 30%

교정학 02 04 05 06 07 08 09 10 11 12 13 15
14문항, 70% **16 17**

빠른 정답

01	02	03	04	05	06	07	08	09	10
③	③	①	④	①	③	④	②	③	③
11	12	13	14	15	16	17	18	19	20
②	②	④	①	④	④	②	①	③	④

점수 체크

구분	1회독	2회독	3회독
맞힌 문항 수	/ 20	/ 20	/ 20
나의 점수	점	점	점

---

01 난도 ★★☆ 정답 ③

형사정책 > 범죄원인론

[정답의 이유]

③ 일반긴장이론은 긴장 내지 스트레스가 많은 생활에 노출된 사람이 스트레스에 대처하는 방법으로 범죄와 비행을 저지르게 된다는 이론이다. 일반긴장이론은 스트레스(긴장)가 범죄의 원인이라는 것만 설명할 수 있을 뿐, 계층에 따라 범죄율이 달라지는 이유를 설명하지 못한다는 비판을 받는다.

[오답의 이유]

① 낙인이론은 공식적 통제작용이 범죄를 유발한다고 보고 형사사법기관의 역할에 대해 회의적인 점에서, 공식적 통제에 의한 처벌의 부정적 효과를 비판한다.

② 통제이론은 모든 인간이 범죄를 저지를 수 있는 동기를 가지고 있다고 가정하며 가족 친지 등 사회적 통제 수단들이 그것을 억제한다고 본다.

④ 사회해체론의 사회해체지역에서는 그 지역사회의 고유한 특징(하위문화)이 있고 주민의 이동이 많으며, 지역사회의 전통적인 통제기능이 약화되어 있다고 본다.

02 난도 ★★☆ 정답 ③

교정학 > 교정학의 이해

[정답의 이유]

③ 고전학파는 범죄를 자유의지(이성)에 따른 범죄행위라 여겨 개인에 대한 책임 및 처벌을 강조한다. 그에 비해서 실증학파는 개인은 소질이나 환경에 의해서 어쩔 수 없이 범죄를 저지를 수밖에 없는 존재(의사결정론)로 생각하기 때문에, 개인의 책임보다는 사회적 책임을 강조한다.

03 난도 ★★★ 정답 ①

형사정책 > 범죄원인론

[정답의 이유]

① 서덜랜드는 범죄는 심리적 원인에 기인한 것이 아니라 사회적 상호작용을 통해서 학습되는 정상적인 것으로 보았다.

[오답의 이유]

② 범죄행위는 유전적인 요인과는 관계가 없다고 보았다.

③ 법에 대한 개인의 태도와 관련하여 경제적 위치가 아닌 법 위반에 대한 관념을 중시하였다.

④ 타인과 직접 접촉이 아닌 매체를 통한 특정 인물의 동일시에 의해서도 범죄행위는 학습된다는 점을 강조한 이론은 글레이저의 차별적 동일화이론이다.

04 난도 ★★★ 　　　　　　　　　　　　　　　정답 ④

교정학 > 교정학의 이해

정답의 이유

④ 범죄자는 정상인과 다른 병자이므로 적절한 처우를 통하여 치료해 주어야 한다고 주장하는 모형은 치료모형이다.

오답의 이유

①·②·③ 기존의 치료모형이나 개선모형이 재범방지에 그다지 효과적인 결과를 얻지 못하였으며 극단적인 의료모델이나 개선모형에 따른 인권침해의 문제점을 유발하였다는 점을 비판하였다. 형사사법기관의 재량권 남용은 시민에 대한 국가권력의 남용이라고 보아 처우의 중점을 정의 내지 공정성 확보에 두고 범죄자의 법적 권리보호를 보장하는 방법으로 처우하여야 한다는 주장이다.

05 난도 ★☆☆ 　　　　　　　　　　　　　　　정답 ①

교정학 > 교정학의 이해

정답의 이유

① 위리안치를 제외한 대부분의 유형에는 유배지에 가족을 동반하는 것이 허용되었다. 조선시대 왕족이나 고관에게 부과된 유형에는 본향안치(本鄕安置), 절도안치(絕島安置), 위리안치(圍籬安置) 등이 있고, 이 중에서 위리안치(圍籬安置)는 다른 유형과 달리 가족 동반이 금지되었다.

오답의 이유

② 중도부처는 관원에 대한 유형으로, 가까운 중간 지점을 지정하여 그곳에서 머물러 살게 하는 형벌로, 안치보다는 가벼운 유배형의 행동의 제약이 비교적 자유로웠다.

③ 유배죄인에 대한 계호와 처우의 책임은 형조가 아닌 그 유배지의 수령에게 있었다.

④ 유형은 유배지에서 죽을 때까지 지내야 하는 형벌로써, 기간의 정함이 없어 오늘날의 형벌 중 무기금고에 해당한다.

06 난도 ★★☆ 　　　　　　　　　　　　　　　정답 ③

교정학 > 교정시설과 수용제도론

정답의 이유

ㄱ. 교도소화란 수형자가 교도소에 입소 후 교도소 사회의 문화, 관습, 규범 및 가치에 동화되는 과정을 말한다.

ㄹ. 자유주의자들은 범죄자를 격리·구금하는 시설내 처우를 피하고, 사회내 처우를 실시할 것을 주장한다. 그러나 보수주의자들은 교정에 회의적인 견해를 가지고 범죄자들에 대하여 시설에 격리·구금하여 강력한 처벌을 해야 한다고 본다.

오답의 이유

ㄴ. 유입모형에 대한 내용이다. 박탈모형은 교도소의 수용에 따른 고통, 권익의 박탈에 대한 수형자들의 저항으로 교도소화가 진행된다고 보는 모형이다.

ㄷ. 박탈모형에 대한 내용이다. 유입모형은 수형자의 교도소화는 교정시설 내에서 형성된 것이 아니라, 사회의 특정한 문화가 수형자의 입소와 함께 유입된 것이라고 보는 모형을 말한다.

07 난도 ★★★ 　　　　　　　　　　　　　　　정답 ④

교정학 > 시설내 처우

정답의 이유

④ 형의 집행 및 수용자의 처우에 관한 법률 시행령 제24조

오답의 이유

① 혼거수용 인원은 3명 이상으로 한다. 다만, 요양이나 그 밖의 부득이한 사정이 있는 경우에는 예외로 한다(형의 집행 및 수용자의 처우에 관한 법률 시행령 제8조).

② 처우상 독거수용이란 주간에는 교육·작업 등의 처우를 위하여 일과(日課)에 따른 공동생활을 하게 하고 휴업일과 야간에만 독거수용하는 것을 말한다(형의 집행 및 수용자의 처우에 관한 법률 시행령 제5조 제1호).

③ 계호상 독거수용이란 사람의 생명·신체의 보호 또는 교정시설의 안전과 질서유지를 위하여 항상 독거수용하고 다른 수용자와의 접촉을 금지하는 것을 말한다. 다만, 수사·재판·실외운동·목욕·접견·진료 등을 위하여 필요한 경우에는 그러하지 아니하다(형의 집행 및 수용자의 처우에 관한 법률 시행령 제5조 제2호).

08 난도 ★★★ 　　　　　　　　　　　　　　　정답 ②

교정학 > 시설내 처우

정답의 이유

② 소장은 30일 이내의 금치처분을 받은 자에게 자해의 우려가 있어 필요하다고 인정하는 경우에는 건강유지에 지장을 초래하지 아니하는 범위에서 실외운동을 제한할 수 있다. 다만, 매주 1회 이상은 실외운동을 할 수 있도록 하여야 한다(형의 집행 및 수용자의 처우에 관한 법률 제112조 제4항·제5항).

오답의 이유

① 형의 집행 및 수용자의 처우에 관한 법률 제112조 제3항

③ 소장은 제108조 제13호(30일 이내의 실외운동 정지) 또는 제14호(30일 이내의 금치)의 처분을 집행하는 경우에는 의무관으로 하여금 사전에 수용자의 건강을 확인하도록 하여야 하며, 집행 중인 경우에도 수시로 건강상태를 확인하여야 한다(형의 집행 및 수용자의 처우에 관한 법률 제112조 제6항).

④ 형의 집행 및 수용자의 처우에 관한 법률 시행규칙 제231조 제2항

09 난도 ★★☆   정답 ③

교정학 > 교정의 민영화

정답의 이유

③ 법무부장관은 필요하다고 인정하면 이 법에서 정하는 바에 따라 교정업무를 공공단체 외의 법인·단체 또는 그 기관이나 개인에게 위탁할 수 있다. 다만, 교정업무를 포괄적으로 위탁하여 한 개 또는 여러 개의 교도소 등을 설치·운영하도록 하는 경우에는 법인에만 위탁할 수 있다(민영교도소 등의 설치·운영에 관한 법률 제3조 제1항).

오답의 이유

① 민영교도소 등의 설치·운영에 관한 법률 제26조
② 민영교도소 등의 설치·운영에 관한 법률 제25조 제2항
④ 민영교도소 등의 설치·운영에 관한 법률 제25조 제1항

10 난도 ★☆☆   정답 ③

교정학 > 수용자의 법적 지위와 처우

정답의 이유

③ 판사의 피의자 심문 후 구속영장이 발부되어 교정시설에 유치된 피의자는 미결수용자인 신입자로서 정식입소절차에 의한다(형의 집행 및 수용자의 처우에 관한 법률 제16조).

오답의 이유

①·② 형의 집행 및 수용자의 처우에 관한 법률 제16조의2 제1호
④ 형의 집행 및 수용자의 처우에 관한 법률 제16조의2 제2호

11 난도 ★★☆   정답 ②

교정학 > 수용자의 법적 지위와 처우

정답의 이유

② 작업장려금은 석방할 때에 본인에게 지급한다. 다만, 본인의 가족생활 부조, 교화 또는 건전한 사회복귀를 위하여 특히 필요하면 석방 전이라도 그 전부 또는 일부를 지급할 수 있다(형의 집행 및 수용자의 처우에 관한 법률 제73조 제3항).

오답의 이유

① 형의 집행 및 수용자의 처우에 관한 법률 제73조 제1항
③ 형의 집행 및 수용자의 처우에 관한 법률 제108조 제3호
④ 형의 집행 및 수용자의 처우에 관한 법률 시행규칙 제246조 제1호 사목

12 난도 ★★☆   정답 ②

교정학 > 교정학의 이해

정답의 이유

② 미군정기에 선시제도인 우량수형자 석방령이 실시되었다. 간수교습규정은 일제 강점기인 1917년에 간수를 채용하고 교육하기 위하여 둔 규정이다.

오답의 이유

① 장형은 갑오개혁 때 행형제도가 개혁되면서 폐지되었다.
③ 교정시설의 명칭은 일제 강점기에는 1923년부터 '형무소'를 사용하다가, 1961년 법 개정으로 '교도소'로 변경되었다.
④ 1894년에 마련된 징역표에는 징역수형자에 대한 누진처우에 관한 내용이 있었다.

13 난도 ★★☆   정답 ④

교정학 > 사회적 처우와 사회내 처우

정답의 이유

④ 소장은 법 제77조에 따라 2일 이상의 귀휴를 허가한 경우에는 귀휴를 허가받은 사람의 귀휴지를 관할하는 경찰관서의 장에게 그 사실을 통보하여야 한다(형의 집행 및 수용자의 처우에 관한 법률 시행령 제97조 제1항).

오답의 이유

① 형의 집행 및 수용자의 처우에 관한 법률 시행규칙 제141조 제1항
② 형의 집행 및 수용자의 처우에 관한 법률 시행규칙 제142조 제2항
③ 형의 집행 및 수용자의 처우에 관한 법률 시행규칙 제143조

14 난도 ★☆☆   정답 ①

형사정책 > 형벌과 보안처분론

정답의 이유

㉠ 지원을 강조하고, 통제는 약화되는 유형은 복지적 보호관찰관이다.
㉡ 지원과 통제를 모두 강조하는 유형은 보호적 보호관찰관이다.
㉢ 지원과 통제가 모두 약화되는 유형은 수동적 보호관찰관이다.
㉣ 지원은 약화되고, 통제를 강조하는 유형은 처벌적 보호관찰관이다.

더 알아보기

올린의 보호관찰관의 유형

- 처벌적 보호관찰관: 위협을 수단으로 대상자를 규율에 동조하도록 통제를 강조한다.
- 복지적 보호관찰관: 자신의 목표를 대상자에 대한 복지향상에 두고 지원기능을 강조한다.
- 보호적 보호관찰관: 통제기능과 지원기능을 적절히 조화시키려는 보호관찰관이다.
- 수동적 보호관찰관: 통제나 지원 모두에 소극적이며 자신의 임무는 최소한의 개입이라고 믿는 관찰관이다.

15 난도 ★★★   정답 ④

교정학 > 시설내 처우

정답의 이유

④ 독학에 의한 학위 취득과정, 방송통신대학과정, 전문대학 위탁교육과정, 정보화 및 외국어 교육과정에 따른 교육을 실시하는 경우 소요되는 비용은 특별한 사정이 없으면 교육대상자의 부담으로 한다(형의 집행 및 수용자의 처우에 관한 법률 시행규칙 제102조 제2항).

① 형의 집행 및 수용자의 처우에 관한 법률 시행규칙 제106조 제1항
② 형의 집행 및 수용자의 처우에 관한 법률 시행규칙 제105조 제3항
③ 형의 집행 및 수용자의 처우에 관한 법률 제63조 제2항

16 난도 ★★★ 정답 ④

교정학 > 시설내 처우

정답의 이유

④ 소장은 수형자의 건전한 사회복귀를 위하여 필요하다고 인정하면 석방 전 3일 이내의 범위에서 석방예정자를 별도의 거실에 수용하여 장래에 관한 상담과 지도를 할 수 있다(형의 집행 및 수용자의 처우에 관한 법률 시행령 제141조).

오답의 이유

① 형의 집행 및 수용자의 처우에 관한 법률 제124조 제3항
② 형의 집행 및 수용자의 처우에 관한 법률 시행령 제142조
③ 형의 집행 및 수용자의 처우에 관한 법률 제125조

제124조(석방시기)
① 사면, 가석방, 형의 집행면제, 감형에 따른 석방은 그 서류 도달 후 12시간 이내에 행하여야 한다. 다만, 그 서류에서 석방일시를 지정하고 있으면 그 일시에 행한다.
② 형기 종료에 따른 석방은 형기 종료일에 행하여야 한다.
③ 권한이 있는 자의 명령에 따른 석방은 서류 도달 후 5시간 이내에 행하여야 한다.

17 난도 ★☆☆ 정답 ②

교정학 > 수용자의 법적 지위와 처우

정답의 이유

② 중간처우에는 교도소 수용이나 출소를 대비하기 위한 처우뿐만 아니라, 사회 내에서 실시하는 보호관찰 대상자에 대한 지도·감독을 통하여 건전한 사회 복귀를 촉진하도록 하는 것도 포함된다는 점에서 보호관찰 대상자와도 관련된다.

18 난도 ★★★ 정답 ①

형사정책 > 형벌과 보안처분론

정답의 이유

① 법원은 치료명령 청구가 이유 있다고 인정하는 때에는 15년의 범위에서 치료기간을 정하여 판결로 치료명령을 선고하여야 한다(성폭력범죄자의 성충동 약물치료에 관한 법률 제8조 제1항).

오답의 이유

② 성폭력범죄자의 성충동 약물치료에 관한 법률 제24조 제1항
③ 성폭력범죄자의 성충동 약물치료에 관한 법률 제23조 제2항
④ 성폭력범죄자의 성충동 약물치료에 관한 법률 제22조 제14항

19 난도 ★☆☆ 정답 ③

형사정책 > 소년범죄론

정답의 이유

③ 보호처분의 결정, 부가처분의 결정뿐만 아니라, 보호처분·부가처분의 변경 결정에 대하여도 항고할 수 있다(소년법 제43조 제1항).

오답의 이유

① 소년법 제43조 제2항
② 소년법 제46조
④ 소년법 제44조 제1항

소년법 제43조(항고)
① 제32조에 따른 보호처분의 결정 및 제32조의2에 따른 부가처분 등의 결정 또는 제37조의 보호처분·부가처분 변경 결정이 다음 각 호의 어느 하나에 해당하면 사건 본인·보호자·보조인 또는 그 법정대리인은 관할 가정법원 또는 지방법원 본원 합의부에 항고할 수 있다.
  1. 해당 결정에 영향을 미칠 법령 위반이 있거나 중대한 사실 오인(誤認)이 있는 경우
  2. 처분이 현저히 부당한 경우
② 항고를 제기할 수 있는 기간은 7일로 한다.

20 난도 ★☆☆ 정답 ④

형사정책 > 형벌과 보안처분론

정답의 이유

④ 사업자 또는 공단은 갱생보호대상자에 대한 숙식 제공의 기간을 연장하고자 할 때에는 본인의 신청에 의하되, 자립의 정도, 계속 보호의 필요성, 기타 사항을 고려하여 이를 결정하여야 한다(보호관찰 등에 관한 법률 시행규칙 제60조).

오답의 이유

① 보호관찰 등에 관한 법률 시행령 제41조 제1항
② 보호관찰 등에 관한 법률 시행령 제41조 제3항
③ 보호관찰 등에 관한 법률 시행령 제41조 제2항

교정학 | 2017년 국가직 7급

한눈에 훑어보기

✔ 영역 분석

형사정책 01 03 11 12 18 20
6문항, 30%

교정학 02 04 05 06 07 08 09 10 13 14 15 16
14문항, 70% 17 19

✔ 빠른 정답

01	02	03	04	05	06	07	08	09	10
①	④	②	②	③	②	②	③	④	①
11	12	13	14	15	16	17	18	19	20
④	②	③	②	④	③	④	④	③	①

✔ 점수 체크

구분	1회독	2회독	3회독
맞힌 문항 수	/ 20	/ 20	/ 20
나의 점수	점	점	점

01 난도 ★☆☆ 정답 ①

형사정책 > 범죄원인론

정답의 이유

① 허쉬의 사회유대이론은 범죄는 누구든지 저지를 수 있으며 사회와의 유대가 악화될 경우 사람들은 비행이나 범죄를 저지른다는 것으로, 유대관계를 범죄의 원인으로 보기 때문에 하층계급과 상층계급 모두의 범죄원인을 해명하는 데 활용될 수 있다.

오답의 이유

② 고전학파에 대한 설명이다.

③ 쇼와 맥케이의 범죄생태이론 및 사회해체이론에 대한 설명으로, 비행의 원인이 사회의 해체와 이에 따른 긴장과 문화의 전달에 기인한 것이기 때문에 개별범죄자의 처우는 비효과적이며, 도시 생활환경에 영향을 미치는 '지역사회의 조직화'가 필요하다고 주장하였다.

④ 서덜랜드의 차별적 접촉이론이며, 범죄는 의사소통을 통한 타인과의 상호작용 과정에서 학습되며, 범죄학습에서 중요한 사항은 친밀한 사적 집단 사이에서 이루어진다는 견해이다.

02 난도 ★★☆ 정답 ④

교정학 > 교정학의 이해

정답의 이유

④ 기소유예제도는 법적 안정성보다 합목적성을 중시하는 제도로서, 검사에게 개별 사건마다 구체적 타당성을 확보할 수 있는 장점은 있지만, 그 이면에는 법적 안정성을 침해할 수 있다. 그 이유는 기소유예 제도가 피의자가 무죄를 받을 수 있는 권리를 제한하는 결과를 초래하여 기소유예기간 동안 피의자의 법적 지위가 불안하기 때문이다. 이러한 피의자의 불이익 때문에 기소유예제도는 오히려 형벌적 기능을 담당할 수 있다고 한다.

03 난도 ★★★ 정답 ②

형사정책 > 소년범죄론

정답의 이유

② 교도작업의 운영 및 특별회계에 관한 법률 시행규칙 제6조 제1항 제4호

오답의 이유

① 교도작업 목적에 따른 분류 중 운영지원작업에 대한 설명이며, 시설의 유지 · 관리 등 교도소 자체의 기능유지를 위한 작업으로 세입증대와는 무관하고 세출예산의 절감에 기여하는 특성이 있다.

③ 위탁작업에 관한 설명이다.
④ 직영작업에 관한 설명이다.

04 난도 ★★☆ 정답 ②

교정학 > 시설내 처우

정답의 이유

② 치료감호심의위원회는 법무부에 설치되어 있으며, 판사 · 검사 또는 변호사의 자격이 있는 6명 이내의 위원과 정신건강의학과 등 전문의의 자격이 있는 3명 이내의 위원으로 구성하고, 위원장은 법무부차관으로 한다(치료감호 등에 관한 법률 제37조 제1항).

오답의 이유

① 수형자의 귀휴허가에 관한 심사를 하기 위하여 교정시설에 귀휴 심사위원회를 둔다(형의 집행 및 수용자의 처우에 관한 법률 시행규칙 제131조 제1항).

③ 징벌대상자의 징벌을 결정하기 위하여 교정시설에 징벌위원회를 둔다(형의 집행 및 수용자의 처우에 관한 법률 제111조 제1항).

④ 수형자의 개별처우계획, 가석방심사신청 대상자 선정, 그 밖에 수형자의 분류처우에 관한 중요 사항을 심의 · 의결하기 위하여 교정시설에 분류처우위원회를 둔다(형의 집행 및 수용자의 처우에 관한 법률 제62조 제1항).

05 난도 ★☆☆ 정답 ③

교정학 > 수용자의 법적 지위와 처우

정답의 이유

③ 제시문은 스미크라의 보호관찰 모형 중 옹호 모형에 대한 설명이다.

오답의 이유

① 프로그램 모형: 보호관찰관은 전문가를 지향하고 기능하기 때문에 대상자를 분류하여 보호관찰관의 전문성에 따라 배정하며, 목적수행을 위한 자원은 내부적으로 해결하려는 모형이다.

② 중재자 모형: 보호관찰관은 전문가로서 자신의 전문성에 맞게 배정된 대상자에 대하여 사회자원의 개발과 중재의 방법으로 외부자원을 적극 활용하여 전문적인 보호관찰을 한다.

④ 전통적 모형: 보호관찰관이 지식인으로서 내부자원을 이용하여 지역적으로 균등배분된 대상자에 대하여 지도 · 감독 · 보호 · 원호를 수행하지만 통제를 보다 중요시하는 모형이다.

06 난도 ★★★ 정답 ②

교정학 > 수용자의 법적 지위와 처우

정답의 이유

② 의류를 지급하는 경우 수형자가 개방처우급인 경우에는 색상, 디자인 등을 다르게 할 수 있다(형의 집행 및 수용자의 처우에 관한 법률 시행규칙 제84조 제2항).

오답의 이유

① 소장은 개방처우급 · 완화경비처우급 수형자에게 자치생활을 허가할 수 있으며, 소장은 자치생활 수형자들이 교육실, 강당 등 적당한 장소에서 월 1회 이상 토론회를 할 수 있도록 하여야 한다(형의 집행 및 수용자의 처우에 관한 법률 시행규칙 제86조 제1항 · 제3항).

③ 소장은 수형자가 개방처우급 또는 완화경비처우급으로서 작업 · 교육 등의 성적이 우수하고 관련 기술이 있는 경우에는 교도관의 작업지도를 보조하게 할 수 있다(형의 집행 및 수용자의 처우에 관한 법률 시행규칙 제94조).

④ 소장은 수형자가 개방처우급 또는 완화경비처우급으로서 직업 능력 향상을 위하여 특히 필요한 경우에는 교정시설 외부의 공공기관 또는 기업체 등에서 운영하는 직업훈련을 받게 할 수 있다. 이에 따른 직업훈련의 비용은 수형자가 부담한다. 다만, 처우상 특히 필요한 경우에는 예산의 범위에서 그 비용을 지원할 수 있다(형의 집행 및 수용자의 처우에 관한 법률 시행규칙 제96조 제1항 · 제2항).

07 난도 ★★☆ 정답 ②

교정학 > 시설내 처우

정답의 이유

② 법무부장관은 교도작업으로 생산되는 제품의 종류와 수량을 회계연도 개시 1개월 전까지 공고하여야 한다(교도작업의 운영 및 특별회계에 관한 법률 제4조).

오답의 이유

① 교도작업의 운영 및 특별회계에 관한 법률 제7조

③ 교도작업의 운영 및 특별회계에 관한 법률 제5조

④ 교도작업의 운영 및 특별회계에 관한 법률 제6조 제1항

08 난도 ★★★ 정답 ③

교정학 > 시설내 처우

정답의 이유

ㄴ. 형의 집행 및 수용자의 처우에 관한 법률 시행령 제56조

ㄷ. 형의 집행 및 수용자의 처우에 관한 법률 시행령 제54조의2 제2호

제54조의2(간호사의 의료행위)

법 제36조 제2항에서 "대통령령으로 정하는 경미한 의료행위"란 다음 각 호의 의료행위를 말한다.

1. 외상 등 흔히 볼 수 있는 상처의 치료
2. 응급을 요하는 수용자에 대한 응급처치
3. 부상과 질병의 악화방지를 위한 처치
4. 환자의 요양지도 및 관리
5. 제1호부터 제4호까지의 의료행위에 따르는 의약품의 투여

[본조신설 2010.7.9.]

ㅁ. 형의 집행 및 수용자의 처우에 관한 법률 시행령 제57조

ㄱ. 소장은 저수조 등 급수시설을 6개월에 1회 이상 청소·소독하여야 한다(형의 집행 및 수용자의 처우에 관한 법률 시행령 제47조 제2항).

ㄹ. 소장은 수용자에 대하여 1년에 1회 이상 건강검진을 하여야 한다. 다만, 19세 미만의 수용자와 계호상 독거수용자에 대하여는 6개월에 1회 이상 하여야 한다(형의 집행 및 수용자의 처우에 관한 법률 시행령 제51조 제1항).

09 난도 ★★☆ 　　　　　　　　　　　　　　　정답 ④

교정학 > 수용자의 법적 지위와 처우

④ 수형자가 인간 생존의 기본조건이 박탈된 교정시설에 수용되어 인간의 존엄과 가치를 침해당하였는지 여부를 판단함에 있어서는 1인당 수용면적뿐만 아니라 수형자 수와 수용거실 현황 등 수용시설 전반의 운영 실태와 수용기간, 국가 예산의 문제 등 제반 사정을 합적으로 고려할 필요가 있다. 그러나 교정시설의 1인당 수용면적이 수형자의 인간으로서의 기본 욕구에 따른 생활조차 어렵게 할 만큼 지나치게 협소하다면, 이는 그 자체로 국가 형벌권행사의 한계를 넘어 수형자의 인간의 존엄과 가치를 침해하는 것이다. 이 사건의 경우, 성인 남성인 청구인이 이 사건 방실에 수용된 기간 동안 1인당 실제 개인사용가능면적은, 2일 16시간 동안에는 $1.062m^2$, 6일 5시간 동안에는 $1.27m^2$였다. 이러한 1인당 수용면적은 우리나라성인 남성의 평균 신장인 사람이 팔다리를 마음껏 뻗기 어렵고, 모로 누워 '칼잠'을 자야 할 정도로 매우 협소한 것이다. 그렇다면 청구인이 이 사건 방실에 수용된 기간, 접견 및 운동으로 이 사건 방실 밖에서 보낸 시간 등 제반 사정을 참작하여 보더라도, 청구인은 이 사건 방실에서 신체적·정신적 건강이 악화되거나 인격체로서의 기본 활동에 필요한 조건을 박탈당하는 등 극심한 고통을 경험하였을 가능성이 크다. 따라서 청구인이 인간으로서 최소한의 품위를 유지할 수 없을 정도로 과밀한 공간에서 이루어진 이 사건 수용행위는 청구인의 인간으로서의 존엄과 가치를 침해한다(헌재결 2016. 12.29. 2013헌마142).

① 수용자의 경우에도 모든 기본권의 제한이 정당화될 수 없으며 국가가 개인의 불가침의 기본적인 인권을 확인하고 보장할 의무(헌법 제10조 후문)로부터 자유로워질 수는 없다. 따라서 수용자의 지위에서 예정되어 있는 기본권 제한이라도 형의 집행과 도주 방지라는 구금의 목적과 관련되어야 하고 그 필요한 범위를 벗어날 수 없으며, 교도소의 안전 및 질서유지를 위하여 행해지는 규율과 징계로 인한 기본권의 제한도 다른 방법으로는 그 목적을 달성할 수 없는 경우에만 예외적으로 허용되어야 한다(헌재결 2016.6.30. 2015헌마36).

② CCTV 계호행위는 청구인의 생명·신체의 안전을 보호하기 위한 것으로서 그 목적이 정당하고, 교도관의 시선에 의한 감시만으로는 자살·자해 등의 교정사고 발생을 막는 데 시간적·공간적 공백이 있으므로 이를 메우기 위하여 CCTV를 설치하여 수형자를 상시적으로 관찰하는 것은 위 목적 달성에 적합한 수단이라 할 것이며, 형의 집행 및 수용자의 처우에 관한 법률 및 동법 시행규칙은 CCTV 계호행위로 인하여 수용자가 입게 되는 피해를 최소화하기 위하여 CCTV의 설치·운용에 관한 여러 가지 규정을 하고 있고, 이에 따라 피청구인은 청구인의 사생활의 비밀 및 자유에 대한 제한을 최소화하기 위한 조치를 취하고 있는 점, 상시적으로 청구인을 시선계호할 인력을 확보하는 것이 불가능한 현실에서 자살이 시도되는 경우 신속하게 이를 파악하여 응급조치를 실행하기 위하여는 CCTV를 설치하여 청구인의 행동을 지속적으로 관찰하는 방법 외에 더 효과적인 다른 방법을 찾기 어려운 점 등에 비추어 보면, 이 사건 CCTV 계호행위는 피해의 최소성 요건을 갖추었다 할 것이고, 이로 인하여 청구인의 사생활에 상당한 제약이 가하여진다고 하더라도, 청구인의 행동을 상시적으로 관찰함으로써 그의 생명·신체를 보호하고 교정시설 내의 안전과 질서를 보호하려는 공익 또한 그보다 결코 작다고 할 수 없으므로, 법익의 균형성도 갖추었다. 따라서 이 사건 CCTV 계호행위가 과잉금지원칙을 위배하여 청구인의 사생활의 비밀 및 자유를 침해하였다고는 볼 수 없다(헌재 2011.9.29. 2010헌마413).

③ 행정처분의 취소를 구하는 소는 그 처분에 의하여 발생한 위법상태를 배제하여 원상으로 회복시키고 그 처분으로 침해되거나 방해받은 권리와 이익을 보호·구제하고자 하는 소송이므로, 비록 처분을 취소한다 하더라도 원상회복이 불가능한 경우에는 그 처분의 취소를 구할 이익이 없는 것이 원칙이지만, 원상회복이 불가능하다고 보이는 경우라 하더라도, 동일한 소송당사자 사이에서 그 행정처분과 동일한 사유로 위법한 처분이 반복될 위험성이 있어 행정처분의 위법성 확인 내지 불분명한 법률문제에 대한 해명이 필요하다고 판단되는 경우 등에는 행정의 적법성 확보와 그에 대한 사법통제, 국민의 권리구제의 확대 등의 측면에서 여전히 그처분의 취소를 구할 이익이 있다고 보아야 한다(대판 2007.7.19. 2006두19297 전합 참조). 원심판결 이유와 기록에 의하여 알 수 있는 다음과 같은 사정, 즉 원고의 긴 팔 티셔츠 2개(앞 단추가 3개 있고 칼라가 달린 것, 이하 '이 사건 영치품'이라 한다)에 대한 사용신청 불허처분 이후 이루어진 원고의 다른 교도소로의 이송이라는 사정에 의하여 원고의 권리와 이익의 침해 등이 해소되지 아니한 점, 원고의 형기가 만료되기까지는 아직 상당한 기간이 남아 있을 뿐만 아니라, 진주교도소가 전국 교정시설의 결핵 및 정신질환 수형자들을 수용·관리하는 의료교도소인 사정을 감안할 때 원고의 진주교도소로의 재이송 가능성이 소멸하였다고 단정하기 어려운 점 등을 종합하면, 원고로서는 이 사건 처분의 취소를 구할 이익이 있다고 봄이 상당하다(대판 2008.2.14. 2007두13203).

10 난도 ★★☆   정답 ①

교정학 > 시설내 처우

정답의 이유

① 법무부장관은 직업훈련을 위하여 필요한 경우에는 수형자를 다른 교정시설로 이송할 수 있다(형의 집행 및 수용자의 처우에 관한 법률 시행규칙 제127조 제1항).

오답의 이유

② 형의 집행 및 수용자의 처우에 관한 법률 시행규칙 제124조 제1항
③ 형의 집행 및 수용자의 처우에 관한 법률 시행규칙 제128조 제1항 제1호

제128조(직업훈련의 보류 및 취소 등)

① 소장은 직업훈련 대상자가 다음 각 호의 어느 하나에 해당하는 경우에는 직업훈련을 보류할 수 있다.

  1. 징벌대상행위의 혐의가 있어 조사를 받게 된 경우

  2. 심신이 허약하거나 질병 등으로 훈련을 감당할 수 없는 경우

  3. 소질·적성·훈련성적 등을 종합적으로 고려한 결과 직업훈련을 계속할 수 없다고 인정되는 경우

  4. 그 밖에 직업훈련을 계속할 수 없다고 인정되는 경우

---

④ 형의 집행 및 수용자의 처우에 관한 법률 시행규칙 제148조 제3항

11 난도 ★★★   ※ 법령 개정·변경된 내용으로 문제 및 선지 교체   정답 ④

형사정책 > 형벌과 보안처분론

정답의 이유

④ 보호관찰소 소속 공무원은 보호관찰 대상자에 대한 정당한 직무집행 과정에서 도주 방지, 항거 억제, 자기 또는 타인의 생명·신체에 대한 위해(危害) 방지를 위하여 필요하다고 인정되는 상당한 이유가 있으면 수갑, 포승, 보호대, 가스총, 전자충격기를 사용할 수 있다(보호관찰 등에 관한 법률 제46조의2 제1항).

제46조의2(보호장구의 사용)

① 보호관찰소 소속 공무원은 보호관찰 대상자가 다음 각 호의 어느 하나에 해당하고, 정당한 직무집행 과정에서 필요하다고 인정되는 상당한 이유가 있으면 제46조의3 제1항에 따른 보호장구를 사용할 수 있다.

  1. 제39조 및 제40조에 따라 구인 또는 긴급구인한 보호관찰 대상자를 보호관찰소에 인치하거나 수용기관 등에 유치하기 위해 호송하는 때

  2. 제39조 및 제40조에 따라 구인 또는 긴급구인한 보호관찰 대상자가 도주하거나 도주할 우려가 있는 때

  3. 위력으로 보호관찰소 소속 공무원의 정당한 직무집행을 방해하는 때

  4. 자살·자해 또는 다른 사람에 대한 위해의 우려가 큰 때

  5. 보호관찰소 시설의 설비·기구 등을 손괴하거나 그 밖에 시설의 안전 또는 질서를 해칠 우려가 큰 때

② 보호장구를 사용하는 경우에는 보호관찰 대상자의 나이, 신체적·정신적 건강상태 및 보호관찰 집행 상황 등을 고려하여야 한다.

③ 그 밖에 보호장구의 사용절차 및 방법 등에 관하여 필요한 사항은 법무부령으로 정한다.

[본조신설 2019.4.16.]

제46조의3(보호장구의 종류 및 사용요건)

① 보호장구의 종류는 다음 각 호와 같다.

  1. 수갑

  2. 포승

  3. 보호대(帶)

  4. 가스총

  5. 전자충격기

② 보호장구의 종류별 사용요건은 다음 각 호와 같다.

  1. 수갑·포승·보호대(帶): 제46조의2 제1항 제1호부터 제5호까지의 어느 하나에 해당하는 때

  2. 가스총: 제46조의2 제1항 제2호부터 제5호까지의 어느 하나에 해당하는 때

  3. 전자충격기: 제46조의2 제1항 제2호부터 제5호까지의 어느 하나에 해당하는 경우로서 상황이 긴급하여 다른 보호장구만으로는 그 목적을 달성할 수 없는 때

[본조신설 2019.4.16.]

오답의 이유

①·②·③은 교도관이 형의 집행 및 수용자의 처우에 관한 법률 제98조 제1항에 따라 교도관이 사용할 수 있는 보호장비로, 보호관찰관이 사용하는 보호장구가 아니다.

① 형의 집행 및 수용자의 처우에 관한 법률 시행규칙 제169조 제3호
② 형의 집행 및 수용자의 처우에 관한 법률 시행규칙 제169조 제7호
③ 형의 집행 및 수용자의 처우에 관한 법률 시행규칙 제169조 제2호

제169조(보호장비의 종류)

교도관이 법 제98조 제1항에 따라 사용할 수 있는 보호장비는 다음 각 호로 구분한다. 〈개정 2018.5.2., 2020.8.5.〉

1. 수갑: 양손수갑, 일회용수갑, 한손수갑

2. 머리보호장비

3. 발목보호장비: 양발목보호장비, 한발목보호장비

4. 보호대: 금속보호대, 벨트보호대

5. 보호의자

6. 보호침대

7. 보호복

8. 포승: 일반포승, 벨트형포승, 조끼형포승

---

12 난도 ★★★　　　　　　　　　　　　정답 ②

형사정책 > 소년범죄론

정답의 이유

② 수강명령은 100시간을, 사회봉사명령은 200시간을 초과할 수 없으며, 보호관찰관이 그 명령을 집행할 때에는 사건 본인의 정상적인 생활을 방해하지 아니하도록 하여야 하며(소년법 제33조 제4항), 사회봉사명령 처분은 14세 이상의 소년에게만 할 수 있고(소년법 제32조 제3항), 수강명령 처분은 12세 이상의 소년에게만 할 수 있다(소년법 제32조 제4항).

오답의 이유

① 소년법 제32조 제1항 2호·제33조 제4항

③ 소년법 제32조 제1항 제4호·제33조 제2항

④ 소년법 제32조 제1항 제9호·제33조 제5항

제32조(보호처분의 결정)

① 소년부 판사는 심리 결과 보호처분을 할 필요가 있다고 인정하면 결정으로써 다음 각 호의 어느 하나에 해당하는 처분을 하여야 한다. 〈개정 2020.10.20.〉

　1. 보호자 또는 보호자를 대신하여 소년을 보호할 수 있는 자에게 감호 위탁

　2. 수강명령

　3. 사회봉사명령

　4. 보호관찰관의 단기(短期) 보호관찰

　5. 보호관찰관의 장기(長期) 보호관찰

　6. 「아동복지법」에 따른 아동복지시설이나 그 밖의 소년보호시설에 감호 위탁

　7. 병원, 요양소 또는 「보호소년 등의 처우에 관한 법률」에 따른 의료재활소년원에 위탁

　8. 1개월 이내의 소년원 송치

　9. 단기 소년원 송치

　10. 장기 소년원 송치

제33조(보호처분의 기간)

① 제32조 제1항 제1호·제6호·제7호의 위탁기간은 6개월로 하되, 소년부 판사는 결정으로써 6개월의 범위에서 한 번에 한하여 그 기간을 연장할 수 있다. 다만, 소년부 판사는 필요한 경우에는 언제든지 결정으로써 그 위탁을 종료시킬 수 있다.

② 제32조 제1항 제4호의 단기 보호관찰기간은 1년으로 한다.

③ 제32조 제1항 제5호의 장기 보호관찰기간은 2년으로 한다. 다만, 소년부 판사는 보호관찰관의 신청에 따라 결정으로써 1년의 범위에서 한 번에 한하여 그 기간을 연장할 수 있다.

④ 제32조 제1항 제2호의 수강명령은 100시간을, 제32조 제1항 제3호의 사회봉사명령은 200시간을 초과할 수 없으며, 보호관찰관이 그 명령을 집행할 때에는 사건 본인의 정상적인 생활을 방해하지 아니하도록 하여야 한다.

⑤ 제32조 제1항 제9호에 따라 단기로 소년원에 송치된 소년의 보호기간은 6개월을 초과하지 못한다.

⑥ 제32조 제1항 제10호에 따라 장기로 소년원에 송치된 소년의 보호기간은 2년을 초과하지 못한다.

---

13 난도 ★★☆　　　　　　　　　　　　정답 ③

교정학 > 수용자의 법적 지위와 처우

정답의 이유

③ 소장은 교정시설에 마약류를 반입하는 것을 방지하기 위하여 필요하면 강제에 의하지 아니하는 범위에서 수용자의 소변을 채취하여 마약반응검사를 할 수 있다(형의 집행 및 수용자의 처우에 관한 법률 시행규칙 제206조 제2항).

오답의 이유

① 형의 집행 및 수용자의 처우에 관한 법률 시행규칙 제195조 제1항 제2호

② 형의 집행 및 수용자의 처우에 관한 법률 시행규칙 제194조

④ 형의 집행 및 수용자의 처우에 관한 법률 시행규칙 제196조 제1항

---

14 난도 ★★☆　　　　　　　　　　　　정답 ②

교정학 > 교정학의 이해

정답의 이유

② ㄱ → ㄷ → ㄴ → ㄹ → ㅁ의 순서로 나열하여야 한다.

ㄱ. 감옥규칙 제정: 1894년 12월 25일에 제정되었으며, 근대적 형 집행법의 효시이다.

ㄷ. 행형법 제정: 1950년 3월 2일에 제정·공포되었다.

ㄴ. 4개 지방교정청의 신설: 1991년 9월 30일에 서울, 대구, 대전, 광주에 4개 지방교정청이 신설되었다.

ㄹ. 민영교도소 등의 설치·운영에 관한 법률 제정: 2000년 1월 28일에 제정되었다.

ㅁ. 교정국을 교정본부로 확대·개편: 2007년 11월 30일에 교정본부로 확대·개편되었다.

---

15 난도 ★★☆　　　　　　　　　　　　정답 ④

교정학 > 사회적 처우와 사회내 처우

정답의 이유

④ 가석방심사위원회는 가석방 적격결정을 하였으면 5일 이내에 법무부장관에게 가석방 허가를 신청하여야 한다(형의 집행 및 수용자의 처우에 관한 법률 제122조 제1항).

오답의 이유

① 형의 집행 및 수용자의 처우에 관한 법률 제120조 제2항

② 형의 집행 및 수용자의 처우에 관한 법률 제120조 제1항

③ 형의 집행 및 수용자의 처우에 관한 법률 제120조 제3항 제1호

교정학 > 수용자의 법적 지위와 처우

정답의 이유

③ 형의 집행 및 수용자의 처우에 관한 법률 시행규칙 제66조 제3항

오답의 이유

① 부정기형의 재심사 시기는 단기형을 기준으로 한다(형의 집행 및 수용자의 처우에 관한 법률 시행규칙 제66조 제2항).

② 소장은 재심사를 할 때에는 그 사유가 발생한 달의 다음 달까지 완료하여야 한다(형의 집행 및 수용자의 처우에 관한 법률 시행규칙 제68조 제1항).

④ 2개 이상의 징역형 또는 금고형을 집행하는 수형자의 재심사 시기를 산정하는 경우에는 그 형기를 합산한다. 다만, 합산한 형기가 20년을 초과하는 경우에는 그 형기를 20년으로 본다(형의 집행 및 수용자의 처우에 관한 법률 시행규칙 제66조 제4항).

17 난도 ★★★ 　　　　　　　　　　　　　　　　　정답 ④

교정학 > 수용자의 법적 지위와 처우

정답의 이유

ㄴ. 형의 집행 및 수용자의 처우에 관한 법률 시행규칙 제11조 제3항

ㄷ. 형의 집행 및 수용자의 처우에 관한 법률 시행규칙 제10조

ㄹ. 형의 집행 및 수용자의 처우에 관한 법률 제23조 제1항

오답의 이유

ㄱ. 소장은 작업시간을 3시간 이상 연장하는 경우에는 수용자에게 주·부식 또는 대용식 1회분을 간식으로 지급할 수 있다(형의 집행 및 수용자의 처우에 관한 법률 시행규칙 제15조 제2항).

18 난도 ★★☆ 　　　　　　　　　　　　　　　　　정답 ④

형사정책 > 범죄원인론

오답의 이유

① 비범죄화란 일정한 행위를 형벌에 의한 제재로부터 제외시키는 것을 말하며, 검사의 기소유예 처분은 비범죄화에 해당된다.

② 비범죄화로서 논의되는 범죄로는 간통·강제추행·경범죄 처벌법상의 범죄가 있지만, 뇌물죄는 비범죄화 논의 대상이 아니다.

③ 형법이 가지는 보충적 성격과 공식적 사회통제기능의 부담 가중을 고려하여 일정한 범죄유형을 형벌에 의한 통제로부터 제외시켜 형사처벌의 폐지가 아니라 형사처벌의 완화를 목표로 한다.

19 난도 ★★☆ 　　　　　　　　　　　　　　　　　정답 ③

교정학 > 수용자의 법적 지위와 처우

정답의 이유

③ 최근 1년 이내에 징벌이 없는 사람은 요건에 해당하지 않는다.

오답의 이유

① 형의 집행 및 수용자의 처우에 관한 법률 시행규칙 제93조 제1항 제1호

② 형의 집행 및 수용자의 처우에 관한 법률 시행규칙 제93조 제1항 제2호

④ 형의 집행 및 수용자의 처우에 관한 법률 시행규칙 제93조 제1항 제3호

> **제93조(중간처우)**
>
> ① 소장은 개방처우급 혹은 완화경비처우급 수형자가 다음 각 호의 사유에 모두 해당하는 경우에는 교정시설에 설치된 개방시설에 수용하여 사회 적응에 필요한 교육, 취업지원 등 적정한 처우를 할 수 있다.
>
> 1. 형기가 3년 이상인 사람
> 2. 범죄 횟수가 2회 이하인 사람
> 3. 중간처우를 받는 날부터 가석방 또는 형기 종료 예정일까지 기간이 3개월 이상 1년 6개월 이하인 사람

20 난도 ★★☆ ※ 법령 개정·변경된 내용으로 문제 및 선지 교체 　　정답 ①

형사정책 > 형벌과 보안처분론

정답의 이유

① 정신적 장애가 있는 사람이 성폭력범죄를 저지른 때가 아니라 신체적 또는 정신적 장애가 있는 사람에 대하여 성폭력범죄를 저지른 때 부착명령을 법원에 청구할 수 있다(전자장치 부착 등에 관한 법률 제5조 제1항 제5호).

> **제5조(전자장치 부착명령의 청구)**
>
> ① 검사는 다음 각 호의 어느 하나에 해당하고, 성폭력범죄를 다시 범할 위험성이 있다고 인정되는 사람에 대하여 전자 장치를 부착하도록 하는 명령(이하 "부착명령"이라 한다)을 법원에 청구할 수 있다.
>
> 1. 성폭력범죄로 징역형의 실형을 선고받은 사람이 그 집행을 종료한 후 또는 집행이 면제된 후 10년 이내에 성폭력범죄를 저지른 때
> 2. 성폭력범죄로 이 법에 따른 전자장치를 부착받은 전력이 있는 사람이 다시 성폭력범죄를 저지른 때
> 3. 성폭력범죄를 2회 이상 범하여(유죄의 확정판결을 받은 경우를 포함한다) 그 습벽이 인정된 때
> 4. 19세 미만의 사람에 대하여 성폭력범죄를 저지른 때
> 5. 신체적 또는 정신적 장애가 있는 사람에 대하여 성폭력범죄를 저지른 때

오답의 이유

② 전자장치 부착 등에 관한 법률 제5조 제1항 제3호

③ 전자장치 부착 등에 관한 법률 제5조 제1항 제4호

④ 전자장치 부착 등에 관한 법률 제5조 제1항 제2호

교정학 | 2016년 국가직 7급

한눈에 훑어보기

✓ 영역 분석

형사정책 07 08 09 17 18 19
6문항, 30%

교정학 01 02 03 04 05 06 10 11 12 13 14 15
14문항, 70% 16 20

✓ 빠른 정답

01	02	03	04	05	06	07	08	09	10
②	③	④	②	①	①	①	④	②	②
11	12	13	14	15	16	17	18	19	20
③	④	③	②	①	③	②	④	③	②

✓ 점수 체크

구분	1회독	2회독	3회독
맞힌 문항 수	/ 20	/ 20	/ 20
나의 점수	점	점	점

01 난도 ★★★   정답 ②

교정학 > 수용자의 법적 지위와 처우

[정답의 이유]

② 청원하려는 수용자는 청원서를 작성하여 봉한 후 소장에게 제출하여야 한다. 다만, 순회점검공무원에 대한 청원은 말로도 할 수 있다(형의 집행 및 수용자의 처우에 관한 법률 시행령 제117조 제2항). 이때 순회점검공무원은 법 제117조 제2항 단서에 따라 수용자가 말로 청원하는 경우에는 그 요지를 청원부에 기록하여야 한다(동법 시행령 제139조 제2항). 청원하는 내용을 녹음하도록 하는 의무규정은 없다.

[오답의 이유]

① 형의 집행 및 수용자의 처우에 관한 법률 제117조 제1항
③ 형의 집행 및 수용자의 처우에 관한 법률 제117조 제4항
④ 형의 집행 및 수용자의 처우에 관한 법률 제117조 제5항 · 제6항

02 난도 ★★★ ※ 법령 개정 · 변경된 내용으로 문제 및 선지 교체   정답 ③

교정학 > 시설내 처우

[정답의 이유]

③ 소장은 교도관에게 매일 수형자의 작업실적을 확인하게 하여야 한다(형의 집행 및 수용자의 처우에 관한 법률 시행령 제92조).

[오답의 이유]

① 형의 집행 및 수용자의 처우에 관한 법률 시행령 제103조 제1항
② 형의 집행 및 수용자의 처우에 관한 법률 제67조
④ 형의 집행 및 수용자의 처우에 관한 법률 제72조 제1항

03 난도 ★★★   정답 ④

교정학 > 시설내 처우

[정답의 이유]

④ 소장은 외국인수용자가 질병 등으로 위독하거나 사망한 경우에는 그의 국적이나 시민권이 속하는 나라의 외교공관 또는 영사관의 장이나 그 관원 또는 가족에게 이를 즉시 통지하여야 한다(형의 집행 및 수용자의 처우에 관한 법률 시행규칙 제59조). 즉, 출입국관리사무소는 통지 대상이 아니다.

[오답의 이유]

① 형의 집행 및 수용자의 처우에 관한 법률 시행규칙 제55조
② 형의 집행 및 수용자의 처우에 관한 법률 시행규칙 제56조 제1항
③ 형의 집행 및 수용자의 처우에 관한 법률 시행규칙 제57조 제1항

04 난도 ★★★　　　　　　　　　　　정답 ②

교정학 > 시설내 처우

정답의 이유

② 일반경비처우급 수형자의 접견 허용횟수는 월 5회로 한다(형의 집행 및 수용자의 처우에 관한 법률 시행규칙 제87조 제1항). 접견은 1일 1회만 허용한다. 다만, 처우상 특히 필요한 경우에는 그러하지 아니하다(형의 집행 및 수용자의 처우에 관한 법률 시행규칙 제87조 제2항).

오답의 이유

① 형의 집행 및 수용자의 처우에 관한 법률 제41조 제1항 제4호
③ 형의 집행 및 수용자의 처우에 관한 법률 제42조 제4호
④ 형의 집행 및 수용자의 처우에 관한 법률 시행규칙 제87조 제3항

05 난도 ★★☆　　　　　　　　　　　정답 ①

교정학 > 수용자의 법적 지위와 처우

정답의 이유

① 사법형 외부통근제는 행정형 외부통근제보다는 국민의 응보적 감정에 위배될 가능성이 있다.

오답의 이유

②·③·④ 사법형 외부통근제의 장점에 해당한다.

더 알아보기

사법형 외부통근제

• '통근형'이라고도 하며, 법원이 형벌의 일종으로 유죄확정자에게 외부통근형을 선고하는 것을 말하며 미국의 많은 주에서 시행하고 있다.
• 수형자가 수형 초기부터 시설 외의 취업장으로 통근하는 것이기 때문에 석방 전 누진처우의 일환으로 행해지는 행정형 외부통근제와는 차이가 있다.
• 경범자 및 단기자유형자 중 직업을 가지고 있는 자로 본인의 희망에 의하여 법원이 적용결정을 위한 조사를 실시하였는데, 보호관찰관이 직업종사 여부, 고용주의 협력의사, 통근 가능한 교통수단 등을 고려하여 적합하다고 판단될 때 판사가 '통근형'을 선고한다.
• 단기자유형으로 인한 직장의 상실 없이 직장을 지속적으로 유지하는 것이 가능하다.
• 가족의 생계를 담당할 수 있으며, 무엇보다도 구금에 따르는 폐해를 방지할 수 있다.

06 난도 ★☆☆　　　　　　　　　　　정답 ①

교정학 > 교정학의 이해

정답의 이유

① 교류분석은 캘리포니아의 정신의학자 에릭 번이 창시한 심리요법으로 인간의 성격은 부모(Parent), 어른(Adult), 아동(Child)으로 구성되어 있다고 전제하고 내담자를 현재의 적합성에 비추어 과거의 결정을 평가하고 미래의 바람직한 선택이 이루어지도록 격려하는 요법이다. 보다 성숙한 자아 발달을 유도하는 상담기법으로 과거의 경험을 회상하게 하고 반성하게 하며 스스로 과거의 부정적인 장면을 삭제하게 하여 새로운 삶에 대한 확신을 주는 처우기법이다.

오답의 이유

② 현실요법은 글래저에 의해 주장된 것으로 선택이론 또는 통제이론이라고 하며, 갈등이나 문제상황의 내담자가 성공적인 정체성을 가지고 자기 삶을 바람직한 방향으로 통제하며 건강한 행동으로 유도하는 상담기법이다. '자기진단과 타인과의 집중적인 관계형성, 정직하고 책임 있는 행위에 대한 일관적인 추구'라는 처우내용을 담고 있다.
③ 환경요법이란 1956년 맥스웰 존스(Maxwell Jones)의 요법처우공동체라는 개념에서 시작하였으며, 모든 교정환경을 이용하여 수용자들 간의 상호작용의 수정과 환경통제를 통하여 개별 수용자의 행동에 영향을 미치고자 하는 처우기법이다. 환경요법에는 사회적 요법, 요법처우공동체, 긍정적 동료부분화, 남녀 공동교도소가 있다.
④ 사회적 요법이란 범죄를 개인적 인격과 주변 환경의 복합적 상호작용의 산물로 인식하며, 교도소의 친사회적인 환경개발을 시도하는 처우기법으로 심리요법 또는 행동수정 프로그램의 약점을 보완하기 위하여 등장하였다.

07 난도 ★★☆　　　　　　　　　　　정답 ①

형사정책 > 형벌과 보안처분론

정답의 이유

① 구속영장에 의하여 구속된 피의자에 대하여 검사가 공소를 제기하지 아니하는 결정을 하고 치료감호 청구만을 하는 때에는 구속영장은 치료감호영장으로 보며 그 효력을 잃지 아니한다(치료감호 등에 관한 법률 제8조).

오답의 이유

② 치료감호 등에 관한 법률 제27조
③ 치료감호 등에 관한 법률 제18조
④ 치료감호 등에 관한 법률 제32조 제1항 제1호·제2항

08 난도 ★★☆　※ 법령 개정·변경된 내용으로 문제 및 선지 교체　정답 ④

형사정책 > 형벌과 보안처분론

정답의 이유

④ 전자장치 부착 등에 관한 법률 제9조 제2항

오답의 이유

① 전자장치 피부착자는 주거를 이전하거나 7일 이상의 국내여행을 하거나 출국할 때에는 미리 보호관찰관의 허가를 받아야 한다(전자장치 부착 등에 관한 법률 제14조 제3항).
② 19세 미만의 사람에 대하여 특정범죄(성폭력범죄, 미성년자 대상 유괴범죄, 살인범죄, 강도범죄)를 저지른 경우에는 전자장치 부착기간 하한을 법률에서 정한 부착기간 하한의 2배로 한다(전자장치 부착 등에 관한 법률 제9조 제1항).

③ 성폭력범죄로 징역형의 실형을 선고받은 사람이 그 집행을 종료한 후 또는 집행이 면제된 후 <u>10년</u> 이내에 성폭력범죄를 저지른 때에는 전자장치를 부착하도록 하는 명령을 법원에 청구할 수 있다(전자장치 부착 등에 관한 법률 제5조 제1항 제1호).

09 난도 ★☆☆
정답 ②

형사정책 > 범죄원인론

[정답의 이유]
② 브랜팅햄 부부의 범죄패턴이론에 따르면 범죄의 공간적 패턴이 있으며 범죄자의 일상적인 행동패턴과 유사하다는 논리로 범죄자의 여가활동장소나 이동경로 · 이동수단 등을 분석하여 범행 지역을 예측함으로써 연쇄살인이나 연쇄강간 등의 연쇄범죄 해결에 도움을 줄 수 있다는 범죄예방론이다.

[오답의 이유]
① 환경범죄학이란 범죄 기회를 감소시킬 목적으로 건물이나 지역 등의 주변 환경이 지니는 범죄 유발요인을 분석함으로써 범죄환경의 설계관리를 제기한 새로운 범죄학을 가리킨다. 범죄는 '법, 대상물, 범죄자, 장소'의 4가지 요소에 의해서 발생되며, 특히 장소가 가장 중요한 요인이라고 보았다.
③ 환경개선을 통한 범죄예방을 주장한 제프리는 범죄통제 모델에서 사회환경의 개선을 통한 범죄통제 모델을 제시하여 범죄의 요소를 범죄자, 피해자, 범죄에 취약한 공간으로 나누었고, 범죄가 용이한 취약공간이 있으면 범죄가 쉽게 발생한다고 보았다. 따라서, 범죄예방을 위하여 CPTED의 기본원리인 영역성의 강화, 자연적 접근통제, 활동성, 자연적 감시에 입각한 설계를 통하여 범죄유발요인을 감소시켜야 한다고 주장하였다.
④ 정보주도 경찰활동이란 치안정보 또는 그 배경이 되는 내외의 정치, 경제, 사회, 문화 등의 일반적 정보 등을 수집, 작성, 배포하는 경찰활동을 말한다.

10 난도 ★★★
정답 ②

교정학 > 시설내 처우

[정답의 이유]
② 장애인수형자 전담교정시설의 장은 장애인의 재활에 관한 전문적인 지식을 가진 의료진과 장비를 <u>갖추도록 노력하여야 한다</u>(형의 집행 및 수용자의 처우에 관한 법률 시행규칙 제52조).

[오답의 이유]
① 형의 집행 및 수용자의 처우에 관한 법률 시행규칙 제44조 제2항
③ 형의 집행 및 수용자의 처우에 관한 법률 시행규칙 제59조의2 제2항
④ 형의 집행 및 수용자의 처우에 관한 법률 제51조 제2항

11 난도 ★★☆
정답 ③

교정학 > 교정의 민영화

[정답의 이유]
③ 민영교도소 등의 운영에 필요한 무기는 해당 <u>교정법인의 부담으로 법무부장관이 구입하여 배정한다</u>(민영교도소 등의 설치 · 운영에 관한 법률 제31조 제2항).

[오답의 이유]
① 민영교도소 등의 설치 · 운영에 관한 법률 제29조 제1항
② 민영교도소 등의 설치 · 운영에 관한 법률 제28조 제1호
④ 민영교도소 등의 설치 · 운영에 관한 법률 제26조

12 난도 ★★☆
정답 ④

교정학 > 수용자의 법적 지위와 처우

[정답의 이유]
④ 질병 등으로 분류심사가 곤란한 사람은 분류심사 유예 대상이다(형의 집행 및 수용자의 처우에 관한 법률 시행규칙 제62조 제2항 제1호).

[오답의 이유]
① 형의 집행 및 수용자의 처우에 관한 법률 시행규칙 제62조 제1항 제1호
② 형의 집행 및 수용자의 처우에 관한 법률 시행규칙 제62조 제1항 제2호
③ 형의 집행 및 수용자의 처우에 관한 법률 시행규칙 제62조 제1항 제1호

제62조(분류심사 제외 및 유예)
① 다음 각 호의 사람에 대해서는 분류심사를 하지 아니한다.
　1. 징역형 · 금고형이 확정된 사람으로서 집행할 형기가 형집행 지휘서 접수일부터 3개월 미만인 사람
　2. 구류형이 확정된 사람
　3. 삭제 〈2017.8.22.〉
② 소장은 수형자가 다음 각 호의 어느 하나에 해당하는 사유가 있으면 분류심사를 유예한다.
　1. <u>질병 등으로 분류심사가 곤란한 때</u>
　2. 법 제107조 제1호부터 제5호까지의 규정에 해당하는 행위 및 이 규칙 제214조 각 호에 해당하는 행위(이하 "징벌대상행위"라 한다)의 혐의가 있어 조사 중이거나 징벌집행 중인 때
　3. 그 밖의 사유로 분류심사가 특히 곤란하다고 인정하는 때

---

13 난도 ★★☆　　　　　　　　　　정답 ③

교정학 > 수용자의 법적 지위와 처우

[정답의 이유]

③ 소장은 개방처우급·완화경비처우급 수형자에 대하여 가족 만남의 날 행사에 참여하게 하거나 가족 만남의 집을 이용하게 할 수 있다. 이 경우 제87조의 접견 허용횟수에는 포함되지 아니한다(형의 집행 및 수용자의 처우에 관한 법률 시행규칙 제89조 제1항).

[오답의 이유]

① 형의 집행 및 수용자의 처우에 관한 법률 시행규칙 제89조 제1항

② 형의 집행 및 수용자의 처우에 관한 법률 시행규칙 제89조 제2항

④ 형의 집행 및 수용자의 처우에 관한 법률 시행규칙 제89조 제3항

14 난도 ★★★　　　　　　　　　　정답 ②

교정학 > 시설내 처우

[정답의 이유]

② 소장은 신입자거실에 수용된 사람에게는 작업을 부과해서는 아니 된다(형의 집행 및 수용자의 처우에 관한 법률 시행령 제18조 제2항).

[오답의 이유]

① 형의 집행 및 수용자의 처우에 관한 법률 시행령 제15조

③ 형의 집행 및 수용자의 처우에 관한 법률 시행령 제18조 제3항

④ 형의 집행 및 수용자의 처우에 관한 법률 시행령 제14조

15 난도 ★★☆　　　　　　　　　　정답 ①

교정학 > 교정학의 이해

[정답의 이유]

① 도형은 오늘날 자유형에 해당하는 형벌로 범죄인을 관아에 구금하여 소금을 굽거나 쇠를 달구는 노역에 종사하게 하는 것을 말하며, 장형은 큰 가시나무 회초리로 60대에서 100대까지 5등급으로 나누어 볼기를 때리는 형벌로 집행관의 자의가 쉽게 개입하기 때문에 남형의 폐해가 가장 많았다.

16 난도 ★★☆　　　　　　　　　　정답 ③

교정학 > 사회적 처우와 사회내 처우

[정답의 이유]

③ 가석방자는 국내 주거지 이전 또는 1개월 이상 국내 여행을 하려는 경우 관할경찰서의 장에게 신고하여야 하며(가석방자관리규정 제10조 제1항), 가석방자는 국외 이주 또는 1개월 이상 국외 여행을 하려는 경우 관할경찰서의 장에게 신고하여야 한다(가석방자관리규정 제13조 제1항).

[오답의 이유]

① 가석방자관리규정 제6조 제1항

② 가석방자관리규정 제8조

④ 가석방자관리규정 제20조 제1항·제2항

> **더 알아보기**
>
> **주거 이전 및 여행에 관한 규정**
>
> • 보호관찰 대상자는 주거를 이전하거나 1개월 이상 국내외 여행을 할 때에는 미리 보호관찰관에게 신고하여야 한다(보호관찰 등에 관한 법률 제32조 제2항).
>
> • 사회봉사·수강명령 대상자는 주거를 이전하거나 1개월 이상 국내외 여행을 할 때에는 미리 보호관찰관에게 신고하여야 한다(보호관찰 등에 관한 법률 제62조 제2항).
>
> • 피부착자는 주거를 이전하거나 7일 이상의 국내여행을 하거나 출국할 때에는 미리 보호관찰관의 허가를 받아야 한다(전자장치 부착 등에 관한 법률 제14조 제3항).
>
> • 치료명령을 받은 사람은 주거 이전 또는 7일 이상의 국내여행을 하거나 출국할 때에는 미리 보호관찰관의 허가를 받아야 한다(성폭력범죄자의 성충동 약물치료에 관한 법률 제15조 제3항).

17 난도 ★★☆　　　　　　　　　　정답 ②

형사정책 > 형벌과 보안처분론

[정답의 이유]

② ㄷ·ㄹ은 보호관찰 대상자와 수강명령 대상자에 해당한다(보호관찰 등에 관한 법률 제3조 제1항·제2항).

ㄷ. 보호관찰관의 단기 보호관찰과 수강명령, 보호관찰관의 장기 보호관찰과 수강명령은 병합할 수 있으며(소년법 제32조 제2항), 수강명령은 12세 이상의 소년에게만 할 수 있다(소년법 제32조 제4항).

ㄹ. 법원이 성폭력범죄를 범한 사람에 대하여 유죄판결(선고유예는 제외)을 선고하는 경우에는 500시간의 범위에서 재범예방에 필요한 수강명령을 병과하여야 한다(성폭력범죄의 처벌 등에 관한 특례법 제16조 제2항). 성폭력범죄를 범한 자에 대하여 수강명령은 형의 집행을 유예할 경우에 그 집행유예기간 내에서 병과한다(성폭력범죄의 처벌 등에 관한 특례법 제16조 제3항).

[오답의 이유]

ㄱ. 보호관찰 대상자에 해당하며(보호관찰 등에 관한 법률 제3조 제1항), 수강명령은 선고유예 시에는 명할 수 없고 집행유예 시에 명할 수 있다(보호관찰 등에 관한 법률 제3조 제2항).

ㄴ. 보호관찰 대상자에 해당하며(보호관찰 등에 관한 법률 제3조 제1항), 수강명령은 명할 수 없다(보호관찰 등에 관한 법률 제3조 제2항).

18 난도 ★★★ ※ 법령 개정·변경된 내용으로 문제 및 선지 교체 정답 ④

형사정책 > 소년범죄론

정답의 이유

④ 소장은 수용자가 사망하면 법무부장관이 정하는 범위에서 화장·시신인도 등에 필요한 비용을 인수자에게 지급할 수 있다 (형의 집행 및 수용자의 처우에 관한 법률 제128조 제5항).

오답의 이유

① 형의 집행 및 수용자의 처우에 관한 법률 제127조
② 형의 집행 및 수용자의 처우에 관한 법률 제128조 제4항
③ 형의 집행 및 수용자의 처우에 관한 법률 제128조 제2항

19 난도 ★☆☆ 정답 ③

형사정책 > 소년범죄론

정답의 이유

더 알아보기

소년범죄자들에 대한 처우조직 유형

데이비드 스트리트 등은 『처우조직』에서 소년범죄자들에 대하여 처우 - 구금 - 처우의 연속선상에서 처우 조직을 복종 및 동조 유형, 재교육 및 발전 유형 그리고 처우 유형으로 분류하였다. 각 처우조직의 특징과 목표는 다음과 같다.

복종 및 동조 유형 (구금적 시설)	• 구금을 강조하는 대부분의 소년교정시설의 유형 • 처우보다는 보안에 중점을 두는 유형으로 대규모 보안 직원과 적은 수의 처우 요원을 둠 • 소년범죄자인 수용자는 강제된 동조성을 강요받는 준군대식 형태로 조직 • 규율의 엄격한 집행 • 습관, 동조성훈련, 권위에 대한 복종을 강조 • 청소년은 외부통제에 즉각적으로 동조하도록 요구받음 • 강력한 직원통제와 다양한 부정적 제재 • 주된 기술로서 조절(conditioning)을 활용
재교육 및 발전 유형 (재교육과 개선을 강조하는 시설)	• 엄격한 규율과 제재가 곤란한 점을 고려하여 복종보다 교육 및 훈련을 통하여 청소년의 변화를 강조 • 처우시설의 직원 대부분이 교사로서 기술습득과 가족과 같은 분위기 창출에 중점을 둠 • 복종·동조 모형보다 청소년과 직원의 밀접한 관계 강조 • 청소년의 태도와 행동의 변화, 기술의 습득, 개인적 자원의 개발에 중점을 둠 • 소년범죄자를 지역사회의 학교로 외부통학을 시킴
처우 유형 (처우를 중시하는 조직)	• 보안보다는 처우에 중점을 두는 유형으로 가능한 많은 처우요원을 둠 • 청소년의 처우계획을 위하여 처우요원과 보안요원의 협조와 청소년 각자의 이해를 강조 • 처벌은 제한적이고 엄격하지 않게 집행되며, 청소년의 자기 존중심의 개발과 자기성찰에 중점을 두어 심리적 재편을 강조 • 개인적 통제와 사회적 통제를 동시에 강조하기 때문에 청소년의 개인적 문제 해결에 도움을 주며 지역사회생활에의 준비도 강조

20 난도 ★★☆ 정답 ②

교정학 > 수용자의 법적 지위와 처우

정답의 이유

② 형의 집행 및 수용자의 처우에 관한 법률 시행규칙 제103조 제1항·제107조 제1항

오답의 이유

① 외부 직업훈련의 비용은 수형자가 부담한다. 다만, 처우상 특히 필요한 경우에는 예산의 범위에서 그 비용을 지원할 수 있다(형의 집행 및 수용자의 처우에 관한 법률 시행규칙 제96조 제2항).
③ 이 경우 개인작업 시간은 교도작업에 지장을 주지 아니하는 범위에서 1일 2시간 이내로 한다(형의 집행 및 수용자의 처우에 관한 법률 시행규칙 제95조 제1항).
④ 교도관의 작업지도를 보조할 수 있는 경비처우급은 개방처우급 또는 완화경비처우급이다(형의 집행 및 수용자의 처우에 관한 법률 시행규칙 제94조).

교정학 | 2015년 국가직 7급

한눈에 훑어보기

✔ 영역 분석

형사정책 01 03 04 05 16 18 20
7문항, 35%

교정학 02 06 07 08 09 10 11 12 13 14 15 17
13문항, 65% 19

✔ 빠른 정답

01	02	03	04	05	06	07	08	09	10
④	③	②	③	②	④	③	④	③	①
11	**12**	**13**	**14**	**15**	**16**	**17**	**18**	**19**	**20**
①	①	①	③	②	④	③	②	③	④

✔ 점수 체크

구분	1회독	2회독	3회독
맞힌 문항 수	/ 20	/ 20	/ 20
나의 점수	점	점	점

01 난도 ★★☆   정답 ④

형사정책 > 범죄원인론

[정답의 이유]

④ 낙인이론은 소년사법 분야나 경미범죄, 과실범죄 등에 대해 비범죄화, 다이버전, 시설내 구금수용의 철폐 등을 주장하여 <u>사회 내 처우의 근거</u>가 되었다.

[오답의 이유]

① 레머트는 1차적 일탈과 2차적 일탈으로 구분하면서 행위자의 정체성과 그의 사회적 역할 수행에 영향을 미치는 2차적 일탈에 관심을 두었다.

② 베커는 낙인이 그 사람의 지위를 대변하는 주 지위가 되므로 다른 사람들과의 원활한 상호작용에 부정적인 영향을 미치는 장애요인이 된다고 한다.

③ 낙인이론의 중요한 정책으로는 비범죄화, 비형벌화, 비시설적 처우, 전환, 적법절차 등 '5D원칙'을 들 수 있다.

02 난도 ★★★   정답 ③

교정학 > 수용자의 법적 지위와 처우

[정답의 이유]

③ 형의 집행 및 수용자의 처우에 관한 법률 시행규칙 제73조 제8호

[오답의 이유]

① 형기가 <u>10년 이상</u>인 장기수형자이다(형의 집행 및 수용자의 처우에 관한 법률 시행규칙 제73조 제7호).

② <u>23세 미만</u>의 청년수형자이다(형의 집행 및 수용자의 처우에 관한 법률 시행규칙 제73조 제5호).

④ 조직폭력 또는 마약류 수형자는 기본수용급에 해당되지 않는다.

> 제73조(기본수용급)
>
> 기본수용급은 다음 각 호와 같이 구분한다.
> 1. 여성수형자
> 2. 외국인수형자
> 3. 금고형수형자
> 4. 19세 미만의 소년수형자
> 5. <u>23세 미만의 청년수형자</u>
> 6. 65세 이상의 노인수형자
> 7. <u>형기가 10년 이상인 장기수형자</u>
> 8. 정신질환 또는 장애가 있는 수형자
> 9. 신체질환 또는 장애가 있는 수형자

03 난도 ★★☆　　　　　　　　　　　정답 ②

형사정책 > 소년범죄론

정답의 이유

ㄱ · ㄹ · ㅁ 고전주의 학파의 주장이다. 고전주의 학파는 계몽주의, 이성주의, 공리주의 사상을 기초로 하여, 인간은 기본적으로 자유의지를 가진 합리적 · 이성적 존재로 자신의 자유의지에 의하여 범죄를 저지른 점에 대하여 그에 상응하는 책임 및 형벌을 부과하여야 한다고 보았다. 죄형법정주의, 일반예방적 기능을 강조하였다.

오답의 이유

ㄴ · ㄷ 실증주의 학파의 주장이다. 실증주의 학파는 19세기말 자연과학의 발달을 기초로 하여 범죄의 원인을 실증적으로 규명하려고 하였다. 고전학파가 추상적이고 형이상학적인 설명을 하는 점을 비판하고, 실증적이고 체계화된 인과관계 검증 과정을 중시하였다. 또한 실증주의는 행위자에 관심을 두고 범죄인의 치료, 개선을 위한 교정의 필요성을 강조하였다.

04 난도 ★☆☆　　　　　　　　　　　정답 ③

형사정책 > 범죄원인론

정답의 이유

③ 범죄자는 자신의 의지에 따라 의사를 결정하고 선택할 능력이 없으며, 결정론적 시각에서 범죄자를 사회화나 인성에 결함이 있는 환자로 취급하면서 범죄의 원인은 치료의 대상이고 완치될 수 있다고 보기 때문에 치료 모델이라고도 한다. 선택적 무력화 또는 선별적 무능화는 정의 모델에 해당한다.

05 난도 ★★★　　　　　　　　　　　정답 ②

형사정책 > 형벌과 보안처분론

정답의 이유

② 보호관찰 등에 관한 법률 제32조 제3항

오답의 이유

① 일반준수사항에 해당한다(보호관찰 등에 관한 법률 제32조 제2항 제1호).

③ 일반준수사항에 해당한다(보호관찰 등에 관한 법률 제32조 제2항 제4호).

④ 일반준수사항에 해당한다(보호관찰 등에 관한 법률 제32조 제2항 제2호).

제32조(보호관찰 대상자의 준수사항)

① 보호관찰 대상자는 보호관찰관의 지도 · 감독을 받으며 준수사항을 지키고 스스로 건전한 사회인이 되도록 노력하여야 한다.

② 보호관찰 대상자는 다음 각 호의 사항을 지켜야 한다.

1. 주거지에 상주(常住)하고 생업에 종사할 것
2. 범죄로 이어지기 쉬운 나쁜 습관을 버리고 선행(善行)을 하며 범죄를 저지를 염려가 있는 사람들과 교제하거나 어울리지 말 것
3. 보호관찰관의 지도 · 감독에 따르고 방문하면 응대할 것

---

4. 주거를 이전(移轉)하거나 1개월 이상 국내외 여행을 할 때에는 미리 보호관찰관에게 신고할 것

③ 법원 및 심사위원회는 판결의 선고 또는 결정의 고지를 할 때에는 제2항의 준수사항 외에 범죄의 내용과 종류 및 본인의 특성 등을 고려하여 필요하면 보호관찰 기간의 범위에서 기간을 정하여 다음 각 호의 사항을 특별히 지켜야 할 사항으로 따로 과(科)할 수 있다.

1. 야간 등 재범의 기회나 충동을 줄 수 있는 특정 시간대의 외출 제한
2. 재범의 기회나 충동을 줄 수 있는 특정 지역 · 장소의 출입 금지
3. 피해자 등 재범의 대상이 될 우려가 있는 특정인에 대한 접근 금지
4. 범죄행위로 인한 손해를 회복하기 위하여 노력할 것
5. 일정한 주거가 없는 자에 대한 거주장소 제한
6. 사행행위에 빠지지 아니할 것
7. 일정량 이상의 음주를 하지 말 것
8. 마약 등 중독성 있는 물질을 사용하지 아니할 것
9. 「마약류관리에 관한 법률」상의 마약류 투약, 흡연, 섭취 여부에 관한 검사에 따를 것
10. 그 밖에 보호관찰 대상자의 재범 방지를 위하여 필요하다고 인정되어 대통령령으로 정하는 사항

06 난도 ★★☆　　　　　　　　　　　정답 ④

교정학 > 수용자의 법적 지위와 처우

정답의 이유

④ 조정된 처우등급에 따른 처우는 그 조정이 확정된 다음 날부터 한다. 이 경우 조정된 처우등급은 그 달 초일부터 적용된 것으로 본다(형의 집행 및 수용자의 처우에 관한 법률 시행규칙 제82조 제1항).

오답의 이유

① 형의 집행 및 수용자의 처우에 관한 법률 시행규칙 제78조 제2항

② 형의 집행 및 수용자의 처우에 관한 법률 시행규칙 제79조 제1항

③ 형의 집행 및 수용자의 처우에 관한 법률 시행규칙 제80조 제2항 · 제81조 제2호

07 난도 ★★★　　　　　　　　　　　정답 ③

교정학 > 시설내 처우

정답의 이유

③ 소장은 신입자에 대하여는 지체 없이 건강진단을 하여야 하며(형의 집행 및 수용자의 처우에 관한 법률 제16조 제2항), 신입자는 소장이 실시하는 건강진단을 받아야 한다(형의 집행 및 수용자의 처우에 관한 법률 제16조 제3항).

오답의 이유

① 형의 집행 및 수용자의 처우에 관한 법률 제14조 제3호

② 형의 집행 및 수용자의 처우에 관한 법률 제12조 제2항

④ 형의 집행 및 수용자의 처우에 관한 법률 시행령 제10조

08 난도 ★★☆ 정답 ④

교정학 > 사회적 처우와 사회내 처우

정답의 이유

④ 수강명령, 전자발찌, 외출제한명령은 모두 사회내 처우에 속한다.

오답의 이유

① 귀휴(사회적 처우) – 사회봉사명령(사회내 처우) – 병영훈련(사회내 처우)

② 주말구금(사회적 처우) – 단기보호관찰(사회내 처우) – 외부통근(사회적 처우)

③ 가택구금(사회내 처우) – 사회견학(사회적 처우) – 집중보호관찰(사회내 처우)

09 난도 ★★☆ 정답 ③

교정학 > 수용자의 법적 지위와 처우

정답의 이유

③ 충격구금은 보호관찰에 앞서 일시적인 구금의 고통이 미래 범죄행위에 대한 억지력을 발휘할 것이라고 가정하는 처벌형태로, 일반적으로 구금 이후 형의 집행을 유예하면서 보호관찰과 결합되는 형태로 운영되고 있다.

10 난도 ★★☆ 정답 ①

교정학 > 교정학의 이해

정답의 이유

① 회복적 사법은 피해자와 가해자의 합의와 조정을 강제하는 것이 아니라 가해자와 피해자의 깨어진 신뢰를 회복하도록 유도하는 것으로, 비공식적 절차를 통한 범죄자의 책임감 강조와 집단적 갈등 해결에 중점을 둔다.

11 난도 ★★★ ※ 법령 개정·변경된 내용으로 문제 및 선지 교체 정답 ①

교정학 > 수용자의 법적 지위와 처우

정답의 이유

① 작업수입은 국고수입으로 한다(형의 집행 및 수용자의 처우에 관한 법률 제73조 제1항). 작업장려금과 위로금은 석방할 때에 본인에게 지급한다(형의 집행 및 수용자의 처우에 관한 법률 제73조 제3항·제74조 제2항).

오답의 이유

② 형의 집행 및 수용자의 처우에 관한 법률 제71조 제2항·제5항

③ 형의 집행 및 수용자의 처우에 관한 법률 제69조 제2항·제3항

④ 형의 집행 및 수용자의 처우에 관한 법률 제72조 제1항

12 난도 ★★★ 정답 ①

교정학 > 시설내 처우

정답의 이유

① 소장은 수용자가 자살 또는 자해의 우려가 있는 때, 신체적·정신적 질병으로 인하여 특별한 보호가 필요한 때에는 의무관의 의견을 고려하여 보호실에 수용할 수 있다(형의 집행 및 수용자의 처우에 관한 법률 제95조 제1항).

오답의 이유

② 형의 집행 및 수용자의 처우에 관한 법률 제94조 제2항

③ 형의 집행 및 수용자의 처우에 관한 법률 제97조 제1항 제1호, 제98조 제1항 제1호·제8호

④ 형의 집행 및 수용자의 처우에 관한 법률 제101조 제2항

13 난도 ★★☆ 정답 ①

교정학 > 시설내 처우

정답의 이유

ㄱ. 형의 집행 및 수용자의 처우에 관한 법률 시행규칙 제43조 제2항

ㄴ. 형의 집행 및 수용자의 처우에 관한 법률 시행령 제79조

ㄹ. 형의 집행 및 수용자의 처우에 관한 법률 제50조 제3항

오답의 이유

ㄷ. 여성수용자는 자신이 출산한 유아를 교정시설에서 양육할 것을 신청할 수 있다. 이 경우 소장은 양육불허 사유가 없으면, 생후 18개월에 이르기까지 허가하여야 한다(형의 집행 및 수용자의 처우에 관한 법률 제53조 제1항).

ㅁ. 소장은 노인수용자에 대하여 6개월에 1회 이상 건강검진을 하여야 한다(형의 집행 및 수용자의 처우에 관한 법률 시행규칙 제47조 제2항).

14 난도 ★★★ ※ 법령 개정·변경된 내용으로 문제 및 선지 교체 정답 ③

교정학 > 시설내 처우

정답의 이유

③ 소장은 외국인에게 참관을 허가할 경우에는 미리 관할 지방교정청장의 승인을 받아야 한다(형의 집행 및 수용자의 처우에 관한 법률 시행령 제3조 제2항).

오답의 이유

① 형의 집행 및 수용자의 처우에 관한 법률 제9조 제1항

② 형의 집행 및 수용자의 처우에 관한 법률 제6조 제2항

④ 형의 집행 및 수용자의 처우에 관한 법률 제6조 제1항

15 난도 ★★★　　　　　　　　　　　　　　정답 ②

교정학 > 수용자의 법적 지위와 처우

정답의 이유

ㄱ. 형의 집행 및 수용자의 처우에 관한 법률 시행령 제101조
ㅁ. 형의 집행 및 수용자의 처우에 관한 법률 제84조 제3항

오답의 이유

ㄴ. 소장은 미결수용자가 도주하거나 도주한 미결수용자를 체포한 경우에는 그 사실을 검사에게 통보하고, 기소된 상태인 경우에는 법원에도 지체 없이 통보하여야 한다(형의 집행 및 수용자의 처우에 관한 법률 시행령 제104조).

ㄷ. 경찰관서에 설치된 유치장에는 수형자를 30일 이상 수용할 수 없다(형의 집행 및 수용자의 처우에 관한 법률 시행령 제107조).

ㄹ. 소장은 미결수용자에 대하여는 신청에 따라 작업을 부과할 수 있다(형의 집행 및 수용자의 처우에 관한 법률 제86조 제1항).

16 난도 ★★☆　　　※ 법령 개정·변경된 내용으로 문제 및 선지 교체　　정답 ④

형사정책 > 형벌과 보안처분론

정답의 이유

④ 보호관찰 등에 관한 법률 제65조 제1항 제2호·제5호·제6호

오답의 이유

① 형사처분 또는 보호처분을 받은 사람으로서 보호의 필요성이 인정되는 사람이 갱생보호의 대상자가 된다(보호관찰 등에 관한 법률 제3조 제3항). 그러므로 형집행정지 중인 자는 갱생보호의 대상자가 될 수 없다.

② 갱생보호 대상자와 관계 기관은 보호관찰소의 장, 갱생보호사업 허가를 받은 자 또는 한국법무보호복지공단에 갱생보호 신청을 할 수 있다(보호관찰 등에 관한 법률 제66조 제1항).

③ 갱생보호사업을 하려는 자는 법무부령으로 정하는 바에 따라 법무부장관의 허가를 받아야 한다(보호관찰 등에 관한 법률 제67조 제1항).

17 난도 ★★★　　　　　　　　　　　　　　정답 ③

교정학 > 수용자의 법적 지위와 처우

정답의 이유

③ 개방처우급·완화경비처우급에 해당하는 수형자는 외부기업체에 통근하며 작업하는 수형자로 선정될 수 있다(형의 집행 및 수용자의 처우에 관한 법률 시행규칙 제120조 제1항 제3호).

오답의 이유

① 형의 집행 및 수용자의 처우에 관한 법률 시행규칙 제120조 제1항 제1호

② 형의 집행 및 수용자의 처우에 관한 법률 시행규칙 제120조 제1항 제5호

④ 형의 집행 및 수용자의 처우에 관한 법률 시행규칙 제120조 제1항 제4호

제120조(선정기준)

① 외부기업체에 통근하며 작업하는 수형자는 다음 각 호의 요건을 갖춘 수형자 중에서 선정한다.

　1. 18세 이상 65세 미만일 것
　2. 해당 작업 수행에 건강상 장애가 없을 것
　3. 개방처우급·완화경비처우급에 해당할 것
　4. 가족·친지 또는 법 제130조의 교정위원(이하 "교정위원"이라 한다) 등과 접견·편지수수·전화통화 등으로 연락하고 있을 것
　5. 집행할 형기가 7년 미만이고 가석방이 제한되지 아니할 것
　6. 삭제

② 교정시설 안에 설치된 외부기업체의 작업장에 통근하며 작업하는 수형자는 제1항 제1호부터 제4호까지의 요건(같은 항 제3호의 요건의 경우에는 일반경비처우급에 해당하는 수형자도 포함한다)을 갖춘 수형자로서 집행할 형기가 10년 미만이거나 형기기산일부터 10년 이상이 지난 수형자 중에서 선정한다.

18 난도 ★★☆　　　　　　　　　　　　　　정답 ②

형사정책 > 소년범죄론

정답의 이유

② 소년에 대한 형사사건의 심리는 다른 피의사건과 관련된 경우에도 심리에 지장이 없으면 그 절차를 분리하여야 한다(소년법 제57조).

오답의 이유

① 부정기형의 경우에는 단기의 3분의 1의 기간이 지나면 가석방을 허가할 수 있으므로, 선지의 단기 3년을 선고받은 소년에게 3분의 1인 1년이 지나면 가석방을 허가할 수 있다(소년법 제65조 제3호).

제65조(가석방)

징역 또는 금고를 선고받은 소년에 대하여는 다음 각 호의 기간이 지나면 가석방(假釋放)을 허가할 수 있다.

1. 무기형의 경우에는 5년
2. 15년 유기형의 경우에는 3년
3. 부정기형의 경우에는 단기의 3분의 1

---

③ 소년법 제64조
④ 소년법 제63조

교정학 > 시설내 처우

정답의 이유

③ 소장은 수용자가 자신의 비용으로 외부의료시설에서 근무하는 의사에게 치료받기를 원하면 교정시설에 근무하는 의사의 의견을 고려하여 이를 허가할 수 있다(형의 집행 및 수용자의 처우에 관한 법률 제38조).

오답의 이유

① 소장은 신입자 또는 다른 교정시설로부터 이송되어 온 사람이 있으면 그 사실을 수용자의 가족(배우자, 직계 존속·비속 또는 형제자매)에게 지체 없이 알려야 한다. 다만, 수용자가 알리는 것을 원하지 아니하면 그러하지 아니하다(형의 집행 및 수용자의 처우에 관한 법률 제21조).

② 수용자는 자신의 신앙생활에 필요한 책이나 물품을 소지할 수 있고(형의 집행 및 수용자의 처우에 관한 법률 제45조 제2항), 소장은 수형자의 교화 또는 건전한 사회복귀를 위하여 필요한 때, 시설의 안전과 질서유지를 위하여 필요한 때에는 서적이나 물품의 소지를 제한할 수 있다(형의 집행 및 수용자의 처우에 관한 법률 제45조 제3항).

④ 금고형 수형자는 교도작업의 의무가 없고 신청에 따라 작업을 부과할 수 있을 뿐이다(형의 집행 및 수용자의 처우에 관한 법률 제67조).

20 난도 ★☆☆   정답 ④

형사정책 > 소년범죄론

정답의 이유

④ 밀러의 하위계층문화이론에 대한 설명이다.

교정학 | 2014년 국가직 7급

한눈에 훑어보기

✓ 영역 분석

형사정책   03 04 05 10 12 20
6문항, 30%

교정학   01 02 06 07 08 09 11 13 14 15 16 17
14문항, 70%   18 19

✓ 빠른 정답

01	02	03	04	05	06	07	08	09	10
③	①	③	①	②	①	③	④	④	③

11	12	13	14	15	16	17	18	19	20
④	④	②	②	①	①	④	③	①	②

✓ 점수 체크

구분	1회독	2회독	3회독
맞힌 문항 수	/ 20	/ 20	/ 20
나의 점수	점	점	점

01 난도 ★★☆   정답 ③

교정학 > 교정학의 이해

[정답의 이유]

③ 교정은 수형자와 같은 형벌부과대상 범죄인만 연구대상이 되는 것이 아니라, 미결수용자와 형벌이 부과되지 않고 보호관찰, 사회봉사명령, 수강명령을 받게 되는 사회내 처우 대상자까지 교정학의 연구대상이 되고 있다.

02 난도 ★★☆   정답 ①

교정학 > 교정학의 이해

[정답의 이유]

① 수용자를 처우의 객체에서 주체적 지위로 끌어올려 자발적 참여와 동의를 전제로 하였기 때문에 주체성과 책임이 전제된 처우가 가능해졌고, 처우의 객체가 아닌 주체로 보았기 때문에 인권보장을 위한 법적지위확립도 가능해졌다.

03 난도 ★★☆   정답 ③

형사정책 > 범죄원인론

[정답의 이유]

③ 출소 후 또 다른 범죄를 저질렀다면 일탈자로서의 지위에 관한 사례가 될 수 있지만, 사회생활에 적응하며 살아가는 것이기 때문에 일탈자로서의 지위에 대한 설명이 될 수 없다.

04 난도 ★★☆   정답 ①

형사정책 > 총설

[정답의 이유]

① 공식범죄통계는 암수범죄의 문제점과 범죄에 대한 질적 측면에 대한 파악의 어려움 및 형사사법기관의 선별적 형사소추 등의 재량으로 인해 객관적인 범죄상황을 정확하게 나타내지 못한다는 단점이 있다.

05 난도 ★★☆   정답 ②

형사정책 > 총설

[정답의 이유]

② 범죄피해자 보호법의 구조대상은 재산범죄는 해당되지 않고, 대인범죄(인신범죄)에 대해서만 적용된다.

06 난도 ★★★　　　　　　　　　　정답 ①

교정학 > 시설내 처우

[정답의 이유]

ㄱ. 전화통화의 허용횟수는 완화경비처우급 수형자의 경우 월 5회가 아니라 **월 3회** 이내로 제한된다(형의 집행 및 수용자의 처우에 관한 법률 시행규칙 제90조 제1항 제2호).

ㅂ. 수형자의 신입 수용 시 권리와 권리구제, 의무, 일과 등에 대한 고지규정은 있지만, 변호사 선임에 관하여 고지하여야 한다는 규정은 없다.

ㅅ. 음식물은 영치의 대상이 아니다.

[오답의 이유]

ㄴ. 형의 집행 및 수용자의 처우에 관한 법률 제18조 제1항

ㄷ. 형의 집행 및 수용자의 처우에 관한 법률 제11조 제1항 제1호

ㄹ. 형의 집행 및 수용자의 처우에 관한 법률 시행령 제50조

ㅁ. 형의 집행 및 수용자의 처우에 관한 법률 시행령 제51조 제1항

07 난도 ★☆☆　　　　　　　　　　정답 ③

교정학 > 수용자의 법적 지위와 처우

[오답의 이유]

① 고사제: 일정한 기간을 경과하였을 때 행형성적을 심사하여 진급을 결정하는 방법으로 기간제라고도 하며, 진급과 가석방 심사의 구체적 타당성을 기대할 수 있으나, 진급이 교도관의 자의에 의하여 좌우되기 쉽다.

② 점수제: 최초 9개월의 독거구금 후 교도소에서 강제노동에 취업하는 수형자에게 고사급, 제3급, 제2급, 제1급, 특별급의 다섯 계급으로 나누어 상급에 진급함에 따라 우대를 더하는 방법으로 진급에는 지정된 책임점수를 소각하지 않으면 안 되는 방법이다.

④ 잉글랜드제: 수형자가 매일 취득해야 하는 지정점수를 소각하는 방법으로서 책임점수제라고도 하며, 진급척도로서의 점수를 매월이 아닌 매일 계산한다.

08 난도 ★★★　　　　　　　　　　정답 ④

교정학 > 수용자의 법적 지위와 처우

[정답의 이유]

④ 소장은 개방처우급·완화경비처우급 수형자에게 자치생활을 허가할 수 있다(형의 집행 및 수용자의 처우에 관한 법률 시행규칙 제86조 제1항). 따라서 일반경비처우급인 수용자 A에게는 허용되지 않는다.

[오답의 이유]

① 소장은 수형자의 건전한 사회복귀와 기술습득을 촉진하기 위하여 필요하면 외부기업체 등에 통근 작업하게 하거나 교정시설의 안에 설치된 외부기업체의 작업장에서 작업하게 할 수 있다. 외부기업체에 통근하며 작업하는 수형자는 개방처우급·완화경비처우급에 해당하는 수형자 중에서 선정한다(형의 집행 및 수용자의 처우에 관한 법률 제68조 제1항·동법 시행규칙 제120조 제1항 제3호). 따라서 개방처우급 수형자인 B는 에 따라 외부기업체인 C사로 통근하며 작업하게 하는 것은 허용된다.

② 소장은 개방처우급·완화경비처우급 수형자에 대하여 가족 만남의 날 행사에 참여하게 하거나 가족 만남의 집을 이용하게 할 수 있다. 수형자와 그 가족이 교정시설의 일정한 장소에서 다과와 음식을 함께 나누면서 대화의 시간을 갖는 행사를 말하며, "가족 만남의 집"이란 수형자와 그 가족이 숙식을 함께 할 수 있도록 교정시설에 수용동과 별도로 설치된 일반주택 형태의 건축물을 말한다(형의 집행 및 수용자의 처우에 관한 법률 시행규칙 제89조 제1항·제4항). 따라서 개방처우급 수형자인 B에게 가족 만남의 날 행사를 허가하는 것은 허용된다.

③ 소장은 수형자의 교화 또는 건전한 사회복귀를 위하여 필요하면 교육학·교정학·범죄학·사회학·심리학·의학 등에 관한 학식 또는 교정에 관한 경험이 풍부한 외부전문가로 하여금 수형자에 대한 상담·심리치료 또는 생활지도 등을 하게 할 수 있다(형의 집행 및 수용자의 처우에 관한 법률 제58조). 따라서 A에게 외부 전공 교수를 초청하며 상담 및 심리치료를 받게 하는 것은 허용된다.

> **제68조(외부 통근 작업 등)**
> ① 소장은 수형자의 건전한 사회복귀와 기술습득을 촉진하기 위하여 필요하면 외부기업체 등에 통근 작업하게 하거나 교정시설의 안에 설치된 외부기업체의 작업장에서 작업하게 할 수 있다.
> ② 외부 통근 작업 대상자의 선정기준 등에 관하여 필요한 사항은 법무부령으로 정한다.
>
> **제120조(선정기준)**
> ① 외부기업체에 통근하며 작업하는 수형자는 다음 각 호의 요건을 갖춘 수형자 중에서 선정한다. 〈개정 2010.5.31., 2013.4.16., 2014.11.17., 2020.8.5.〉
> 1. 18세 이상 65세 미만일 것
> 2. 해당 작업 수행에 건강상 장애가 없을 것
> 3. 개방처우급·완화경비처우급에 해당할 것
> 4. 가족·친지 또는 법 제130조의 교정위원(이하 "교정위원"이라 한다) 등과 접견·편지수수·전화통화 등으로 연락하고 있을 것
> 5. 집행할 형기가 7년 미만이고 가석방이 제한되지 아니할 것
> 6. 삭제 〈2013.4.16.〉

09 난도 ★★☆　　　　　　　　　　정답 ④

교정학 > 수용자의 법적 지위와 처우

[정답의 이유]

④ 옳은 것은 5개로, 모두 사전에 조사하여야 할 사항에 해당된다.

- 작업장려금 및 작업상태(형의 집행 및 수용자의 처우에 관한 법률 시행규칙 제246조 제1호 사목)
- 석방 후의 생활계획(형의 집행 및 수용자의 처우에 관한 법률 시행규칙 제246조 제3호 바목)
- 범죄 후의 정황(형의 집행 및 수용자의 처우에 관한 법률 시행규칙 제246조 제2호 마목)

국가직 7급 / 교정학

PART 2 | 2014년 국가직 7급　**105**

- 책임감 및 협동심(형의 집행 및 수용자의 처우에 관한 법률 시행규칙 제246조 제1호 다목)
- 접견 및 편지의 수신·발신 내역(형의 집행 및 수용자의 처우에 관한 법률 시행규칙 제246조 제3호 다목)

제246조(사전조사)
소장은 수형자의 가석방 적격심사신청을 위하여 다음 각 호의 사항을 사전에 조사해야 한다. 이 경우 특히 필요하다고 인정할 때에는 수형자, 가족, 그 밖의 사람과 면담 등을 할 수 있다. 〈개정 2010.5. 31., 2020.8.5.〉
1. 신원에 관한 사항
  가. 건강상태
  나. 정신 및 심리 상태
  다. 책임감 및 협동심
  라. 경력 및 교육 정도
  마. 노동 능력 및 의욕
  바. 교정성적
  사. 작업장려금 및 작업상태
  아. 그 밖의 참고사항
2. 범죄에 관한 사항
  가. 범행 시의 나이
  나. 형기
  다. 범죄횟수
  라. 범죄의 성질·동기·수단 및 내용
  마. 범죄 후의 정황
  바. 공범관계
  사. 피해 회복 여부
  아. 범죄에 대한 사회의 감정
  자. 그 밖의 참고사항
3. 보호에 관한 사항
  가. 동거할 친족·보호자 및 고용할 자의 성명·직장명·나이· 직업·주소·생활 정도 및 수형자와의 관계
  나. 가정환경
  다. 접견 및 편지의 수신·발신 내역
  라. 가족의 수형자에 대한 태도·감정
  마. 석방 후 돌아갈 곳
  바. 석방 후의 생활계획
  사. 그 밖의 참고사항

10 난도 ★★☆ 정답 ③

형사정책 > 형벌과 보안처분론

정답의 이유
③ 보호관찰소의 장은 보호관찰 대상자를 긴급구인한 경우에는 긴급구인서를 작성하여 즉시 관할 지방검찰청 검사의 승인을 받아야 한다. 48시간 이내와 관련된 것은 구인된 후 유치허가 신청을 해야 하는 시간이다.

오답의 이유
① 보호관찰 등에 관한 법률 제39조 제1항
② 보호관찰 등에 관한 법률 제40조 제1항
④ 보호관찰 등에 관한 법률 제40조 제3항

11 난도 ★★☆ 정답 ④

교정학 > 사회적 처우와 사회내 처우

정답의 이유
④ 전자감시제도의 경우, 처우대상자의 선정에 공정성을 기하기가 용이하지 않다. 대상자 선정에 있어서의 재량권 남용 및 인권침해 소지 등의 문제점이 있다.

12 난도 ★★☆ 정답 ④

형사정책 > 형벌과 보안처분론

정답의 이유
④ 치료명령의 결정을 받은 사람은 치료기간 동안 치료비용을 부담하여야 한다. 다만, 치료비용을 부담할 경제력이 없는 사람의 경우에는 국가가 비용을 부담할 수 있다(성폭력범죄자의 성충동 약물치료에 관한 법률 제24조).

오답의 이유
① 성폭력범죄자의 성충동 약물치료에 관한 법률 제9조
② 성폭력범죄자의 성충동 약물치료에 관한 법률 제8조 제2항
③ 성폭력범죄자의 성충동 약물치료에 관한 법률 제15조 제1항

13 난도 ★★★ ※ 법령 개정·변경된 내용으로 문제 및 선지 교체 정답 ②

교정학 > 시설내 처우

정답의 이유
② 남성교도관은 필요하다고 인정되는 경우에는 야간에 수용자 거실에 있는 여성수용자를 시찰할 수 있다(형의 집행 및 수용자의 처우에 관한 법률 시행령 제7조).

오답의 이유
① 수용자 처우에 관한 UN최저기준규칙 제81조 제3항
③ 형의 집행 및 수용자의 처우에 관한 법률 제53조 제1항
④ 형의 집행 및 수용자의 처우에 관한 법률 제41조 제3항 제1호

14 난도 ★★★ 정답 ②

교정학 > 수용자의 법적 지위와 처우

정답의 이유
② 소장은 원칙적으로 개방처우급, 완화경비처우급 수형자에 대해서 교정시설 밖에서 이루어지는 활동을 허가할 수 있다. 다만, 처우상 특히 필요한 경우에는 일반경비처우급 수형자에게도 허가할 수 있다(형의 집행 및 수용자의 처우에 관한 법률 시행규칙 제92조 제1항).

오답의 이유
① 형의 집행 및 수용자의 처우에 관한 법률 시행규칙 제92조 제1항 제1호

③ 형의 집행 및 수용자의 처우에 관한 법률 시행규칙 제92조 제1항 제4호·제3항

④ 형의 집행 및 수용자의 처우에 관한 법률 시행규칙 제92조 제2항

제92조(사회적 처우)

① 소장은 개방처우급·완화경비처우급 수형자에 대하여 교정시설 밖에서 이루어지는 다음 각 호에 해당하는 활동을 허가할 수 있다. 다만, 처우상 특히 필요한 경우에는 일반경비처우급 수형자에게도 이를 허가할 수 있다. 〈개정 2010.5.31.〉

1. 사회견학
2. 사회봉사
3. 자신이 신봉하는 종교행사 참석
4. 연극, 영화, 그 밖의 문화공연 관람

② 제1항 각 호의 활동을 허가하는 경우 소장은 별도의 수형자 의류를 지정하여 입게 한다. 다만, 처우상 필요한 경우에는 자비구매 의류를 입게 할 수 있다.

③ 제1항 제4호의 활동에 필요한 비용은 수형자가 부담한다. 다만, 처우상 필요한 경우에는 예산의 범위에서 그 비용을 지원할 수 있다.

---

15 난도 ★★★ 　　　　　　　　　　　　　　정답 ①

교정학 > 사회적 처우와 사회내 처우

[정답의 이유]

① 교정시설의 장은 6개월 이상 복역한 수형자로서 그 형기의 3분의 1이 지나고 교정성적이 우수한 사람의 가족 또는 배우자의 직계존속이 질병이나 사고로 위독한 때에는 1년 중 20일 이내의 귀휴를 허가할 수 있다(형의 집행 및 수용자의 처우에 관한 법률 제77조 제1항).

[오답의 이유]

② 형의 집행 및 수용자의 처우에 관한 법률 제77조 제2항 제2호
③ 형의 집행 및 수용자의 처우에 관한 법률 제77조 제2항
④ 형의 집행 및 수용자의 처우에 관한 법률 제78조 제2호

---

16 난도 ★★☆ 　　　　　　　　　　　　　　정답 ①

교정학 > 시설내 처우

[정답의 이유]

① 법무부장관, 지방교정청장 또는 소장은 제1항에 따른 비용이 납부되기 전에 정보공개 여부의 결정을 할 수 있다(형의 집행 및 수용자의 처우에 관한 법률 시행령 제139조의2 제7항). 따라서 수용자 A가 그 비용을 납부하기 전에 지방교정청장 甲이 정보공개를 한 것은 적법한 조치이다.

[오답의 이유]

② 현재의 수용기간 동안 법무부장관, 지방교정청장 또는 소장에게 제1항에 따른 정보공개청구를 한 후 정당한 사유 없이 그 청구를 취하하거나 공공기관의 정보공개에 관한 법률 제17조에 따른 비용을 납부하지 아니한 사실이 2회 이상 있는 수용자가 제1항에 따른 정보공개청구를 한 경우에 법무부장관, 지방교정청장 또는 소장은 그 수용자에게 정보의 공개 및 우송 등에 들 것으로

예상되는 비용을 미리 납부하게 할 수 있다(형의 집행 및 수용자의 처우에 관한 법률 제117조의2 제2항). 따라서 정보공개 비용을 납부하지 아니한 사실이 1회 있는 수용자 B의 정보공개청구에 대하여는 정보공개 비용을 미리 납부하도록 할 수 없어 지방교정청장 甲의 처분은 적법하지 않다.

③ 법무부장관, 지방교정청장 또는 소장은 제1항에 따른 비용이 납부되면 신속하게 정보공개 여부의 결정을 하여야 한다(형의 집행 및 수용자의 처우에 관한 법률 시행령 제139조의2 제5항). 따라서 수용자 C가 납부통지를 받은 후 3일 만에 비용을 납부하였음에도 불구하여 비공개결정을 한 甲의 조치는 적법하지 않다.

④ 현재의 수용기간 동안 법무부장관, 지방교정청장 또는 소장에게 제1항에 따른 정보공개청구를 한 후 정당한 사유 없이 그 청구를 취하하거나 공공기관의 정보공개에 관한 법률 제17조에 따른 비용을 납부하지 아니한 사실이 2회 이상 있는 수용자가 제1항에 따른 정보공개청구를 한 경우에 법무부장관, 지방교정청장 또는 소장은 그 수용자에게 정보의 공개 및 우송 등에 들 것으로 예상되는 비용을 미리 납부하게 할 수 있다(형의 집행 및 수용자의 처우에 관한 법률 제117조의2 제2항). 따라서 정당한 사유로 정보공개청구를 취하한 사실이 있는 수용자 D에 대하여는 그가 다시 정보 공개청구를 하는 경우 정보공개비용을 납부하도록 할 수 없으므로, 甲의 조치는 적법하지 않다.

---

17 난도 ★★★ 　　　　　　　　　　　　　　정답 ④

교정학 > 수용자의 법적 지위와 처우

[정답의 이유]

ㄷ. 소장은 사형을 집행하였을 경우에는 시신을 검사한 후 5분이 지나지 아니하면 교수형에 사용한 줄을 풀지 못한다(형의 집행 및 수용자의 처우에 관한 법률 시행령 제111조).

ㅁ. 사형확정자를 수용하는 시설의 설비 및 계호는 일반경비시설 또는 중경비시설에 준한다(형의 집행 및 수용자의 처우에 관한 법률 시행령 제108조).

ㅂ. 사형확정자의 교화나 심리적 안정을 도모하기 위하여 특히 필요하다고 인정하면 접견 시간대 외에도 접견을 하게 할 수 있고 접견시간을 연장하거나 접견 횟수를 늘릴 수 있다(형의 집행 및 수용자의 처우에 관한 법률 시행령 제110조).

[오답의 이유]

ㄱ. 형의 집행 및 수용자의 처우에 관한 법률 제89조 제1항, 동법 시행규칙 제150조 제3항

ㄴ. 형의 집행 및 수용자의 처우에 관한 법률 시행규칙 제150조 제4항

ㄹ. 형의 집행 및 수용자의 처우에 관한 법률 시행규칙 제153조 제1항

18 난도 ★★☆

정답 ③

교정학 > 시설내 처우

정답의 이유

③ 교정시설의 장은 의무교육을 받지 않은 수형자에 대하여 본인의 의사·나이·지식정도, 그 밖의 사정을 고려하여 그에 알맞게 교육하여야 한다(형의 집행 및 수용자의 처우에 관한 법률 제63조 제2항).

오답의 이유

① 형의 집행 및 수용자의 처우에 관한 법률 시행규칙 제102조 제2항
② 형의 집행 및 수용자의 처우에 관한 법률 시행규칙 제104조 제2항
④ 형의 집행 및 수용자의 처우에 관한 법률 시행령 제103조 제1항

19 난도 ★★☆

정답 ①

교정학 > 수용자의 법적 지위와 처우

정답의 이유

① 형의 집행 및 수용자의 처우에 관한 법률 시행령 제58조 제4항에 따르면 수용자가 형사사건이 아닌 민사, 행정, 헌법소송 등 법률적 분쟁과 관련하여 변호사의 도움을 받는 경우에는 원칙적으로 접촉차단시설이 설치된 장소에서 접견을 해야 한다. 그 결과 수용자는 효율적인 재판준비를 하는 것이 곤란하게 되고, 특히 교정시설 내에서의 처우에 대하여 국가 등을 상대로 소송을 하는 경우에는 소송의 상대방에게 소송자료를 그대로 노출하게 되어 무기대등의 원칙을 훼손할 수 있다. 변호사 직무의 공공성, 윤리성 및 사회적 책임성은 변호사 접견권을 이용한 증거인멸, 도주 및 마약 등 금지물품 반입 시도 등의 우려를 최소화시킬 수 있으며, 변호사 접견이라 하더라도 교정시설의 질서 등을 해할 우려가 있는 특별한 사정이 있는 경우에는 예외를 두도록 한다면 악용될 가능성도 방지할 수 있다. 따라서 형집행법 시행령 제58조 제4항은 과잉금지원칙에 위반하여 청구인의 재판청구권을 지나치게 제한하고 있으므로, 헌법에 위반된다(헌재 2013.8.29. 2011헌마122).

오답의 이유

② 범죄자의 선거권을 제한할 필요가 있다 하더라도 그가 저지른 범죄의 경중을 전혀 고려하지 않고 수형자와 집행유예자 모두의 선거권을 제한하는 것은 침해의 최소성 원칙에 어긋난다. 특히 집행유예자는 집행유예 선고가 실효되거나 취소되지 않는 한 교정시설에 구금되지 않고 일반인과 동일한 사회생활을 하고 있으므로, 그들의 선거권을 제한해야 할 필요성이 크지 않다. 심판대상조항에 의해 집행유예자와 수형자의 선거권을 제한함으로써 달성하고자 하는 '중대한 범죄자에 대한 제재나 일반 시민의 법치주의에 대한 존중의식 제고' 등의 공익보다 이로 인하여 침해되는 '집행유예자와 수형자 개인의 사익 또는 민주적 선거제도의 공익적 가치'가 더 크다. 그러므로 심판대상조항은 헌법 제37조 제2항에 위반하여 청구인들의 선거권을 침해하고, 헌법 제41조 제1항 및 제67조 제1항이 규정한 보통선거원칙에 위반하여 집행유예자와 수형자를 차별취급하는 것이므로 평등의 원칙에도 어긋난다(헌재 2014.1.28. 2012헌마409).

③ 수용자가 국가로부터 무상으로 의료급여를 받는 것을 전제로 건강보험급여를 정지하는 것이기 때문에 수용자가 무상으로 적절한 치료를 받지 못한다면 간접적으로 건강권 등을 침해한다고 볼 여지가 있다. 그러나 이 사건규정은 수용자에 대한 의료보장제도의 합리적 운영이라는 공익을 위하여 일시적으로 보험급여를 정지하는 것일 뿐, 수용자의 의료보장수급권을 직접 제약하는 규정이 아니다. 이 사건규정은 수용자의 의료보장을 일차적으로 국가가 부담한다는 전제하에 건강보험급여를 일시중지하는 것으로 그러한 입법자의 판단이 자의적이거나 입법 재량을 벗어나 수용자의 건강권을 침해하거나 수용자에 대한 국가의 보건 의무를 저버린 것으로 볼 수 없다(헌재 2005.2.24. 2003헌마31·2004헌마695).

④ 교화상 또는 구금목적에 특히 부적당하다고 인정되는 기사, 조직범죄 등 수용자 관련 범죄기사에 대한 신문기사 삭제행위는 구치소 내 질서유지와 보안을 위한 것으로, 신문기사 중 탈주에 관한 사항이나 집단단식, 선동 등 구치소 내 단체생활의 질서를 교란하는 내용이 미결수용자에게 전달될 때 과거의 예와 같이 동조단식이나 선동 등 수용의 내부질서와 규율을 해하는 상황이 전개될 수 있고, 이는 수용자가 과밀하게 수용되어 있는 현 구치소의 실정과 과소한 교도인력을 볼 때 구치소 내의 질서유지와 보안을 어렵게 할 우려가 있다. 이 사건 신문기사의 삭제 내용은 그러한 범위 내에 그치고 있을 뿐 신문기사 중 주요 기사 대부분이 삭제된 바 없음이 인정되므로 이는 수용질서를 위한 청구인의 알 권리에 대한 최소한의 제한이라고 볼 수 있으며, 이로써 침해되는 청구인에 대한 수용질서와 관련되는 위 기사들에 대한 정보획득의 방해와 그러한 기사 삭제를 통해 얻을 수 있는 구치소의 질서유지와 보안에 대한 공익을 비교할 때 청구인의 알 권리를 과도하게 침해한 것은 아니다(헌재 1998.10.29. 98헌마4).

20 난도 ★☆☆

정답 ②

형사정책 > 소년범죄론

정답의 이유

② 적응 모형은 개선 모형이라고도 하고, 범죄자 스스로 책임 있는 선택과 합법적 결정을 할 수 있는 존재이기 때문에 그렇게 살아갈 수 있도록 현실요법, 환경요법, 직업훈련 등의 방법이 처우에 널리 이용되고 있다.

교정학 | 2013년 국가직 7급

한눈에 훑어보기

✔ 영역 분석

형사정책 01 02 10 19 20
5문항, 25%

교정학 03 04 05 06 07 08 09 11 12 13 14 15
15문항, 75% 16 17 18

✔ 빠른 정답

01	02	03	04	05	06	07	08	09	10
④	③	①	③	②	①	④	②	③	③
11	12	13	14	15	16	17	18	19	20
①	①	②	②	②	③	④	①	④	③

✔ 점수 체크

구분	1회독	2회독	3회독
맞힌 문항 수	/ 20	/ 20	/ 20
나의 점수	점	점	점

01 난도 ★★★ 정답 ④

형사정책 > 형벌과 보안처분론

[오답의 이유]

① 선고유예는 법원의 재량으로, 가석방은 행정관청의 결정 및 허가에 의해 시행되는 것이다.

② 선고유예는 자격정지 이상의 형을 받은 전과가 없어야 하고, 가석방은 형기의 1/3을 경과하거나 무기형의 경우 20년이 경과되면 대상이 된다.

③ 선고유예나 가석방 시 사회봉사를 명할 수 없다.

02 난도 ★☆☆ 정답 ③

형사정책 > 범죄원인론

[정답의 이유]

③ 참여는 사회생활에 대하여 참여가 높으면 범죄를 저지를 시간적인 여유가 없기 때문에 범죄를 저지를 가능성이 낮아진다는 것을 말한다.

03 난도 ★★☆ 정답 ①

교정학 > 시설내 처우

[정답의 이유]

① 교도작업임금제는 오히려 수용자의 자긍심을 높여서 작업을 통한 교화개선에 유리할 수 있고, 경제적 생활에 적응하게 하는 장점이 있다.

04 난도 ★★★ ※ 법령 개정·변경된 내용으로 문제 및 선지 교체 정답 ③

교정학 > 시설내 처우

[정답의 이유]

③ 형의 집행 및 수용자의 처우에 관한 법률 시행령 제65조 제2항

[오답의 이유]

① 수용자는 편지를 보내려는 경우 해당 편지를 봉함하여 교정시설에 제출한다(형의 집행 및 수용자의 처우에 관한 법률 시행령 제65조 제1항).

② 수용자가 보내는 편지의 발송한도는 원칙적으로 제한이 없다(형의 집행 및 수용자의 처우에 관한 법률 시행령 제64조).

④ 수용자의 편지·소송서류 등의 문서를 보내는 데 드는 비용은 수용자가 부담하는 것을 원칙으로 한다(형의 집행 및 수용자의 처우에 관한 법률 시행령 제69조).

교정학 > 수용자의 법적 지위와 처우

정답의 이유

ㄱ. 형의 집행 및 수용자의 처우에 관한 법률 제101조 제1항 제1호

ㄹ. 형의 집행 및 수용자의 처우에 관한 법률 제101조 제1항 제3호

ㅁ. 형의 집행 및 수용자의 처우에 관한 법률 제101조 제1항 제4호

제101조(무기의 사용)

① 교도관은 다음 각 호의 어느 하나에 해당하는 사유가 있으면 수용자에 대하여 무기를 사용할 수 있다. 〈개정 2016.5.29., 2020.2.4.〉

1. 수용자가 다른 사람에게 중대한 위해를 끼치거나 끼치려고 하여 그 사태가 위급한 때

2. 수용자가 폭행 또는 협박에 사용할 위험물을 지니고 있어 교도관이 버릴 것을 명령하였음에도 이에 따르지 아니하는 때

3. 수용자가 폭동을 일으키거나 일으키려고 하여 신속하게 제지하지 아니하면 그 확산을 방지하기 어렵다고 인정되는 때

4. 도주하는 수용자에게 교도관이 정지할 것을 명령하였음에도 계속하여 도주하는 때

5. 수용자가 교도관의 무기를 탈취하거나 탈취하려고 하는 때

6. 그 밖에 사람의 생명·신체 및 설비에 대한 중대하고도 뚜렷한 위험을 방지하기 위하여 무기의 사용을 피할 수 없는 때

오답의 이유

ㄴ. 보안장비를 사용할 수 있다(형의 집행 및 수용자의 처우에 관한 법률 제100조 제1항 제2호).

ㄷ. 보호장비와 보안장비를 사용할 수 있다(형의 집행 및 수용자의 처우에 관한 법률 제100조 제1항 제5호).

제100조(강제력의 행사)

① 교도관은 수용자가 다음 각 호의 어느 하나에 해당하면 강제력을 행사할 수 있다. 〈개정 2016.5.29.〉

1. 도주하거나 도주하려고 하는 때

2. 자살하려고 하는 때

3. 자해하거나 자해하려고 하는 때

4. 다른 사람에게 위해를 끼치거나 끼치려고 하는 때

5. 위력으로 교도관의 정당한 직무집행을 방해하는 때

6. 교정시설의 설비·기구 등을 손괴하거나 손괴하려고 하는 때

7. 그 밖에 시설의 안전 또는 질서를 크게 해치는 행위를 하거나 하려고 하는 때

---

06 난도 ★☆☆   정답 ①

교정학 > 교정학의 이해

정답의 이유

① 집합적 무능력화에 비하여 수용되는 범죄자를 줄이기 때문에 교정예산의 절감에 도움이 된다.

교정학 > 시설내 처우

정답의 이유

④ 검사가 검사조사실에서 피의자신문을 하는 절차에서는 피의자가 신체적으로나 심리적으로 위축되지 않은 상태에서 자기의 방어권을 충분히 행사할 수 있도록 계구를 사용하지 말아야 하는 것이 원칙이고 다만, 도주, 폭행, 소요, 자해 등의 위험이 분명하고 구체적으로 드러나는 경우에만 예외적으로 계구를 사용하여야 할 것이다. 따라서 이 조항이 취하고 있는 원칙과 예외의 이러한 완전한 전도는 신체의 자유를 원칙적으로 과도하게 제한하여 이를 침해하는 결과를 가져오므로 헌법에 위반된다(헌재 2005. 5.26. 2004헌마49).

오답의 이유

① 헌재결 1999.05.27. 97헌마137: 미결수용자에게 시설 안에서는 재소자용 의류를 입더라도 일반인의 눈에 띄지 않고, 수사 또는 재판에서 변해(辯解)·방어권을 행사하는 데 지장을 주는 것도 아니며, 구금 목적의 달성, 시설의 규율과 안전유지를 위한 필요최소한의 제한으로서 정당성·합리성을 갖춘 재량의 범위 내의 조치이다. 그러나 미결수용자가 수사 또는 재판을 받기 위하여 시설 밖으로 나오면 일반인의 눈에 띄게 되어 재소자용 의류 때문에 모욕감이나 수치심을 느끼게 된다. 미결수용자는 수사단계부터 고지·변해·방어의 권리가 보장되어야 하고 재판단계에서는 당사자로서의 지위를 가지므로, 유죄가 확정되지 아니한 미결수용자에게 재소자용 의류를 입게 하는 것은 심리적인 위축으로 위와 같은 권리를 제대로 행사할 수 없게 하여 실체적 진실의 발견을 저해할 우려가 있다. 우리의 교정 현실이 인적·물적 설비에서 상대적으로 부족하다고 할지라도, 미결수용자의 도주 방지는 계구(戒具)의 사용이나 계호 인력을 늘리는 등의 수단에 의할 것이지 기본권 보호의 필요성이 현저한 수사 또는 재판에서 사복을 입지 못하게 하는 것은 어떠한 이유를 내세우더라도 그 제한은 정당화될 수 없으므로 헌법 제37조 제2항의 기본권 제한에서의 비례원칙에 위반된다고 할 것이다(헌재 2005. 5.26. 2004헌마49).

② 마약류사범이 구치소에 입소하면서, 교도관 앞에 돌아서서 하의 속옷을 내리고 상체를 숙인 다음 양 손으로 둔부를 벌려 항문을 보이는 방법으로 실시된 정밀신체검사를 받게 한 행위는 마약류 음용 전과가 있어 마약류 등 반입금지품을 은닉하였다고 의심할 합리적인 이유가 있었고, 실시된 정밀신체검사의 수단과 방법 또한 사전설명, 외부와 차단된 공간, 같은 성별의 교도관, 짧은 시간 등 청구인의 명예나 수치심 등을 충분히 배려하고 그 침해의 여지를 최소화하였다고 볼 수 있어, 인격권과 신체에 자유에 대한 과도한 제한이라고 보기 어렵다(헌재 2006.6.29. 2004헌마826).

③ 교정시설에 수용중인 마약류사범에 대하여 마약류반응검사를 위하여 월 1회 정기적으로 소변을 받아 제출하게 한 것은 교도소내의 안전과 질서를 유지하기 위한 것으로서, 영장주의가 적용되지 않고 헌법상 보장된 인간의 존엄성, 행복추구권, 일반적 행동자유권, 신체의 자유 등을 과도하게 제한한 것이 아니어서 헌법에 위반되지 않는다(헌재 2006.7.27. 자 2005헌마277).

08 난도 ★★★
정답 ②

교정학 > 시설내 처우

정답의 이유

② 수용자의 보호실 수용기간은 소장이 연장을 하지 않는 한 15일 이내로 해야 한다(형의 집행 및 수용자의 처우에 관한 법률 제95조 제2항).

오답의 이유

① 형의 집행 및 수용자의 처우에 관한 법률 제94조 제1항
③ 형의 집행 및 수용자의 처우에 관한 법률 제96조 제2항
④ 형의 집행 및 수용자의 처우에 관한 법률 제99조 제2항

09 난도 ★★☆
정답 ③

교정학 > 수용자의 법적 지위와 처우

정답의 이유

③ 형의 집행 및 수용자의 처우에 관한 법률 시행규칙상 재심사는 정기 재심사와 부정기 재심사로 구분된다. 특별 재심사 규정은 없다(형의 집행 및 수용자의 처우에 관한 법률 제65조).

제65조(재심사의 구분)

개별처우계획을 조정할 것인지를 결정하기 위한 분류심사(이하 "재심사"라 한다)는 다음 각 호와 같이 구분한다.
1. 정기재심사: 일정한 형기가 도달한 때 하는 재심사
2. 부정기재심사: 상벌 또는 그 밖의 사유가 발생한 경우에 하는 재심사

오답의 이유

① 형의 집행 및 수용자의 처우에 관한 법률 제59조 제3항
② 형의 집행 및 수용자의 처우에 관한 법률 제59조 제1항
④ 형의 집행 및 수용자의 처우에 관한 법률 시행규칙 제63조

10 난도 ★★☆
정답 ③

형사정책 > 형벌과 보안처분론

정답의 이유

③ 본인의 성명, 주거, 주거이전예정지 또는 여행지, 주거이전이유 또는 여행목적, 주거이전일자 또는 여행기간 등을 신고하여야 한다는 규정은 일반준수사항 중 '주거를 이전하거나 1개월 이상 국내외 여행을 할 때에는 미리 보호관찰관에게 신고할 것'에 대한 구체적인 내용이다(보호관찰 등에 관한 법률 시행령 제18조 제1항).

오답의 이유

① 보호관찰 등에 관한 법률 시행령 제19조 제1호
② 보호관찰 등에 관한 법률 시행령 제19조 제5호
④ 보호관찰 등에 관한 법률 시행령 제19조 제8호

제19조(특별준수사항)

법 제32조 제3항 제10호에서 "대통령령으로 정하는 사항"이란 다음 각 호의 사항을 말한다. 〈개정 2021.1.5.〉
1. 운전면허를 취득할 때까지 자동차(원동기장치자전거를 포함한다) 운전을 하지 않을 것
2. 직업훈련, 검정고시 등 학과교육 또는 성행(性行: 성품과 행실)개선을 위한 교육, 치료 및 처우 프로그램에 관한 보호관찰관의 지시에 따를 것
3. 범죄와 관련이 있는 특정 업무에 관여하지 않을 것
4. 성실하게 학교수업에 참석할 것
5. 정당한 수입원에 의하여 생활하고 있음을 입증할 수 있는 자료를 정기적으로 보호관찰관에게 제출할 것
6. 흉기나 그 밖의 위험한 물건을 소지 또는 보관하거나 사용하지 아니할 것
7. 가족의 부양 등 가정생활에 있어서 책임을 성실히 이행할 것
8. 그 밖에 보호관찰 대상자의 생활상태, 심신의 상태, 범죄 또는 비행의 동기, 거주지의 환경 등으로 보아 보호관찰 대상자가 준수할 수 있고 자유를 부당하게 제한하지 아니하는 범위에서 개선·자립에 도움이 된다고 인정되는 구체적인 사항

---

11 난도 ★★★
정답 ①

교정학 > 사회적 처우와 사회내 처우

정답의 이유

① 일반귀휴는 최소한 6개월 이상 복역한 수형자를 말한다(형의 집행 및 수용자의 처우에 관한 법률 제77조 제1항).

오답의 이유

②·③·④ 형의 집행 및 수용자의 처우에 관한 법률 제77조 제1항

제77조(귀휴)

① 소장은 6개월 이상 형을 집행받은 수형자로서 그 형기의 3분의 1(21년 이상의 유기형 또는 무기형의 경우에는 7년)이 지나고 교정성적이 우수한 사람이 다음 각 호의 어느 하나에 해당하면 1년 중 20일 이내의 귀휴를 허가할 수 있다. 〈개정 2020.2.4.〉
  1. 가족 또는 배우자의 직계존속이 위독한 때
  2. 질병이나 사고로 외부의료시설에의 입원이 필요한 때
  3. 천재지변이나 그 밖의 재해로 가족, 배우자의 직계존속 또는 수형자 본인에게 회복할 수 없는 중대한 재산상의 손해가 발생하였거나 발생할 우려가 있는 때
  4. 그 밖에 교화 또는 건전한 사회복귀를 위하여 법무부령으로 정하는 사유가 있는 때

---

12 난도 ★★☆
정답 ①

교정학 > 수용자의 법적 지위와 처우

정답의 이유

① 개방처우의 유형에 민영교도소의 운영은 포함되지 않는다. 민영교도소는 그 시설 자체가 국가시설과 동일한 시설로 시설내에서 이루어지는 시설내 처우와 개방처우를 실시한다.

13 난도 ★★★
정답 ②

교정학 > 수용자의 법적 지위와 처우

정답의 이유

② 구내작업 및 필요시 개방지역작업 가능은 일반경비처우급에서 가능하다(형의 집행 및 수용자의 처우에 관한 법률 시행규칙 제74조 제2항).

오답의 이유

① · ③ 개방지역작업 및 필요시 외부통근작업은 완화경비처우급에서 가능하다(형의 집행 및 수용자의 처우에 관한 법률 시행규칙 제74조 제2항).

④ 중경비처우급에서는 필요시 구내작업이 가능하다(형의 집행 및 수용자의 처우에 관한 법률 시행규칙 제74조 제2항).

> 제74조(경비처우급)
> ② 경비처우급에 따른 작업기준은 다음 각 호와 같다. 〈개정 2013. 4.16.〉
> 1. 개방처우급: 외부통근작업 및 개방지역작업 가능
> 2. 완화경비처우급: 개방지역작업 및 필요시 외부통근작업 가능
> 3. 일반경비처우급: 구내작업 및 필요시 개방지역작업 가능
> 4. 중(重)경비처우급: 필요시 구내작업 가능

14 난도 ★★☆ ※ 법령 개정 · 변경된 내용으로 문제 및 선지 교체
정답 ②

교정학 > 수용자의 법적 지위와 처우

정답의 이유

② 형법, 치료감호 등에 관한 법률, 성폭력범죄의 처벌 등에 관한 특례법(예컨대 집행유예나 선고유예 시 성인은 임의적 보호관찰 부과, 소년은 필요적 부과)은 보호관찰 규정을 두고 있지만, 청소년 보호법은 보호관찰 규정을 두고 있지 않다.

15 난도 ★★☆
정답 ②

교정학 > 교정학의 이해

정답의 이유

② 휼형의 사례로는 사형 → 유형 → 도형 → 장형으로 처리하는 감형(減刑)이 있었다.

16 난도 ★★★
정답 ③

교정학 > 시설내 처우

정답의 이유

③ 형의 집행 및 수용자의 처우에 관한 법률 시행령 제54조의2 제2호

> 제54조의2(간호사의 의료행위)
> 법 제36조 제2항에서 "대통령령으로 정하는 경미한 의료행위"란 다음 각 호의 의료행위를 말한다.
> 1. 외상 등 흔히 볼 수 있는 상처의 치료
> 2. 응급을 요하는 수용자에 대한 응급처치
> 3. 부상과 질병의 악화방지를 위한 처치
> 4. 환자의 요양지도 및 관리
> 5. 제1호부터 제4호까지의 의료행위에 따르는 의약품의 투여

오답의 이유

① 19세 미만의 수용자와 계호상 독거수용자에 대하여는 6개월에 1회 이상 건강검진을 하여야 한다(형의 집행 및 수용자의 처우에 관한 법률 시행령 제51조 제1항).

② 소장은 감염병이 유행하는 경우에는 수용자가 자비로 구매하는 음식물의 공급을 중지할 수 있다(형의 집행 및 수용자의 처우에 관한 법률 시행령 제53조 제2항).

④ 소장은 법 제37조 제1항에 따라 수용자를 외부 의료시설에 입원시키거나 입원 중인 수용자를 교정시설로 데려온 경우에는 그 사실을 법무부장관에게 지체 없이 보고하여야 한다(형의 집행 및 수용자의 처우에 관한 법률 시행령 제57조).

17 난도 ★★☆
정답 ④

교정학 > 수용자의 법적 지위와 처우

정답의 이유

④ 비사법적 권리구제 수단으로 서면으로 청원을 하는 경우 수용자는 청원서를 작성하여 봉한 후 소장에게 제출하여야 한다. 즉, 순회점검 공무원에게의 제출(전달)은 소장이 하도록 되어 있다(형의 집행 및 수용자의 처우에 관한 법률 제117조 제2항).

오답의 이유

② 형의 집행 및 수용자의 처우에 관한 법률 제118조

18 난도 ★★★
정답 ①

교정학 > 시설내 처우

정답의 이유

① 여성수용자는 자신이 출산한 유아를 교정시설에서 양육할 것을 신청할 수 있다. 이 경우 소장은 각 호의 어느 하나에 해당하는 사유가 없으면, 생후 18개월에 이르기까지 허가하여야 한다(동법 제53조 제1항).

오답의 이유

② 형의 집행 및 수용자의 처우에 관한 법률 제51조 제1항

③ 형의 집행 및 수용자의 처우에 관한 법률 제50조 제2항

④ 형의 집행 및 수용자의 처우에 관한 법률 제53조 제1항 제3호

형사정책 > 형벌과 보안처분론

정답의 이유

④ 사회봉사 · 수강명령 대상자에 대한 준수사항은 <u>보호관찰과는 별개로 규정</u>되어 있다.

오답의 이유

① 현역 군인 등 군법 적용 대상자에 대해서는 보호관찰, 사회봉사 명령, 수강명령을 명할 수 없다(대판 2012.2.23, 2011도8124, 2011전도141).

② 성폭력범죄를 범한 피고인에게 형의 집행을 유예하면서 보호관찰을 받을 것을 명하지 않은 채 위치추적 전자장치 부착을 명하는 것은 부적법하다. 집행을 유예할 때 보호관찰을 받을 것을 명한 경우에만 위치추적 전자장치 부착을 할 수 있다(대판 2012.2.23, 2011도8124, 2011전도141).

③ 가정폭력범죄의 처벌 등에 관한 특례법상 사회봉사명령을 부과하면서, 행위시법상 사회봉사명령 부과시간을 상한인 100시간을 초과하여 상한을 200시간으로 올린 신법을 적용하는 것은 위법하다. 형법은 행위시법주의를 원칙으로 하고 있고, 행위자에게 유리한 경우에만 예외적으로 소급효를 적용한다. 사례는 행위자에게 유리하지 않으므로 소급하지 않아야 한다(대판 2008. 7.24, 2008어4).

형사정책 > 형벌과 보안처분론

정답의 이유

ㄴ. 벌금미납자의 사회봉사신청에 대하여 <u>법원</u>은 벌금미납자의 경제적 능력, 사회봉사 이행에 필요한 신체적 능력, 주거의 안전성 등을 고려하여 사회봉사 허가여부를 결정한다.

ㅁ. 사회봉사는 원칙적으로 1일 9시간을 넘겨 집행할 수 없지만, 보호관찰관이 사회봉사의 내용상 연속집행의 필요성이 있다고 판단하는 경우에는 최대 <u>13시간</u>까지 집행할 수 있다.

오답의 이유

ㄱ. 벌금 미납자의 사회봉사 집행에 관한 특례법 제4조 제2항 제2호

제4조(사회봉사의 신청)

② 제1항에도 불구하고 다음 각 호의 어느 하나에 해당하는 사람은 사회봉사를 신청할 수 없다.

    1. 징역 또는 금고와 동시에 벌금을 선고받은 사람

    2. 「형법」 제69조 제1항 단서에 따라 법원으로부터 벌금 선고와 동시에 벌금을 완납할 때까지 노역장에 유치할 것을 명받은 사람

    3. 다른 사건으로 형 또는 구속영장이 집행되거나 노역장에 유치되어 구금 중인 사람

    4. 사회봉사를 신청하는 해당 벌금에 대하여 법원으로부터 사회봉사를 허가받지 못하거나 취소당한 사람. 다만, 사회봉사 불허가 사유가 소멸한 경우에는 그러하지 아니하다.

ㄷ. 벌금 미납자의 사회봉사 집행에 관한 특례법 제6조 제2항 제4호

제6조(사회봉사 허가)

① 법원은 검사로부터 사회봉사 허가 청구를 받은 날부터 14일 이내에 벌금 미납자의 경제적 능력, 사회봉사 이행에 필요한 신체적 능력, 주거의 안정성 등을 고려하여 사회봉사 허가 여부를 결정한다. 다만, 제3항에 따른 출석 요구, 자료제출 요구에 걸리는 기간은 위 기간에 포함하지 아니한다.

ㄹ. 벌금 미납자의 사회봉사 집행에 관한 특례법 제10조 제10항

제10조(사회봉사의 집행)

① 보호관찰관은 사회봉사 대상자의 성격, 사회경력, 범죄의 원인 및 개인적 특성 등을 고려하여 사회봉사의 집행분야를 정하여야 한다.

무언가를 시작하는 방법은 말하는 것을 멈추고 행동을 하는 것이다.

– 월트 디즈니 –